가야사의 인식변화

Changes in perception of Gaya history

인제대학교 가야문화연구소
김해시

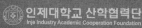
인제대학교 산학협력단
Inje Industry Academic Cooperation Foundation

인제대학교 LINC+사업단
Leaders in INdustry-university Cooperation; INJE UNIVERSITY

주류성

가야사의 인식변화

엮은이 인제대학교 가야문화연구소

펴낸이 최병식

펴낸날 2021년 11월 5일

펴낸곳 주류성출판사

서울특별시 서초구 강남대로 435 (서초동 1305-5)

TEL | 02-3481-1024 (대표전화) • FAX | 02-3482-0656

www.juluesung.co.kr | juluesung@daum.net

값 22,000원

잘못된 책은 교환해 드립니다.

ISBN 978-89-6246-456-6 93910

가야사의 인식변화

Changes in perception of Gaya history

인제대학교 가야문화연구소
김해시

인제대학교 산학협력단
Inje Industry Academic Cooperation Foundation

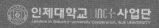
인제대학교 LINC+사업단
Leaders in INdustry-university Cooperation, INJE UNIVERSITY

주류성

개 회 사

　매년 수로왕의 탄생과 가락국의 건국을 기념하는 가야문화축제가 열리는 날에 첫 번째 행사로 가야의 역사와 문화를 새롭게 조명하는 가야사국제학술회의가 개최되는 것이 전통이었습니다. 그런데, 코로나 사태 때문에 가야문화축제는 열리지 못하고 제27회 가야사국제학술회의를 오늘 개최하게 되었습니다.

　오늘 참석해 주신 발표자와 토론자 여러분, 김해시민 여러분과 김해시장님, 그리고 이제부터 가야사 밝히기와 가야문화발전을 책임질 전국의 역사학과 고고학의 전문가와 학생 여러분께 감사의 말씀을 올립니다.

　지난 4반세기 동안 가야사에 대한 자부심과 애정으로 가야사학술회의를 지속 개최하고 있는 우리 김해시의 노력은 특별하다고 생각합니다. 이 학술회의를 주관하는 인제대학교 가야문화연구소는 이러한 의지와 전통을 충분히 자각하여 보다 나은 학술회의의 개최와 결과를 적극적으로 전파하는데 최선을 다하겠습니다.

　이번 학술회의 주제는 「가야사의 인식변화」입니다. 가야는 562년에 공식적으로 멸망했지만, 21세기에도 가야유적과 유물 뿐만 아니라 가야만의 독특한 문화로서 우리 곁에 남아 있습니다. 가야 멸망 후 여러 시대에 걸쳐 가야사에 대한 연구가 진행되어 오늘날에 이르고 있습니다. 향후, 가야사 연구는 빈약한 문헌과 풍부한 고고학적 자료가 잘 접목되어 진정한 가야사 복원이 이루어져야 합니다.

끝으로 발표와 토론 참가를 수락해 주신 국내외 학자 여러분들과 학술대회를 준비하는데 많은 도움을 주셨던 김해시학술위원회의 이주헌·오세연·송원영 선생님, 김해시청과 인제대학교 산학협력단 여러분께 심심한 감사의 말씀을 올립니다. 아무쪼록 오늘과 내일의 가야사국제학술회의가 계획대로 잘 진행되고 풍성한 결실을 맺을 수 있도록 여러분 끝까지 자리해 주시고 성원해 주시기를 바랍니다.

오늘과 내일 참가하시는 모든 분들의 건승과 가정의 평안을 기원하겠습니다.

2021. 04. 23.

인제대학교 가야문화연구소

소장 이 동 희

환 영 사

여러분 반갑습니다.

고대 가야왕도 김해에서 '제27회 가야사학술회의'를 개최하게 되어 매우 뜻깊게 생각합니다. 이번 학술회의 참석을 위해 우리 시를 방문해 주신 발표자 및 연구자, 시민 여러분을 진심으로 환영합니다.

가야사학술회의는 '가락국 시조대왕 숭선전 춘향대제'(음력 3월 15일)와 '가야문화축제'를 기념하고, 가야 문화 복원과 역사 연구를 위해 매년 개최하여 왔습니다. 올해는 코로나19 여파로 불가피하게 '가야문화축제'가 취소되었지만, 춘향대제와 가야사학술회의는 가야사의 복원사업의 추진동력을 이어가기 위해 코로나 방역수칙을 준수하면서 일정대로 개최하게 되었습니다.

지난해 제정된 "역사문화권 정비 등에 관한 특별법"이 올 6월 본격적인 시행을 앞두고 있습니다. 이에 발맞추어 문화재청에서는 "역사문화권 정비 5개년 기본계획"을 수립 중에 있고, 우리시도 "가야역사문화권 정비시행계획"을 곧 마련할 예정입니다.

특별법 제정은 우리시, 나아가 가야역사권 주민들의 가야사 복원에 대한 인식과 열망이 높아졌기에 가능했으며, 이번 학술회의의 주제인 '가야사의 인식변화'와도 연결되는 부분입니다.

이번 학술회의는 전근대부터 현대까지의 지식인들이 가진 가야의 역사와 가야사 정책에 대한 인식 변화를 새롭고 풍부하게 조명하는 기회가 될 것입니다.

　가야사학술회의를 통해 그동안 삼국 위주의 고대사 연구에서 소외되고 잊혔던 고대왕국 가야를 오늘에 되살려 국내를 넘어 세계에 널리 알릴 수 있기를 기대합니다. 끝으로 가야사 복원에 많은 관심과 애정을 가지고 참석해 주신 학계와 시민 여러분께 진심으로 감사드리며 가정에 사랑과 행복이 충만하시기를 기원합니다. 감사합니다.

2021. 04. 23.
김해시장 허 성 곤

환 영 사

　여러분 반갑습니다.

　매년 가락국 건국과 관련하여 매년 성대하게 가야문화축제가 열리지만 지난해와 올해는 코로나 사태로 여의치 못하여 가야사국제학술회의만 오늘 개최하게 되었습니다.

　이번 학술회의 주제는 「가야사의 인식변화」입니다. 그동안 가야사는 고구려, 백제, 신라 등 삼국시대 역사에서 소외되어 그 중요성이 제대로 인정받지 못했습니다. 이번 학술대회는 지금까지의 가야사 연구 성과를 정리하고 새로운 연구방향을 모색하는 자리입니다. 향후 가야사 연구는 문헌사와 고고학적 자료가 접합되어 융합적인 연구가 이루어져야 할 것입니다. 이번에도 그러한 논의가 활발히 이루어지리라 기대합니다.

　저는 공학도이지만, 역사학을 중시하는 입장입니다. 역사 분야는 인간의 과거사 연구를 통해 교훈을 얻고 미래를 지향하는 학문입니다.

　가야사 복원은 문재인 정부의 100대 국정과제 가운데 하나입니다. 가야문화의 출발지이기도 한 김해시에서 사반세기를 넘게 지속적으로 가야사국제학술대회를 진행하고 있습니다. 이에 대해 김해시와 허성곤 시장님께 경의를 표합니다. 가야사 복원과 관련하여 김해의 대표 대학인 인제대학교에서 관심을 가져야 하고 김해시와 협조하에 시너지 효과를 기대하고 있습니다.

　마지막으로, 이번 학술대회와 관련하여 발표자와 토론자 선생님들, 김해시학술위원회 위원님들, 김해시장님, 김해시 의원님 및 관계자 여러분, 그리고 관심을 가지고 전국 각지에서 오신 연구자분들께 고마움을 표합니다. 참석하신 모든 분들의 건강과 행복을 기원합니다.

　감사합니다.

2021. 04. 23.

인제대학교 총장 전 민 현

환 영 사

　제27회 가야사국제학술회의 개최를 진심으로 축하합니다. 가야사국제
학술회의는 가야와 동아시아 여러 국가와의 교류를 비롯한 가야사의 여러
쟁점들을 중심으로 가야의 역사와 문화 전반을 다루어 가야사 복원에 이바
지하고 있습니다. 이런 학술회의를 저희 국립김해박물관에서 개최하게 된
것을 매우 뜻깊게 생각합니다.

　가야사국제학술회의는 국내외 연구자들이 한자리에 모여 가야에 관한
연구성과를 발표하고 토론하는 의미 있는 자리입니다. 지금까지 이어온 가
야사국제학술회의는 국민들에게는 가야 연구성과를 알리고, 연구자들에
게는 가야 연구의 구심점을 만드는 동시에 연구의 방향성도 제시하는 중요
한 역할을 하고 있습니다. 이번 학술회의의 주제는 '가야사의 인식변화'입
니다. 1991년에 열린 제1회 회의에서 '가야사 재조명'을 다룬 지 30년 만에
선정한 주제입니다. 지금까지 이루어진 가야사 연구의 현황과 성과를 돌아
보고 앞으로의 연구 방향을 모색하는 자리가 될 것으로 기대합니다.

　가야인이 서술한 가야의 기록은 전하지 않습니다. 가야사 연구에 많이
활용되는 문헌 사료인 삼국사기와 삼국유사, 그리고 중국, 일본의 기록
은 가야 외부 사회의 구성원들이 쓴 단편적인 기록물을 기초로 하고 있습
니다. 그렇다면, 562년 우리 역사의 무대 뒤로 사라진 가야를 이후 역사가
들은 어떤 인식을 갖고 있었을까요? 이번 학술회의는 신라 말 최치원에서
부터 『삼국사기』·『삼국유사』의 기록, 전근대 시기, 일제강점기, 광복 이후

오늘날에 이르기까지 시기별로 가야사에 대한 인식의 변화 과정을 종합적으로 살펴볼 좋은 기회가 될 것입니다. 또한, 최근 크게 주목받고 있는 '역사문화권정비법'의 제정이나 정부와 지자체 주도의 가야사 복원·정비사업과 같은 현안들을 점검하고 앞으로의 방향을 모색하고자 합니다. 이와 함께 20세기 이래 임나일본부 사관에서 출발한 일본 연구자들의 가야 연구와 인식의 변화, 1980년대 남원 월산리·건지리고분군 등 가야유적이 발굴되면서 알려지기 시작한 호남지역 가야 연구 현황 등을 돌아보는 자리가 될 것입니다.

가야사 연구의 시각과 논점을 집중적으로 다루게 될 이번 학술회의가 가야의 역사와 문화를 더욱 활발하게 연구할 수 있는 토대가 될 것으로 확신합니다. 문헌사학과 고고학의 상호 이해와 교류, 융합이 요구되는 가야사 연구의 특성에 맞는 새로운 방법론 도출 등 진일보한 학술 성과를 기대합니다.

끝으로 귀한 자리를 마련해주신 김해시 허성곤 시장님과 인제대학교 가야문화연구소 이동희 소장님, 발표와 토론을 맡아주신 연구자분들과 관계자분들께도 감사드리며, 가야사국제학술회의의 지속적인 발전을 기원합니다. 감사합니다.

2021. 04. 23.
국립김해박물관장 오 세 연

목 차

가야사의 인식변화와 연구방향

이 영 식*

* 인제대학교

I. 머리말

현재의 '김해평야'가 가야시대 남해바다의 '고김해만'으로 밝혀졌듯이, '신비의 가야사'나 '수수께끼의 가야사'로 형용하던 이전의 가야사에 비해, 근년의 가야사연구는 그야말로 '상전벽해'와 같은 진전이 있었다. 지난 달 (2021년 3월 26일) 가야사학회의 창립이 웅변하듯이 이제 가야사연구는 한국고대사연구의 독립된 분야로서의 시민권을 획득하였고, 광복 이후에 한국역사학계가 이룩한 중요한 업적의 하나가 되었다.

이러한 가야사연구의 진전은 『일본서기』에 대한 비판적 활용이란 문헌학적 연구와 가야 고고자료의 축적과 새로운 해석이란 고고학적 연구의 두 기둥을 중심으로 이루어졌다고 해도 과언이 아니다. 금번 가야사학술회의의 대주제가 '가야사의 인식이 어떻게 변해 왔던가'로 설정된 것도 이러한 가야사연구의 경과와 성과를 정리해보자는 의도에서 비롯된 것으로 생각한다.

이에 본인은 이러한 가야사 연구의 경과와 성과를 시대별로 나누어 개관하고, 현재 거론되고 있는 가야사연구의 쟁점 몇 가지를 정리 제시해 보는 것으로 기조강연의 책무에 가름하고자 한다.

II. 가야사 연구의 어제와 오늘

1. 조선전기까지의 가야사 연구 - 사서편찬으로의 가야사 -

기원전후에서 6세기 중엽까지 전개되었던 가야제국의 역사는 532년에

駕洛國(金官國)과 562년에 加羅國(大加耶)이 신라에 통합되면서 우리 민족사의 무대에서 자취를 감추었다. 무려 600년에 가까운 역사에도 불구하고 가야인 자신이 남긴 기록은 거의 없다. 현존 가야사에 관한 기록들은 훨씬 후대에 기록되었고, 가야사를 서술하기 위한 것이 아니라, 가야제국과의 전쟁이나 외교교섭의 상대국 또는 제3국에서 기록된 것이 전부였다.

ㅇ『三國志』는 가야사를 전하는 최초의 유일한 기록이다. 3세기 후반 경중국의 晋壽가 편찬한 『三國志』韓傳 弁辰조는 변진12국명과 함께 각국의 정치·사회·문화에 관한 문자기록을 남겼다. 각각의 小國이 國邑과 別邑으로 구성되어 있음과 小國의 君長들이 中國郡縣과 통교하던 상황을 전하고 있다. 國出鐵의 기사는 김해지역에서 출토되는 철기류와 함께 철의 왕국을 복원하는 단서가 되었고, 대방군에서 일본열도 왜국에 이르는 倭人傳의 행정기술은 김해 회현리패총에서 출토된 貨泉 등과 함께 해양왕국의 駕洛國(狗邪韓國)을 추론케 하였다. 이외에도 봄·가을의 축제와 편두 및 부뚜막에 관한 기술들은 관련 고고자료와의 대응을 통해, 전기가야의 고유력과 정신세계를 복원하는 자료가 되고 있으나 弁辰瀆盧國과 같이 지명비정 등에는 이견이 있다.

ㅇ「廣開土王陵碑」는 유일한 동시대의 문자기록이다. 제2·3면에 任那加羅와 安羅人戌兵로 나누어 표기된 가야는 倭와 함께 신라를 공격하다 광개토왕 파견의 5만군에게 격퇴되었다. 이 400년의 역사적 사건은 313·314년의 낙랑·대방군의 축출과 함께 가야사의 전개를 전기와 후기로 나누는 전환기로 설정되었다. 漢 선진문물의 자극으로 남부 해안지역에서 시작된 가야의 역사와 문화가 새로 등장하는 고구려·백제 문물을 흡수하면서 북부내륙지역으로 전개되는 전환점이 되었다. 任那加羅의 지명비정과 安羅를 함안의 고유명사나 羅人을 안치했다고 해석하는 이견이 있다.

○『南齊書』는 479년에 加羅王 荷知가 輔國將軍·本國王에 제수되었음을 기록하였다. 대가야의 독자적 사절단 파견으로 가야가 고대 동아시아의 책봉외교 무대에 등장했던 사실을 전한다. 고대 동아시아세계의 역학관계에서 연구를 해야 할 시각이 요구되었다. 사절단의 이동경로에 대한 추론은 대가야식 토기의 확산, 가야금12곡명에 대한 지명비정, 고령 지산동고분군에 대한 발굴조사 성과 등을 통해 加羅國이 대가야로서 서부경남일대를 중심으로 초기고대국가(영역국가)로 발전하던 상황을 재구성해 볼 수 있게 하였다.

○『日本書紀』는 712년에 大和朝廷이 편찬한 고대일본의 사서로 백제·신라·고구려·왜에 관련된 기술에서 가야사의 일부를 채록하였으나, 가야사는 백제·신라·왜에 휘둘려졌던 수동의 역사로 서술되었다. 현존의 가야사 기록에서 가장 많은 분량이지만, 고대일본의 소중화주의적 역사관과 백제계통의 원자료적 당파성이라는 한계를 가지고 있다. 따라서 비판적 활용을 위해서는 이러한 사서적 한계에 대한 철저한 사료비판의 전제가 필요하다.『일본서기』와「백제삼서」의 일본과 백제 중심적 기술이라는 한계를 어떻게 걸러볼 수 있는가가 비판적 활용의 성패가 달려있다. 일본학계의 왜 중심적 연구와 한국학계 일부의 백제 중심적 연구는 동일하게 지양 극복되어야 한다.

○『三國史記』는 1145년에 金富軾 등이 고려 왕명으로 편찬한 사서로「新羅本紀·樂志·列傳」에 가야사의 단편을 전하고 있다. 고구려·백제·신라의 삼국을 本紀로 설정해 독립된 역사로 다루었으나 가야사는 그렇지 못하였다. 주로「新羅本紀」에서 대 신라 전쟁이나 외교의 단편으로 서술되었다. 가야사를 신라의 변경사로 취급했던 편찬태도에서 비롯되었을 것이다. 신채호의 지적처럼『삼국사기』가 설정했던 한국고대사의 범주와 비중은 현재까지도 강한 영향을 미치고 있다. 부여사나 발해사와 같이 가야

사연구가 정체될 수밖에 없었던 요인이 되었다. 다만 초기기사의 일부나 거칠산국·장산국의 병합과 같은 기년의 오류 등이 고고자료에 의해 수정되어 가고 있다.

○『三國遺事』는 고려 말에『삼국사기』의 유교적 편찬태도와 서술결여를 강하게 의식한 普覺國師 一然이 편찬하였다. 권두의「王曆」에 가락국 왕대기를 삼국과 나란히 등재해 '사국시대'와 같은 역사인식을 보였다. 고려 중기 1076년경에 金官知州事가 편찬한「駕洛國記」를 축약 채록해 紀異의 독립항목으로 설정하고, 五伽耶에 관한 기술을 남겨『삼국사기』의 서술적 결여를 보완했다. 그러나「가락국기」는 역사적 사실보다 건국신화의 형태로 가락국의 통치와 가야 통합을 염두에 둔 가락국의 '용비어천가'와 후손들의 수로왕릉의 전기로 해석될 필요가 있다. '6가야'가 서술되었으니 '6가야연맹'과 같은 단순한 반영으로 해석될 것이 아니라, 가락국의 '용비어천가'와 수로왕릉 제향의 역사를 서술했던 가야인과 후손들의 윤색과 주장에 대한 사료 비판이 필요하다. 수로왕비 허황옥의 도래전승에서「가락국기」의 阿踰陁國에 일연 작문의 金官城婆娑石塔 조에 '西域'을 추가하거나 수로왕의 도읍지 선정에 '16羅漢'이 언급되었던 것이나 魚山佛影 등에 보이는 불교적 윤색의 극복도 진정한 가야사의 복원에 전제로 하여할 요소들이다.

○『新增東國輿地勝覽』이 사서는 아니지만, 가야사가 무대였던 경·남북 일원의 建置沿革과 古蹟에 관련사료를 채록해 가야사복원을 위한 지명 고증에서 고대와 현재를 이어주는 고리를 제공하고 있다. 고령현 건치연혁 조 伽倻山에 부쳐진 대가야의 건국신화는「가락국기」와 다른 건국신화를 전하고 있다. 전자가 전기가야 김해 중심 가락국의 '용비어천가'라면, 후자는 후기가야 고령 중심 가라국의 '용비어천가'다. '금관국'과의 형제관계로 가락국을 끌어들인 이유는 '대가야'의 위상을 주장하면서 가야통합의 정통

성을 확보하기 위한 것이었다. 전·후기가야에서 전개되었던 가야통합시도의 흔적으로 해석되어야 한다.

2. 조선후기의 가야사연구 - 지명고증으로서의 가야사 -

개인적인 가야사 연구는 조선후기 18~19세기 실학자에서 비롯되었다. 조선후기 실학자는 조선의 강역과 문화, 그리고 지명의 기원과 같은 인문지리적 관심에 초점을 맞추었다.

○ 韓百謙(『東國地理志』)은 삼국의 기원에 대한 관심에서 삼한을 고증했다. 변한을 백제의 기원으로 보거나(崔致遠), 변한을 고구려의 전신으로 보는 것(權近)을 비판하고, 삼한은 한강 이남이며 변한이 가야의 전신이라 주장했다. 변한을 전기가야나 가야의 전신으로 보는 현재의 통설은 이에서 비롯되었다.

○ 安鼎福(『東史綱目』)은 이익의 馬韓正統論을 계승하면서도 정통 이외 列國의 독립성을 인정하면서, 부여나 발해와 같이 駕洛과 大伽倻의 고증을 전개했다. 가락국과 대가야의 왕계를 채록하고, 가야의 판도를 지도에 표기했으며,『삼국유사·삼국사기』의 가야 관련기사와『宋書』倭王武의 상표문을 채록했다. 고녕(古寧)가야와 대가야를 혼동하기도 했으나,『삼국유사』와 달리 전라 동남지역까지를 가야문화권에 포함시켰다. 근거 제시는 없었지만, 근년 전·남북 동부 남원·임실·장수·진안·금산·순천·광양·여수 등에서 확인되고 있는 가야 고고자료에 비추어 볼 여지를 제공하였다.

○ 丁若鏞(『彊域考』)은 가야에 대한 가장 많은 서술을 남겼다. 三韓總考, 弁辰考, 弁韓別考 등은 가야의 국명과 지명 고증에 참고할 만한 점이 적지 않다. 근년까지 부산 동래로 비정되던 瀆盧國을 거제도의 옛 이름 裳郡이 '두루기'로 발음되는 것, '독로'와 '두루'가 음통임을 근거로 거제도로 비

정했다. '독로'의 음통으로 주장되었던 '동래'는 신라 경덕왕 때(757년) 비롯되었을 뿐으로, 『삼국사기』는 瀆盧國이 아닌 居柒山國으로 기록했다. 근년 거제관아 객사 상량문에서 '瀆盧故地(光緖18, 1892년)'와 '두로(豆盧)'의 명문과 상고의 건국내용이 확인되었다(이영식; 2010). 또한 弁辰과 가야의 어원에 대해, 弁은 갓(冠)이므로 가야는 갓의 방언에서 비롯되었다 했는데, 1994년 김해 구지로고분군 1세기경의 토광목관묘 인골 이마에서 고깔 모양의 鐵製冠이 확인되면서 그 관련이 언급되었다.

그러나 실학자 연구의 대부분은 조선시대의 김해·거제·함안·고성에 대한 지명어원이나 역사적 유래의 검토로 가야사의 복원과는 거리가 있었다. 더구나 조선후기의 정통론적 역사서술은 정통으로 설정되지 못했던 가야사 연구의 폭이 축소될 수밖에 없었다.

3. 일제 식민사학의 가야사연구 - 합병정당화로서의 가야사 -

근대적 연구방법의 가야사연구가 타민족 지배자부터 시작됐다는 것은 태생부터 가야사의 왜곡을 의미하는 것이었다. 가야사연구가 '임나일본부설' 등처럼 고대한일관계사의 주제로 인식되었던 것은 합병정당화와 식민정책의 목적에서 비롯된 것이었다. 일제강점기 식민사학의 한국사연구는 청일전쟁기, 합병전후, 노일전쟁기로 구분할 수 있겠으나, 가야사 왜곡에 영향을 미쳤던 것은 日鮮同祖論, 他律性論, 南鮮經營論 같은 식민사관이었다.

○ 日鮮同祖論 : 1910년 합병기념으로 간행된 『歷史地理』임시증간호에는 시라토리 쿠라키치(白鳥庫吉)를 비롯한 동양사·조선사·인류학·고고학 등 내 노라 하는 연구자 거의가 집필에 참가했다. 형질과 언어에 같은 뿌리를 가졌고, 형제의 역사를 영위하였기에 1910년의 합병은 같은 자손이 다

시 합쳐진 것에 불과하다는 논조였다. 가야의 역사와 문화는 이런 일선동 조론의 틀에서 가장 빈번하게 거론되었다.

○ 他律性論 : 노일전쟁으로 만주에 진출하면서 한국사를 중국과 일본의 타율적 결정론으로 파악했다. 조선총독부의 『朝鮮史』의 편수와 조선고적조사는 '일선동조론'의 고착과 '타율성론(임나일본부설)'의 물적 증명을 목적했던 노력이었다. 1936년 조선총독부가 무려 30만권이나 간행한 『朝鮮史のしるべ(조선사의 길잡이)』에서는 가야지역을 거점으로 韓南部를 통치했음을 강조하고, 「광개토왕릉비」의 倭를 근거로 백제·신라·가야의 역사는 고구려와 일본의 대결 결과에 따라 결정되었다고 선전하였다. 우리 학계가 현재까지도 자율적 발전론의 가야사를 복원하지 못하고, 고구려·백제·신라에 의해 타율적으로 결정되었던 것으로 파악하려는 오류 역시 일제식민사학의 영향이 적지 않았던 것으로 보인다.

○ 南鮮經營論 : 가장 현저한 것 중 하나가 '임나일본부설'이었다. 가야를 직접지배하고 백제·신라를 간접지배 하는 통치기관으로 주장되었다. 1945년 이전의 연구를 종합한 쓰에마츠 야스카즈(末松保和)의 『任那興亡史』는 '임나(가야제국)의 흥망사'가 아니라, '고대일본의 가야지배흥망사'로 서술했던 대표적 연구였다.

4. 민족사학의 가야사연구 - 독립운동으로서의 가야사 -

광무개혁기의 김택영과 장지연 등은 『연암집·목민심서·흠흠심서·강역고』와 같은 실학의 성과를 간행했다. 장지연은 정약용의 『강역고』를 간행하면서 「任那考」를 증보하여 『대한강역고』를 저술했다. 그러나 『일본서기』 神功紀를 사실로 수용해 고대 일본이 가야에 任那府를 설치하고 지배했음을 인정하는 오류를 보여 신채호의 비판을 받기도 했다.

1910~20년대에는 朴殷植과 申采浩의 고대사연구가 있었다.

○ 朴殷植은 중국에서 간행된『韓國痛史』(1914)의「地理之大綱」과「歷史之大綱」에서 성주의 星山加耶國을 언급하고, 김해가 金首露의 도읍이었음을 밝혔다. 고대한일관계사에 서는 백제의 延烏郎이 일본에 건너가 왕이 되었으며, 신라 김춘추의 도일외교를 일본정벌로 해석했는데, 일제지배에 대한 저항과 보상심리도 포함되었던 것으로 보인다.

○ 申采浩는 실학과 박은식의 연구를 계승해『朝鮮上古史(1926)·朝鮮史研究草·讀史新論』등을 저술했다.『朝鮮上古史』에서 삼국 외에 동부여·한사군·加羅六國도 우리 역사이니까 '삼국시대'가 아닌 '列國爭雄時代'가 되어야 한다 했다.『朝鮮史研究草』에서는 吏讀文名詞解釋法의 단초를 제시하면서, 가라와 가야의 어미 라(羅)·야(耶)는 지명어미 나(那)·노(奴)와 같이 강(川)을 뜻한다고 했다. "이런 지리지 잘못의 교정은 우리 민족의 강역과 역사를 바로잡는 일이 될 것이다" 또는 "訓蒙字會·處容歌·訓民正音에서 古語를 연구하고『삼국유사』에 쓰인 鄕歌에서 吏讀文의 용법을 연구하면 역사상 허다한 발견이 있을 것"이라 지적하였다.「三國志東夷列傳校正」에서는 조선유학자들의『후한서』신뢰전통에 반대하고『삼국지』를 신빙해 전기가야 관련 사료비판의 기준을 제공했다.「前後三韓考」에서 후삼한의 마한·변한·진한은 단군조선·기자조선·위만조선의 전삼한을 계승하는 것으로 파악했는데, 위만조선의 멸망을 계기로 진한의 사로국과 변한의 가락국 등의 소국들이 성립되었다는 현재의 해석과 통하는 점이 적지 않다.『讀史新論』에서는 장지연『대한강역고』에 대한 비난을 통해『일본서기』를 비판하고 任那府와 神功皇后의 역사성을 부정했다.

1930~40년대에는 鄭寅普와 孫晋泰에서 가야사연구의 단편을 살필 수 있다.

○ 정인보는 깊은 한학으로 현재 우리가 다루는 거의 모든 사료를 망라

해 고대사를 저술하였다. 『朝鮮史研究』(1946~47)에 건국신화를 역사의 반영으로 보아 加耶國을 별도의 장으로 서술했다. 『삼국사기』신라본기의 가야관련사료를 추출해 처음으로 가야와 신라의 전쟁·외교사를 정리했다. 가야는 갑우내의 줄인 말로, 갑우내는 '가운데 내'로, 가야가 한반도 가운데를 남북으로 흐르는 낙동강에 접해 있어 생긴 이름이었고, 龜尾(선산)·龜川(현풍)·龜旨(창녕·김해)·龜浦(부산) 등처럼 '가븨' 또는 '가븨내'로 읽혀지는 지명들은 '갑우내'가 남은 흔적이라고 했다. 1955년에 간행된 「廣開土境好太王碑文釋略」에서 제시되었던 이른바 辛卯年조에 대한 해석은 너무나 유명해 상론치 않으나, 비문을 근거로 고대일본의 가야지배를 주장하던 일본학계에 대한 비판과 대안 제시의 하나로 충분했다.

○ 손진태는 신민족주의를 표방하면서 배타적·독선적인 민족주의를 청산하고 세계사적 보편적 발전론으로서 한국고대사의 정립을 주장하였다. 『朝鮮民族史槪論』(1948)에서 3세기 말까지의 변한을 小部族國家로 정의하고, 6세기 중엽까지의 가야를 部族聯盟을 거친 貴族國家確立期로 구분하였다. 가야사를 보편적 사회발전단계론으로 구분해보고자 했던 첫 시도는 인정되어야겠지만, 부족국가나 연맹과 같은 불완전한 개념의 사용은 이후 오랜 동안 영향을 미쳤다.

5. 광복 이후의 가야사연구 - 고대사복원을 위한 가야사 -

광복 이후의 가야사연구는 1970년대 중반까지의 연구와 1980년대부터의 연구로 나눈다. 전자를 현대 가야사연구의 1세대라고 한다면 후자는 가야사연구의 2세대가 될 것이다. 1세대의 연구자로는 李丙燾·千寬宇·金廷鶴·丁仲煥 등이 있다.

○ 李丙燾는 『삼국사기』와 『삼국유사』를 국역하면서 가야 관련 사료와 지

명 등에 대한 주석을 통해 가야사연구의 일부를 제시하였으나 그 영향은 의외로 크다. 『國譯 三國史記』(1977)가 연구서는 아니지만 기본사료집으로 이용되면서 가야사 인식에 큰 영향을 미쳤다. 가야사연구로는 『韓國古代史研究』(1976) 「加羅史上의 諸問題」에 실린 6편의 논고가 있다. 「洛東江流域의 地理와 上·下加羅」에서 가라의 어원을 '(신라 변방의) 갓 나라'로 해석하고, 「上·下加羅의 始祖說話」에서 김해와 고령 중심의 두 가지 건국신화를 근거로 가야사의 전개를 전·후기로 나누었다. 「加羅諸國의 聯盟體」와 「首露王考」에서 부족국가의 수로왕을 연맹형성의 시조로 이해하고, 3세기경부터 가라연맹체의 형성을 추론하였으나, 가락국 성립은 오히려 서기 42년 이전으로 보았다. 「蘇那曷叱知考」는 『일본서기』 관련기사를 일본열도 진출 가야인의 이해에 단초를 열었다. 광복 후 연구로 가야의 어원, 부족국가나 연맹의 설정과 적용 등에 재검토의 여지를 남기면서도 적지 않은 영향을 미쳤다.

○ 千寬宇는 『일본서기』를 "僞書라기보다 흥미 있는 책"이라면서 비판적 활용을 통한 가야사 복원의 장을 열었다(千寬宇; 1977·8). 가야 관련기사가 8세기 『일본서기』의 소중화주의적 편찬태도에 의해 백제가 주체였던 역사적 사실이 일본으로 바뀌었다는 이른바 '주체교체론'이란 사료비판의 전제를 주장했다. 「神功紀」 加羅七國平定의 주체는 왜가 아니라 백제로 이때 성립했던 '임나일본부'는 '임나백제부' 같은 것이라고 논단했는데, 이는 '백제군사령부설'로 명명되었다(이영식; 1993). 그러나 주체만 바꾸어 역사적 사실이 복원될 수 있을 만큼 『일본서기』가 간단하지도 않고, 관련기사에서 백제왕의 지시에 따르지 않는 임나백제부와 백제군사령관이란 모순을 노출하게 되었다. 末松保和의 『임나흥망사』가 고대일본의 '가야지배흥망사'로 된 것처럼, 천관우의 「復元加耶史」는 '백제가야지배사' 복원으로 이어지게 되었다.

○ 丁仲煥은 가야지역의 유일한 가야사연구자였다. 1960년대 초에 모든 문헌자료를 망라해 가야사입문서를 내놓았다(丁仲煥; 1962).『三國志』의 瀆盧國을 부산 동래로 비정하는 전형을 제시하였고, 「가락국기」에 대한 폭넓은 사서적 검토를 진행했다(丁仲煥; 2000).『일본서기』나 임나일본부의 이해에서 1945년 이전의 일본연구와 비슷한 논조도 발견되나 가야지역에서 가야사와 가야고고학 연구가 성장하는 데 자극제가 되었다.

○ 金廷鶴은 가야 고고자료를 최초로 가야사복원에 적극적으로 활용했던 연구자였다. 진해 웅천패총을 비롯해 남해안에서 확인되는 철기와 도작문화의 시작을 근거로 1~3세기를 가야시대전기로, 함안·창녕·고령 등에 고총고분이 출현하는 4~6세기를 가야시대후기로 구분했다. 사회발전단계로 읍락국가(1세기 이전)→읍락국가연맹(1~3세기)→가야연맹(4~6세기)을 설정했고, 고대왕국 형성 전에 신라에 통합되었다고 했다. 邑落國家는『삼국지』의 '國'과 '邑落'을 결합시킨 용어로, 1세기 이전 청동기문화의 김해지역에 상정하였다. 읍락국가연맹에서 가야가 시작되었으며, 읍락국가연맹에서 발전된 가야연맹으로 마감되었다고 했다(金廷鶴; 1982).『任那と日本』에서는 일본서기·칠지도명문·광개토왕릉비문 등의 이해를 제시하면서, 가야와 일본의 고고자료를 동시에 비교했다(金廷鶴; 1977). 고고자료를 가야사 복원에 활용했던 선구적 연구였지만, 자료의 불충분으로 선산과 성주, 늦은 시기의 양산 등을 가야의 영역이나 문화권으로 간주하는 오류가 포함되었다.

광복 후 2세대의 연구자로는 申敬澈·李永植·金泰植·白承忠·權珠賢·南在祐·趙榮濟·白承玉·金世基·朴天秀 등이 있다. 이들 연구의 성과는 기존의 사료해석과 연구의 종합과 재검토,『일본서기』의 비판적 활용, 다양한 고고자료의 활용, 인류학적 모델의 적용여부에 대한 검토 등을 들 수 있다.

○ 申敬澈은 3세기 중후반 대성동29호분의 규모와 부장품의 탁월함에서 가야의 시작을 상정하였고(신경철; 1992), 5세기 고구려남정 이후 금관가야의 지배층이 부산 복천동고분군으로 이동하였는데 이를 금관가야를 맹주로 한 친신라계 전기가야연맹이라 하고, 남정 이후 비신라계 대가야연맹, 아라가야, 소가야연맹으로 구분하였으며, 『삼국사기·삼국유사』가 기록한 포상팔국의 실체를 5세기 후반의 소가야연맹으로 추정하였다(신경철; 2017).

○ 李永植은 가야제국의 사회발전단계론에 관심을 가지면서 신진화주의 인류학에서 제시되는 군장사회(Chiefdom)의 모델을 전기가야에 적용시키고, 『삼국사기』 등에 보이는 가야와 신라의 전쟁기사를 통해 '가야연맹설'이 가야제국의 관계나 사회발전단계로서의 부적합함을 지적했다. 임나일본부의 실체규명과 관련기사의 비판적 해석을 통해 멸망기의 가야제국이 왜사였던 '임나일본부'와 '아라일본부'를 매개로 왜를 배후세력으로, 백제와 신라의 침략에 대항했던 가야 독립유지의 노력을 복원했다. 종래 왜(일본학계)·백제(천관우)·신라(한국학계)에 의한 타율적 역사관을 벗어나 가야제국의 자율적 발전론에 기초한 복원의 길을 주장했다(李永植; 1993).

○ 金泰植은 문헌사료와 발굴성과의 성공적인 접목으로 가야사복원에 성과를 거두었다(金泰植; 1993). 1~6세기 가야사의 전개를 가락구촌연맹→변한제소국연맹→전기가야연맹→후기가야연맹으로 파악했다. 연맹이 가야제국의 관계인지, 사회발전단계인지 애매하다. 후자라면 가야의 사회발전단계는 불변이었던 것이 된다. 전기가야연맹에 대한 증거는 절대 부족하고, 대가야식 토기의 확산에 근거했던 후기가야연맹의 설정은 비교적 설득력이 있지만, 가락국과 아라국이 포함될 수는 없으며, 가야연맹체의 존재가 문헌과 고고 자료에서 검증되는 것도 아니다. 대가야를 맹주로 하는 후기가야연맹이 설정되더라도 6세기 신라와 백제의 진출에 적극적으로 대응

했던 것은 아라국(安羅國)이었다. 임나일본부를 왜와 가야에 대한 백제의 교섭기관으로 파악하고, 아라국의 주도로 변질되었다고 했으나, 일본부는 『일본서기』에서 '후(府)'의 기관이 아니라 사신을 뜻하는 '미코토모치(御事持)'로 읽히고 있다. 가야연맹설을 수정하고 임나일본부설을 재검토한다면, 한국고대사에서 가야사연구의 시민권을 주장했던 공로는 인정하기에 충분하다.

○ 白承忠은 가야 단일연맹체론에 반대하면서 지역연맹의 개념을 제시하였다. 전기가야에서 김해를 중심으로, 후기가야에서는 고령과 함안을 중심으로 하는 보다 좁은 범위와 제한된 시기의 연맹을 설정하였다(백승충; 1995). 이른바 김태식의 단일연맹체론에 대한 수정론으로, 가야금12곡명의 정치적 의미에 대한 천착과 같이, 포상팔국 관련기사나 『일본서기』 같은 문헌사료에 대한 정치한 분석은 참고해야 할 것이 많다.

○ 權珠賢은 최초로 아라국사를 독립된 주제로 다루었고(권주현; 1993), 정치사 일변도를 지양하면서 가야문화사의 새로운 지평을 열었다(권주현; 1998). 가야인의 의식주, 의례와 습속, 미술과 음악에 관련된 문헌과 고고학 자료를 정리했다(권주현; 2004). 새로운 연구주제이기 때문이겠지만 자료의 나열에 그친 것 같은 느낌도 있다.

○ 南在祐는 아라국사의 재구성에 주력했다(南在祐; 2003). 전기가야의 아야국(安邪國)은 大國이었고, 후기가야의 아라국(安羅國)이 가야제국 대외교섭의 리더였음을 드러내고 강조했다. 포상팔국의 공격대상을 가라국이 아닌 아라국으로 상정하기도 했고, 아라국사의 복원을 통해 가야사와 한국고대사 속에서 아라국의 위상을 새롭게 정리하고 강조했다.

○ 趙榮濟는 옥전고분군의 발굴조사 결과를 『일본서기』 多羅國의 기록에 조응시켜 다라국사의 복원에 전념하였다. 복천동21·22호와 옥전23호분 토기의 유사함에 주목해 5세기 고구려남정 이후 금관가야지배층 이동

과 다라국의 성립을 연결시켰고, 화려한 용봉문환두대도와 금제수식을 바탕으로 대가야에 버금가는 왕국으로 추정했다(조영제; 2007).

○ 白承玉은 가야연맹설과 같이 하나의 묶음으로서 가야사가 다루어지는 것은 지양하고, 가야각국사에 대한 개별적 천착에 주력하면서, 고성의 古自國史와 창녕의 比斯伐國史의 복원을 시도했다(白承玉, 2003). 근년에는 지역연맹체론과 고대국가론의 결합과 같은 '지역국가론'을 제창했다. 가라국과 아라국에 왕의 존재와 칭호, 초보적 지방제도의 존재, 전략적 요충지의 확보, 산성배치에서 보이는 특정지역 고수 경향 등을 추출하면서 현재의 1~2개 시·군 정도의 범위에 지역국가가 병립해 있었던 것으로 주장했다(백승옥; 2017).

○ 金世基는 지금까지 연구된 고고자료와 문헌자료를 종합하여 5세기 중반 이후의 대가야가 고대국가로 발전했다고 주장했다(김세기, 2017). '대가야토기진출론(이희준, 1995)'에 고총고분의 위계와 금관의 존재 등을 더해 부체제를 거쳐 고대국가로 발전했던 것으로 추론하였다. 고령의 대형 단곽 순장분이 서부경남을 지나 전라동부지역까지 확산되고, 대가야 토기와 위세품의 사여가 확인되는 것을 근거로 대가야의 영역국가적 성격을 지적하면서, 중국 남제의 왕호 수여, 대왕명 토기, 벽화고분의 연화문에서 보이는 불교와 신라·백제에 지원군 파견 등이 고대국가 성립의 증거로 들었다.

○ 朴天秀는 가야각국사의 시점을 유지하면서도 대가야 계통 문물의 전파와 『일본서기』의 문헌기록을 조합 해석해, 섬진강 서부의 전남 동부까지 통합한 고대국가로 상정했으며, 일본열도에 진출했던 가야계통 유물의 추적을 통해 가야사의 전개와 병행했던 가야와 왜의 교류양상을 확인했다(박천수, 1996·2018). 가야문명권을 금관가야, 아라가야, 소가야, 대가야로 나누어 파악하고 있어, 고대국가론과 지역연맹론 사이의 시각을 취하고 있는 것처럼 보인다.

○ 李炳基는 대가야국가형성론에서 1~3세기 삼한소국단계(반로국)→4세기 지역연맹체단계→5세기 중엽 부체제(고대국가 직전)의 단계를 설정하면서, 중앙과 지방으로 구성된 영역국가로 정의하기도 했다(이형기; 2009).

이상의 연구에서 눈에 띄는 점은 다음과 같다.

첫째, 가야사의 연대기적 구성에 폭을 더하고 있다. 둘째, 가야제국 자율적 발전론의 시각에서 가야사의 전개를 이해하고자 한다. 셋째, 가야연맹설의 운명공동체론을 지양하고 가야각국사의 재구성에 노력하고 있다. 넷째, 임나일본부의 실체규명을 『일본서기』 비판적 활용의 제1보로 생각하고 치밀한 사료비판을 통해 가야사복원에 주력하고 있다. 다섯째, 문헌연구자라도 가야고고학의 성과에도 천착해 접목을 시도하고 있으며, 고고학연구자 역시 문헌적 연구에 귀를 기울이고 있다. 여섯째, 동아시아사에 시야를 두면서 가야사가 고대동아시아세계 변동에 중요한 구성분자였음을 밝히고 있다. 일곱째, 포상팔국 기년관 차이처럼 문헌과 고고 자료와 해석의 차이를 어떻게 극복해야할까?

Ⅲ. 가야 사회 성격 논쟁

1. 이른바 '가야연맹설'

이른바 가야건국 '6란 신화'의 원초적 해석에서 비롯된 '가야연맹설'은 가야제국 간의 관계나 사회발전단계론으로 부적합함에도 불구하고, 가야사 이해의 기본 틀로 이해되어 왔으며(이병도; 1972·1976, 김태식; 1993), 현재의 국사교과서에도 서술돼 있는 용어와 개념이다. 그러나 가야제국의 관계나 사회발전단계론 어느 쪽으로도 유용하지 못하다는 비판이 제시된 지 오래되었고(이영식; 1985), '가야연맹설'의 변형으로 5~6세기의 대가야를 중심으로 하는 '대가야연맹' 만을 인정할 수 있다든지(田中俊明; 1992), 김해·함안·고령을 각각의 중심으로 하는 '지역연맹론' 등의 수정론이 제시되기에 이르렀다(백승충; 1995). 이제 가야사의 시작에서 종말까지를 단일운명공동체의 '가야연맹체'로 보는 입장은 없지만, 가야제국의 관계나 사회발전단계를 그리스 도시국가 간의 연맹(League; 동맹)이나 모건(Lewis H. Morgan)의 부족연합(Confederacy)과 같은 이해도 잔존하고 있다.

'가야연맹설'은 다음과 같은 이유에서 폐기 극복되어야 한다.

첫째, 그리스의 'League'와 달리 가야사의 문자기록에 '聯盟'과 관련될 만한 용어는 찾아볼 수 없다. 연맹 결성의 주목적인 공동 공격과 방어에 해당하는 기술을 찾아 볼 수 없을 뿐 아니라, 오히려 『삼국사기』와 『삼국유사』가 동일하게 3세기로 기록한 '浦上八國의 亂'과 같은 가야제국 사이의 전쟁이 확인되고 있다. 가야제국이 백제나 신라를 대상으로 함께 전쟁을 수행했던 기록은 없으며, 오히려 대가야 같은 특정 가야국이 신라나 백제와 함께 고구려나 신라에 대항했던 전쟁이 확인될 뿐이며, 522~529년에 대가야는 신라 왕실과 결혼동맹을 맺기도 하였다. 결국 532년에 가락국(금관가야), 561년에 아라국(아라가야), 562년에 가라국(대가야)은 신라에 의해, 487년에 서부가야, 514년에 기문국, 529년에 다사국 등은 백제에 의해 각개 격파되었을 뿐이었다.

둘째, 고대의 그리스연맹과 현대의 국제연맹의 사회발전단계가 전혀 다르듯이, 가야연맹설은 사회발전단계론이 될 수 없다. 가야의 사회발전단계는 부족사회(Tribes)→군장사회(Chiefdom)→복합군장사회(Complexity Chiefdom)→초기고대국가(영역국가)로 생각되기 시작했다. 사회발전단계론의 초점은 군장사회를 어디에 비정할 것인가 또는 대가야에서 고대국가적인 지표들이 얼마나 확인될 수 있는지에 모아지고 있다. 지석묘와 청동기의 출현, 곧 구간사회를 군장사회로 볼 것인가(이종욱; 1983·1999), 목관묘와 철기의 출현단계, 곧 가락국의 성립을 군장사회로 볼 것인가(이영식; 1996)의 논의가 진행되었다. 서부경남지역에 대한 대가야토기의 확산에 기초해 제기되었던 '영역국가론'(이희준; 1995, 김세기; 1995, 이영식; 1997)은 5~6세기 대가야가 서부경남과 전라 동부지역에 군사적 진출, 우륵처럼 가야제국 인민의 통제, 縣의 기록에서 보이는 행정구역 또는 지방과 같은 영역확보, 佛敎나 曆의 수용과 같은 이데올로기의 변혁 등을 근거로 '초기고대국가'로 정의하는 경향이 대두되고 있다(이영식; 2017).

결국 지금까지 가야사의 전개와 사회적 성격을 설명해왔던 '가야연맹설'은 가야제국의 관계와 사회발전단계 모두에 결정적인 문제점을 안고 있다. '가야연맹설' 비판은 가야각국사의 새로운 복원으로 연결될 수 있을 것이다.

2. 이른바 '부체제론'

고구려·신라사의 연구에서 도출되었던 논의와 모델을 가야에 적용시켜 보려 했던 것이 부체제론이었다. 합천 저포리 E지구 4호분 봉토에서 출토된 단경호 구연부의 각자명 下部思利긔의 '下部'에 대한 대칭으로 '上部'를 상정하고 나아가 대가야 5부의 존재를 추정했다(노중국; 1995). 대가야 가라국이 지역연맹체를 초월해 중앙집권국가로 발전하는 과정에서 諸旱岐會議體, 대외교섭권 단일화, 중층적 신분제도 확립, 상비군사조직과 지배조직 등을 통해 부체제의 성립을 논하였다. 下部는 옥전고분군의 쌍책면 일대로 보기도 하고(노중국; 1995, 백승충; 2000), 출토지의 합천군 봉산면 일대로 보기도 하지만(이형기; 2009), 오직 단 한 번 확인되었던 '部'의 용례에 가야사회발전단계론의 운명을 걸고 있는 것 같은 느낌이다.

대가야의 국가형성론을 1~3세기 삼한소국단계(반로국)→4세기 지역연맹체단계→5세기 중엽 부체제(고대국가 직전)의 단계로 설정하면서, 중앙과 지방으로 구성된 영역국가로 정의하기도 했다(이형기; 2009). 4세기의 지역연맹체 형성은 개진~쌍림 일원의 반로국이 우곡면의 新複縣과 야로~묘산의 冶爐縣을 통합한 것에서 비롯되었다 했으나, 이런 상황은 연맹형성이 아니라 반로국의 세력 확장에 의한 영역확보로 해석하는 게 좋을 듯하고, 『삼국지』한전의 '小國'에서 '大國'으로의 발전으로 해석하는 것이 정합적일 것이다.

부체제의 증거로 제시된 下部思利己의 下部를 가야금12곡의 下加羅都로 추정하고, 上加羅都=上部를 더해 5부의 존재를 추정하거나(노중국; 1995), 이를 2부체제의 흔적으로 해석하지만(백승충; 2000, 이형기; 2009), 가야통합이란 작곡목적에서라면 오히려 12곡=12부(체제)로 주장되어야 할 것이다. 상·하가라도 이외에 합천 서남부의 거창·함양·남원·순천까지의 대가야 토기 확산이 영역의 확대로 보는 만큼, 이들 지역에도 部의 존재를 상정이 순리적이고, 그렇다면 가야금12곡명=12부체제가 주장되어야 하는 것은 아닌지?

『일본서기』흠명 2·5년 조의 이른바 임나부흥기사에 등장하는 한기층과 수위층을 가라왕이나 아라왕의 신하로 파악하고, 가라국에 上首位가 있는데 3년 사이에 다라국의 下旱岐가 二首位로 바뀌었으니, 가라국의 관위제에 다라국이 편제되어 부체제 상의 직속지배로 편입된 증거로 보았다(이형기; 2009). 그러나 이는 백제 사비의 국제회의로 가라국왕보다 아라국왕이 앞서 기록되었으며, 아라국처럼 낮은 관등(次旱岐·二旱岐·下首位)을 파견한 가야국이 높은 관등(君·君兒·旱岐·上首位)을 파견한 가야국보다 우위였다는 해석이 지배적이다(田中俊明; 1993, 이영식; 1993). 이렇게 보면 가라국왕은 아라국왕은 물론, 다라국왕 보다도 하위였던 것으로 해석되어야 한다.

더구나 가야 사절들은 신라의 喙部나 沙喙部의 部名이 아니라, 가야 제국의 國名으로 표기되었고, 가야의 부가 아니라 가야제국이 나열된 것이다. 신라왕이 '7왕'이란 부장들과 의논했던 것과는 다르고, 각국 사절들은 자발적으로 회의에 참가했던 것이다. 가야제국의 외교권이 아라왕이나 가라왕에 의해 박탈되었던 것으로 볼 수 없다. 加羅國 역시 일국의 대표로 참석하고 있을 뿐, 회의에 참가했던 가야제국 사절 모두 백제왕의 선물(회유품)을 '각각' 받아 돌아갔다. 회의선두에 섰던 아라국왕 조차 어떤 결정권을 독점 행사했던 것은 보이지 않으며, 가라국왕이나 아라국왕이 가야제국의 외교권은 물론 무역권이나 전쟁권을 박탈하거나 대표권을 행사한 것 같은 상황으로 보기 어렵다.

같은 부체제론자에서도 지역연맹체론(백승충; 2000)이나 고대국가론(주보돈; 2017)처럼 사회발전단계론의 차이를 보이기도 하지만, 유일하고 결정적인 단서로 삼은 것은 합천 저포리 E유적 출토 下部思利己 각자명의 찌그러져 볼품없는 단경호 한 점뿐이다. 더구나 이런 추정은 思利己를 대가야인으로 보았을 때만 가능하다. 반면에 백제인으로 보기도 하고(김태식; 1990, 田中俊明; 1992), 문물교류로 이입된 토기로 보는 것처럼(鈴木靖民; 1990), 가라국 인명이 아니라면 대가야부체제론은 붕괴될 수밖에 없다.

첫째, 이것은 대가야문화권에서 무수히 출토되는 대가야 토기 중 하나일 뿐이다. 대가야 토기는 무수한데 단 하나의 部와 人名 표기에 불과하다. 가라국 토기에 부명이나 인명을 각자하는 습관이 흔하지 않았음을 알 수 있다. 충남대박물관 소장의 '大王'과 창녕지역 출토의 '大干', 산청 하촌리 취락유적 출토 '二得知', 함안 우거리 가마유적 출토된 부호들에 불과하다. 구체적인 인명으로 각자된 사례가 극히 드물다. 대가야가 부체제였기에는 대가야 왕권 지배실현의 근간이 되었을 部의 흔적으로는 너무나 빈곤하다.

上部 · 中部 · 前部 · 後部도 없고, 방위의 部도 없다.

둘째, 토기 출토지는 부체제론의 일부에서 下加羅都이자 下部로 주장하는 옥전고분군의 쌍책면이 아니라, 서쪽으로 합천읍을 지나 정반대 방위의 봉산면 저포리였다. 정작 下部는 합천 서단의 봉산면에서 출토되었는데 합천 동단의 쌍책면에 下部를 비정하는 것은 문제이다. 더구나 下部를 가야금12곡의 下加羅都로 보아 上 · 下加羅都가 王畿를 구성하던 2부체제로 추정하였으나(백승충 : 2000), 加羅國의 고도 고령읍과 多羅國의 고도 합천군 쌍책면은 아주 가까운 이웃 동네이다. 지근거리에 지역연맹체나 부체제의 중심이 둘씩이나 위치한다는 것과 서울의 都로 표기되었다고 생각하기는 어렵다. 지근거리의 서울을 둘이나 상정하는 것은 왕이 전쟁 · 군사 · 외교권을 독점하는 고대국가의 부체제에서는 성립할 수 없다. 下加羅都와 上加羅都는 개념상 평행권력의 표현으로 생각할 수밖에 없다.

셋째, 대가야권역에서 출토된 대가야 토기 각자명이라 하더라도 반드시 대가야인명이라 단정할 필요는 없다. 물론 이 下部는 분명히 부명이다. 그러나 소속부명(출신부명)+성명+관등이란 고대금석문의 일반적 표기방식에 비추어 관등이 없음에 주목할 필요가 있다. 백제 관등도 없으니 백제인설은 성립하지 않는다고 했으나, 思利己가 백제 파견의 외교관이나 관리가 아니라 오랫동안 거주하던 '백제계 가야인'이었다면 백제관등이 없었던 것이 당연하다. 백제에서 이주해 봉산면 저포리 인근에 살던 자가 4호분 봉토 축조제의에 단경호를 바친 것으로 볼 수도 있다.

넷째, 백제의 관등이 없었던 것은 당대의 소속부명이 아니라 출신부명을 성씨처럼 사용했던 흔적으로 보인다. 출신지명을 姓처럼 사용하던 전통과 사례는 삼한 · 삼국과 가야의 주민들이 일본열도로 이주했을 때 흔하게 확인된다. 예를 들어 고구려 · 백제 출신은 정착지를 高麗郡 · 百濟村과 같이 칭하고, 姓으로 高麗 · 高麗王과 百濟 · 百濟王을 칭했으며, 辰韓 · 新羅

출신은 종착지를 新羅村으로 칭하고 辰과 같은 秦을 姓으로 사용하면서 秦始皇帝의 후손임을 주장하기도 했다. 마찬가지로 가야 출신은 可也·蚊屋·加悅·賀陽 등을 거주지 명으로 삼으면서 카야(加耶·蚊屋·賀陽)·카라(加羅·加良·韓)·아야(漢)·아라(安羅) 등의 출신지명을 姓처럼 사용했다.

다섯째, 『일본서기』계체 3년 2월조는 "任那日本縣邑에 사는 百濟백성 중에 부랑이나 도망해 본래 호적에서 떨어진 지 3~4세대 되는 자를 옮겨서 백제 관적에 올리게 하였다"고 기록하였다. 백제에서 가야로 이주해 3~4세대 동안 적지 않은 사람들이 거주했던 것이 확인된다. 이들 중 하나였던 下部思利己가 3~4세대 동안 가야에 거주하면서 출신부를 자기 성으로 썼던 것으로, 이런 사람이 대가야 토기를 가야고분의 봉토제사에 바쳤던 것으로 추정할 수도 있다. 더구나 이 명문 단경호는 심히 찌그러진 상태로 소성상태도 좋지 않다. 하층 이주민의 어려움을 떠올리기에 좋은 형상이 아닐까?

여섯째, 가야지역에서 확인된 또 다른 部의 명문은 창녕 교동11호분 출토 상감대도명문이 유명하다. 판독초기에는 上部로 읽었으나 下部로 보는 판독에 무게가 실리고 있다(鈴木靖民씨 교시). 특히 이 부명 下部 아래에서는 先人이라는 고구려 제11관등명이 확실하다. 고구려 5부의 용례가 가야에서 확인된 사례이다. 가야고분에서 출토되었다고 무조건 가야의 부명으로 생각할 수 없는 예이다. 더구나 합천군 봉산면을 下部로 볼 때 下部=西部의 용례와 상응하는 가능성을 제기했지만(이영식; 1997, 이형기; 2017), 창녕의 경우는 동남쪽에 해당하고, 上部로 읽어도 원래 上部였을 가라국과 모순된다. 이렇게 백제나 고구려의 부명이 가야에서 출토될 수도 있는 것으로, 창녕11호분출토 상감명문대도는 고구려를 등에 업고 창녕 가야지역으로 진출하던 신라가 비사벌국에 사여 회유하던 증거로 해석되었다(이영식; 2016).

3. 이른바 '前期論'과 '前史論'

가야사의 하한을 6세기 중엽으로 보는 데는 이견이 없으나, 가야사의 시작을 언제로 볼 것인가는 전기론과 전사론으로 나뉜다(주보돈; 1995). 전기론은 삼한의 변한을 전기가야로 보지만, 전사론은 변한과 가야를 구분하고 있다. 대체로 문헌사학자들은 변한=전기가야로 보지만, 고고학자들은 변한과 가야를 다른 역사로 구분하는 경향이 강하다.

전사론에서는 가락국왕릉 묘역 김해 대성동고분군의 목곽묘를 2기로 나누면서, 1기의 목곽묘를 낙랑계로, 2기의 목곽묘를 부여계로 구분해, 2기가 1기의 목곽묘를 파괴하거나, 2기에 부곽과 순장이 출현하고 유목민 계통의 오르도스형 銅鍑이 매납되는 점 등에 주목해, 2기가 출현하는 3세기 말~4세기 초에 지배층 교체와 같은 획기적 변동을 주장했으나(신경철; 1992·1993), 2기의 출현을 대표하는 29호분이 타 분묘를 파괴한 것이 아니라 오히려 후대 39호분에 의해 파괴되었다.

김해지역의 고고학적 지표도 동일 묘제인 목곽묘의 대형화나 부장품의 고급화보다는 지석묘에서 토광목관묘로의 변화, 청동기에서 철기 문화로의 교체에 주목해야 한다. 철기문화의 개시는 늦어도 기원전 1세기이다. 3세기 중후반의 『삼국지』가 '大國'으로 전하는 狗邪國은 『삼국유사』가 기록한 1세기 '소국'의 가락국이 성장한 것이다. 건국자 수로왕은 국호를 大駕洛 또는 伽耶國으로 칭했다. 이 '소국'의 가락국이 성장해 '대국'의 가야국 또는 대가락(국)이 된 것이고, 대성동29호분은 대국으로 성장했던 가야국을 웅변하는 유적이다(이영식; 1994). 『일본서기』에 따르면, 구야국 등의 변한12개국은 가야제국 종말의 6세기 중엽까지 병립 존속하였다. 변한12국은 가야제국의 모체였던 전기가야 제국이었다. 한진서가 『해동역사』에서 "弁辰의 구야(狗邪)가 곧 가야(加耶)다"라 단언한 것처럼, 동명의 구야국과 가야국은 안정복의 지적처럼 "죽순과 대나무의 관계"와 같은 것으로, 조선 후기의 실학자나 고대의 중국(『남제서』)과 일본(『일본서기』·『신찬성씨록』)에서도 삼한과 삼국은 같은 것으로 이해하였다. 지배집단이나 인민구성의 혁명적인 교체가 인정되지 않는 한 弁韓과 加耶의 관계는 前史보다는 前期로 파악하는 것이 타당하다.

근년에 발굴된 유적으로 수로왕 가락국(『삼국유사』), 곧 구야국(『삼국지』)=가야국(『삼국유사』) 단계의 시작을 보여주는 것으로 생각되는 「김해 가야의 숲 조성부지 제3호 목관묘」의 존재와 가락국 이전의 九干으로 구지봉에서 수로왕의 등장을 기원했다는 아홉 촌장의 구간사회(『삼국유사』 가락국기)를 보여주는 초대형의 구산동고인돌의 발견이 주목된다. 후자가 부족연합사회 酋長의 존재를 보여주는 것이라면, 전자는 소국의 성립과 王의 출현을 보여주는 것으로 해석되어야 할 것이다.

Ⅳ. 가야사 연구의 시각과 논점

1. 이른바 '주체교체론'

1976년 천관우는 『일본서기』를 "위서가 아닌 흥미로운 책이라" 전제하면서 비판적 활용의 길을 열었으나(천관우; 1977·1978), 그 사료비판의 전제는 너무 단순한 것이었다. 津田左右吉 같은 일제식민사관론자조차도 부정했던(그래서 황실모독죄로 투옥되기도 했던) 『일본서기』 神功紀의 '가라7국평정 이야기'에서 평정주체를 왜에서 백제로 바꾸면 역사가 복원될 것으로 주장했다. 任那日本府도 원래는 任那百濟府였는데, 『일본서기』가 百濟를 지우고 日本을 삽입한 것이니, 任那日本府는 임나=가야에 진주해 있었던 백제군사령부 같은 것이라 했다. 그러나 백제군사령관이었을 인물들이 오우미(近江)·이쿠하(的)·키비(吉備)·카와치(河內) 같은 왜(倭)씨족 명으로 기술되었던 가는 해결하지 못했다.

이런 문제점을 '日系百濟官僚'로 해결하려 했던 연구가 제시되었다(김현구; 1985). 물론 『隋書』의 기록과 같이 백제조정에는 왜인의 신하도 있어 시나노(科野)·키(紀)·코세(許勢)·모노노베(物部)·호즈미(穗積)처럼 왜계백제인이 대왜외교에서 활약했던 것은 사실이다. 그러나 이들은 백제왕이 왜 계통의 특징을 살려 왜로 파견했던 사신이었던데 반해, 일본부들은 가야로 파견되었다고 기술되어 있다. 더구나 관련기사는 백제 성왕이 왜왕에게 반백제적 활동을 비난하면서 축출해 달라는 호소로 채워져 있다. 성왕의 '본거지 송환' 요구처럼 파견주체였다면서 아무런 영향력도 행사치 못했다는 반증이 된다. '주체교체론'대로라면 백제왕의 명을 거역하기만 하는 백제군사령관이 있었을 뿐이고, 처리에 아무 영향력도 행사치 못했던 백제왕이 있었을 뿐이다.

『일본서기』와 『일본서기』 인용의 백제삼서(백제기·백제신찬·백제본기)에 포함된 일본과 백제 중심의 역사관 모두를 사료비판의 대전제로 삼아야 하지만, 백제 중심적 서술에 대한 비판과 극복은 거의 없었으며, 오히려 근년에는 이런 '주체교체론'적 주장을 계승하려는 경향조차 적지 않다(노중국; 2001, 주보돈; 2017). 이른바 '주체교체론'에 의한 가야사 복원이란 '왜의 가야경영론' 대신 '백제의 가야경영론'으로 대체되었을 뿐이다.

2. '小國'성립의 모델 - 九干社會와 駕洛國의 성립 -

3세기 중후반의 『삼국지』는 12개 가야국의 병립과 국의 규모에 따라 '大

國'과 '小國'으로 나누고 있어, '소국'으로서의 출발은 보다 거슬러 올라간다. 구야국(가락국)의 경우 건국신화와 고고자료의 대응을 통해 '소국' 성립시기의 상황을 복원해 볼 수 있는데, 그 결과는 가야제국 출발의 모델로 적용될 수 있다. 『삼국유사』는 서기 42년에 수로왕이 김해의 구지봉에 등장해 가락국을 세우는데, 이전의 김해지역은 九干이란 아홉 촌장(酋長)에 의해 영도되고 있었음을 전해, 김해 지역사회가 42년을 전환점으로 구간사회에서 가락국으로 통합되었음이 확인된다. 전환 현장의 구지봉에는 지석묘 1기가 남아있어 수로왕의 등장을 지켜보았다. 지석묘는 청동기문화인의 무덤이고, 수로왕은 서북한 계통의 철기문화인이었다. 청동기문화의 구간사회 위에 철기문화의 가락국이 성립한 것이다. 가락국 성립 모델을 정리하면 〈표 1〉과 같다(李永植; 1996).

명칭	구간사회		가락국
분묘	지석묘		목관묘(小國 : 가야의숲3호) →목곽묘(大國 : 대성동29호분)
분포	김해시 9개 면 지역에 분산	⇒	김해 시내 1 지역으로 집중
문화단계	청동기문화		철기문화
권력	지도자(Leader)		통치자(Ruler)
사회발전단계	부족연합 (Confederacy of Tribes)		군장사회(Chiefdom)

〈표 1〉 가락국 성립과 사회발전단계의 모델

이러한 전환은 김해지역 고고자료에서도 확인된다. 1934년에 榧本杜人는 김해 회현리패총 D구의 조사에서 철기 포함의 패각층 아래서 현존의 지석묘를 확인하였다. 청동기단계의 분묘 위에 철기단계의 패총이 퇴적되었음이 확인된 것으로 근년 발굴된 대성동고분군에서도 비슷한 상황이 확인되었다. 대성동1호고인돌(지석묘)은 2단의 토광을 파고 석벽을 쌓아 올린 구조로 홍도 1점과 석촉 28점이 출토되었다. '애꼬지' 곧 '애기구지봉'이 가락국(금관가야) 이전에도 중요한 매장지였음이 확인되었다(대성동고분박물관; 2017).

2005년 5월~2008년 1월 경남고고학연구소가 발굴한 구산동지석묘는 묘역처럼 깔린 부석의 잔존길이가 80m 이상이고 350톤 정도로 추산되는 개석으로 한국 최대급으로 내부조사는 아직이지만 가락국 건국 이전의 구간사회를 전하는 유적이다(경남고고학연구소; 2010). 2005~2006년에 경남발전연구원 역사문화센터가 발굴했던 장유 율하리유적에서는 청동기문화의의 대형 지석묘와 106기의 지석묘군과 51동의 주거지가 검출되었다. 구간사회의 9촌중의 하나로 추정해 좋을 것이다(경남발전연구원역사문화센터; 2009, 대성동고분박물관; 2012). 반면에 2004년 7~10월 동아세아문화재연구원이 발굴한 가야의 숲 제3호 목관묘는 가락국 성립을 보여주는 유적으로, 주머니호와 조합우각형파수부호의 출토로 1세기 전반~중반의 시기가 확정되는데, 『삼국유사』가락국기가 기록한 수로왕의 건국연대와 겹쳐진다. 여기서 출토된 칠기부채자루 2개는 '소국' 정치체의 탄생의 증거로 생각되던 창원 다호리1호분의 칠기부채자루를 능가한다. 이 부채는 중국 삼국시대 제갈량의 부채나 일본 전국시대 봉건영주의 다이묘(大名)가 들고 있는 나비모양부채 군바이(軍配)처럼 군사지휘권을 상징하는 물건이었다. 창원 다호리1호분의 칠기부채로 영남지역 최초 소국정치체의 출현의 증거로 추정된다면, 이 목관묘 역시 가락국 소국정치체의 탄생을 보여주는 것으로 평가해 충분하다(동아세아문화재연구원; 2006).

3. 해상왕국과 철의 왕국

가야사는 남부해안의 가락국을 비롯한 '소국'형성에서 시작해, 북부내륙의 가라국 같은 초기고대국가로 전개되었다. 남부해안지역에서 가야가 시작된 배경으로 해상교역과 철생산이 거론되었다. B.C1~A.D4세기까지 서북한 한군현의 선진문물은 거칠산국(동래)·가락국(김해)·골포국(마산)·탁순국(창원)·칠포국(칠원)·고사포국(고성)·사물국(사천) 등은 해상루트에 자리한 관문사회로 발전했다(이현혜; 1984). 여기서 출토되는 漢계통 화천·반량전·오수전·낙랑토기·한경·칠기·철기 등은 해상교역을 통해 획득되었던 유물이다. 『삼국지』 왜인전에는 김해의 狗邪(韓)國, 곧 가락국이 帶方郡~倭國 간 해상교통의 중심 경유지로 특기되어 전기가야가 해상왕국으로 성립과 성장했음을 웅변하고 있다.

김해 대성동고분군을 비롯한 전기가야 유적에서는 한계통의 문물과 함께 야요이토기·파형동기·광형동모·벽옥제옥장·비취제곡옥·석촉형마노·하지키 등의 왜계통의 문물이 출토된다. 특히 貨泉은 新 건국자 王莽이 서기 14년에 주조한 화폐로 20년도 통용되지 못했지만, 1회 왕복에 2~2년 반이 걸렸을 것으로 추산되는 황해도(대방군)~해남(군곡리패총)~김해(회현리패총)~큐슈북부(吉野が里등)까지는 물론, 瀨戸內海를 거쳐 서일본의 岡山(倉敷上東遺跡·高塚遺跡)~畿內의 大阪(八尾遺跡)까지 출토되고 있다. 이 1~3세기의 해상루트를 통한 교역이 아주 활발했음을 보여주는 것으로, 김해와 사천(늑도)을 비롯한 남해안 전기 가야가 그 중심에 있었음을 추정할 수 있게 했다(이영식; 1999·2009·2016).

이 해상왕국의 항구를 보여주는 유적 3개소가 김해 봉황동유적·관동리유적·봉황동119-1번지 유적이 발굴되었는데, 봉황동유적에서 호안시설과 창고건물군(경남발전연구원역사문화센터; 2005·2014), 장유 관동리유적에서 나루터 · 접안시설 · 배후도로(삼강문화재연구원; 2009), 봉황동119-1번지 유적에서 선박부재 · 노 등이 출토되었다. 구조선 측판으로 보이는 선박부 재는 중국남부와 일본에서 나는 녹나무(樟木)와 삼나무(杉木)로 왜선이나 수입재로 만든 가야선으로 추정되었다(동양문물연구원; 2012).

　전기가야 여러 나라들이 성장했던 기반의 하나로 철 생산과 수출이 주목되었다. 김해 봉황동유적 · 창원 성산패총 · 진해 웅천패총 · 고성 동외동 패총 · 부산 동래패총 등에서 철 생산이 추정되어 왔고(부산 · 경남역사연구소,1996), 근년에는 김해 진영 여래리유적에서 5세기 중반~6세기 다량의 철광석과 단야로 송풍관 편, 용광로 벽체 편과 탄요와 철 유통의 배후도로가 확인되었고(우리문화재연구원, 2009), 창원 봉림동유적에서 원형의 제련로와 단야로가 함께 검출되었으며(한국문물연구원, 2011), 창원 사림동유적에서 원형 · 타원형 3기의 제련로가 1.5m 간격으로 병렬해 있는 상태로 검출되었고(경남발전연구원역사문화센터; 2011), 김해 진영 하계리 농공단지유적에서는 타원형 배제부가 결합된 원형 제련로 1기, 예비환원처리과정으로 철광석불순물을 제거하는 배소시설, 탄치장 등 관련 공방시설과 제의용 수혈, 제철공인의 거주로 상정된 주거지들 등은 3세기 중반~4세기경 가락국 철생산의 현장을 보여주었다(동아세아문화재연구원, 2011). 이렇게 생산된 철은 시내 대성동29호분에 매납된 많은 덩이쇠로 공급되었으며, '小國'의 가락국이 3세기 중반 경부터 '大國'으로 발전하던 모습을 웅변해 주었다.

4. 가야 국제교류 양상의 새로운 증거 - '空白의 4世紀'를 메꾼다 -

　가야의 문헌자료는 3세기 중 · 후엽의 『삼국지』이후 『송서 · 남제서』가 전하는 5세기까지, 고고자료는 목관묘~석곽묘 사이 목곽묘의 조사 빈곤으로 '공백의 세기' 또는 전기가야의 쇠퇴'로 이해되기도 했으나, 근년 출토의 다양하고 화려한 위신재는 이러한 오해와 공백을 메꾸어 주고 있다.

2012년 제8차 대성동고분군 91·88호분·85호분의 발굴에서 국제적 색채가 풍부하고 화려한 유물 다수가 발굴되었다. 4세기 2/4분기의 91호분의 감청색 로만글라스 파편이 주목되었는데, 로만글라스는 옥전고분군 M6호분의 1점을 제외하고, 13점 모두가 경주 신라왕릉 급 고분에서만 출토되었는데, 신라의 5세기 이후보다 반세기 이상 빠른 것이다. 옥전 M6호분의 감색반점무늬완은 신라 금령총 출토품과 근사하고 로만글라스의 출토수량의 비교를 통해 신라에서의 유입으로 보는 것이 일반적이었다. 그러나 대성동91호분의 로만글라스 역시 금령총의 사례와 동일품처럼 보이지만, 연대가 빠르기 때문에 신라에서의 유입은 생각할 수 없게 되었다(대성동고분박물관, 2017). 아울러 최근 2020년에 발굴된 108호분의 내용도 같은 역사적 의미로 평가되어야 겠다.

이 로만글라스의 원산지는 미정이지만 금령총 출토의 감색반점무늬완은 시리아 등 로마 오리엔트속주지역 같은 곳이 상정되고 있으며(由水常雄; 2005), 북방계 유물로 금동말방울·금동말띠꾸미개·사슴뿔머리장식·청동대야 등이 함께 출토되고 있어 이들 지역의 중개와 교류를 통한 유입을 상정할 수 있는 근거가 되고 있다. 이후 발굴된 4세기 2/4분기의 70호분 주곽에서도 4점의 로만글라스 편이 출토되었다. 감청색·황색·투명색 등 0.4~1.8㎝에 불과한 작은 편들이지만 모두 서역계 유리로 판명되었다(대성동고분박물관; 2015).

4세기 3/4분기의 대성동88호분에서는 일신쌍두의 용무늬가 화려하게 투각된 금동제 대단금구 1점에 말굽형 2점과 과판형 1점의 띠드리개가 출토되었다. 晋式帶端金具로 불리는 띠드리개는 중국중원~요녕삼연지역~백제~일본열도 출토품과 흡사해 전파루트를 쉽게 상정할 수 있다. 중국에서 이른 시기의 河北省 定縣43號, 삼국기의 洛陽曹休墓 · 南京東吳薛秋墓 · 上坊東吳墓, 서진의 江蘇省宜興周處墓 · 洛陽24號墓, 십육국시대의 朝陽袁台子墓 · 十二臺鄕塼廠88-1號墓 · 喇嘛洞ⅡM101號墓 · 廣東省大刀山東晋太寧2年(324)墓 · 湖北漢陽墓 · 北京市琉璃河墓 등에서 출토되었다(조윤재; 2015). 일본에서는 奈良縣 新山古墳, 兵庫縣 行者塚, 天理參考館 · 出光美術館 · 國立歷史民俗博物館 · 京都大学総合博物館 소장품 등 보고되고 있는데, 出光美術館 소장품은 동일품처럼 흡사하다(藤井康隆; 2013).

한성백제에서 대단금구는 출토되지 않았으나, 진식대금구의 과판형 띠드리개가 몽촌토성(규형)(박순발; 1997)과 풍납토성(하트형)에서 출토되었으며(김태식; 2001), 화성 사창리(말굽형)에서도 수습되었다(권오영; 2013). 특히 일제강점기 풍납토성 출토의 하트형 대금구 과판형 띠드리개는 대성동88호분 출토품과 흡사하다. 중원이나 삼연 지역과 가야와 일본열도를 연결하는 중간점에 한성백제가 위치하고 있음을 중시해야 할 필요가 있다.

4세기 후반의 대성동23호분에서 方格規矩四神鏡이 출토되어 요녕 삼연지역과의 관련이 주장되었으나, 魏晉鏡이나 六朝鏡으로 분류되는 만큼(대성동고분박물관; 2013), 동진이나 북위의 중원왕조와의 교류를 상정할 수도 있다. 4세기 2/4분기의 대성동91호분에서는 로만글라스와 함께, 불로장생의 신선사상이나 도교와 관련되는 중원문화계통의 운모가 출토되었으며, 중원문물로 보이는 2점의 청동그릇과 칠그릇이 출토되었다. 서역문물이 중국 중원을 거쳐 유입되던 루트가 새롭게 주목되고 있다.

313 · 314년의 낙랑군과 대방군의 축출은 東晋이나 三燕과 같은 북방을 통하는 교류가 개척되었고, 교류의 중간에 대방군을 대신해 한성백제왕권의 관여가 상정된다. '공백의 4세기'라 하지만, 『晋書』에서 3세기 말까지 확인되던 빈번한 교류가 4세기의 동진부터 갑자기 두절되었다 보기는 어

렵다. 4세기 전반에 삼연과 같은 북방지역 뿐만 아니라 동진과 같은 중원지역과의 교류도 시야에 함께 포함시켜야 하며, 한성백제의 중간자적 역할도 상정할 필요가 있다. 4세기 전~중반의 대성동91호분·70호분·88호분에서 출토되고 있는 중원계와 북방계 유물들에 근초고왕 대 한성백제와의 관련성에 유념할 필요가 있다.

반면에 3세기 말~4세기 중반에는 대성동29호분의 수정제곡옥, 59호분의 광유엽형철촉, 15호분의 통형동기, 구지로43호분의 합형토기, 18호분의 비취제곡옥·통형동기·방추차형석제품, 13호분의 석촉형석제품·하지키·파형동기6점, 91호분의 통형동기, 88호분의 방추차형석제품2점·동촉5점·중광형동모·통형동기3점·파형동기12점, 39호분의 통형동기2점, 23호분의 파형동기2점·하지키, 2호분의 파형동기1점·통형동기2점·하지키 등과 같이, 일본열도의 倭와 加耶 수장층간의 교류를 보여주는 유물이 아주 많은 비중을 차지하게 된다.

파형동기·동촉·정각형철촉·옥장·석촉·방추차형석제품 등처럼 畿內 大和政權과 직접 연결될 수 있는 유물의 출현이 주목되어 가락국을 비롯한 가야와 왜의 야마토정권 간에 진행되었던 교섭의 실재를 보여주는 것으로(홍보식; 2006), 관련 문자기록으로 저명한 「七支刀銘文」과 『日本書紀』神功紀와 시기적으로나 내용적으로 직접 연결되는 유물의 출현으로 생각해 될 수 있다(이영식; 2016).

5. 가야 王城 또는 王宮의 발견

가야사와 가야제국의 위상을 높여 줄 수 있다고 생각되는 소재가 王城의 확인이다.

○ 김해 지역전승의 왕궁추정지 발굴조사를 통해 '鳳凰土城'으로 명명된

5세기 초의 왕성이 발굴되었다(경남고고학연구소; 2005). 체성 폭 8m에 3단의 내외벽 석축을 계단상으로 쌓고 사이를 판축해 쌓아 올렸다. 판축토성 상면의 중심부에서는 목책 열로 생각되는 주혈의 일부가 확인되었다. 성벽에 포함된 가야토기가 연대추정의 근거 되었는데, 조사자는 5세기 초로 편년하고 있다. 발표자는 이 발견에 대해 조선 숙종6년(1680)에 세웠던 「駕洛國始祖王宮墟碑」와 입비 때 함께 심었던 노거수의 은행나무 밖을 두르는 성벽으로 "가야왕궁을 찾았다"고 단언하였는데(이영식; 2009), 이후 동서남북의 부분적 발굴조사에서 이 토성과 관련되는 것으로 생각되는 유구가 연이어 발굴조사 되었으며, 봉황토성 곧 가락왕성의 거의 확실한 범위를 추정할 수 있게 되었다(국립가야문화재연구소; 2015). 국립가야문화재연구소는 이러한 발굴성과와 왕궁추정을 근거로 2015년 9월부터 10년 계획의 1차 사업으로 2018년 12월까지 이 「왕궁허비」가 있는 곳을 중심으로 가락국왕궁을 찾아 발굴하기 시작했다. 마침 대통령이 가야사복원의 명제를 선언한 이상, 김해지역에서 최우선적으로 실시해야 하는 발굴조사와 정비복원의 대상이 되어야 할 것으로 생각한다.

  ○ 함안 가야읍에서도 『함주지(1587년)』가 기록한 왕궁추정지 발굴조사를 통해 가야리유적으로 명명된 5세기 중후반의 아라국 왕궁의 가능성이 제기되었다(국립가야문화재연구소, 2018). 구릉 북사면에서 대규모 성토와 판축의 토성성벽과 목책이 확인되었고, 토성 내부에서는 높은 위계가 짐작되는 대형 수혈건물지와 석축유구와 유물이 발견되었다. 아라국 왕릉묘역의 말이산고분군이 남서쪽으로 파노라마처럼 펼쳐져 보이는 경관이야 말로 아라왕궁의 입지를 실감케 하는데, 유적의 중요성이 인정되어 발굴조사 진행중인데도 불구하고 2019년 10월에 사적 554호로 지정되었다.

  ○ 합천군 쌍책면에서도 가야시대의 토성이 발굴 조사되었다. 2009년 2~3월에 경상대학교박물관은 가야왕릉 급의 옥전고분군이 황강 쪽으로

달려 나간 구릉 말단에서 가야시대의 왕성으로 생각되는 城山土城을 발굴 조사하였다. 그동안 옥전고분군 맞은편의 多羅里라는 지명이 『일본서기』가 후기가야 유력국의 하나로 기록된 多羅國과 상통하는 것에서 이곳을 다라국의 고지로 비정하는 견해가 유력했었는데(조영제; 2007), 마침 여기서 김해 봉황토성보다 시대적으로 늦긴 하지만 훨씬 큰 규모를 보이는 성산토성이 발굴 조사되어 다라국의 왕성으로 부르기에 충분한 근거를 확보하였다(경상대학교박물관; 2011). 다시 동서문물연구원은 2015년 6월~2016년 2월에 실시된 3차 발굴조사에서 토성성벽, 목책시설, 제사유구, 대벽건물지, 석축성 등을 확인하였다. 토성 성벽은 너비 27m 정도, 높이 9m로 토성 정상의 남동부에서는 대벽건물지, 주혈군과 수혈유구 등이 검출되었다. 출토된 토기들을 옥전고분군의 토기들에 비추어 옥전고분군 조영자들이 5~6세기에 거주하던 왕성과 같은 성격으로 파악되었다(동서문물연구원; 2016).

○ 고령읍 고령향교가 있는 구릉 아래 북쪽 평지에서 토성 기단석축과 해자로 보이는 유구가 발굴 조사되었다(가온문화재연구원; 2017.6). 해자에서는 위계를 보여주는 전(塼)과 기와가 출토되었고, 바닥에서 검출된 단경호는 쾌빈동고분군 출토품과 근사함이 지적되었는데, 조사대상지 바로 위가 지금까지 대가야왕궁지로 전승되던 곳이다. 일제강점기 '任那國城址'의 비석이 광복 후에 '大伽倻國城址'의 비석으로 바꿔 세워진 곳으로, 경북대박물관의 발굴조사를 통해 대형 지상식 대벽건물지와 부뚜막2기가 확인되었던 사실이 있어(경북대박물관, 2006), 조사단의 추정에 영향을 미쳤을 것으로 생각되지만, 현장자문회의에서는 해석 그대로를 자체를 수긍하는 분위기는 아니었다. 차후 추가적 발굴조사와 정밀한 해석이 기대된다.

6. 초기고대국가 大加耶史의 복원

313·314년의 한군현 축출은 전기가야의 선진문물공급원 차단이란 문제가 되었다. 서남해의 해상루트에 의존하던 전기가야 교역체계는 기능하지 못하게 되었다. 400년 고구려 광개토대왕의 任那·加羅·安羅의 가야 남정은 가야사 전개의 중심을 남부해안지역에서 북부내륙지역으로의 이동을 재촉하였다. 고령 중심의 후기가야사 연구는 ① 가야금12곡명, ② 加羅國王荷知의 南齊외교, ③ 대가야식 토기와 문물의 확산(이희준; 1995, 김세기; 1995, 박천수; 1996) 등에 대한 새로운 해석이 대가야사 복원을 진전시켰다.

① 5세기 중·후엽에 대가야 가실왕은 우륵에게 가야금12곡을 작곡시켰는데, 가야금12곡명(『삼국사기』)이 서부경남의 가야국명들로 비정되면서, 가야통합을 추진하기 위한 정치적 장치였다는 해석이 제기되었다(田中俊明; 1993. 백승충; 1995). 고령의 대가야왕이 의령의 사이기국인 우륵을 강제 이주 작곡시켰고, 대가야축제에 가야국 왕들을 불러 모아 가야금12곡을 연주해 통합추진의 기회로 삼았던 것으로 해석되고 있다(이영식; 1997).

② 479년 가라국왕 하지는 중국 남제에 외교사절을 파견해 '輔國將軍·本國王'의 칭호를 획득했다. 加羅國=대가야, 荷知(『남제서』)=가실왕(『삼국사기』)으로 사절단 파견을 보장했던 교통로가 주목되었다. 사절단이 중국 양자강 하구의 建康에 이르려면 남해로 나가야 하는데, 5세기 후반 경 신라에 통제되고 있던 낙동강보다는 섬진강을 이용했을 것이다. 고령→합천→거창→함양→남원(운봉)의 육로와 남원→곡성→구례→하동의 수로를 경유했을 것으로, 이 지역에 정치적 영향력을 행사하고 있었음이 추정되었다(田中俊明; 1992). 대가야사절단이 해로로 지났던 흔적도 1991년 국립전주박물관의 부안 죽막동유적 발굴에서 확인되었다. 5세기 후반 대가야의 대

옹에 들어있었던 철모·안교·검릉형행엽·동령·철령 등은 고령·합천·함양 등 출토 대가야계통 유물이었다(국립전주박물관; 1994·1998). 남해→서해→황해도해안→중국산동→황해 남하→양자강하구→건강까지 3천키로 가까운 항해능력과 함께 독자적 외교로 남제 건국의 동아시아 정세변화와 책봉외교에 정통하고 있었음이 고대국가적 요소의 하나로 확인 평가되었다(이영식; 1997). 다만 도굴피해가 심각하다 하더라도 동 시대의 44호분과 45호분에 중국계 문물이 너무 적은 것이 아닌가 하는데, 대가야사절단이 귀국하지 못했을 가능성도 생각해 보아야 한다.

③ 이상과 같은 문헌사료의 해석을 뒷받침하는 물적 증거가 대가야 토기와 문물의 확산이란 고고자료로 보완되었다. 대가야 토기와 금동제 위세품이 서부경남 일대로 확산되는 과정을 경제교역권(5C중엽)→간접지배권(5C후엽)→직접지배권(6C초)으로 나누어, 6C초의 대가야를 '영역국가'로 규정하기도 하고(이희준; 1995, 김세기; 1995), '고대국가'로 규정하기도 하였다(박천수; 1996). 다시 지산동 44호분과 45호분의 엄청난 규모의 봉토와 순장은 고대국가 진입 직전의 강한 정치권력의 실재를 보여주었으며 근년 정밀분포조사에서 703기, 정비관련 시굴조사에서 70여기 이상이 확인되어(대동문화재연구원; 2017), 대가야의 위상을 웅변해 주었다.

7. 전라 동부지역 가야문화권의 발견

1970년대 중반 임실 금성리석곽묘군(전영래; 1974), 1980년대 남원 월산리고분군(전영래; 1983), 1990년대 진안 황산리고분군(군산대학교박물관; 1996), 장수 삼고리고분군(곽장근·한수영; 1997) 등 전북 동부지역의 발굴을 거쳐, 2000년대 순천 죽내리유적(이기길 외; 2000), 운평리고분군(순천대학교박물관; 2008) 등 전남 동부지역에서도 대가야 계통의 가야고분군이 발굴되었다. 특히 이러한 고고자료들은 『일본서기』 현종기·계체기의 금강 상류와 섬진강유역을 둘러싼 대가야와 백제의 영역쟁탈전과 통하는 것으로 가야사의 전개 범위를 전라도 동부지역까지 확장해 볼 수 있는 근거가 되었다 (이영식; 1994·2017, 곽장근; 1999, 이동희, 2008).

남원시 아영면 운봉고원 己汶國(上己汶)의 월산리고분군·두락리고분군·건지리고분군·초촌리고분군에서 대가야 계통의 월산리고분군, 대가야 위에 백제계가 등장하는 두락리고분군과 건지리고분군, 백제 계통의 초촌리고분군으로 변천이 확인되고 있으며(이영식; 1995), 장수지역 등의 서부 가야에서도 비슷한 양상이 확인되었는데(곽장근; 1999), 이러한 고고자료는 「顯宗·繼体紀」의 백제와 가야의 충돌기사에 대응되는데, 487년 백제에게 패한 운봉 서쪽 장수지역의 가야국 수장 佐魯那奇他甲背 등 300여 명 사살되었으며, 513년 己汶(國) 공방전 이후, 529년에 多沙의 하동지역에 진출하는 백제에 대해 伴跛國=대가야가 수행했던 전쟁기록이다. 앞서 512년(계체 6년)에도 上多唎(여수)·下多唎(돌산)·沙陀(순천)·牟婁(광양)의 이른바 4현을 둘러싼 백제와 가야의 전쟁 기록 역시 순천 운평리고분군이나 여수 미평동유적·고락산성·죽림택지지구유적 등의 가야계 문물과도 대응되고 있다.

8. 중단 없는 대국, 아라국사의 복원

함안 가야읍에는 아라가야, 아라국의 위상을 웅변하는 말이산고분군이 있고, 아라국은 가야·백제·신라·왜의 사신이 참가하는 국제회의를 주관하면서 낙동강 건너 신라와 섬진강 건너 백제에 대항하던 대국이었다(『일본서기』). 그동안 '가야연맹체맹주론'에 밀려 주목받지 못하였으나 근년에 문헌사학과 고고학의 활발한 연구로 아라국사의 복원이 진척되고 있다. 최초

전론의 아라국사를 다룬 권주현의 연구를 시작으로(1993) 연구가 줄을 이었다(이성주; 1992, 김태식; 1994, 김정완; 1994, 조영제; 1994, 이영식; 1995, 김형곤; 1995, 이주헌; 1995, 조인성; 1996, 남재우; 1998, 이형기; 1999). 남재우는 아라국사 복원을 박사학위논문으로 종합하였으나, 문헌사학에서는 『삼국지』의 아야국(安邪國)을 '大國'으로 간주하면서 전·후기의 '대국'으로 평가하였지만, 고고학에서는 목관묘와 목곽묘의 발굴성과가 적다고 전기가야의 아야국은 "실체가 없다"는 견해를 보이기도 하였다(조영제; 1994). 후기 아라국사의 복원에서는 『일본서기』의 이른바 任那日本府 관련 사료의 비판적 활용이 두드러졌는데, 아라국에 체재하면서 서부가야출신의 아현이나사와 좌로마도와 사촌지간인 '安羅日本府=아라에 파견된 왜사'인 河內直와 함께 아라국을 비롯한 가야의 독립유지에 진력했음과 安羅王에게 조종되었음이 밝혀졌다(이영식; 1995).

9. 임나일본부설의 극복과 가야사 복원

임나일본부의 실체가 무엇인가를 중심으로 지금까지 ⓐ 출장기관설, ⓑ 분국설, ⓒ 가야의 왜인설, ⓓ 백제군사령부설, ⓔ 외교사절설이 제시되었다.

ⓐ 출장기관설은 고대일본이 4~6세기 한남부를 근대 식민지처럼 지배했던 통치기관이었다는 주장으로(末松保和; 1949), 1945년 일본 패전 후 1960년대 말에 들어 일본학계의 부정론이 제출되었으나, 일본사교과서에는 아직 영향이 남아있다. ⓑ 분국설은 야요이시대 이래 가야주민들이 일본열도에 이주해 岡山縣 일대에 가야계 분국=임나를 건설하였는데, 백제·신라계 분국과 야마토(倭)가 경쟁하다 4세기 중엽에 야마토가 통합해 세운 통치기관으로 해석해, 임나일본부의 문제를 일본열도로 축출했다(김

석형; 1966). ⓒ 가야의 왜인설은 분국설에 자극된 일본 자체적 수정론으로 (井上秀雄; 1972), 야마토정권과 상관없이 한남부 가야에 거주했던 소수 왜인들의 자치적 행정기관이라 주장했다. ⓓ 백제군사령부설은『일본서기』에 가야정벌 주체로 기록된 왜가 원래 백제였으므로 4세기 가야정벌의 주체는 백제였고, 임나일본부는 6세기 백제가 임나=가야에 세운 군사령부 같은 것이었다고 주장했다(천관우; 1977, 金鉉球; 1985). ⓔ 외교사절설은 ⓐ ~ⓓ의 관청이나 군사령부가 아니라 임나=가야에 파견된 일본=왜의 부= 외교사절로 파악했다. 한일양국에서 많은 지지를 받고 있다고 생각되는데 (請田正幸; 1974, 鈴木靖民; 1974, 李永植; 1989), 그 결론은 다음과 같다. 첫째,『일본서기』임나일본부의 기록에서 왜의 정치적 압박이나 백제의 군사적 강제는 확인되지 않는다. 둘째, 임나일본부의 활동은 외교에 한정되고 있다. 셋째, 일본부=왜사의 외교활동은 6세기 전반 親백제·反신라에서 6세기 중반 親신라·反백제로 전환되었는데, 전반의 신라와 중반의 백제 침입을 막아 독립유지에 노력했던 가야의 이해관계 이외에는 설명할 방법이 없다. 넷째, 일본부=왜사는 가야왕들과 함께 행동하면서 직접으로 가야인 移那斯와 麻都, 간접으로는 아라국왕에 의해 조종되고 있었다. 다섯째, 일본부=왜사와 왜왕의 관계가 점차 멀어져, 오히려 백제와 신라를 통해 왜 왕명이 전달되었다. 여섯째, 일본부=왜사인 河內直와 吉備臣는 일본열도로 이주하였던 가야계 도래씨족의 일원이었다. 일곱째, 가야제국은 일본부를 신라와 백제의 침입을 견제하는 수단으로 활용하였다(李永植; 1993).

10. 가야 사회 이데올로기적 혁신의 추적

고령 지산동 30호분 개석에서 전 시대의 암각화가 확인되었는데, 선사시대의 권위 파괴로 본 해석이 있다(이형기; 2017). 전통사상의 극복과 연화문 기와에서 확인되는 가야불교 같은 새로운 이데올로기의 수용과 아울러 생각해 볼 필요가 있다(김복순; 1995, 이영식; 1998). 대성동고분군 구릉 중심부의 지석묘가 평지에 축조되는 목관묘와 중복되지 않다가, 5세기 중반의 93호 목곽묘는 대형지석묘를 파괴하였다(대성동고분박물관; 2016). 『삼국유사』에서 가락국의 수로왕이 이전 구간의 명칭을 개칭하는 것과 같은 사회발전단계의 변화로 해석될 수도 있다.

전 시대의 권위를 파기 부정하거나 새 이데올로기를 추구하는 모습은 가야금 제작 동기에서도 확인된다. 가야금12줄을 12개월에서 차용했다는 기록은 후기가야에서 曆(캘린더) 사용이 추찰되는 것으로, 변한=전기가야에서 파종과 추수의 축제를 歲首로 삼았다는 『삼국지』의 기록에서 추정되는 1년2배력과 같은 固有曆의 사용과 비교된다. 이렇게 대가야에서 12개월의 中國曆을 수용했던 것은 1년2배력의 전기가야와는 전혀 다른 단계의 사회이다. 고대국가적 중요지표의 하나로 생각해야 할 것이다(이영식; 2006).

11. 가야 석축산성의 확인과 문헌기록

가야 석축산성의 존재는 부정되던 것이 일반적이었으나, 2011.12~2012.3월에 고령 주산성 발굴에서 외성벽·내탁부·기초부·보강부·출입로·집수지·목곽고·물막이·배수시설·도로와 대가야 토기와 전이 검출되어 6세기 전반 조영의 가야 석축산성이 확정되었다(대동문화재연구원; 2014). 2009년 발굴된 호미산성(경상문화재연구원; 2011), 2017년 발굴된 함안 안곡산성 등과 함께 『일본서기』가 기록했던 다수의 가야 성들이 석축산성이었을 가능성을 높여 주었다. 『일본서기』 계체 8년(514)에 半跛國=대가야가 백제의

己汶(刭物) 진출에 대비해 爾列比=의령에 축성했다는 기록은 시기나 위치, 그리고 체성부 출토 아라가야와 대가야 양식 토기와 가야의 죽전리고분군과에 인접으로 보아 호미산성이 유력하고, 함안의 안곡산성 역시 서진하는 신라에 대비했던 산성의 하나로 추정되고 있다. 1999·2001년 여수 고락산성에서도 백제토기와 함께 적지 않은 대가야토기가 검출되어 백제의 이른바 임나4현에 대한 진출과 관련되는 유적으로 추정되고 있다(이동희; 2008).

12. 가야 기와 사용의 재발견

한성 백제의 몽촌토성과 풍납토성에서 4세기경의 와당이 출토되었고, 5세기 중엽 경에 신라 서라벌에서도 와당이 출토되어 기와건물이 존재가 확인되었지만, 백제·신라 사이의 가야에서만 기와건물이 없었다고 생각하는 것이 지금까지의 상식이었다. 그러나 2014년 영남문화재연구원은 고령 송림리 가마터 시굴조사에서 토기가마 3기와 폐기장 3기를 확인하였다. 중복된 1·2호에서는 6세기 전반의 대가야토기뚜껑과 손잡이잔, 3호에서는 5세기 후반~6세기의 발형기대가 출토되었으며, 2호가마에서 출토된 전(塼)은 격식 있는 건축물의 존재가 상정되었다. 국립김해박물관은 가야왕도에서 출토된 기와와 전, 그리고 과거 출토유물 중에 가야기와로 인식되지 못했던 것을 망라하는 특별전을 개최했다. 전시에 소개된 가야 기와는 아래와 같다(국립김해박물관, 2016).

지역	출토유적	기와	시기	수습 및 발굴
김해	부원동(패총)	종사선문적갈색경질9점	3~4C	1980동아대박물관
	봉황동 229-1·4번지	횡선문적색연질1점	6~7C	2006대성동박물관
고령	전 대가야왕궁터	무와통기법적갈색경질9점	6C전	2000~01경북대박물관
	고아리158-2	연화문수막새(연자9과)1점		2008대동문화재연구원
		무문회색경질암키와3점		
		무문적색연질암키와4점		
	전 대가야왕궁터	8엽소판연화문수막새 (연자6과)1점	6C후	1910関野貞東大
	물산사터	동상 거푸집1점		대가야박물관
	지산동 지표채집	동상 수막새(고정용씨수습)1점		부산대박물관
	주산성 채집	암막새1 수키와81 암키와119점	6C중후	1996국립대구박물관
	예리산성 채집	선문암카와4점 수키와2점		
성주	성산동58호분 봉토	8엽소판연화문수막새 (연자4과)1점	6C초	1986~87계명대박물관

〈표 2〉 특별전에 전시된 가야 기와

　전기가야 김해에 비해 후기가야 고령의 전왕궁지·가마·고분·산성 등에서이 출토가 압도적으로 많다. 후기가야에서 기와사용이 확대 보편화되었음을 보여준다. 김해 부원동유적의 패총 출토의 기와 편은 3~4세기 가야 기와 사용을 보여 주었고, 고령 지산동과 물산사터 채집의 수막새는 중앙의 연씨6과와 연꽃8장이 배치되었고 잎 끝이 반전되어 6세기 백제기와와 근사하다. 고령 고아리158-2유적 출토의 연화문수막새는 고온소성의 대가야토기제작법과 같은 것으로, 기존 채집품의 기와들이 직접 생산되었음을 보여준다. 전 대가야왕궁터와 고아리158-2유적 출토품이 6세기 전반, 전 대가야왕궁터와 지산동 지표 채집품과 물산사터 출토 연화문수막새가

6세기 후반, 주산성 채집품은 6세기 중후반으로 편년되고 있다. 백제기와와 닮은 연화문수막새 등은 고아리벽화고분의 존재와 함께 말기 대가야의 親백제정치노선의 반영으로 해석될 수도 있다. 성산동58호분 봉토 출토 8 엽단판에 자방구획을 가진 수막새는 5세기 후엽~6세기 초경 경주 안압지와 황룡사 출토품과 동일한 형식이지만, 고온소성의 대가야토기 소성방식과 유사하고 저온소성의 신라와 차이를 보이는 것을 이유로 가야기와로 인정할 수 있다는 의견도 있다(국립김해박물관, 2016).

13. 가야인의 일본열도 이주문제

가야는 일본열도의 왜인들이 최초로 인식한 외국이었고, 전쟁과 정치적 변동을 피해 일본열도에 이주한 가야인들은 고대일본의 문화발전과 국가형성의 기초를 제공했다. 일본열도의 가야인 흔적을 찾는 작업은 소수 재일동포사학자들에서 시작되었으나(金達壽; 1970~1976), 여전히 "조상 흔적 찾기 일본투어"에 열중하는 경향이 있다. 일본열도에 이주했던 가야흔적은 형질·문헌·고고 자료와 지명·전승 등에서 확인되고 있다.

ⓐ 형질자료는 고대 가야와 왜의 분묘에서 출토되는 인골비교분석이 필요하다.

ⓑ 문헌자료는 『일본서기·신찬성씨록·국조본기·풍토기』 등에서 확인되고 있다.

ⓒ 고고자료는 福岡縣 甘木市 池ノ上遺蹟과 같이 출토유물의 70%이상이 가야계 유물로 밝혀지는 예도 있으며, 토기·철기·갑주·마구·부뚜막·산성 등과 같이 야요이~고분시대 모든 종류의 유물에서 가야계통 주민의 이주가 상정될 수 있다. 고고자료는 가락국(김해)·가라국(고령)·다라국(합천)·아라국(함안) 등으로 구분되며, 시기적으로 가락국→가라국 계통의 전

개가 인정되고 있다(박천수; 2006).

ⓓ 지명·전승자료로 가야계 제철집단 거주 유래의 타다라(多多良), 吉備 (岡山) 8세기까지 지배하던 카야노쿠니노미야츠코(加夜國造)의 카야군(賀陽 郡), 飛鳥(奈良) 카야노모리(栢森)의 카야나루미신사(賀夜奈流美神社), 河內 (大阪) 카라쿠니노무라지(韓國連)가 주신으로 모셔지는 카라쿠니신사(韓國神 社) 등이 저명하며, 일본열도에 이주한 가야인들이 조상신을 모시고 숭배 하던 신사와 지명은 수없이 확인된다. 『속일본기』는 772년 당시 大和國 高 市郡(奈良飛鳥) 거주민 90%이상이 韓계통이었으며 今來郡으로 불렸다고 전한다. 이마키(今來)란 '지금 왔다'는 뜻으로 백제계가 주류였으나, 이전에 왔던 후루키(古來)='전에 왔던' 집단은 가야계통으로 구분된다.

다만 이러한 연구가 일제식민사학의 日鮮同祖論이나 북한사학의 分國 論과 같이 민족적 자존심을 만족시키려는 내쇼날리즘과 현대적 국가의 식의 과잉으로 투영된 고대한일관계사의 복원은 경계되어야 한다(李永植, 1996).

V. 맺음말

지난 30여 년 간의 가야사연구가 눈부신 성과를 거두었으나, 적지 않은 문제점을 노출한 것도 사실이다. 가장 큰 문제는 근년 가야사연구를 견인 해 왔던 『일본서기』의 비판적 활용과 고고자료의 해석이다. 전자에서는 '제 입맛에만 맞는 안주먹기식' 단편적 사료비판과 취사선택이 아니라, 『일본 서기』가 어떤 책자인가부터의 분석과 토론이 필요하다(이영식; 2002). 『일본 서기』의 편찬론·구분론·출전론·기년론 등의 기초적 연구에 무관심하면서, '일본'을 '백제'로 바꾸면 사실이 복원되겠다든지, 120·180년의 2·3주 갑인하설이 좋다든지, '일본' 영합적인 표현이 확인되는 「백제삼서」까지 맹신한다든지 같은 안이한 선택적 사료비판에 머물고 있다. 자율적 기초적 연구가 어렵다면 편찬론·구분론·출전론·기년론 등의 연구라도 살펴보아야 한다.

반면에 어느 연구자의 지적처럼 최근 10년간 가야사연구가 다소 정체된 느낌이 있다. 과속에 대한 그늘 정도로 생각할 수도 있겠지만, 지금까지 달려 온 연구자는 노쇠했고 신진연구자의 출현은 그다지 눈에 띄지 않는다. 무슨 장려책과 같은 응급처방과 양성과정에 의존하기는 어렵겠지만, 가야 문화권의 고고학 현장과 가야고고학의 연구자는 그래도 일정한 수준을 유지하고 있는 것으로 보인다. 문헌사학도 역시 새로운 고고자료의 출현에 주목하고 새로운 자료에 따른 문자기록의 재해석을 진행하는데서 활로를 찾을 수밖에 없다. 그런 면에서 가야사연구는 문헌사학과 고고학의 적극적인 교류와 접변이 필요하고, 문헌기록과 고고자료에 대한 상호 이해가 깊어져야 할 것이다. 지난달에 문헌과 고고가 어울려 가야사학회를 창립한 이유도 여기에 있다.

끝으로 가야사학회 창립선언문처럼 가야사 연구의 진전을 위해서는 삼국과 왜와 같은 주변제국의 주장에 휘둘리지 않고, 가야제국의 이해관계를 중시했던 가야인의 입장에서 해당 문헌기록과 고고자료를 이해하는 가야 자율발전론적의 시각이 우선 전제되어야 한다.

사족이지만, 그동안 연구자의 입장에서 '연구자만의 가야사'가 진행돼 왔던 것은 아닌가 한다. YouTube나 SNS 등을 통해 우후죽순처럼 생성 전파되고 있는 '사이비가야사'에 대한 경계와 대응도 필요할 것으로 생각한다.

참고문헌

* 자료집허용분량으로 전거를 극단적으로 축소했다. 제현의 이해를 바란다.

末松保和, 1949, 『任那興亡史』 吉川弘文館.

김석형, 1966, 『초기조일관계사』 사회과학출판사.

金達壽, 1970~1976, 『日本の中の朝鮮文化』 1~6, 講談社.

井上秀雄, 1972, 『任那日本府と倭』 大阪, 東出版.

請田正幸, 1974, 「六世紀前期の日朝關係—任那日本府を中心として」 『朝鮮史研
　　　　　究會論文集』 11.

鈴木靖民, 1974, 「いわゆる任那日本府および倭問題」 『歷史學硏究』 405.

이병도, 1975, 『한국고대사연구』 박영사.

천관우, 1977·1978, 「복원가야사(상·중·하)」 『문학과지성』 28·29·31.

김정학, 1982, 「고대국가의 발달(가야)」 『한국고고학보』 12.

전영래, 1983, 『남원 월산리고분군발굴조사보고』 원광대학교 마한백제문화연구소.

이현혜, 1984, 『삼한사회형성과정연구』 일조각.

金鉉球, 1985, 『大和政權の對外關係硏究』 吉川弘文館.

신경철, 1992, 「금관가야의 성립과 대외관계」 『가야와 동아시아』 김해시.

이성주, 1992, 「아라가야 중심고분군의 편년과 성격」 『한국상고사학보』 10, 한국상
　　　　　고사학회.

권주현, 1993, 「안라국에 대하여」 『대구사학』 50, 대구사학회.

김태식, 1993, 『가야연맹사』 일조각.

田中俊明, 1993, 『大伽耶連盟の興亡と'任那'』 吉川弘文館.

국립전주박물관, 1994, 『부안 죽막동 제사유적』

이희준, 1995, 「토기로 본 대가야의 권역과 그 변천」 『가야사연구』 경상북도.

백승충, 1995, 『가야의 지역연맹사 연구』, 부산대학교박사학위논문.

이주헌, 1995, 「함안지역 고분문화의 조사와 성과」, 『가라문화』 12, 경남대학교.

김형곤, 1995, 「아라가야의 형성과정연구」, 『가라문화』 12, 경남대학교.

부산·경남역사연구소, 1996, 『시민을 위한 가야사』, 집문당.

박천수, 1996 「大伽耶의 古代國家 形成」 『碩晤尹容鎭教授停年退任紀念論叢』, 경북대학교.

조인성, 1996, 「6세기 아라가야(안라국)의 지배세력의 동향과 정치형태」, 『가라문화』 13, 경남대학교.

곽장근·한수영, 1997, 『장수 삼고리고분군』, 군산대학교박물관.

박순발, 1997, 「한성백제의 중앙과 지방」, 『백제의 중앙과 지방』, 충남대학교.

남재우, 1998, 『안라국의 성장과 대외관계 연구』, 성균관대학교박사학위논문.

이종욱, 1999, 『한국의 초기국가』, 미르케.

정중환, 2000, 『가라사연구』, 혜안.

백승충, 2000, 「가야의 정치구조 - '부체제' 논의와 관련하여 -」, 『한국고대사연구』 17.

조선대학교박물관, 2000, 『순천 죽내리 유적』.

노중국, 2001, 「가야사 연구의 어제와 오늘」, 『한국고대사 속의 가야』, 혜안.

김태식, 2001, 『풍납토성』, 김영사.

백승옥, 2003, 『가야 각국사 연구』, 혜안.

순천대학교박물관, 2003, 『여수 고락산성 I』.

경남고고학연구소, 2005, 『봉황토성』.

동아세아문화재연구원, 2006, 『김해 가야의 숲 조성부지 내 유적』.

홍보식, 2006, 「한반도 남부지역의 왜계요소」, 『한국고대사연구』 44.

경북대학교박물관, 2006, 『전 대가야궁성지』.

박천수, 2006, 『새로 쓰는 고대한일교섭사』, 사회평론.

조영제, 2007, 『옥전고분군과 다라국』, 혜안.

이형기, 2009, 『대가야의 성장과 발전 연구』, 경인문화사.

삼강문화재연구원, 2009, 『김해 관동리 삼국시대 진지』.

우리문화재연구원, 2009, 『김해 여래리 유적』.

삼강문화재연구원, 2010, 『김해 구산동 유적IX』.

한국문물연구원, 2011, 『창원 봉림동유적』.

동아세아문화재연구원, 2011, 『김해하계리제철유적』.

경남발전연구원역사문화센터, 2011, 『창원 사림동유적II』.

경상대학교박물관, 2011, 『합천 옥전28호분·합천 성산리 성지』.

경상문화재연구원, 2011, 『의령 호미산성』, 2011.

대성동고분박물관, 2012, 『가야 탄생의 서막 김해의 고인돌』.

대성동고분박물관, 2013, 『동아시아의 가교! 대성동고분군』.

藤井康隆, 2013, 「大成洞88號墳の晋式帶金具と中國·倭」, 『최근 대성동고분군의
       발굴성과』, 인제대학교.

권오영, 2013, 「대성동 88호분의 진식대금구와 중국·왜에 대한 토론문」, 『최근 대성
       동고분군의 발굴성과』, 인제대학교.

대동문화재연구원, 2014, 『고령 주산성 I』.

권주현, 2014, 『가야인의 삶과 문화』, 혜안.

이동희, 2014, 『전남 동부지역의 가야와 백제문화』, 누리기획.

대성동고분박물관, 2015, 『김해대성동고분군 – 70호분·95호분 –』.

국립가야문화재연구소, 2015, 『금관가야 왕궁 추정지 김해 봉황동유적』.

이영식, 2016, 『가야제국사연구』, 생각과 종이.

동서문물연구원, 2016, 「합천 성산토성 발굴조사 2차 학술자문회의 자료집」.

국립김해박물관, 2016, 『기와, 공간을 만들다 – 최근 발굴자료로 본 영남지역의 기
       와 –』.

신경철, 2017, 「고고학에서 본 가야의 전개와 연구전망」, 『가야문화권 조사연구 현황

과 과제」, 문화재청.

주보돈, 2017, 『가야사 새로 읽기』, 주류성.

김세기, 2017, 「대가야 고대국가론」, 『한국고대사연구』 67, 한국고대사학회.

이형기, 2017, 「대가야의 부체제에 대한 고찰」, 『쟁점 대가야사, 대가야의 국가발전단
　　　계』, 고령군.

대성동고분박물관, 2017, 『비밀의 문 다시 두드리다』.

가온문화재연구원, 2017, 「고령 연조리(594-4)단독주택신축부지내유적자문회의자
　　　료집」.

대동문화재연구원, 2017, 「고령 지산동고분군 정비관련 시굴조사 학술자문회의 자료」.

박천수, 2018, 『가야문명사』, 진인진.

역사문화권정비법 제정과
가야사 연구의 방향

홍 보 식*

Ⅰ. 머리말

가야의 역사와 문화 복원을 위한 조사와 연구를 지원하고, 이를 활용하기 위한 관련 법안발의가 여러 차례 시도되었다. 그동안 발의되었던 가야

---

* 공주대학교

관계 법안의 과정을 간략하게 짚어보면서 2020년 6월 9일에 입법이 되고, 2021년 6월 10일부터 시행인 「역사문화권 정비 등에 관한 특별법(약칭 : 역사문화권정비법)」의 내용을 통해 향후 가야의 역사와 문화를 구명하기 위한 연구 주제와 내용 및 인력 양상 방안, 중앙정부 및 지방자치단체의 정책, 재정 지원 방식과 관련 학계의 준비와 대응 등에 대해 논지를 진행하고자 한다.[1]

II. 가야 관련 법안 발의와 좌절, 역사문화권정비법 특별법 제정

1. 가야 관련 법안의 발의

그동안 가야문화권 조사·연구·정비·활용 등과 관련한 정부정책이 단속적으로 이루어져 왔고, 가야문화권 내의 주민들과 정치인들, 자치단체들의 입법 제안이 꾸준하게 제기되었다. 지금까지 가야문화 관련 정부정책과 입법 제안의 경과 등을 간략하게 검토한 후, 2020년 6. 9일에 제정된 「역사문화권 정비 등에 관한 특별법」(이하 역사문화권정비법이라 함)의 주요 골자와 내용을 검토한다.

가야문화권의 조사·연구 및 복원과 관련하여 정부는 2000년부터 관심을 갖고 시작하였으나 지속적이고 체계적으로 진행되지는 못한 현실이다.

---

1) 본 발표에는 관련 법규의 절차적 문제나 해석, 국가나 지방자치단체의 권한 남용, 위원회나 소위원회 구성원의 자격이나 조건 등에 대한 내용은 언급하지 않고, 발표자에게 주어진 주제에 부합하는 내용을 개진한다. 「역사문화권 정비 등에 관한 특별법」을 이하에서는 법에 제시된 약칭 '역사문화권정비법'으로 한다.

2000년 김대중 정부에서 추진된 1단계 가야사 정비사업은 김해·함안·창녕의 가야 유적을 토대로 역사문화관광도시로 조성하는 사업으로 2004년까지 1,290억의 예산이 특정 지역에 집중 투입되어 수행되었다. 2006년 노무현 정부에서 2단계 가야사 정비사업을 추진하였으나 사업 용지 매입 예산의 부족으로 잠정 중단되었다.

2010년 '가야 문화권 특정지역 지정 및 개발계획'이 수립되었고, 이에 근거해 2019년까지 사업을 추진한다는 안이었다. 이 사업은 달성군과 고령군, 함안군 등 경남·북 8개군(931.9㎢)에 총 사업비 9천158억원을 투입해 37개 사업이 수행되었다. 그러나 '가야 문화권 특정 지역 지정 및 개발계획'은 37개 사업으로 세분화되어 추진되었지만, 지자체 사업 우선순위에 포함되지 않고 중앙 정부의 적극적인 지원도 부족했다(연합뉴스, 2017.6.14.)는 비판이 제기되었다. 특히, '4대 가야' 중 아라가야권이 지정에서 제외되어 지역 간 불균형을 야기하였다(마상렬, 2013 : 106)는 비판도 제기되었다.

2015년 이후 박근혜 정부에서 가야문화권에 포함된 지자체 단체장과 가야 문화권 소속 지역 국회의원들의 지속적인 가야문화권 개발 및 지원 특별법 제정 요구의 정책 의제화 과정이 진행되었다. 가야문화권 지자체 단체장은 협의회를 통해 지역 발전의 요구를 중앙정부에 요청하였고 지역 국회의원도 공청회를 통해 정책 의제화에 노력하였다. 지역 사회의 요구가 기초자치단체, 광역자치단체, 입법부, 학계의 노력이 집중되어 정책 추진의 원동력으로 작용하는 토대가 마련되었다.

2005년부터 가야사라는 자산을 공유하고 있는 지자체들이 모여 가야문화권 지역발전 시장·군수협의회를 결성하였다. 당시 10개 시·군이던 것이 20여 개 시·군으로 늘어났다. 가야문화권 지역발전 시장·군수협의회는 가야 문화권 지원 개발의 숙원사업을 요구하였고, 2017년 가야문화권 조사연구 및 정비사업을 통해 지역 인프라 확대, 지역 경제 활성화, 지역 문화유산 확충, 지역 문화유산 향유권 확대, 동서 화합 등의 목표를 설정하였다.

2017년 7월 발표된 문재인정부 국정운영 5개년 계획에서는 가야역사문화권 조사연구 및 정비를 주요 국정과제(67)로 포함시켜 가야사 연구와 가야역사문화권 발전을 촉진시킬 수 있는 정책적 발판이 마련되었다.

2012년 「신라·가야·유교문화권 조성 및 지원에 관한 특별법안」이 제안된 이후, 「가야문화권 개발 및 지원에 관한 특별법안」(2015), 「가야문화권 개발 및 지원에 관한 특별법안」(2016), 「가야역사문화권 연구·주사 및 정비와 지역발전에 관한 특별법안」(2017), 「고대역사문화권 연구·조사 및 발전에 관한 특별법안」(2017), 「고대역사문화권 지정 및 연구·조사 등에 관한 법률안」(2018) 등이 제안되었다.[2]

이상이 2000년대 이후 가야문화와 관련하여 제안된 특별법안 또는 법률안의 족적이다. 2015년에서 2017년까지 제안된 특별법은 가야문화권만 대상으로 하였고, 2017년 후반 이후에는 고대역사문화권으로 그 대상이 확대되었다. 2017년도에 제안된 「고대역사문화권 연구·조사 및 발전에 관한 특별법안」 이전까지의 특별법안들이 문화재와 직접 관계를 가지지 않은 국회 국토교통위원회 안건으로 논의되었고, 소관부처를 국토교통부로 하는 것이었다. 이는 특별법의 제정이 문화재를 빌미로 관광단지로 조성하여 지역경제 활성화에 목적이 두어졌기 때문이다. 이는 가야문화의 진정한 복원이란 원래의 목표와는 거리가 먼 개발 위주의 정책에 불과한 것이었다. 이런 특별법안이 제안된 배경은 문화재의 정비·복원 사업에 조사와 연구가 주체가 아닌 부차적인, 그것도 곁다리에 불과한 것으로 다루어져 왔던 정책에 있었다.

2017년에 제안된 「가야역사문화권 연구·조사 및 발전에 관한 특별법안」

---

2) 이상의 내용들은 국립가야문화재연구소, 2018, 「가야문화권 조사·연구 마스터플랜 수립 연구」 16·17쪽 내용을 인용하였다.

의 특별법명에 연구·조사가 포함되었지만, 이 법안 역시 국회 국토교통위원회 안건이고, 소관부처가 국토교통부로 되어있다. 그러나 조사와 연구는 뒷전이고, 가야 문화유산을 정비하여 국제적 광역관광명소로 발전시키고, 지역경제활성화란 종래의 법안들과 별반 다를 바가 없었다. 그 후 제안된 「고대역사문화권 연구·조사 및 발전에 관한 특별법안」은 '가야'를 '고대'로 단어를 바꾼 것에 불과하고, 제정 목적은 개발과 경제활성화에 방점이 두어졌다.

2018년도에 제안된 고대역사문화권 지정 및 연구·조사 등에 관한 법률은 고대역사문화권에 대한 종합적이고 체계적인 연구·조사 및 발굴·정비를 추진하고, 이의 활용에 이바지함을 목적으로 하였다. 종래의 문화권과 관련한 특별법안들과는 법 제정 목적에 변화가 확인된다. 체계적인 연구·조사 및 발굴이란 역사문화권 본래의 가치와 이를 통해 정비와 활용이란 현실적 가치 목적이 제시되었을 뿐만 아니라 국회의 소관도 교육위원회이고, 소관부처도 문화재청으로 제시되어 과거에 제안된 문화권 관련 특별법안보다 특별법의 제안 취지와 소관부처가 문화재를 총괄하는 문화재청으로 지정된 것은 진일보한 것이었다. 이 법안은 이후 논의과정에서 내용의 변경이 되어 2020년 6월 2일 「역사문화권 정비 등에 관한 특별법(약칭 : 역사문화권정비법)으로 제정되었다. 이 「역사문화권정비법」의 조항들은 2018년도에 제안한 「고대역사문화권 지정 및 연구·조사 등에 관한 법률안」에 비해 조사·연구 관련 내용들이 상당히 삭제되어 후퇴한 면이 적지 않다.

2. 역사문화권정비법 제정과 주요 내용

2020년 6월 2일 제정되었고, 2021년 6월 10일 시행되는 역사문화권정비법의 목적은 제1조에 제시되었듯이 "우리나라의 고대 역사문화권과 그 문화권별 문화유산을 연구·조사하고 발굴·복원하여 그 역사적 가치를 조명하고, 이를 체계적으로 정비하여 그 가치를 세계적으로 알리고 지역 발전을 도모하는 것"이다. 이를 위해 "역사문화권", "역사문화환경" "역사문화권정비사업"의 정의(제2조)와 국가와 지방자치단체의 책무(제3조), 역사문화권 보존·정비의 원칙(제5조), 제2장 역사문화권 정비정책의 수립과 추진, 역사문화권정비위원회(제6조), 기초조사(제8조), 역사문화권 정비기본계획의 작성 등(제9조), 기본계획의 고시 등(제10조), 발굴된 매장문화재의 보존조치(제12조), 문화재 복원(제13조), 제3장 역사문화권 정비의 시행, 역사문화권정비구역의 지정 등(제14조), 정비구역 지정의 해제(제15조), 행위 등의 제한(제16조), 시행계획의 승인 등(제17조), 사업시행자(제18조), 정비 사업 시행의 위탁(제19조), 실시계획의 승인 등(제20조), 허가 등의 의제(제21조), 지정 취소 등(제22조), 「지역 개발 및 지원에 관한 법률」의 준용(제23조), 제4장 역사문화권 보존 정비의 지원 및 기반조성, 사업비용(제24조), 특별회계의 설치 등(제25조), 개발이익의 재투자(제26조), 역사문화권 연구재단의 설립 등(제27조), 전문인력 양성(제28조), 제5장 보칙, 제6장 벌칙 등 모두 6개장 35개조이다.

역사문화권정비법을 구성한 제5장 보칙과 제6장 벌칙, 부칙을 제외한 4개장 28개 조에서 무려 22개의 조가 보존·정비와 관련된 내용들이다. 특히 정비와 관련된 조항들이 대부분이다. 이 법의 명칭이 「역사문화권 정비 등에 관한 특별법」인만큼 역사문화권 정비가 주 목적이다. 또한 제24조(사업 비용)은 정비사업에 사용되는 비용으로 제한되어 있어 조사와 연구를 지원하는 비용(예산)은 제시되지 않았다.[3]

역사문화권정비법에 의하면, 문화유산의 조사 및 연구와 관련된 조항들

---

3) 제25조(특별회계의 설치 등)의 ③ 특별회계는 다음 각 호의 용도로 사용한다. 1. 역사문화권 관련 계획 수립 및 제도 발전을 위한 조사·연구비. 내용이 있으나 이 세항도 정비와 관련된 내용에 한정된다고 판단된다.

은 제9조(역사문화권 정비기본계획의 작성 등) 3. 역사문화권 및 역사문화환경의 연구·조사에 관한 사항, 제11조(역사문화권 내 매장문화재 발굴), 제19조(정비사업 시행의 위탁) 1. 국가지정문화재의 발굴·조사 및 연구, 제27조(역사문화권 연구재단의 설립 등), 제28조(전문인력의 양성) ① 국가 및 지방자치단체는 역사문화권 연구와 문화유산의 발굴·보존 및 관리·활용 등을 위한 전문인력을 양성할 수 있다. ② 국가 및 지방자치단체는 제1항에 따른 전문인력 양성을 위하여 필요하다고 인정하면 장학금을 지급할 수 있다. 등이다.

역사문화권정비법에 정해진 조항 중 "제9조(역사문화권 정비기본계획의 작성 등) 3. 역사문화권 및 역사문화환경의 연구·조사에 관한 사항"은 이미 정비 시행에 앞서 관례적으로 행해오던 형식을 특별법의 하나의 항으로 삽입하였고, "제19조(정비사업 시행의 위탁) 1. 국가지정문화재의 발굴·조사 및 연구"의 국가기관 위탁은 지방자치단체와 국가기관에서 부분적으로 행해오던 것을 특별법으로 명문화하였고, 사업시행자의 대상을 늘린 내용이다. 제11조에 명시된 조사는 이미 「매장문화재 보호 및 조사에 관한 법률」 제13조에 명시되어 있어 역사문화권정비법이 아니더라도 시행되어 온지 오래되었으므로 새로운 조항은 아니다.

역사문화권정비법의 조항중에서 기왕에 제시된 특별법안과 가장 큰 차이이자 조사·연구와 직접 관련된 조항들은 제27조(역사문화권 연구재단의 설립 등)과 제28조 전문인력의 양성을 위해 장학금을 지급할 수 있다는 내용이다. 이 제27조와 제28조의 내용은 전적으로 조사와 연구만을 위한 것은 아니며, 조사와 연구 부문도 일부에 지나지 않는다. 역사문화권정비법의 제1조(목적)에 "문화권별 유산을 연구·조사하고 발굴·복원하여 …"라고 명확하게 명시하여 조사와 연구의 중요성이 제시되었지만, 특별법에는 조사와 연구에 관한 조항들은 거의 없을 뿐만 아니라 정비에 수반해서 이루어지는 부차적이고 매우 제한적인 항들의 규정에 불과하다.

III. 가야역사문화권의 조사 및 연구 과제와
「역사문화권 조사·연구·정비 등에 관한 특별법」
제정의 필요성

1. 조사와 연구 과제

가야사를 밝히기 위해서 필요한 실행과제를 도출하기 위한 종합적인 학술연구용역이 2018년 국립가야문화재연구소에 의해 추진되었다. 이 연구사업에서 가야사 연구의 흐름과 발굴조사의 진전, 자료 축적, 가야 유적의 정비와 복원 및 활용 현황과 과제, 가야의 역사와 문화를 복원함에 있어 단기·중기·장기적으로 추진되어야 할 중점 주제와 추정 소요 예산 내역 등이 이미 제시되었다.[4]

이하에서는 이의 요점을 제시하고, 향후 가야의 역사와 문화를 밝히고, 이를 토대로 문화유산의 정비와 복원 및 활용의 가치를 높이기 위한 방안들이 무엇인지 검토하고, 총체적이고 동적인 가야문화를 복원하기 위한 연구 토대와 정보들을 축적하고, 이를 활용하여 가야 역사상의 이미지를 높이고 지역경제활성화를 도모하기 위한 조사 과제와 방법들을 제시한다.

우선 가야사의 전체적인 모습을 규명하기 위해서는 유적조사의 지역 균형화가 바람직하다. 이를 위해서는 권역 단위의 종합적인 연구 과제를 설정하고 이를 달성하기 위한 유적 조사가 요구된다. 항로와 교역, 해촌, 해민의 조사와 연구를 위한 도서·해안권역, 문화 점이지대 내지 문화복합(융합) 양상 등의 구명을 통해 문화의 흐름과 창출, 지역간 소통 등의 관계 규

---

4) 국립가야문화재연구소, 2018, 「제6장 실행과제, 제2절 실행과제 도출. 1. 조사·연구」
『가야문화권 조사·연구 마스터플랜 수립 연구』.

명을 위한 조사와 연구를 위해 문화점이지대권(전남 동부지역, 지리산 동부권 등 백제·마한·대가야·소가야 문화요소가 공존된 지역, 낙동강변의 가야문화와 신라 문화 복합지역, 남강연안의 대가야·소가야·아라가야 문화 복합지역) 설정과 조사 및 연구이다.

또한 유적을 구성하고 있는 전체 맥락 파악과 경관 복원을 위해 점적(点的) 발굴조사를 지양해야 한다. 부분적인 발굴조사로는 구조와 성격 파악이 어려운 왕궁이나 항만 및 항구의 경관과 제반 시설(접안·물류집하·도로 등), 취락 경관 등의 면적인 발굴조사가 이루어져야 하고, 해양 교류 양상 구명을 위해서는 거점 또는 중간 기착지로 추정되는 지역이나 다양한 계통의 문화요소들이 복합된 문화 점이지대의 경우, 선적(線的) 유적 조사가 요구된다. 패총이나 경작 유구·수공업 생산유적·습지유적, 토목구조물, 건축물, 인골, 곡물, 목제품, 경관 등의 발굴조사와 연구는 식물·영양·인골·지리·통계·칠·토양·광물·지질·암석·토목·건축·공인 등 관련 분야의 전문가가 참여하는 학제간 융합연구를 확대하여 입체적인 조사가 이루어져야 한다.

고고학과 문헌사학에서 꾸준하게 논의되어 온 가야의 시·공간적인 범위와 시기 구분, 가야의 국가 성격과 사회구성체, 주변 지역 또는 국가와의 관계, 해양문화 등의 연구는 생산적인 논의와 진전이 필요한 과제들이다.

가야문화권 연구는 문헌사와 고고학의 양방향에서 이루어졌고, 연구 성과도 어느 정도 축적되었지만, 전·후기 가야의 연맹 구조와 대가야·금관가야·아라가야·소가야의 국가 구조 또는 대가야의 권역과 고대국가론 등 주로 정치적인 주제나 특정 지역 또는 특정 성격의 유적(유구)에 집중되었고, 그 결과 그 방면의 연구에 필요한 정보들과 연구가 어느 정도 이루어졌다. 그럼에도 불구하고 기왕의 연구 성과들을 활용하여 역사문화 콘텐츠 개발을 위한 수준에는 아직 이르지 못하고, 불분명하거나 전혀 또는 초보

수준에 머물고 있는 연구 과제들도 상당히 많다. 새로운 시각에서의 연구가 이루어지지 않다보니 신진 연구자 배출이 거의 이루어지지 않는 게 현실이다. 이와 같은 현재의 가야문화권 조사·연구의 편중과 한계를 극복하고, 다양한 기초자료 확보와 연구 활성화를 위한 연구 과제 도출이 필요한 시점이다.

최근에 들어와 조사가 증가하고 있는 추정 왕궁지나 취락을 둘러싸고 있는 습지·생산·제사와 의례 등 종합적인 연구가 이루어져야 한다. 정비와 복원을 통해 국제적 광역관광명소이면서 지역경제활성화를 도모한 모범적인 사례로 알려진 일본의 요시노가리유적은 종합적인 연구가 이루어졌기 때문에 가능하였다고 판단된다.

둘째는 균형과 특화된 지역 단위, 즉 권역 단위의 연구를 하여 특화된 지역의 역사문화상을 설정하고 이를 적극적으로 활용할 수 있는 기반이 구축되어야 한다. 예를 들면, 항로와 교역, 해촌, 해민의 연구를 위한 도서·해안권역의 설정이다. 도서·해안권역을 대상으로 항구·항만시설·포구 등 해촌을 구성한 시설물의 구성과 특징, 교역·어로·채집·선박·항로 등 해민의 생활 양상의 해명이 이루어질 수 있으며, 해촌 복원과 이를 활용할 수 있는 기반 조성도 가능할 것으로 기대된다. 해촌이 복원되면, 최근 들어와 각광받고 있는 해안 또는 도서에 조성된 휴양시설 및 문화와 연계한 활용전략을 수립하면 성과가 있을 것으로 기대한다.

그리고 계통이 다른 복수의 문화요소가 서로 복합되어 있는 문화 점이지대권의 문화복합(융합) 양상 등의 구명을 통해 문화의 흐름과 창출, 지역 간 소통 등의 관계 연구이다. 집단 구성원의 출자와 문화 계통이 다양한 지역이야말로 지역과 문화의 다양성이 존재하고 그 가치를 해명할 수 있는 아주 좋은 대상이다. 이 연구는 지방자치제의 확대와 더불어 지역의 개성과 다양성을 토대로 논의되고, 발전되는 역사문화축제의 전통성과 역사성 부여는 물론 새로운 차원으로 승화할 수 있을 것으로 기대된다.

가야의 사회사와 생활사 연구로서 촌락과 주거생활(도시·촌락구조·주거구조), 생활문화(복식·음식·일상), 문자생활, 경작(논과 밭 등의 경작유구)과 곡물, 섭취물과 영양효율, 가축 사육과 수렵(패총과 습지유적 출토 수골), 사냥 도구, 말 사육과 활용(운반·운송) 등의 생활사 복원을 위한 연구는 유적의 진정성과 가치를 한층 높이며, 복원 활용의 근간이 된다. 지역 단위의 복합 연구를 통한 지역상 구명, 특히 마을을 둘러싼 생활양식 연구로의 전환이 이루어질 것으로 기대된다.

그리고 가야사회는 분절적인 지역의 지형을 극복하기 위해 관계 네트워크망을 통해 가야라는 공통성과 독자성을 유지 발전시켰다고 평가할 수 있다. 지역 간 관계망의 연구는 가야를 당시 삼국은 물론 동아시아 사회에서 매우 특징적인 정치체로 평가할 수 있을 것이다.

이외에도 문화 확산 및 수용양상, 수공업 생산 및 토목·건축 기술, 경관, 신앙과 의례·제사, 전쟁(관방시설―성곽·보루, 무기와 무구), 매장과 사후관(순장, 부장품 구성, 부장품 변화, 매장주체시설의 구조와 변화, 분묘 제사 등), 이주(이주를 통한 인적·물적 교류, 문화 전달, 가야인의 백제·신라·일본열도로의 이주, 이주를 통한 가야문화 및 가야의 다문화 사회 연구), 가야 멸망과 후의 양상(신라화 과정과 사민, 가야문화의 소멸과 신라문화의 수용에 의한 가야지역 재편, 가야 유민의 활동) 등의 연구도 가야사 복원에 매우 중요한 과제임은 틀림없다.

가야사 해명 및 복원을 위해 상기에서 제기되었거나 향후 논의될 수 있는 다양한 과제들을 효과적으로 추진하기 위해서는 중장기적인 계획 수립이 요구된다. 예를 들면, 가야의 공간적 범위를 문화권·경제권·정치권·지리권 등으로 설정하고, 각 권역별의 중심 연구 주제를 설정한 후, 과제의 중요도에 따라 조사와 연구의 우선순위를 설정하고, 적정한 예산을 수립하는 중장기적인 추진 전략이 마련되어야 한다.

그리고 가야사의 연구 활성화와 지평 확장, 젊은 연구자 배출, 그리고 다양한 활용 분야 아이디어를 계발하고, 많은 사람들이 문화유산을 공유할 수 있는 가야 역사문화 콘텐츠 개발의 기반 구축을 위한 소프트웨어 개발이 이루어져야 한다.

2014년도부터 가야의 고분군을 세계유산에 등재하려는 시도가 있었고, 지방자치단체와 소관부처, 관련 학계 등의 노력으로 2020년 1월에 가야의 고분군 세계유산 등재신청 보고서가 유네스코에 제출되었고, 조만간에 현지실사를 눈앞에 두고 있다. 가야의 고분군이 세계유산에 등재되길 간절히 기대하고 있고, 반드시 등재되어야 한다는 게 우리 모두의 바람이다.

가야고분군을 세계유산에 등재하자는 움직임이 시작된 이래 학술심포지엄을 통해 가야고분군의 출발 시점과 대상, 세계유산 등재 대상 고분군의 선정을 둘러싼 논의와 함께 동아시아 고분과의 비교를 통한 가야고분군의 가치 도출 등 다양한 연구가 시도되었다. 다양한 연구에도 불구하고 가야고분군의 탁월한 보편적 가치(OUV)를 명확하게 도출하기에는 상당한 어려움이 있었다. 이는 지금까지 가야고분군의 연구가 가야에만 국한되어 논의된 것은 아닌지에 대한 반성이 필요한 부분이기도 하다.

가야고분군의 세계유산 등재는 가야 고분의 연구 시야를 확장하여 동아시아 사회에서 가야 고분의 보편적 가치를 밝히는 계기가 될 수 있다. 가야가 삼국이나 중국, 왜 등보다 발전하지 못한 연맹체 단계의 미숙한 사회라거나 분립된 존재로 인식할 것이 아니라 고대 국가를 지향하는 동아시아 사회에서 가야의 존재와 역할을 새롭게 인식한다면, 가야고분군이 함의하고 있는 탁월한 보편적 가치를 보다 구체적으로 제시할 수 있지 않을까 한다.

가야의 고분군이 세계유산에 등재되는 것만큼 중요한 과제가 또 있다. 그것은 가야의 고분군이 세계유산에 등재된 이후 세계유산 가야고분군의 가치를 알리고, 이를 활용해서 지역경제 활성화를 도모할 수 있는 구체적인 전략 수립과 실행 계획들을 만드는 것이다. 향후 가야고분군의 가치 확산과 활용을 위한 콘텐츠 개발 등을 전담할 수 있는 기관 또한 필요하다.[5]

2. 조사·연구는 왜 필요한가

현재 동아시아 사회는 자국의 영토 내에 소재한 과거에 형성된 역사문화유산을 국가의 정체성과 자국민들의 민족주의 강화, 또는 영토전쟁의 명분으로 이용하려는 경향이 강하다. 이런 목적을 수행하기 위해 심한 역사왜곡이 일어나기도 한다. 역사왜곡은 국가간에만 전개되거나 존재하는 현상은 아니다. 과거 우리의 문화재 정비와 복원에도 종종 있어왔다. 대표적인 예를 제시하면, 삼국시대의 고총고분이나 삼국시대 이후 형성된 관방유적의 정비가 그 대표적인 사례이다. 조사에 의해 정확한 구조를 규명하지도 않은 채, 또는 조사가 이루어져 구조와 성격이 어느 정도 밝혀졌음에도 불구하고 그것을 도외시한 채 많은 예산을 투입하여 정비와 복원이 강행되고, 연구자와 국민들로부터 엉터리 복원이란 비난과 외면 받고 있는 사례도 있다.

그리고 활용의 가치가 높음에도 불구하고 조사 이후 사라졌거나 방치된 문화유산 사례도 적지 않았다. 그렇게 된 주요 원인은 문화유산 종사 관계자와 기관, 특히 국가와 지방자치단체의 무관심과 정책 소홀이라 생각된다. 이 문제를 반면교사로 삼을 수 있는 사례는 우리와 동떨어진 반대편의 지구에 있지 않다. 우리나라의 많은 국민은 한번쯤 방문한 경험이 있거나 각종 언론을 통해서 들어본 유적이 있을 것이다. 우리와 이웃한 일본의

---

5) 현재 3개 광역자치단체에서 합의하여 운영하고 있는 '가야고분군세계유산추진단'을 확대 개편하여 위의 사무를 맡도록 하는 방안도 가능하다.

요시노가리유적이 바로 그것이다.

요시노가리유적은 일본 야요이시대 큐슈지역의 농경사회 모습을 알 수 있는 복합유적으로 1980년대 초부터 지속적인 조사와 연구를 통해 유적의 구조와 배치, 성격 등을 밝히고, 어느 정도 성격 구명이 된 유구를 대상으로 정비와 복원을 하고 활용하는 대표적인 사례이다. 현재도 유적 일부에서 조사가 이루어지고, 연구가 지속되고 있다. 일반인에게 공개된 1989년부터 일반인에게 공개된 이후 연간 80만~100만인이 넘는 국내외인이 방문하였고, 2001년도까지 요시노가리유적을 방문한 방문객의 수가 13,000천인을 넘었다고 하며,[6] 현재도 연 2백만명이 넘는다고 한다.

요시노가리유적은 전체가 조사되지 않아 전모가 드러나지 않았고, 조사된 범위와 모든 유구들이 정비와 복원이 되지 않았다. 연구가 지속적으로 이루어지고, 관련 연구자들의 연구성과를 수합하여 완벽하지 않지만 어느 정도 성격 구명이 되고 구조가 밝혀진 대상물을 복원하였다.

요시노가리유적은 일본의 야요이시대를 연구하고, 이를 정비하여 활용하면서 국제적 광역관광명소이면서 지역경제활성화를 달성하고 있는 모범적인 사례이다. 이 요시노가리유적의 성공은 철저한 조사와 연구가 수반되었기 때문에 가능하였다. 우리나라의 고대 역사문화권에도 요시노가리유적에 못지않은, 이보다 더 좋은 유적들이 다수 확인되었고, 세상에 드러나지 않고 지하에 묻혀있을 것은 지금까지의 조사 경험으로 충분히 예상할 수 있다.

그러면 우리나라에는 일본의 요시노가리와 같은 유적 정비와 복원, 그리고 활용을 통해 국제적 광역관광명소이면서 지역경제활성화를 도모하는 고대 역사유적의 사례가 많지 않을까에 대해 고민할 시점이다. 필자는 그

---

6) 渋谷 格, 2001, 「吉野ヶ里遺跡-史蹟整備と課題」, 『弥生都市は語る-環濠からのメッセージ』, 大阪府立弥生博物館.

가장 주된 원인으로 지속적인 조사와 연구가 뒷받침되지 않은 채 우리의 관심으로부터 멀어져 사라졌거나 방치되었거나 무리한 정비와 복원이라고 생각한다. 이러한 과오를 불식하고 국가와 지방자치단체에서 그토록 바라고, 특별법의 취지와 목적을 살리기 위해서 우선적인 방점을 두어야 하는 부문이 조사와 연구이다. 제대로 된, 그리고 지속적인 조사와 연구가 수행되지 않으면, 정말 중요한 유적의 조사와 연구는 물론 정비와 복원은 요원하여 국제적 광역관광명소이면서 지역경제활성화의 목적은 달성하기 어렵다.

그러면 이를 추진하기 위해서는 무엇을 해야 하는가? 우선 가야의 역사와 문화를 밝히는 과제의 발굴이 필요하다. 발굴되어야 할 과제들은 기왕의 조사와 연구를 통해 어느 정도 제시되어 있으므로 크게 어렵지 않다고 예상된다. 강력히 요구되고 실행되어야 하는 것은 조사와 연구를 안정적으로 뒷받침하고 보장할 수 있는 법 조항들이 규정되어야 한다.

3. 역사문화권 조사·연구·정비 등에 관한 특별법 제정 시 고려되어야 할 내용

역사문화권정비법이 정비에 방점이 있음에도 불구하고 종래의 역사문화권 특별법안에서 제시되지 않았던 새로운 조항들이 규정된 점들은 진일보하였다고 평가할 수 있다. 그러나 특별법명에 명확하듯이 이는 문화유산 정비법이다. 정비법만으로는 달성하기 어렵다. 역사문화권정비법의 제1조(목적)에 명시되었듯이 문화유산의 조사 및 연구와 관련한 내용들을 추가하여 "역사문화권 조사·연구·정비 등에 관한 특별법"으로 개정을 추진해야 한다. 역사문화권정비법에 조사·연구 관련 조항들이 구체적으로 명시되지 않아, 하위 법령인 시행령과 규칙에도 조사·연구 내용들이 담겨져 있지 않다. 조사·연구 조항들이 구체적으로 삽입된 특별법 제정에 다소의 시간이 걸릴 수 있으므로 소관부처인 문화재청의 내규로 조사와 연구 부문을 구체적으로 담아낼 필요가 있다. 또한 지방자치단체에서는 조례 등을 통해 역사문화정비법에서 담아내지 못한 내용들, 특히 조사와 연구 분야 항목들을 추가해야 한다.

아직 시행도 하지 않은 특별법의 개정을 추진해야한다면, 너무 조급한 게 아닌가 하는 우려도 있을 수 있다. 그런데 역사문화권정비법의 조항들을 보면, 분명 개정이 필요함은 이 분야에 관심을 가진 국민 누구라도 느낄 것이다. 역사문화권정비법 소관부처에서는 나름대로 이 특별법을 제정하기 위해 노력한 것을 무시하자는 것은 절대 아니다. 역사문화권정비법이 상기와 같은 문제점과 우려되는 점이 있지만, 향후 한국 고대사를 구성한 역사문화권 단위의 조사와 연구 및 인력 양성에 약간의 긍정적인 영향을 줄 것으로 기대된다. 특별법의 제정 취지와 목적을 제대로 달성하기 위해 역사문화권정비법에서 규정되지 않은 내용들을 추가하면서 특별법명을 바꾸자는 것이다.

역사문화권정비법 작성에 문화유산 조사와 연구 관련 전문가들이 어떻게 참가하였는지의 여부는 알 수 없다. 참가하였다면, 역사문화권정비법의 내용들이 많이 보완, 정비되었을 것으로 보이긴 하지만 실제 그렇지 않다. 추후 역사문화권정비법의 개정시, 소관부처에서는 반드시 문화유산 조사와 연구 관련 전문가를 포함시켜 조사와 연구 부문들이 법 조항에 반영될 수 있도록 해야 하며, 문화유산 조사와 연구 관련자와 기관들도 소관부처에 지지와 적극적인 협조관계를 구축하는 노력이 요구된다.

법 제정의 기준 및 특별법 제정의 목적과 적용에 비춰 2020년 6월 9일에 제정된 「역사문화권정비법」을 「역사문화권 조사·연구·정비 등에 관한 특별법」으로 확대 제정할 때 수정 보완되거나 추가되어야 할 점들을 제시한다.

2020년 6월 9일에 제정된 역사문화권정비법의 조항들은 추상성과 불완전성, 일부 내용들은 그 반대의 구체성을 담고 있다. 추상성이란 고대역사문화권의 구분 기준과 범위, 그리고 조사와 연구의 필요성이 구체적으로 명시되지 않았고, 불완전성이란 문화권별 문화유산의 조사 및 연구 과제와 실행, 예산 편성 등은 구체적이지 않을뿐더러 거의 명시하지 않아 불완전하다.

앞의 1절에서 조사와 연구 과제에서 제시된 내용들을 특별법의 구체적인 조항으로 삽입하는 게 가능할 것이다. 조사와 연구 과제들이 법조문으로 제시하기에 비례의 원칙, 평등의 원칙, 적법절차의 원칙, 최소보장의 원칙, 명확성의 원칙, 포괄위임금지의 원칙 적용에 문제가 있다면,[7] 외국의 선진 사례를 찾아 참고하면 가능할 수도 있다. 외국의 선진 사례가 없다면, 문화유산 연구자와 법 연구자, 법을 집행하는 행정관리 등이 머리를 맞대고 우리나라가 모범적인 특별법을 선도적으로 제정하여 다른 나라의 역사문화 관련 법 제정에 선구적인 사례를 제시할 수도 있다.

2018년에 제안된 「고대역사문화권 지정 및 연구·조사 등에 관한 법률안」의 안 제6조~제14조의 내용들만을 삽입해도 역사문화권 조사와 연구를 법률로 뒷받침할 수 있을 것이다. 국가와 지방자치단체, 그리고 소관부처에서는 적극적인 문화유산 조사·연구와 활용을 위한 실천과 이를 뒷받침할 수 있는 관련 법안을 제정하여 시행해야 할 시점임을 각인할 필요가 있다.

---

7) 법이란 비례의 원칙, 평등의 원칙, 신뢰보호의 원칙, 적법절차의 원칙, 최소보장의 원칙이 적요되고, 법령형식에 대해서는 명확성의 원칙, 포괄위임금지의 원칙이 적용된다고 한다. 명확성의 원칙이란 법률은 행정과 사법에 의한 법 적용의 기준이 되므로, 명확한 용어 등으로 분명하게 규정해야한다는 원칙이다(2014년 법령입안에 관한 헌법원칙에 대한 법제처의 회신).

2020년 6월 9일에 제정된 역사문화권정비법은 문화유산의 조사와 연구에 대한 조항들이 아주 소략한데 비해 정비와 관련한 정부와 지방자치단체, 수행기관, 관련 예산 사항에 대해서는 매우 구체적인 내용을 담고 있다.

법 제9조(역사문화권 정비기본계획의 작성 등)에 의하면, 정비의 기본방향 및 목표 등을 포함한 9개 항에 대해서 문화재청장은 5년 단위의 역사문화권 정비기본계획을 수립하여야 한다고 하였다. 역사문화권 정비의 기본원칙은 역사문화권이 형성될 당시의 인문·자연적인 경관이 최대한 보전되어야 하며, 이 원칙을 기준으로 장기적인 안목과 관점에서 수립되어야 한다. 정비는 역사문화권의 본래 모습을 보존하되, 역사문화권의 가치를 높이고, 방문객들에게 유용한 정보와 활용을 제공하는 방향으로 진행되어야 한다. 역사문화권의 가치는 해당 유산의 성격과 형성에 참여하였거나 관계를 맺은 가야인들에게 어떤 의미를 가졌는지를 구명하는 것이다.

이와 같은 관점에서 역사문화권의 정비기본계획이 수립되어야 한다면, 5년마다의 정비기본계획 작성은 혼란과 실행의 모호성을 초래할 위험요소가 있다. 특히 해당 자치단체의 사무 집행권한을 행사하는 지방자치 단체장, 그리고 관련 조례제정 의결권과 예산심의권을 행사하는 광역자치단체 의원들은 선출직으로서 역사문화권 주변에 거주하거나 토지를 소유한 이해관계자들의 민원을 적극적으로 차단하기 어렵거나 4년마다 선거를 통해 선출되다보니 정책의 지속성이 확보되기 어려운 점들이 발생할 우려가 있다. 이를 위해서는 중장기적인 기본 계획을 수립하고, 당해 유산의 조사와 연구 성과 등을 반영하고, 새로운 활용 방안과 이를 실현할 수 있는 기술의 발전 등을 감안하여 5년 단위로 중장기기본계획의 내용을 부분적으로 수정·보완하는 방향으로 법 제9조의 내용이 수정·보완될 필요가 있다.

가야역사문화권의 정비는 가야의 역사와 문화에 대한 지속적인 조사와 연구가 이루어질 때 진정한 정비가 가능함에도 불구하고, 지속적인 조사와 연구, 이를 끌고 갈 수 있는 전문인력 양성과 활동을 보장하는 내용이 법과 시행령, 규칙에 구체적으로 명시되지 않았다. 특별법이란 일반법과 달리 그 제정 목적이 구체적이어야 함에도 그렇지 않다. 역사문화권 정비에 관련된 조항들, 특히 자격조건, 벌칙 등은 매우 구체적으로 명시되어 있는 것과 상당히 대조적이다.

역사문화권의 조사·연구 목적과 방법이 추상적인 면이 있더라도 특별법에 맞게 구체적으로 조항들을 제시하는 것도 가능하다. 예를 들면, 기초자치 단위로는 어렵더라도 광역자치 단위별로 관련 역사문화권의 조사와 연구를 위하거나 전문 인력 양성을 행정적, 재정적으로 뒷받침하기 위한 관련 부서 신설과 공적기관의 설립 또는 이미 설립되어 활동하는 관련기관의 지정, 예산 항목 등을 신설할 수 있는 조항을 명문화 할 수 있다. 특별법 조항으로 명시하기 어려운 부분이 있으면, 지방자치단체가 이 특별법의 취지를 살릴 수 있는 지방자치단체의 조례로 제정하도록 강제하는 조항을 담을 수 있다.

현 정부에서 운영하는 다양한 공적 기관, 예를 들면 공단이나 공사들은 일반법이나 특별법 등에 의해 설립·운영하고 있다. 동북아역사재단은 2006년 5월 19일 법률 제07955호로 제정되어 공포한 동북아역사재단설립운영법(東北亞歷史財團設立運營法)에 의해 설립된 역사 관련의 대표적인 공적 기관으로서 활동하고 있다. 또한 광역지방자치단체나 기초자치단체에서도 시설공단 또는 문화재단 등을 설립 운영하는 사례도 다수 존재한다.

국가와 지방자치단체에서 운영하는 공적 기관의 사례에 비추어 볼 때, 또한 역사문화권정비법 제27조(역사문화권 연구재단의 설립 등)의 조항이 규정되어 있는 만큼 가야역사문화권 내의 지방자치단체는 공격적으로 공적 기능을 수행하는 전문연구기관의 운영을 주도하는 정책과 시행이 요구된다.

문재인정권이 출범하면서 가야사 복원 및 활용이 100대 국정과제에 포함되어 가야사 연구와 유적 조사에 꽤 많은 국가예산이 투입되었다. 가야사 조사 및 연구 복원이란 국정과제에 포함되기를 원하는 기초지방자치단체들의 물밑 경쟁이 전개되기도 하여 과열 경쟁의 우려도 존재하였다. 과거에는 가야에 거의 관심이 없어 조사와 연구는 물론 정비와 활용 등이 거의 이루어지지 않았던 기초자치단체들도 정체성의 문제는 제쳐두고 이 국정과제에 발을 담그기 위한 경쟁 아닌 경쟁을 하는 광경이 연출되기도 하였다.

광역자치단체와 기초자치단체들은 가야사 복원을 전담하기 위한 조직과 인력을 배치하고, 예산을 확보하여 관할 지역의 가야 관련 문화재의 현황 파악과 이를 토대로 유적의 정비, 복원과 활용을 위한 학술용역을 추진한 사례가 증가하였다. 이러한 현상들은 과거와는 다른 모습임에 틀림없다. 이런 연구용역의 결과물들은 향후 관련 유적의 조사는 물론 보존과 정비 정책들을 수립하여 실행함에 큰 도움이 될 것으로 기대된다.

이런 긍정적인 효과 및 기대와 다른 모습들이 보이기도 하였다. 광역자치단체에서 기초자치단체에 일정 예산을 분배하고, 기초자치단체는 이 예산을 집행하기 위해 무리한 유적 발굴조사를 시도하였음도 사실이다. 지역적으로 균형적 조사와 연구는 각 기초자치단체별로 동등한 예산 배정으로 실행되는 것은 결코 아니다. 일정액의 예산 배분보다는 각 해당 지역의 역사와 문화를 밝히기 위해서 어떤 성격의 유산이 해당 지역을 상징할 것인지를 조사하고, 이를 연구하여 배분보다는 선택과 집중을 통한 가야사 복원이 이루어져야 한다는 의미다. 앞으로도 이와 유사한 일들이 반복되지 않으리란 법은 없다.

이미 여러 차례 발굴조사가 되었고, 관련 정보도 상당히 축적된 유적이고, 사적으로 지정되어 법적인 보호와 보존되고 있음에도 불구하고 발굴조사의 화(?)를 면지 못한 유적들도 다수 있었다. 이미 발굴조사가 상당 수 이루어진 유적들은 발굴조사된 자료들을 대상으로 보다 심도 있는 연구와 새로운 관점에서의 연구가 진행되는 게 무엇보다도 중요하다. 그럼에도 불구하고 이런 조사에는 예산과 연구 인력을 투입하지 않고, 발굴조사에만 매몰되어 있는 현실은 매우 경계해야 한다. 이런 사례들이 많은 지방자치단체에서 유사하게 이루어지고 있는 현실은 우리의 마음을 아프게 한다. 여전히 과거의 행태를 벗어나지 못하고 있구나 하는 자괴감이 때론 들기도 한다.

사적으로 지정되어 법적으로 국가의 보호를 받고 있는 유적을 대상으로 한 발굴조사는 가급적 지양되어야 한다. 새로운 방법과 연구 주제를 통해 새로운 사실이 구명되어야 하는 당위성과 명제가 주어질 때, 최소한의 범위와 대상을 선정한 발굴조사는 필요할 수도 있을 것이다.

그러나 사적을 대상으로 한 대부분의 발굴조사는 미진한 유적 성격 규명이란 미명하에 이루어지는 게 현실이다. 사적으로 지정되었거나 지방기념물로 지정된 유적일 경우, 새로운 인식과 기술 적용이 이루어질 때까지, 그리고 후세에게도 기회를 줄 수 있는 지혜를 보일 때다. 사적으로 지정된 유산의 경우, 발굴조사보다는 기왕의 조사에서 확보된 기초자료 집성과 이를 통한 다양한 관점에서의 연구를 위한 기반을 조성하는 게 우선적으로 요구되고, 미래에 대한 투자가 될 것이다.

고분 위주의 지속적인 발굴조사보다 새로운 성격의 유적 조사에 눈을 돌리고 주목해야 한다. 새로운 유적 조사의 일례로서 가야의 기항지와 해촌(海村)의 조사와 복원을 위해서는 어떤 조사와 연구가 필요하고 이를 위해서는 특별법에 어떤 조항들이 반영되어야 하는지를 제시해 보고자 한다.

가야 사회는 고구려·백제·신라와 달리 네트워크 관계를 통해 유지 발

〈그림 1〉 옛 김해만과 유적 분포 현황(국립김해박물관 제공)

전해 왔다. 이 네트워크 관계망은 남해라는 바다와 낙동강과 그 지류인 남
강·황강 등의 하천수계가 중요한 역할을 하였다. 남해안의 항과 낙동강과
그 지천의 포구는 사람과 물자가 모이는 곳으로서 가야사회를 규정하는 가
장 중요한 인자이다. 특히 가야의 가장 동쪽인 부산의 수영강이 남해에 합
류하는 지점부터 남쪽으로 섬진강이 남해에 합류하는 곳까지의 남해안과
도서 일대에는 무수히 많은 항이 존재했을 것으로 추정된다. 예를 들면 고
김해만과 이를 잇는 해반천, 조만천, 율하천 등지에 존재했을 해촌, 안골
만, 마산만, 진동만, 고성만 등과 점점이 분포한 도서 등 남해안의 주요 거
점에는 배가 정착하고, 물품을 하역하고 선적하는 매우 역동적인 삶이 전

개된 항들이 존재하였을 것이란 그동안의 발굴조사를 통해 예견할 수 있다.

그런데 이 항들은 현재 우리의 눈에는 보이지 않는다. 왜일까? 가야가 사라진 이후부터 현재에 이르기까지 가야 당시에 역동적인 모습을 보였던 항들은 자연적 인위적인 물리력에 의해 매몰되고 말았다. 몇몇 지역을 제외하면, 그 때의 항들은 지금도 지하에 영면하고 있을 것으로 기대된다. 우리는 그 항들을 찾아서 조사와 연구를 한다면, 지금보다 훨씬 더 다양한 자료를 확보할 수 있고, 이를 토대로 지금까지 인식해 온 가야와는 사뭇 다른, 그때 당시의 가야사회 본 모습에 다가갈 수 있을 것으로 기대된다.

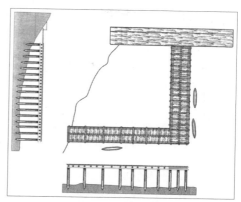

〈그림 2〉 김해 율하유적의 접안시설 모식도

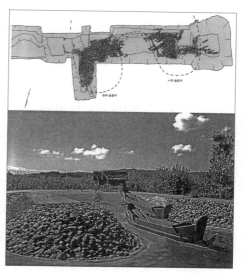

〈그림 3〉 일본 이키 하루노츠치유적의 접안시설유적과 복원도

가야 당시의 해안선 복원을 토대로 인문·자연경관 복원을 통해 당시 가야인들의 삶의 터전이었던 항과 포·진, 해촌 등의 모습을 밝혀 진정한 가야 역사와 문화를 복원하지 않으면 안된다. 이 과제는 가야사 연구자 몇몇이 모여서 할 수 있는 일이 아니다. 광역자치단체를 중심으로 가야문화권

에 포함된 기초자치단체의 협업 및 행정적 지원과 예산지원이 수반되어야 한다.

이를 위해 우선해야 할 일은 1900년대 초에 제작된 지적도와 지형도, 항공사진 등을 디지타이징하여 과거의 자연과 지형 모습을 복원하여야 한다. 각 기초자치단체에는 1,900년대 초에 작성된 지적도와 지형도 등이 해당 관할지역의 토지정보과에 이미 전산화가 되어 있다. 이 전산화되어 관리되고 있는 위의 토지정보자료들에는 당시의 해안선과 자연환경의 기초 정보들이 표기 또는 표현되어 있다. 이 토지정보자료들을 모아 디지타이징하면, 해안 매립 이전 시기의 해안선 복원과 전근대 이전 시기 항의 위치 등을 어느 정도 파악할 수 있을 것으로 기대된다. 이 연구가 이루어지면, 해양과 관련한 지금까지의 가야사 연구의 한계를 벗어나 보다 다양한 논의와 성과들이 제시될 수 있을 것으로 기대된다. 그리고 가야 당시의 해안선이 복원되면, 과거 바다를 매립한 범위가 확인되어 개발시 문화재(매장유적) 존부 확인을 위한 절차의 간소화와 민원 해소 및 예산 절감 등 현실적인 비용 부담도 줄일 수 있을 것으로 기대된다.

이 자료들을 이용하기 위해서는 기초자치단체들의 적극적인 협조가 반드시 필수적이다. 이 자료들에는 민감한 개인정보가 포함되어 있고, 도용될 현실적인 우려도 있지만, 조금만 검토하면 이를 극복할 수 있는 방법은 있을 것이다. 이 자료들을 제공받은 학계에서는 현재의 지형과 면밀하게 비교 분석하여 가야 당시의 해안선과 특징, 자연환경, 그리고 항이 존재할 가능성이 있는 위치를 확인할 필요가 있다. 확인된다 해서 바로 조사를 진행할 수 있는 환경이 만들어질 수 있는 것만은 아닐 것이다. 확인한 후 이 일대가 여러 공사를 통해 조사하기 전에 사라지지 않도록 감시하고 보호하는 노력이 필요하다. 가야의 항이 존재할 가능성이 있는 곳을 대상으로 학술발굴이 가능한 곳은 발굴조사를 통해 실체를 확인하는 것이 필요하다.

학술발굴은 장기간 이루어질 가능성이 있으므로 안정적이고 지속적인 조사와 연구를 수행할 수 있는 기관이 존재하고, 예산이 안정적으로 확보되어야 한다.

이와 같이 장기적이고 국가와 광역자치단체와 다수의 기초자치단체가 행정적인 협조와 지원이 유기적으로 필요한 조사와 연구를 수행하고 활용하기 위해서는 이를 뒷받침할 수 있는 조항들이 특별법에 명시되어야 한다.

IV. 전문 인력 양성을 위한 환경조성과 실질적 정책 시행

1. 관련분야 연구직(임기제 포함) 공무원들의 광역자치단체 통합운영

가야사 복원 국정과제의 일환으로 각 기초자치단체들은 관련 연구자들을 채용하여 해당 관내에 소재하는 가야 관련 문화유산의 관리와 활용 등을 위한 조직을 구성한 사례도 다수 있다. 가야사 국정과제가 관련 분야 연구자들의 채용과 연구 활동을 위한 기회와 공간을 제공한 것은 사실이지만, 본래의 목적을 수행할 수 있는 환경이 제대로 조성되었는지는 의문이다.

기초자치단체에 소속된 가야 관련 연구자들은 학예연구사 또는 전문임기제공무원으로 채용되어 타 기초자치단체 또는 광역자치단체로의 이동(전보)이 불가능하다. 특히 전문임기제공무원은 신분이 불안정할 뿐만 아니라 자치단체장의 부당하거나 적절하지 못한 지시에 불응하는 것이 원천적으로 차단되어 있다. 그리고 입사해서 정년이 되어 퇴직할 때까지 직위 상승은 불가능하고, 관리자의 관점에서 해당 관내의 문화유산 전반을 관리할 수 있는 기회도 전혀 가능하지 않은 매우 폐쇄적인 환경이다. 또한 관련 예산도 적어서 능동적으로 문화유산의 조사와 활용 계획을 수립하거나 실행하기 어렵고, 단순한 문화행정에 머물 수밖에 없는 환경이다. 이런 환경에서는 유능한 연구자의 역할을 기대하기 어렵다. 뿐만 아니라 젊은 유능한 연구자들이 기피하는 대상이 될 우려도 있다.

이런 환경을 개선하기 위해서는 광역자치단체에서 각 기초자치단체의 문화재 관련직(10. 연구직 공무원. 10. 1 학예연구직군. 10.1.1 학예연구직렬) 공무원을 통합관리하는 체계로 전환할 필요가 있다. 광역자치단체에서 학예연구직렬을 통합 관리하게 되면, 위에서 제기된 우려들이 상당히 해소될 뿐만 아니라 구성원들간의 공적인 경쟁관계를 유발하여 관련 분야의 발전을 가져올 수도 있다. 광역자치단체에서 통합관리했을 때 가장 큰 효과는 각 기초자치단체별로 행해오던 기본계획이나 행위들에 대해 종합적이고 체계적인 정책 수립과 실행이 이루어질 뿐만 아니라 각 지역의 문화재 정책의 문제점이 다양하게 논의될 수 있고, 민원에 대한 일원적인 대응이 가능하게 될 수 있다.[8]

그리고 기초자치단체별로 진행되다보니 관련 정보들이 기초자치단체들에만 머물러 있던 한계를 극복하여 동일 역사문화권 내의 공동 또는 연계·협력(제9조 5항)이 가능하여 각 지역마다의 특색과 균형있는 역사문화권 정비가 이루어질 수 있다.

---

[8] 부산광역시에서는 기술직렬을 대상으로 시와 구·군간의 통합인사를 실시하고 있다. 기술직렬을 대상으로 시에서 승진과 전보를 하여 시청에서 근무하다가 구청이나 군청, 특정 구청에서 또 다른 구청으로 인사가 이루어지기도 한다. 이러한 통합인사는 부산광역시청과 자치구·군간의 인사협약에 근거해 내부지침에 의해 실시된다고 한다.

2. 연구 분야 확장과 확대

　가야 역사 관련 연구자는 조사와 연구라는 기본적인 연구 수행이라는 전통적인 사고에서 탈피하면서 관련 영역을 확장·확대하여 한다. 예를 들면 법 제27조(역사문화권 연구재단의 설립) ⑤에 규정된 사업 수행 중 정책 연구, 콘텐츠 개발 및 운영, 국내외 홍보 및 교류 등도 역사문화 관련 지식을 갖춘 연구자가 적극 참여하므로서 역사적 사실에 토대를 둔 정책 수립은 물론 활용과 교류에도 중요한 기여를 할 것으로 기대된다. 이는 관련 연구의 저변화와 상호 유기적인 연계성을 높이는데 매우 중요한 역할을 할 것이다.

　그리고 제27조(역사문화권 연구재단의 설립) ①지방자치단체는 역사문화권 정비 및 역사문화환경의 조성과 관련된 각종 활동의 체계적 수행 및 연속성 보장을 위하여 역사문화권 연구재단(이하 "재단"이라 한다)을 둘 수 있다.

　⑤ 재단은 다음 각 호의 사업을 수행한다.

　1. 역사문화권 관련 정책 연구
　2. 역사문화권의 역사·문화·관광 콘텐츠 개발 및 운영
　3. 역사문화권 조사·연구 및 관련자료의 수집·보관·전시 등에 관한 사항
　4. 역사문화권 주민협력에 관한 사항
　5. 역사문화권 국내외 홍보 및 교류에 관한 사항

　등이 명시되어 있다.

　위의 법 조항에 명시되었듯이 지방자치단체의 연구재단 설립이 가능하게 되어 있다. 다만 지방자치단체의 범위를 명확하게 규정하지 않아 광역과 기초자치단체별로 우후죽순처럼 재단을 설립할 수 있는 여지를 주었다. 가능하면, 지방자치단체는 유사한 조직을 복수 설립하기보다 통합된 조직을 설립하여 사업의 목표를 명확하게 설정하고, 인력과 예산의 중복을 피

하고 집중하여 사업의 목적을 높여야 한다.

그리고 기왕에 설립되어 활동하고 있는 국립기관, 지방자치단체 기관과 투자기관, 민간재단법인 등 관련 기관과의 역할 분담과 협력 관계가 제대로 이루어질 수 있도록 사전에 면밀하게 검토되어야 한다. 그렇지 않으면, 사업을 둘러싼 잡음이 발생할 수 있고, 그로 인한 피해는 피할 수 없다.

3. 인적 자원 확보와 관련 기관의 협력관계 구축

기왕의 기관을 개편하던 새로운 연구재단을 설립하던 가장 중요한 점은 연구 인적 자원 확보와 역할이다.[9] 해당 기관의 성패는 인적 구성에 의해 좌우될 수 있다. 기관의 생색내기를 위한 수준에만 연구자를 채용하기보다 채용한 연구자들이 제대로 활동할 수 있는 환경(시스템과 사업예산 등)을 조성해야 한다. 또한 역사문화 종사자들은 본인에게 주어진 역할을 충실하게, 그리고 미래지향적인 정책을 생산할 수 있는 역량을 지속적으로 갖추는 노력이 요구된다.

이와 함께 신진 연구자들을 지속적으로 배출할 수 있는 환경이 조성되어야 한다. 같은 법 제28조(전문인력의 양성) ① 국가 및 지방자치단체는 역사문화권 연구와 문화유산의 발굴·보존 및 관리·활용 등을 위한 전문인력을 양성할 수 있다. ② 국가 및 지방자치단체는 제1항에 따른 전문인력 양성을 위하여 필요하다고 인정하면 장학금을 지급할 수 있다. 라고 제시되어

---

9) 광역자치단체와 기초자치단체에서 운영하고 있는 기존의 연구재단이 있다면, 이 연구재단을 활용하되, 조사와 연구, 정비와 활용 등의 부서를 새롭게 재편하여 효율적이고 목적을 달성할 수 있도록 운영하는 방안이 바람직하다. 기왕의 기관이 있음에도 불구하고 새로운 기관을 설립하는 것은 옥상옥이 될 우려가 있다. 그리고 역사문화권 조사와 연구를 수행하는 기관의 안정적인 운영을 위해 지방자치단체에서는 조례를 통해 안정적인 재정 지원이 반드시 수반되어야 한다.

있다. 전문인력 양성을 위해 국가와 지방자치단체는 관련 학과 학생들에게 장학금을 지급하는 정책도 당연 필요하다. 긍정적인 점은 분명 있을 것으로 기대된다.

그러나 장학금 지급만으로 전문인력 양성은 사실 어렵다. 위의 법에는 구체적인 인력양성 방안의 제시가 어려울 수도 있을 것이다.[10] 국가와 지방자치단체는 위의 법 조항에만 머물러서는 인력양성이 제대로 되지 않는다는 현실을 직시하고, 인력 양성을 위한 다양한 정책과 방안, 제도들을 대학의 관련 학과와 협의할 필요가 분명 있다.

'전문 연구자의 배출은 전적으로 대학의 몫이다'라는 인식은 이미 사라졌다. 대학 관련 학과와 관련 기관과의 유기적인 협업시스템이 필수적이다. 특히 지방자치단체 역할의 중요성이 더욱 요구된다. 관련 기관에서 조사가 많이 이루어지더라도 이 조사 내용과 성과를 연구하는 신진 연구자들이 배출되지 못하면, 조사 내용과 성과들이 사장될 될 수 있고, 자료를 보관하기 위한 공간과 예산만 늘어날 수 있다. 또한 새로운 차원의 정비와 보존은 물론 활용에도 지장을 초래할 수 있다. 조사에서 아무리 좋은 자료와 정보들이 확보되었다 하더라도 이에 대한 성격과 역사적 가치가 규명되지 않으면, 도움이 되지 않을뿐더러 제대로 된 활용도 기대할 수 없다. 따라서 유수한 인재를 배출하고 그들이 활동할 수 있는 공간과 환경 조성이 시급하면서도 장기적으로 꾸준하게 이루어져야 한다.

그리고 현재 지방자치단체의 투자에 의해 설립된 기관이나 전문조직을 활용하거나 향후 설립될 연구재단만으로는 가야사 복원과 국제적인 관광명소로 발전시키고, 지역경제활성화를 도모하기에는 역부족일 수도 있다. 이를 해소할 수 있는 대안으로 대학의 관련 학과나 각 지방자치단체에 소

---

10) 전문인력 양성의 세부적인 사항들이 시행령과 규칙에 제시되지 않았다.

재지를 두고 있는 조사전문기관들을 참여시키는 것이다. 광역자치단체에서 설립한 연구재단은 컨터롤타워 역할을 하고, 대학의 관련 학과와 조사전문기관과 소속 연구 인력들을 적절하게 활용하면, 시너지 효과를 거둘 수도 있을 것이다.

V. 맺음말

2020년 6월 9일에 제정된 역사문화권 정비 등에 관한 특별법 제정의 목적에 "문화권별 문화유산을 연구·조사하고 발굴·복원하여 그 역사적 가치를 조명하고,"로 명시되어 있지만, 실제 「역사문화권정비법」에는 조사와 연구 관련 조항들이 제시되지 않고, 정비에만 치우친 점은 이 법의 제정 취지에 부합하지 않는다. 본래의 법 제정 목적을 도모하려면, 조사와 연구, 그리고 인력 양성과 흡수 등에 대한 법률 조항들이 명문화 되어야 한다. 명문화된 법률에 의해 체계적이고 안정적이면서 지속적인 조사와 연구가 이루어지고, 개인 연구자의 연구 범위와 한계를 벗어나거나 복수의 연구자들이 공동으로 연구를 지속적으로 수행할 수 있는 토대가 조성되어야만, 가야사 연구의 도약과 다양화, 활용을 위한 아이디어 창출이 가능할 것으로 기대된다.

참고문헌

국립가야문화재연구소, 2018, 「제6장 실행과제, 제2절 실행과제 도출. 1. 조사·연
    구」, 『가야문화권 조사·연구 마스터플랜 수립 연구』.

문화재청, 2020, 『역사문화권 정비 등에 관한 특별법(약칭 : 역사문화권정비법)』 법
    률 제17412호.

涉谷 格, 2001, 「吉野ヶ里遺跡−史蹟整備と課題」, 『弥生都市は語る−環濠からの
    メッセージ−』, 大阪府立弥生博物館.

「역사문화권정비법 제정과 가야사 연구의 방향」에 대한 토론문

김 재 홍 (국민대학교)

가야로부터 가야사를 연구하는 사람으로 확장

가야사 연구는 문헌과 고고학의 분야에서 많은 성과를 내고 있으며, 최근 고고학적인 발굴조사가 진척되면서 고지형, 식물 등 자연과학적 성과도 도출되고 있습니다. 이러한 연구 성과는 해당 지역에서 가야 문화를 복원하여 지역 사회 활성화로 연결하려는 움직임에 일조를 하고 있습니다. 이에 정부 차원에서 「역사문화권정비법」이 시행을 앞두고 있어 기대되는 바가 큽니다. 이 법의 시행과 관련된 발표문은 현재의 상황을 잘 진단하고 앞으로의 과제를 적절하게 제시하고 있다는 점에서 시사성이 있습니다. 그중에서도 법에 언급된 전문 인력 양성을 강조하고 있습니다. 앞으로 가야사 연구가 활발하게 진행되고 이를 활용하려는 사회의 움직임에 부응하기 위해서는 반드시 필요한 사항으로 보입니다. 현재는 인력 양성을 대학이 전담하고 있습니다만, 졸업 후에 지속적으로 현장에 조응하는 인력으로 양성할 필요성에 동감합니다. 이를 조직화한다는 측면에서 연구재단의 필요성을 강조하시는데, 이를 구성하는 범위가 중요할 것으로 보입니다. 기존 문화재단이나 국립기관과의 중복성을 벗어나기 나기 위한 나름의 방안이 필요할 듯합니다. 이에 대한 구체적인 의견을 묻습니다.

「역사문화권정비법 제정과
가야사 연구의 방향」에 대한 토론문

김 규 운 (강원대학교)

- 고분 위주의 발굴조사에서 벗어나 다양한 유적 조사하자는 점에 동의
- 최근 함안 가야리유적, 고성 만림산토성, 창녕 퇴천리 토기가마 등의 조
  사 성과
- 항구 등은 고분과는 다르게 눈에 띄지 않는 말 그대로 매장 문화재. 장
  기적인 학술조사 계획을 어떻게 해야 하는지

「역사문화권정비법 제정과
가야사 연구의 방향」에 대한 토론문

심 재 용 (김해시청)

발표자는 그동안 발의되었던 가야 관계 법안의 과정을 간략하게 짚어보면서 2020년 6월 2일에 제정된 「역사문화권 정비 등에 관한 특별법(약칭 : 역사문화권정비법)」의 주요 내용을 살펴보고, 이 특별법이 명칭에서 보듯 역사문화권 정비를 주목적으로 하고 있음을 분명히 하였다. 즉 역사문화권정비법의 제1조(목적)에 "문화권별 유산을 연구·조사하고 발굴·복원하여 그 역사적 가치를 조명하고…"라고 명확하게 명시하여 조사와 연구의 중요성이 제시되었지만, 특별법에는 조사와 연구에 관한 조항들은 일부에 그칠 뿐만 아니라 정비에 수반해서 이루어지는 부차적이고 매우 제한적인 항들의 규정에 불과한 것으로 파악하고 있다. 무엇보다도 본래의 법 제정 목적을 도모하려면, 조사와 연구, 그리고 인력 양성과 흡수 등에 대한 법률 조항들이 명문화 되어야 하며, 명문화된 법률—「역사문화권 조사·연구·정비 등에 관한 특별법」확대 제정 – 에 의해 체계적이고 안정적이면서 지속적인 조사와 연구가 이루어지고, 개인 연구자의 연구 범위와 한계를 벗어나거나 복수의 연구자들이 공동으로 연구를 지속적으로 수행할 수 있는 토대가 조성되어야만, 가야사 연구의 도약과 다양화, 활용을 위한 아이디어 창출이 가능할 것으로 결론지었다.

이러한 발표자의 결론에 토론자 역시 동의한다. 그러나 고대역사문화권에 해당되는 지자체는 현재 문화재지정구역으로 한정된 기존의 정비복원사업에서 벗어나 유적의 역사성을 기반으로 활용을 위한 인프라시설을 구축하는 등 문화관광 시설들을 건립하여, 관광자원화 하려는 열망이 강하다. 이러한 현실적인 욕구가 반영된 것이 역사문화권정비법인 것이다. 또한 올해 역사문화권 정비기본계획(5개년)수립을 위한 용역도 진행되고 있는 등 예정대로 정비법이 시행될 것으로 보인다.

이에 당장의 「역사문화권 조사·연구·정비 등에 관한 특별법」 확대 제정이 어려우므로, 발표자가 생각하는 가야역사문화권 정비기본계획 수립 시 조사·연구의 관점에서 반드시 반영되어야 될 사항이 있으면 부탁드린다.

역사학과 고고학의 융합을 통한 가야사 연구
- 다라국·탁기탄국의 위치 비정을 중심으로 -

이 동 희*

Ⅰ. 머리말

문헌사료가 부족한 가야사 복원에 있어, 고고학과 역사학의 융합이 이루어져야 하지만 실상은 그렇지 못하다. 특히, 가야소국의 위치비정에서 그러한 양상이 두드러진다. 역사학자들은 가야소국의 구체적인 위치를 대개 음상사를 기준으로 20여 소국을 비정하는데 비해, 고고학자들은 대개 고

---

* 인제대학교

고학적 양상에 근거하여 4~5개 문화권으로 구분한다.

이를테면, 고고학적 관점에서 5세기 후반대 대가야 전성기의 가야 여러 나라의 권역을 나타낸 박천수의 안(박천수 2010：384-385)을 보면 가야 멸망기 직전의 10여 개국 대신 4개 권역으로 대별된다. 즉, 가야 토기나 묘제 등에 근거한 지역 문화권 설정을 통하여 금관가야·아라가야·대가야·소가야 등의 세력범위로 파악하고 있다(그림 3).

문헌자료가 없다면, 고고자료만으로는 가야를 4개 문화권 혹은 정치체 정도로 파악하였을 것이다. 혹은 일부 학자들은 대가야권에도 어느 정도 자치권을 가진 지방세력이 있는 것으로 파악하는 견해도 있었을 것이다. 요컨대, 문헌자료가 없었다면 가야 멸망시에 10여 개의 자치권을 가진 독립적인 가야 정치체가 있었다는 것에 대해 인정하지 않았을 가능성도 높다.

가야사는 역사시대에 포함되므로 선사시대와 달리 사료를 염두에 둔 역사고고학적 관점에서 연구가 진행되어야 한다.

전술한 바와 같이, 사료가 있더라도 그 접점을 찾기 쉽지 않은 실정이어서 본고에서는 그러한 상호 문제점을 해소하려는 노력의 일부이다. 즉, 지역연맹체가 강조되는 고고학적 연구성과와 『日本書紀』를 중심으로 한 문헌에서 보이는 가야 소국명을 강조하는 역사학계의 입장을 포괄하는 학제적 융합이 필요하다. 역사고고학에서 문헌자료를 도외시할 수 없으므로, 본고에서는 문헌자료와 고고자료가 융합할 수 있는 방향으로 접근하고자 한다.

『日本書紀』에는 가야멸망기의 10국이 나오는데, 가라국, 안라국, 사이기국, 다라국, 졸마국, 고차국, 자타국, 산반하국, 걸손국, 임례국 등이 그것이다.[1] 이외에도 남가라·탁순·탁기탄은 이미 530년대 전후에 멸망한 것

---

[1] 『日本書紀』卷19 欽明天皇 23年 正月條. "新羅打滅任那官家(一本云 廿一年任那滅焉 總言任那 別言加羅國, 安羅國, 斯二岐國, 多羅國, 卒麻國, 古嵯國, 子他國, 散半下國, 乞飡國, 稔禮國 合十國)"

으로 나온다. 이 가운데 명확히 그 위치를 비정할 수 있는 나라는 가라국(고령의 대가야), 안라국(함안), 고차국(고성), 남가라(김해의 금관가야) 정도이다. 나머지 9개 나라에 대해서는 논란이 있으며, 특히 다라국과 탁국(탁기탄)의 위치에 대해서는 더욱 더 그러하다(전덕재 2011 : 262).

본고에서는 후기가야에서 문화권별 중심국(토기·묘제 문화권)과 주변국 혹은 소속국의 관계를 고고학적 관점에서 재검토하고자 한다. 이를 위해 고총의 규모와 가야 여러 나라의 위계를 연계지어보고자 한다.

특히, 문헌사에서 논란이 되는 다라국과 탁기탄국을 대상으로 최근 고고학적 자료를 보완하여 위치를 비정하고자 한다. 즉, 가야 여러 나라의 위치 비정과 관련하여, 가야사를 문헌적으로 가장 치밀하게 연구한 김태식(2002)의 견해를 바탕으로 하되, 고고학적으로 이를 보완함과 동시에 기존 견해의 문제점을 지적하면서 다라국과 탁기탄국을 중심으로 재검토하고자 한다.

가야 諸國은 자치권이 있는 10~20개국이 존재하고 그 중 유력세력에 의한 작은 정치체에 대한 통제가 있지만 외세의 영향으로 그 역학관계가 항상적이지 않고 유동적이었음을 염두에 두어야 한다. 예컨대, 고고학계에서는 4세기대의 금관가야 연맹체가 멸망기까지 현 김해시 일원을 모두 통제했다고 보는 견해가 강한데, 필자는 이에 대하여 이견을 가지고 있으며 이에 대한 精緻한 이해가 탁기탄의 위치 비정에 기여할 것으로 본다.

필자는 기존 연구에서 소가야문화권(서남부 가야문화권)을 매우 넓게 보고 있는 것에 대해 문제점을 지적하고 재검토하고자 한다. 즉, 토기문화권으로는 동질성을 가지는 서남부 가야문화권이 묘제나 권역별로 본다면 내륙의 삼가식 다곽식 고분문화권과 남해안의 고성식 다곽식 고분문화권으로 구분되어야 한다. 이러한 구분이 다라국의 위치 비정에 중요한 단서가 될 것으로 생각한다.

Ⅱ. 加耶 諸國의 位置 比定 및 位階

1. 후기 加耶 諸國의 위치 비정

(표 1)은 일본서기 흠명기 23년(562년) 정월조의 임나 멸망 기사에 나오는 임나 10국, 530년대에 멸망한 남부 가야 3국, 5세기 후반~6세기 초의 가야 소국 등과 관련하여 김태식의 위치 비정에 대하여 정리하였다(그림 1·2 참조).

필자는 가야 소국의 위치 비정을 종합적으로 정리한 김태식의 안에 대해 대체로 동의하지만 다라국과 탁기탄국에 대해서는 이견이 있어 이에 대해 Ⅲ·Ⅳ장에서 자세히 논의하고자 한다.

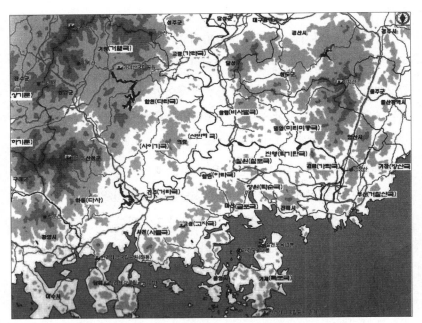

〈그림 1〉 문헌사에서 본 변한·가야의 여러 나라 분포도(이영식 2016)

번호	국명	현재 지명	고분군	필자의 異見	비고
1	가라국	고령군	지산동		임나10국
2	안라국	함안군	말이산		임나10국
3	사이기국	의령군 부림면	경산리, 유곡리		임나10국
4	다라국	합천군 합천읍	?	합천 삼가면	임나10국
5	졸마국	함양군	백천리, 상백리		임나10국
6	고차국	고성군	송학동, 율대리		임나10국
7	자타국	진주시	수정봉·옥봉, 가좌동		임나10국
8	산반하국	합천군 초계면	옥전		임나10국, 초팔국
9	걸손국	산청군 단성면	중촌리, 단계리		임나10국
10	임례국	의령군 의령읍	중동리, 중리		임나10국
11	탁순국	창원시			530년대 멸망
12	탁기탄국	창녕군 영산면		창원 동읍, 김해 진영읍	530년대 멸망
13	남가라국	김해시	대성동		530년대 멸망
14	대사국	하동군 고전면			
15	상기문국1	장수군 번암면			
16	상기문국2	임실군			
17	하기문국	남원시			
18	상다리국	여수시			
19	하다리국	여수시 돌산읍			
20	사타국	순천시	운평리		
21	모루국	광양시 광양읍			
22	거열국	거창군 거창읍	말흘리		

〈표 1〉 후기 가야 여러 나라의 위치 비정도(김태식 2002b:200–216, 일부 수정)

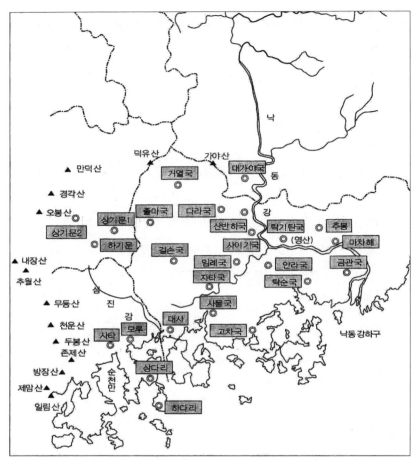

〈그림 2〉 문헌사에서 본 5세기 후반~6세기 초 가야의 여러 나라(김태식 2002a)

이러한 가야 여러 나라에 대한 위치 비정은 주로 고지명에 근거하지만 고분자료를 추가로 참고한 것이다. 본고에서는 위치 비정에 대해 논란이 적지 않은 다라국과 탁기탄국에 대하여 기존 연구성과를 살펴보고 최근 고고자료를 활용하여 종합적으로 재검토해 보고자 한다. 문헌이 부족하지만 역사시대에 속하는 가야사회의 복원에는 역사학과 고고학이 별개로 연구되는 면도 없지 않은데, 융합적인 연구의 필요성은 재론할 필요가 없다.

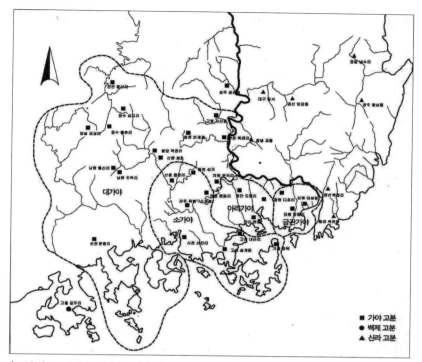

〈그림 3〉 고고자료로 본 5세기 후반 가야 여러 나라의 권역(박천수 2010)

2. 고총의 규모와 가야 諸國의 위계

1) 가야권 주요 고총 고분군의 비교

가야권 주요 고총 고분군의 조사 성과를 정리하면 〈표 2〉와 같다. 고분 기수, 고분 직경, 묘곽 길이, 매장주체부의 특징, 편년, 국 규모와 추정국[2] 등을 살펴보았다. 이러한 가야 고총 고분군을 검토해보면, 그 규모에 따라 집단의 위세가 동일하지 않아 大國·中國·小國[3] 등의 구분이 가능하다. 이

---

2) 추정국에 대해서는 김태식의 견해(김태식 2002b)를 대체로 수용하였다.
3) 대·중·소국의 구분 기준은 〈표 3〉에 정리되어 있다.

를테면 문헌에서도 후기 가야의 대국으로 나오는 가라의 고령 지산동 고분군, 안라의 함안 말이산 고분군은 고분군의 규모 뿐만 아니라 순장의 특징이 있어 고고학적으로 뒷받침된다. 이를테면, 일반적인 가야 고총의 규모가 직경 10~30m이지만 고령 지산동·함안 말이산·합천 삼가고분군은 30m 이상의 고총이 여러 기 확인되어 차별성이 보인다.

고분군	고분 기수	고분 직경	묘곽 길이	매장주체부의 특징	편년	國 규모 (추정국)
고령 지산동 고분군	704기	30~47m 6기 30~20m 13기 20~15m 18기 15~10m 85기 10m미만 582기	44호분 9.4m 45호분 7.1m 75호분 6.9m 73호분 4.5m	11자형 혹은 T자형 주부곽식 순장곽 순장 순장자 : 2~37인	5세기 초~6세기 중엽	大國 (가라국)
함안 말이산 고분군	127기의 고총, 수백기의 중소형분	30~35m 3기 20~30m 13기 10~20m 30기 이상	9m이상 초대형 6~9m 대형 4~6m 중형 4m이하 소형	대형 석곽묘 구조: 유물부장공간-피장자공간-순장자공간 주곽 순장, 들보시설 순장자 : 2~5인 목관(49기), 목곽(90기), 수혈식석곽(60여기), 횡혈식석실(5기) 발굴	5세기 초~6세기 중엽	大國 (안라국)
고성송학동(기월리) 고분군	고총 15기 (50여기 추정)	직경10~30m	1A호분 8.25m 1B호분 6.7m 1C호분 5m	배장	5세기 후엽~6세기 중엽	中國 (고차국)
남원 유곡리·두락리 고분군	고총 40여기	직경 8~30m 20m이상 14기	17호분 8.6m 32호분 7.3m	32호분은 주부곽이 11자형태로 고령의 영향 수혈식석곽, 횡혈식석실	5세기 후엽~6세기 중엽	中國 (기문국)
합천 옥전 고분군	27기	10~22m	M3호분 주곽 5.2m, 부곽 4.6m M4호분 9.5m M6호분 5.8m	순장곽 1기(M6호분) 목관(15기), 목곽(104기), 수혈식석곽(60기), 횡구·횡혈식석실묘(3기) 발굴 격벽있는 주부곽 대형위석목곽묘가 특징(5세기 후반)	5세기 후반~7세기	中國(초 팔혜국, 산반하국)

합천 삼가 고분군	328기	30m이상11기 30~20m 20기 20~10m142기 10m미만115기	Ⅱ-8호목곽 6.9m 24호주곽 8.3m 69-3호 4.6m	목관묘(10기), 목곽묘(47기), 석곽묘(118기), 봉토분(43기)발굴	5세기 후반~7 세기	大國 (다라국?)
산청 중촌 리고본군	69기	10~25m 규모	D-1호분6.9m 21호분4.9m	목곽묘, 석곽묘, 횡혈식 석실묘 발굴	5세기 후반~6 세기	中國 (걸손국)
진주 수정 봉·옥봉 고분군	7기	직경 10~20m	수정봉3 호,5.3m 수정봉-2 호,5.3m	횡혈식석실묘	6세기 전엽~ 중엽	小國 (자타국)
순천 운평 리고분군	8기	직경 10~20m 높이 1~3m	M2호 5.2m M5호 5.5m	목곽묘(15기), 석곽묘 (26기) 봉토분 5기 발굴 M2호분 순장6기, 배장6기	5세기 말~6세 기 중엽	小國 (사타국)

〈표 2〉 가야 주요 고총 고분군 일람표

2) 고총으로 본 가야 諸國의 위계

가야권에서 확인되는 유력 고분군의 고총의 규모 차이는 가야 여러 나라의 규모와도 직결될 것이다. 가야 여러 나라 별 규모 차이는 가야의 전신인 변한사회와도 맞물려 있다. 즉, 『三國志』위지 동이전에 진한·변한의 大國은 4~5千家, 小國은 600~700家로 기술되어 있다. 결론적으로 변한·가야 사회에서 대국과 소국 간에는 인구 수가 최대 7배 정도 차이난다는 것을 의미한다.

따라서, 가야 여러 나라 사이에는 명백한 우열관계가 존재하는데, 그 우두머리를 小君長/君長/大君長 혹은 聯盟長 등으로 구분해 보기도 있다(김태식 2002b : 27-35).

이러한 대국과 소국의 규모 차를 고분군의 규모에 직결시킬 수는 없겠지만 개략적인 접근은 가능할 것이다. 예컨대, 가라국(고령)이나 안라국(함안)같은 대국인 경우에 5세기 전엽경에 이미 고총이 등장하지만, 소국의 지배층 무덤인 순천 운평리 고분군(사타국)이나 진주 수정봉·옥봉 고분군(자타국)의 경우, 5세기 말 이후가 되어서야 고총이 등장하고 고총수에서 대국에 비해 10배 이상 차이가 난다.

　필자는 후기 가야의 고총의 규모(기수)와 봉분의 크기(직경) 등에 근거하여 대·중·소로 구분하고 이를 가야 여러 나라의 크기와 연결해 보고자 한다.

구분	大國	中國	小國
고총 수	100기 이상	30~60여기	10기 내외
고총 규모	직경 30m 이상 수기	직경 30m 이하	직경 20m 이하
고총 축조 시기	5세기 전반~6세기 중엽	5세기 후반~6세기 중엽	5세기 말~6세기 중엽
지배 공간	1개 시군 단위 이상	1개 시군 단위 이하	2~3개 面 단위
사례	지산동, 말이산, 삼가?	옥전, 중촌리, 송학동	옥봉·수정봉, 운평리, 다호리

〈표 3〉 고총으로 본 加耶 諸國의 위계

　상기 표에서 유물을 본격적으로 거론하지 않은 것은 가야 고분은 도굴이 심하여 객관적으로 유물을 가늠하기 어렵다는 것이다. 또한 가야 여러 나라들이 유물 부장풍습이 동일하지 않았다고 보여지기 때문이다. 이를테면, 고총의 수나 규모가 작지만 도굴이 심하지 않은 옥전고분군[4]은 위세품이 다수 보이는 반면 고총 규모가 훨씬 큰 지산동고분군이나 말이산 고분군은

---

4) 옥전고분군도 도굴되었지만 그 피해가 상대적으로 심하지 않았다고 판단된다. 고총의 규모가 타유적에 비해 상대적으로 크지 않아 대규모 도굴의 표적이 되지 않았다는 점을 우선 거론할 수 있다. 또한, 최고의 위세품이 출토된 옥전 M3호분의 경우, 5세기 후반대까지 위석목곽묘의 구조를 유지하고 있어 위석으로 사용된 돌이 바닥으로 무너져 바닥에 위치한 환두대도나 금제이식 같은 위세품이 도굴되지 않은 특수성이 있다.

위세품의 출토 예가 상대적으로 적다.

함안 말이산 및 합천 삼가 고분군 같은 큰 집단(대국)은 기원전후시기의 목관묘부터 가야멸망기 고총까지 지속되는 측면이 있고, 상대적으로 이른 시기에 고총이 축조되기 시작한다. 그만큼 집단의 위세를 보여준다. 이에 비해, 중소국은 이른 단계의 목관묘나 목곽묘가 희소하고 주로 4세기대 목곽묘 이후부터 묘역이 조성되는 차이점이 있다.

大國은 고총의 수가 100기 이상이고, 봉분 직경 30m 이상의 고총이 여러 기(삼가 11기, 지산동 6기, 말이산 3기)가 확인된다. 가야 여러 나라 중 대국의 범주에 포함시킬 수 있는 3개국인 가라·안라·다라 모두 '羅'로 끝나는 국명이다.

'中國'은 고총의 규모가 30m를 초과하는 경우는 극히 드물다. 이를테면, 옥전고분군의 최고 규모는 직경 22m, 산청 중촌리 고분의 경우 직경 25m 정도이다. 이에 비해, '小國'은 고총의 규모가 직경 20m 미만이고 매장주체부의 길이도 대개 5m 내외로 비교적 중소형이다(표 2, 3참조).

한편, 고총이 조영된 시기를 보면 가라나 안라와 같은 大國은 5세기 전엽부터 조영되며, 가야의 일반적 나라(中國)는 5세기 후반~6세기 중엽에 해당한다.[5] 小國은 5세기 말~6세기 중엽에 해당하여 비교적 늦은 시기부터 축조되기 시작한다. 합천 삼가고분군의 경우, 고분의 수나 고총의 규모는 지산동이나 말이산보다 뒤떨어지지 않지만, 고총의 출현(5세기 중엽)이 지산동이나 말이산 고분군보다 비교적 늦은 것은 그만큼 정치적 위세가 가라·안라보다 약했음을 의미한다.

---

5) 다만, 산청 중촌리(M1호), 합천 삼가(M1호), 합천 옥전(M1호) 고분군의 경우 5세기 중엽까지 올려 볼 수 있어 비교적 이르다.

(1) 大國

가야 여러 나라 중 大國의 범주에 넣을 수 있는 國은 전기가야의 가락국 (남가라), 후기가야의 가라, 안라, 다라 등이다. 모두 '羅'로 끝나는 공통점이 있는데 지역연맹체의 맹주국으로 볼 수 있겠다. 즉, 공간적으로 1개군 단위를 넘는 연맹체의 맹주국이라고 볼 수 있다.

사로국에서 정치체가 성장하면서 '新羅'로 명칭 변경했듯이 가라·안라·다라의 '羅'도 원래 이름에서 국명이 바뀐 예일 것이다. 이를테면, 함안의 '안야국'이 4세기대에 나라의 규모가 커지면서 '안라국'으로 명칭이 변경되었다는 견해(남재우 2003)를 참고하면 국명의 '羅'는 나라의 규모와 관련하여 특별한 의미가 있다. 이에 비해 일본서기 흠명기 23년(562년)의 임나 멸망 기사에 나오는 임나 10국 가운데 졸마·산반해·사이기·자타·고차국 등은 원래 고유 국명을 유지한 상대적으로 규모가 작은 나라(중·소국)로 볼 수 있다.

중·소국에 비해 대국의 특징은 동일한 분묘 양식과 토기 문화권의 중심국이라는 것이다. 가락국(남가라, 금관가야), 가라(대가야), 안라(아라가야)국이 이에 해당한다. 또한, 순장문화가 금관가야·대가야·아라가야에 보이는 것은 가야문화권 내에서는 가장 유력한 세력임을 방증한다. 이에 비해, 소가야 문화권은 해안가나 남강변에서 교류·교역의 결절지로서 대부분 배장묘로서 공동체적 유제가 오래 남아 있고 순장문화가 거의 보이지 않는다. 이를테면, 순장문화가 뚜렷하지 않은 삼가 고분군[6]은 대국 중에서도 고령 지산동고분군(가라), 함안 말이산 고분군(안라)에 미치지 못할 것이다.[7] 즉, 가

---

6) 다만, 2020년에 발굴된 삼가 70호분에서는 주곽과 주변 소형 석곽이 정연한 배치상을 가지면서 동시장으로 추정되어 순장의 가능성이 있다. 즉, 이 고분의 축조시기인 6세기 전엽에는 삼가고분군에서 대가야계 유물이 적지 않게 출토되어 대가야 영향하에서 순장이 채용되었을 가능성이 높다.

7) 뒤에서 상술하겠지만, 삼가고분군을 다라국으로 보았을 때, 고고학적 자료상으로 다라국

라와 안라는 문헌상에서도 '왕'의 칭호를 갖는다는 점(남재우 2011:68)에서 가야 여러 나라 가운데에서도 최상위 등급의 나라로서 지역연맹체의 맹주 국이다.[8]

고총고분의 수로 보면 합천 삼가고분군이 함안 말이산고분군(안라국)보다 더 많지만, 안라국의 우월성은 순장, 왕묘역과 중소지배층과의 공간적 구분이 상대적으로 삼가고분군보다 뚜렷하다는 점이다. 즉, 아라가야는 말이산고분군에 최상위층의 왕묘군이 따로 구분된다. 이에 비해 삼가고분군은 그러한 구분이 상대적으로 뚜렷하지 않다.[9]

(2) 中國

고자국, 걸손국(산청 중촌리), 기문국 등을 그 예로 들 수 있겠는데 가야 여러나라 중 다수가 중국의 범주에 포함시킬 수 있을 것이다. 이 가운데 고자국과 관련되는 고성세력은 타 지역에 비해 고총의 규모가 큰 편이다. 이는 고성읍 송학동 일원이 5세기 후반~6세기 전반대에 남해안의 대외 교역의 중심지라는 점과 관련될 것이다. 공간적 범위는 지금의 1개군 정도의 범위이고, 2~3개 읍락을 통합했을 것으로 보인다.

(3) 小國

대가야연맹체 내의 소국이면서 전남동남부권(여수·순천·광양)에 비정되는 任那四縣의 '四縣'에서 유추되다 싶이 1개 소국의 규모가 縣단위의 규

___

은 대국과 중국의 중간에 해당한다고 하겠다.

8) '大加耶'가 명칭 그대로 가장 영향력이 큰 大國임은 대가야의 영향이 6세기 전중엽에 소가야, 금관가야, 아라가야까지 토기문화 등이 파급된다는 점에서 유추해 볼 수 있다. 물론 단일 연맹체는 아니지만 가야 여러 나라 중 대가야의 상대적 우월성을 보여주는 자료이다.

9) 백제의 경우, 한성기에 밀집된 상위층의 묘제 속에 왕묘가 분포하다가 웅진·사비기에는 왕족의 묘역이 별도 공간에 조성된다. 이는 왕권의 강화 정책과 무관하지 않을 것이다.

모로 가장 규모가 작다. 임나사현의 하나인 순천 사타국의 운평리고분군은 공간적으로 오늘날의 3個 邑面 단위(구 순천시·순천시 해룡면·서면)를 통괄하는 지배층의 무덤이라 볼 수 있다. 그 외에 진주의 수정봉·옥봉세력(자타국), 탁기탄 등을 들 수 있다. 후술하겠지만, 탁기탄은 문헌상에서도 가야 내에서도 작은 나라라고 기술되어 있다.

운평리고분군은 10기 미만의 고총만이 분포하고 고총이 조영된 시기도 5세기 말~6세기 전엽에 한한다. 운평리고분군의 사타국은 5세기 말~6세기 초 무렵에 대가야와 상하연맹관계 혹은 간접지배를 받던 대가야연맹체 산하의 정치체로 볼 수 있다. 거리상 대가야의 영향력이 짧았고 상대적으로 강하지 않아 자치권이 많아 보이기도 한다(이동희 2011). 이에 비해 같은 호남동부권에 있지만 대가야의 영향이 상대적으로 빨랐던 남원의 기문국(己汶國)은 5세기 3/4분기까지 소급되고 고총 기수가 사타국보다 더 많다. 小國의 공간적 범위는 현재의 2~3개의 읍면 단위로 보인다.

Ⅲ. 다라국 위치의 재검토

1. 기존 연구성과

다라국은 일제강점기부터 일본 학자들에 의해 합천군 합천읍에 비정된 이후 국내 문헌사학자들에 의해 계속 유지되었다. 그런데 1980년대 후반에 합천군 쌍책면에 소재한 옥전고분군 발굴조사 이후, 고고학자들을 중심으로 옥전고분군을 다라국의 지배층 무덤으로 인식하는 견해가 새로이 제기되고 찬동하는 학자들이 많아졌다(전덕재 2011 : 262–263, 표4 참조).

위치	연구자 및 참고문헌	비고
합천군 합천읍	今西龍, 1919, 「加羅領域考」, 『史林』 4-3·4 鮎貝房之進, 1937, 「日本書紀朝鮮地名攷」, 『雜攷』 7 末松保和, 1949, 『任那興亡史』, 吉川弘文館 이병도, 1976, 「가라사상의 제문제」, 『한국고대사연구』, 박영사 천관우, 1977, 「복원가야사(상)」, 『문학과 지성』 28 김태식, 1993, 『가야연맹사』, 일조각 전덕재, 2011, 「탁국(탁기탄)의 위치와 역사에 대한 고찰」, 『한국고대사연구』 61 박성현, 2019, 「가야 諸國의 공간 구조와 城」, 『다라국의 도성 성산』(합천 성산토성 사적지정을 위한 학술대회), 합천군·경남발전연구원	多羅와 大耶가 음운상으로 상통하므로 합천읍에 비정
합천군 쌍책면	경상대학교박물관, 1986, 『합천 옥전고분군 1차발굴조사개보』 이희준, 1995, 「토기로 본 대가야의 권역과 그 변천」, 『가야사연구ㅡ대가야의 정치와 문화』, 춘추각 백승충, 2006, 「下部思利利」명문과 가야의 부」, 『역사와 경계』 58 조영제, 2007, 『옥전고분군과 다라국』, 혜안 이형기, 2009, 『대가야의 형성과 발전 연구』, 경인문화사 박천수, 2018, 『가야문명사』, 진인진	합천읍에 대규모 고분군이 없음. 옥전고분군 발굴성과와 옥전고분군에서 1km 이격된 곳에 '다라리' 지명에 근거
쌍책면 합천읍	田中俊明, 2014, 「復元多羅國史」, 『多羅國 그 位相과 役割』, 陜川郡·慶尙大學校博物館	쌍책면이 중심이고 합천읍을 포함

〈표 4〉 다라국의 위치 비정에 대한 제설(김태식 1993, 전덕재 2011 참고)

2. 기존 견해의 문제점 검토

1) 합천읍으로 비정하는 견해의 문제점

일제강점기 이래, 多羅와 大耶가 음운상으로 상통하므로 합천읍에 비정하는 것이 다수의 견해였다(표 4 참조). 즉, 다라국이 합천읍의 옛 지명인 대량주군 또는 대야군의 옛 국명이라는 것은 문헌사학자들의 대체로 일치된 견해이다.[10](김태식 2002c : 137)

---
10) 다라국은 『삼국사기』지리지 강주 강양군(江陽郡, 합천)의 옛 지명인 대량주군(大良州

그런데, 고고학적으로 보면 합천읍을 가야 여러 나라 중 大國에 속하는 다라국으로 보기는 어렵다. 즉, 합천읍에는 대규모 고분군이 보이지 않는다. 다만, 합천읍에는 영창리고분군은 직경 20m정도의 봉토분이 7기 정도 확인될 뿐이다. 이와 관련하여 다음의 견해를 살펴보자.

"영창리고분군은 매장주체부가 다라국의 합천 옥전고분군과는 달리 지하식 수혈식석곽묘이고 봉토가 고대한 점에서 지상식 위석목곽묘이면서 봉토가 높지 않은 옥전고분군의 묘제와 확연히 다르다. 영창리고분군에서는 대가야토기양식이 확인되었으며 5세기 말~6세기 전엽이 중심연대인데 이 무렵에는 대가야 왕권의 휘하에 들어간 것으로 보인다. 즉 加羅 下部의 치소는 합천읍 대야성으로 보며 그 범위는 합천읍에서 봉산일대까지로 추정되고 있다. 6세기 전엽 대가야는 왕도인 고령과 인접한 합천읍·봉산면 일대를 하부로 두어 王畿로 하며 그 권역을 중앙과 지방으로 편재하였다."
(박천수 2018 : 375)

이와 같이 합천읍 일대의 고분군은 그 규모가 크지 않고 대가야 통제하에 있었다고 보면 가야 여러 나라 중 大國에 속하는 '다라국'의 위상과는 거리가 있어 보인다. 고고학자들의 대다수는 다라국을 합천읍에 비정하는 학설에 대해 반대하고 있다. 필자도 이에 대해 동의한다.

김태식도 이러한 고고자료상의 문제점으로 인하여 다라국의 합천읍 비정에 대해 다소 유보적인 태도를 견지한 바 있다(김태식 2002c : 144).

한편, 최근에 다라국을 합천읍내에 비정하면서 고고학적 문제를 보완한 수정 견해가 제시된 바 있다. 즉, 합천읍 내에 뚜렷한 고총 유적이 없는 문제에 대해서는 "합천읍내에 가야성으로 추정되는 대야성이 있고, 19세기

郡)과 음운상 비교될 수 있으며, 신라본기 및 김유신전, 죽죽전 등에 대야성(大耶城)·대야주(大耶州)·대야군(大耶郡)·대량성(大梁城)·대량주(大梁州)라고도 나온다. 이러한 지명을 근거로 합천 지방(합천읍)을 다라국의 고지로 보는 것이 다수의 견해이다(김태식 2002b : 201−203).

말 대홍수로 읍내의 지형이 많이 변경되어 고분군이 훼손되었을 가능성이 있다"라고 해명하고 있다(박성현 2019 : 80).

하지만, 가야 후기의 고분군은 기본적으로 입지가 탁월한 구릉 위에 자리하므로 하천변의 유로변동과는 무관하다고 볼 수 있어 상기 견해는 설득력이 약하다.

2) 합천군 쌍책면(옥전고분군)으로 보는 견해의 문제점

다라국과 옥전고분군을 관련지은 것은 多羅와 大耶가 음운상 통하여 多羅國이 합천에 비정되고, 옥전고분군에서 약 1km 이격된 곳에 다라국과 연계지을 수 있는 '다라리'가 소재한다는 점에 근거하고 있다(조영제 2007 : 187-188).

최근, 박성현(2019)은 다라국을 합천 쌍책면 옥전고분군 일대로 비정하는 견해의 문제점을 지적한 바 있다. 고고학자들이 주로 다라국의 무덤으로 본 옥전고분군은 초팔혜국(산반하국)의 지배층과 관련된 유적이라는 것이다. 이에 대해 상술해 보면 다음과 같다.

"옥전고분군은 기존 초계군의 영역, 郡治 부근에 위치하며 그 일대에 다른 가야고분군이 없다는 점에서 초팔혜(사팔혜)국, 나아가 산반하(해)국의 것으로 보는 것이 적절하다. '다라리'는 다라곡, 즉 월곡(月谷)에서 유래한 것으로 지명 비정의 근거가 될 수 없다. 즉, 다라리는 달처럼 생긴 골짜기에서 유래했으며, 다라는 곧 달(月)을 의미한다는 것이다. 하지만 다라국의 '다라'는 '가라'국, '안라'국과 같은 형식으로 달과는 무관하다(전덕재 2011, 박성현 2019).[11]" 이러한 견해는 설득력이 있어 보인다. 즉, 조선시대 이전의

---

11) 옥전고분군을 다라국의 것으로 보는 견해는 그 근거의 하나로 인근에 '多羅里'라는 지명이 있다는 것을 든다. 이것의 문제점은 다음과 같다. 다라리의 가장 오래된 표기는 『호구총수』의 다라곡촌(多羅谷村)인데, 한글학회에서 출간한 『한국지명총람』에 따르면 다라리의 마을 형상이 달처럼 생겼다고 하여 다라실 혹은 다라동, 월곡(月谷)으로 불렸다고

초계군의 영역은 초계면·적중면·청덕면·쌍책면·덕곡면·율곡면을 포함하며, 쌍책면 성산리에 있었던 중심지가 후대에 현 초계면 일대로 이전한 것으로 볼 수 있다는 것이다(박성현 2019 : 83).

같은 맥락에서 초팔혜국(사팔혜국,산반하국)의 위치를 쌍책면 옥전고분군에 비정한 김태식의 다음 견해는 주목된다.

"초계라는 이름은 신라의 八谿縣을 고려초에 고친 것이다. 『신증동국여지승람』草溪郡 條에 근거해 보면, 현재의 행정구역에서는 합천군 초계면·쌍책면·덕곡면·청덕면·적중면과 율곡면의 동쪽 일부를 포괄한다. 이는 이 지방에 있었던 소국인 草八國의 영역을 답습한 것으로 추정된다. 우륵 12곡 중의 하나인 사팔혜를 지금의 초계로 비정하는 것은 스에마쓰 야스가즈·양주동·김동욱의 지명 고증 이래 이설이 없다"(김태식 2002c : 145).

"草溪郡의 고토에서 발견된 고분군으로는 쌍책면 성산리 옥전 고분군이 대표적인데, 지금의 초계면 중심지에는 고분군이 존재하지 않고 대부분의 고분군은 인접한 쌍책면 남단에 존재한다. 나말여초의 혼란기를 지나 현 이름이 초계로 바뀌던 고려초의 시기나, 현이 합주(陝州, 합천읍)의 속현으로 떨어졌다가 고려 후기 명종때에 지방관인 감무를 설치할 때, 현의 치소를 행정 편의를 위해 약간 옮겼을 수 있다. 그렇다면 지금의 초계는 고려시대 이후의 치소가 설치된 곳이고 신라시대의 초팔혜현이나 팔계현의 치소는 소국 존재 당시의 군사적 목적과 관련하여 쌍책면 성산리 일대에 설치되었을 가능성이 있다. 현재의 쌍책면 일대는 조선시대까지도 초계의 영역에 속해 있었고 그곳에 조성된 고분군들은 초계평야를 방어하고 장악하는 무장적 지배세력의 것으로 보아야 한다. 신라에 의해 초팔국(산반하국)이 통합되어 재편되기 전에는 초계지방의 중심지가 지역 방어에 유리할 뿐만 아

한다(전덕재 2011, 박성현 2019).

니라 주변 교통로를 감시하고 낙동강으로 이어지는 황강 수로를 통제할 수
있는 쌍책이었을 가능성이 높다. 현재의 행정구역명에 유인되어 이를 합천
군 지방의 다라국과 연결짓는 것은 잘못이다"(김태식 2002c : 145-150).

상기한 바와 같이 문헌사학자들은 대부분 쌍책면 옥전고분군을 초팔혜
국(사팔혜국,산반하국)과 관련되는 것이지 다라국과 연결시킬 수 없다고 결론
짓고 있다. 필자도 이에 동의한다.

다라국이 쌍책면에 있었다면 거기서 불과 2km 정도 떨어진 곳에 또 하
나의 가야 소국인 초팔국(산반하국)이 있다는 이상한 결론에 도달한다. 가야
의 두 나라의 중심부(국읍)가 그렇게 인접해 있다는 것은 이해하기 어렵다
(김태식 2002c : 144).

3. 문헌·고고 자료의 재검토를 통한 다라국과
삼가 고분군과의 관련성

1) 문헌 자료를 통해 본 다라국의 위상

『日本書紀』흠명기 2년(541년)[12] 및 5년(544년)[13] 사비회의 관련 기사로 보
면 후기 가야 여러 나라의 위계는 다음과 같이 정리할 수 있다.

가야 제국이 백제와의 대외관계를 처리함에 있어 7~8개 지역이 대표들
이 함께 행동하고 있어, 6세기 중엽 멸망기까지 가야의 외교 창구는 단일
화되지 못하고 기본적인 지배 권력이 여러 소국들에게 분산되어 있었음을

---

12)『日本書紀』卷19 欽明天皇 2年 4月條. "安羅次旱岐夷呑奚·大不孫·久取柔利 加羅上
　首位古殿奚 卒麻旱岐 散半奚旱岐兒 多羅下旱岐夷他 斯二岐旱岐兒 子他旱岐等 與
　任那日本府吉備臣(闕 名字) 往赴百濟 俱聽詔書."
13)『日本書紀』卷19 欽明天皇 5年 11月條. "日本吉備臣 安羅下旱岐大不孫·久取柔利
　加羅上首位古殿奚 卒麻君 斯二岐君 散半奚君兒 多羅二首位訖乾智 子他旱岐 久嗟
　旱岐 仍赴百濟."

반영한다. 그런데 그 소국들이 파견한 가야 제국의 집사들의 직함은 동일하지 않다. 즉, 졸마국·산반해국·사이기국·자타국·구차국의 경우에 이름 없이 단순히 한기(旱岐)나 군(君) 또는 그 아들 등으로 나타나 있고, 안라국·가라국·다라국은 次旱岐·下旱岐·上首位·二首位 등으로서 그 이름과 함께 나타나 있다. 전자의 경우, 각 소국의 최고 지배자인 君長으로 보인다. 이에 비해 안라국·가라국·다라국의 경우에는 하한기·상수위 등이 나타나는 것으로 보아 이들 스스로가 최고 지배자가 아닐 것이다. 따라서 후자의 소국들에서는 한기층의 분화에 의한 소박한 관등체계의 존재를 상정할 수 있다. 이는 지배 권력 구조상 좀 더 발전적인 측면을 고려할 수 있다. 『日本書紀』 흠명기 5년(544년) 11월조 기사처럼 가야 소국들 중에서 오직 안라와 가라에는 왕이 존재하여 다른 소국의 한기층보다 우월성이 인정되는 '왕'의 칭호가 공식화되어 있었고 그 두 왕이 가야 소국들 전체에 대한 최고 의사 결정권을 함께 가지고 있었던 것이다(김태식 2002b : 22-24). 이러한 점에서 보면, 후기 가야에서 가라, 안라 다음의 유력세력으로 다라국을 거론할 수 있다.

요컨대, 다라국 사신의 직급은 각기 다라 하한기와 다라 이수위로서 가라나 안라처럼 한기층의 분화가 이루어져 있었던 흔적이 보이므로 공식적으로 왕을 칭하는 가라나 안라만큼은 못하더라도 다른 가야 소국들보다는 강한 세력을 축적했을 것이다(김태식 2002c : 142).

2) 합천군 내 가야 고분군과 삼가고분군의 위상

상기한 바와 같이, 6세기대에 다라국은 가라국(대가야), 안라국(아라가야)에 버금가는 위상이었음을 짐작할 수 있겠다. 그에 걸맞는 고고자료로서는 대규모 고분군의 존재이다.

지금까지 대가야와 안라 다음의 위세를 가지고 있었던 다라국에 대한 본격적인 논의는 드물었다. 단지, 합천읍에 비정하거나 옥전고분군과 관련지어 보는 정도이다. 전술한 바와 같이, 합천읍에는 고총고분군이 희소하고 옥전고분군을 산반하국(초팔혜국)으로 본다면 삼가고분군과 삼가식 다곽식 고분군이 주목되어야 한다.

합천군은 합천 봉계리·저포리·반계제 고분군 등 합천 서부권, 합천 옥전고분군과 낙동강 수계를 포함한 합천 동부권, 영창리,합천리,문림리고 분군이 포함된 중부권, 삼가고분군 중심의 삼가권으로 구분된다(표 5 참조). 합천 서부권·동부권·중부권은 대가야에 포함되고 삼가권(남부권)은 소가 야 권역에 포함된다(하승철 2019:519-523).

아래에 합천군 내의 주요 고분군을 정리해 보면 다음과 같다.

고분군	고총기수	봉토 직경	묘곽 크기	유구, 유물의 특징	편년
봉산면 반계제고분군 (서부권)	6기	가A호분 16m 가B호분 7m	5m이상 4기 3.5~5m 십수기 3.5m이하 80여기	세장방형 수혈식석곽묘는 전형적 고령식, 순장곽 1기 토기는 고령양식 일색 축소모형철기, 고령양식의 통형기대	5세기 후반~6세기 전엽
합천읍 영창리고분군 (중부권)	7기	20m내외	발굴조사 안됨	대가야토기 수습	5세기 말 ~6세기 중엽
쌍책면 옥전고분군 (동부권)	27기	10~22m	M3호분주곽 5.2m,부곽 4.6m M4호분 9.5m M6호분 5.8m	목관(15기), 목곽(104기), 수혈식석곽(60기), 횡구·횡혈식석실묘(3기) 발굴 격벽있는 주부곽 대형위세식목곽묘가 특징적(5세기 후반)	1~7세기
삼가면 삼가고분군 (남부권)	328기	30m이상11기 30~20m 20기 20~10m142기 10m미만115기	Ⅱ-8호목곽 6.9m 24호주곽 8.3m	목관묘(10기), 목곽묘(47기), 석곽묘(118기), 봉토분(43기)발굴	1~7세기

〈표 5〉 합천군 일대 주요 고분군 일람표

합천지역에서 고령 지산동고분군(가라국)이나 함안의 말이산 고분군(안라국)에 준하는 대규모 고총 고분군은 삼가고분군을 제외하고 논하기 어렵다. 즉, 합천 삼가고분군은 고령의 지산동 고분군, 함안의 말이산 고분군에 필적할 만한 대규모 고분군이다. 일반적인 가야고분의 규모가 직경 10~30m이지만 삼가고분군은 30m 이상의 고총이 11기로서 오히려 지산동·말이산 고분군보다 많다(표 2 참조).

　4세기 후반으로 추정되는『日本書紀』神功紀 섭정 49년조의 7국 평정 기사에 '多羅國'의 이름이 처음 나타난다.[14] 연대에 대한 약간의 논란은 있지만 4세기 후반대에 다라국을 가야의 1국으로 보아도 무리가 없다(김태식 2002c : 138).

　이처럼, 다라국은 4세기 후반대에 이미 그 존재가 확인되어, 합천군 일대 주요 고분군 가운데 목관묘부터 누세대적인 분묘가 보이는 삼가고분군과 옥전고분군이 그 후보가 될 수 있다. 따라서, 5세기 후반 이후에 편년되는 반계제나 영창리 고분군은 제외되어야 한다. 더구나, 합천읍 영창리고분군이나 봉산면 반계제고분군에서는 고총의 기수가 10기 미만이어서 지배층의 존속기간이 짧은 편이다.

　이처럼, 합천군 권역 내에서 1~4세기대의 목관묘·목곽묘부터 5~6세기의 대규모 고총고분군이 계기적으로 확인되는 곳은 삼가고분군과 옥전고분군을 들 수 있다. 이 가운데 고총의 규모로 보아 가장 두드러진 고분군은 삼가유적이다(표 5 참조).

　삼가권은 삼가고분군을 정점으로 안계리·소오리·어전리 고분군 외에 의령군 대의면 추산리, 천곡리고분군 등지에 이르기까지 중하위의 고분군

---

14)「神功紀」49年(수정 편년, 西紀 369年)조의 기사에는, "倭軍은 卓淳國에 모여 新羅를 치고, 比自㶱, 南加羅, 㖨國, 安羅, 多羅, 卓淳, 加羅 등 7國을 平定하였다".고 나온다.

이 결합된 구조이다. 삼가고분군은 변한시대부터 가야 멸망 이후인 7세기까지 고분군이 존속한다. 목관묘,목곽묘를 비롯하여 300기 이상의 대형 봉토분으로 구성되어 있어 가야의 유력 소국과 관련된 고분군이다(하승철 2019:519-523). 하지만, 아직까지 삼가고분군에 대해 가야의 특정 나라에 구체적으로 비정한 경우는 극히 드물다.

3) 다라국과 삼가고분군의 관련성

옥전고분군의 발굴 성과 및 '다라리'라는 지명 때문에 그 중심지를 지금의 합천읍에서 동쪽으로 제법 멀리 떨어진 쌍책면 일대로 보는 견해가 있지만 이것이 입증되려면 신라가 다라국을 멸망시키고 나서 지역 중심을 임의로 옮긴 사실이 확인되어야 한다(김태식 2002b:201-203).

전술한 바와 같이, 옥전고분군은 초팔혜국(사팔혜국, 산반하국)과 관련시킬 수 있기에 이 논리는 오히려 합천 삼가 고분군에 적용해 볼 필요가 있다. 신라가 남강수계의 삼가일대의 다라국을 멸망시키고 삼가세력의 약화를 도모할 뿐만 아니라 합천의 중심지인 황강유역을 통제하기 쉬운 합천읍으로 중심지를 옮겼을 가능성[15]을 제기할 수 있다. 무엇보다도 합천읍에는 후기 가야의 3번째 세력인 다라국을 비정하기에 고분군 유적이 너무 미약한데, 이는 합천읍에 유력 토착세력이 없음을 의미하고 신라에게는 행정적인 통제에 있어 이점이 될 수 있다.

다라국은 『日本書紀』흠명기 기사에서 제3위의 위세를 보여주기에 그에 걸맞는 고총 고분군의 존재나 영향력이 큰 집단이 전제되어야 한다. 합천 인근에서 이러한 집단은 목관묘,목곽묘부터 5~6세기대의 300기 이상의

---

15) 합천읍 중심지에는 6세기 이전의 큰 고분군이 없는 것으로 보아 신라 진흥왕은 565년에 그 옛 터 중에서 신라의 관점으로 전략적 요충지에 해당하는 곳을 골라 새로이 개척하여 대야주를 설치하고 가야 지역 수비의 본거지로 삼았을 가능성이 높다(김태식 2002c:144).

고총고분군이 존재하는 합천 삼가고분군을 제외하고 논하기 어렵다.

요컨대, 합천읍 일대가 5세기 말 이후 멸망기까지 대가야의 통제하에 있었고 대규모 고분군이 확인되지 않는다는 점에서 멸망기 직전까지 가야 여러 나라 가운데 3번째 정도의 위세를 가진 것으로 파악되는 다라의 실체와는 거리가 멀어 보인다. 따라서 현재의 합천군에서 규모가 가장 큰 고분군이 존재하는 삼가일대에 있었던 다라국을 신라가 통합한 후 치소를 토착세력이 미약하였던 합천읍으로 이동하고 지명도 같이 이동된 것으로 보는 것이 합리적이다.

신라가 획득한 가야지역을 억누르는데 있어 지금까지의 중심지였던 땅과는 별도의 지역에 중심지를 이동시켰다는 것은 안라국이 가야시대의 중심지 가야읍에서 그 남쪽의 성산산성을 축조하고 그보다 더 남쪽의 함안면으로 중심을 옮긴 것에서 그 예를 찾아볼 수 있다(田中俊明 2014:51).

4) 소가야연맹의 지역성 및 내부구조

(1) 가야 묘제의 지역성과 소가야연맹(서남부 가야연맹)

5세기 이후 남강중상류역 및 경남 서남부 해안을 중심으로 유사한 토기문화와 묘제가 서서히 등장함은 소가야연맹의 출현을 의미한다. 남강유역에서 먼저 소가야토기가 형성되고 다곽식 고분도 점차 나타나 5세기 후반 이후 주류를 점한다. 그리고 소가야권에서는 금관가야·대가야·아라가야 권역과는 달리 순장이 아닌 배장(추가장)이 유행한다.

가야에서 순장은 금관가야·아라가야·대가야문화권에서 확인된다. 가야고분 문화권은 순장자의 매장위치에 따라 3류로 구분할 수 있다. 김해·부산을 중심으로 금관가야권역의 주부곽 순장, 함안 중심의 아라가야권의 주곽 순장, 고령 중심의 대가야권역의 순장곽 순장이 그것이다(김세기 1996).

매장주체부의 구조로 구분해 보면, 금관가야권은 높이차 나는 주부곽식, 아라가야권은 단곽식에 들보 시설, 대가야권은 주부곽의 배치상이 '11'자 혹은 'T'자형이 특징적이다. 이에 비해 소가야문화권은 배장이 이루어진 다 곽식 구조가 특징이다.

순장의 성행은 상하 계층분화가 강화되었음을 의미한다. 이에 비해, 배 장의 유행은 공동체 의식이 오래 남은 것을 의미하며 백제에 가장 늦게 포 함되는 영산강유역의 묘제와 유사하다. 다시 말하면, 순장이 성행한 지역 은 상하 종속적 위계구조가 강하고, 배장이 성행한 지역은 공동체 유제가 잔존하고 정치체 간에 병렬적 관계가 뚜렷하다.

소가야연맹은 남강수계와 남해안 일대에 존재했던 다수의 정치체들이 집단구조를 형성하였고, 비교적 넓은 공간임에도 불구하고 정치·문화적 유대감을 오랫동안 유지한 것은 연맹과 같은 정치체제를 상정할 수 있다(하 승철 2019 : 533-538).

(2) 소가야연맹 내에서 삼가식·고성식 다곽식고분의 구분

최근 발굴조사 성과에 근거해 보면, 소가야 연맹에는 남강중상류역과 경 남 서부해안의 2개 지역권으로 대별된다. 즉, 소가야권에서는 2유형의 다 곽식 고분이 확인되는데, 삼가식과 고성식이 그것이다(그림 4 참조).

삼가식 다곽식 고분은 기존 봉분의 일부를 굴착하고 추가로 석곽을 조성 한 다음 새롭게 봉분을 조성하는 방식이 되풀이되면서 봉분이 커지고 묘역 이 확장된다. 대개 최초 축조된 석곽이 커지만 비슷한 규모의 석곽이 후축 되는 사례도 많다. 봉분 주위로 주구를 설치하지만 호석이나 즙석을 축조 하지 않는다. 각각의 묘역은 경사면 위쪽에 주구를 통해서 확인되며 각 주 구마다 토기를 파쇄하는 의례행위가 보이기도 한다. 삼가고분군의 다곽식 봉토분은 5세기 후반부터 6세기 중엽까지 집중적으로 축조된다. 이에 비

해, 고성식은 미리 조성된 분구에 2~3기의 석곽을 병렬로 배치하고 주위에 다수의 석곽이 추가로 조성된다. 다수의 석곽이 순차적으로 조성되지만 분구 증축이나 확장은 진행되지 않는다. 봉분 주위로 주구를 설치하지만 호석은 축조되지 않는다(최영준 2017·2018, 하승철 2021).

소가야 문화권 내 고성식 다곽식 고분과 삼가식 다곽식 고분을 비교해 보면 (표 6)과 같다.

시기		고성식 다곽식 고분 5세기 후반~6세기 중엽	삼가식 다곽식 고분 5세기 후반~7세기
공간적 범위	중심	고성(송학동)	합천(삼가)
	주변	고성(내산리, 율대리), 통영(남평리)	합천(소오리·안계리), 의령(천곡리·오천리), 진주(가좌동), 산청(명동)
주 분포권		서부경남 해안	남강중류역(내륙)
周溝		잠형 주구(송학동)	눈썹형 溝
순장, 배장 여부		배장	배장
가야 정치체(추정)		고차국	다라국 및 그 영향권

〈표 6〉 고성식 다곽식 고분과 삼가식 다곽식 고분 비교표

남강 중류역에 주로 분포하는 삼가식 다곽식 고분은 황강 유역의 옥전 고분군(대가야권), 남강 하류역의 아라가야 권역을 침범하지 않는 범위에서 합천 삼가권(양천강유역)을 중심으로 의령 일부·진주일부·산청남부(단성권) 일부지역에 분포한다. 그 중심 시기는 5세기 후반~6세기 중엽이지만 삼가 고분군에서의 하한은 7세기대까지 내려온다. 삼가식 다곽식 고분의 중심인 삼가고분군은 가야고분군 가운데 그 고분 수나 고총의 규모가 고령 지산동 고분군 다음에 해당한다.

삼가식 다곽식 고분은 신라권, 마한·백제권, 타가야 지역과도 차이를 보여 고분축조기술에 있어 삼가고분군만의 독자성을 밝히는 데 중요한 자료이다(오재진 2021 : 15).

내륙 중심의 눈썹형 구와 달리, 고성 송학동 고분군 중심의 잠형 주구는 고차국의 중심 세력을 보여주는 자료로 볼 수 있다. 고성식 다곽식 고분은 고성 일대에만 주로 확인되어 분포권이 상대적으로 좁은 편이다.

(3) 삼가식 고분의 분포양상과 밀도

삼가고분군에서 발굴된 봉토분 40기 중 33기가 삼가식 다곽식 고분이어서 다곽식의 비율이 가장 높다. 소오리고분군은 삼가에서 2km 이격되어 삼가고분군의 하위고분군인데 조사가 미진하여 1기만 조사되었지만 중소형 고분(직경 12m)에서 모두 8기가 확인된 다곽식 고분이다. 삼가식 다곽식 고분은 삼가고분군에서 멀어질수록 빈도가 떨어져, 의령·진주·산청 일대에서는 삼가식 다곽식 고분의 비율이 비교적 낮다. 이를테면, 걸손국의 수장급 고분군으로 추정되는 중촌리고분군(김태식 2002b)의 하위 고분군인 산청 명동고분군에서는 삼가식 다곽식 고분의 비율이 20%가 되지 않는다. 삼가식 다곽식 고분은 남강과 남강의 지류인 경호강·양천강유역에서 확인되는데 대개 남강중류권에 해당한다. 삼가고분군은 입지상 수로와 육로상의 요충지에 위치하여 주변지역과의 문물 교류에 중요한 지역이다. 즉, 삼가식 고분 분포지역에서는 소가야문물을 중심으로 아라가야·대가야·비화가야·신라 문물이 다종다양하다. 문물 교류 창구역할을 담당했던 삼가고분군 축조집단이 이 중소규모의 고분군에 문물교류와 함께 삼가식의 다곽식 고분 축조방식과 관념이 확산된 것으로 보인다(오재진 2021 : 24-37).

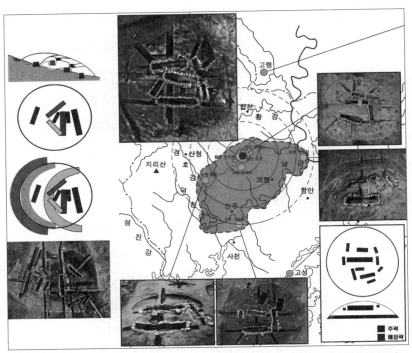

〈그림 4〉 삼가식 다곽식 고분 분포도 · 모식도 및 고성식 다곽식 고분 모식도(右下)(경남연구원 2020)

	발굴된 고분 수	삼가식 다곽식	다곽식 비율(%)	비고
합천 삼가고분군	40기	33기	82.5	
합천 안계리고분군	19기	6기	31.6	
합천 소오리고분군	1기	1기	100	삼가에서 2km 이격
의령 천곡리고분군	43기	8기	18.6	
산청 명동고분군	150	28기	18.6	중촌리고분군의 하위고분군
진주 가좌동고분군	30기	12기	40.0	
의령 오천리고분군	46기	25기	54.3	

〈표 7〉 주요 삼가식 고분군과 다곽식의 비율(오재진 2021:24-37 수정)

(4) 소가야연맹의 내부구조

기존에 고고학적 측면에서 소가야문화권의 내부구조에 대한 설명은 다음과 같이 정리해 볼 수 있다(하승철 2019).

먼저, "5세기 전반대의 소가야 성립기에는 남강중류역에서 산청 중촌리 고분군과 삼가고분군을 정점으로 한 2개의 정치체를 상정할 수 있고 이들은 대등하고 연합적인 관계를 유지한 것으로 보인다(하승철 2019:533-538). 즉, 5세기 전엽 남강 중류역의 유력 고분군인 산청 중촌리와 삼가고분군에서 공히 수장층 출현을 보여주는 대형목곽묘가 출현한다. 산청 중촌리 3호 北목곽묘와 합천 삼가 Ⅱ8호묘는 5세기 전반대 최고 수장층의 출현을 보여준다. 중촌리 3호 北목곽묘에서는 금동장식 안교 등의 마구류, 단봉환두대도는 출토예가 희소한 경우로 피장자의 위상이 매우 높았음을 시사한다. 삼가 Ⅱ8호 목곽묘는 길이 689cm, 폭 287cm로 소가야 목곽묘 중 가장 크고 재갈 등 마구류가 출토된다. 양자는 구조가 유사하다. 목곽묘로 볼 때 소가야 성립기는 산청 중촌리고분군과 합천 삼가고분군을 중심으로 남강수계의 중소고분군이 결합된 구조이다"(하승철 2019:501-503).

한편, "5세기 후반대~6세기 전반대에 소가야는 몇 개의 권역별 중심세력이 등장하여 횡적으로 연결되고 권역별 종적구조가 생겼을 것으로 가정할 수 있다. 남강수계는 산청권·합천 삼가권을 중심으로 진주권이 결합한 구조이고 남해안은 고성권을 중심으로 통영권·사천권·하동권이 종적인 구조를 형성하였다"(하승철 2019:533-538).

상기 견해에 대해, 5세기 전반대에 산청 세력과 삼가 세력이 대등하고 연합적인 관계는 동의하지만, 5세기 후반대 이후에 대해서는 약간의 수정을 가하고자 한다. 즉, 삼가식 다곽식 고분이 남강 중상류역에 광범위하게 분포하고 그 중심인 삼가 고분군의 규모가 가장 탁월하다는 점에서 다라국과 관련지어 본다면 다음과 같은 역사학적 해석을 주목할 필요가 있다.

"540년대 임나부흥회의에 참석한 가야제국의 참석자를 보면, 많은 참석국이 한기(旱岐) 또는 한기의 자식을 파견하고 있으나 삼국(안라·가라·다라)만이 그보다는 하위로 보이는 次旱岐 등을 참석시키고 있다. 이러한 점에서 이 세 나라는 다른 나라들보다 大國 내지 有力國이었음을 보여주는 것이다. 한기집단이 단독으로 소국을 형성하는 경우도 있었겠지만 둘 이상의 한기집단이 연합하여 소국을 형성한 한기연합체도 존재했을 것이다. 이 경우에 한기 사이의 서열이 발생한다면 한기와 次(下)旱岐처럼 구별되어 불렸을 것이다. 이러한 한기의 권력이 차한기층과 엄격히 나누어질 수 있었던 경우에 왕으로 불렸을 것이다. 이러한 상황이 더욱 진전된다면 차한기층이 존재할 수 없었을 것이고 왕을 보좌하는 관료층으로 재편되었을 것이다. 이 같은 도식을 상정할 때, 차한기의 존재가 확인되지 않는 가라가 가장 진전된 상태로서 왕(한기)의 권력이 초월적 단계에 달하였을 것이다. 한편, 다라는 여러 한기 가운데서 상대적으로 유력한 한기가 존재하면서도 거의 대등한 관계의 단계였다고 추정된다. 안라는 양자의 중간적 단계로서 왕(한기)이 상정되면서도 차한기도 존재하므로 초월적 권력에는 도달하지 않은 단계로 생각할 수 있다"(田中俊明 1996 : 67-68).

이러한 견해를 참고해 보면, 적어도 가야 諸國 가운데 대국(유력국)의 범주에 들어가는 가라·안라·다라는 소국의 연합체로 볼 수 있을 것이다. 그러한 증거가 次旱岐의 존재이다.

다만, 가라·안라·다라 등 3개국 간에는 개별적인 차이는 존재할 것이다. 이를테면, 가라연맹체와 안라연맹체는 본국 외에 주변국에 대한 상·하 통제가 강화되는데, 그 증거가 순장묘로 볼 수 있다. 문헌상(『日本書紀』)에서도 가라와 안라의 우두머리는 '왕'으로 호칭되고 있다. 이에 비해 다라연맹체는 다라가 유력한 맹주이기는 하지만 주변 정치체에 대한 통제가 斷續的이어서 대등한 병렬적 연맹관계라고 파악된다. 그러한 추정은 다라의 삼가식 다곽식 고분이 대가야나 아라가야의 순장이 아닌 배장의 존재에서 뒷받침되며, 공동체 유제가 남은 다장묘라는 점에서 그러하다. 아울러, 삼가식 다곽식 고분의 주변지역으로의 확대가 面的 확대보다는 線的 확대라는 점에서 그 세력권이 面的인 세력권 확대가 보이는 가라나 안라에 비해 미약했을 것이다. 이러한 점에서, 다라는 大國(가라·안라)과 中國의 중간에 해당한다고 할 것이다. 고분의 규모는 크지만 공동체 유제가 남은 삼가식 다곽식 고분이 그것을 상징적으로 보여준다.

부언하면, 대가야의 경우, 경남 서북부권을 거쳐 남원 두락리 등 호남동부권까지 面的인 확대가 보인다. 이에 비해, 삼가식 다곽식 고분은 합천 삼가를 중심으로 합천 안계리·소오리, 의령 천곡리 등 남강중류역을 제외하고는 面的인 확산보다는 線的(의령 오천리, 산청 명동, 진주 가좌동)인 연결성을 보이는 한계를 보인다(그림 4 참조). 후자의 경우, 기존에 타 소국의 영역에 포함된다는 것이다. 즉, 산청 남부권은 걸손국, 진주권은 자타국에 비정된다(김태식 2002b). 그런데, 삼가식 다곽식 고분은 수장묘이면서 대형고분군인 산청 중촌리나 진주 수정봉·옥봉 고분군에서는 거의 보이지 않고 수장묘 주변의 중소고분군(산청 명동·진주 가좌동)에서 주로 확인되는 점이 특징적이다. 따라서, 삼가세력의 남강 중상류역의 여러 나라에 대한 영향력은 대가야·아라가야 연맹체 내에서 맹주국의 영향력에 비해서는 제한적이었다고 볼 수 있다.

5) 소가야문화권 내 묘제 구분의 의미

전술한 바와 같이, 5세기 후반~6세기 중엽경 동일한 소가야토기문화권 내에서도 다곽식 석곽 형식은 2류로 구분되는데, 삼가식 다곽식 고분과 고성식 다곽식 고분이 그것이다. 공간적으로는 합천 삼가 중심의 남강중상류역(내륙)과 고성 중심의 서부경남 남해안 권역으로 구분되는데, 소가야 후기의 2대 중심지이다. 이러한 구분은 남강중류역(내륙)과 경남 서부 해안지대의 문화권의 차이이자 일정부분은 정치체의 구분이라고 볼 수 있다.

후기가야의 2대 강국인 대가야나 아라가야에서는 토기문화의 분포권과 묘제의 분포권이 대체로 일치한다. 이에 비해 소가야에서는 토기문화는 유사하면서도 묘제는 일정한 차별성이 보인다.

이에 대해서는 후기 가야에서 지역연맹체의 차별성에 대한 다음의 견해를 주목할 필요가 있다. 즉, "후기가야에서 대가야연맹은 종적연맹체, 관할영역의 직접통치구조였던 아라가야, 횡적연맹체의 소가야연맹으로 구분된다. 소가야연맹의 경우, 지배집단의 출자는 토기로 보아 아라가야 이서의 제집단이 대가야연맹의 형성으로 결집하였을 것이다"(신경철 2007 : 225-227).

이러한 견해를 참고하면, 다곽식 고분과 소가야토기를 공유하는 소가야연맹체의 성립은 특정 세력이 주도한 금관가야·아라가야·대가야와 달리 주변 세력의 확장에 대한 반응으로 서남부가야 세력이 연맹을 한 셈인데, 정치적 측면과 함께 경제적 측면이 고려된 포상팔국 연맹과 궤를 같이한다.

이와 관련하여, 소가야 연맹의 성립배경에 대해서 조금 더 언급할 필요가 있다.

"경남 서부권을 중심으로 소가야 연맹이 성립하게 되는 배경은 자원 부족과 교역 등 경제적 요인과 군사적 위협에 대한 공동 대응과 관련될 것이다. 소가야를 구성하는 개별 소국은 남강유역과 남해안에 위치한다. 서부경남 내륙과 남해안의 정치체 사이에는 소금, 해산물 등과 철,농산물을 교환하는 시스템이 형성되었을 것이다. 또한 군사적 위협에 대한 공동대응도 필요했을 것이다. 남진을 시도하는 대가야세력과 후기 가야의 2대 강국인 아라가야의 간섭과 통제에서 벗어나고 경남 동부권에서 점차 서진하면서 경남 남해안 해상교역권을 위협하는 신라세력에 맞서기 위해서는 군사적인 공동 대처가 절실했을 것이다. 5세기부터 김해와 부산에 진출한 신라세력은 낙동강하구 및 남해안에 걸쳐 가야의 교역권을 위협한다. 낙동강하구로의 진출이 어려워진 남강 중상류역의 가야 여러 나라는 활로를 찾기 위해 경남서부 해안의 가야소국과 협력관계를 도모했을 것이다"(하승철 2019:534-536).

이러한 점에서 보면, 소가야문화권이 금관가야나 아라가야문화권보다 공간적으로 넓지만 일원적인 정치체가 아니라 병렬식 구조 즉 횡적 연맹체로서 구심점이 약하다는 점이다. 다만, 5세기 후반 이후에는 남강중류역과 고성일대에 중심세력의 등장이 삼가식 다곽식 고분과 고성식 다곽식의 분포권으로 파악이 가능하다.

5세기 후반 이후 소가야 토기문화가 남해안을 중심으로 광범위하게 확산되지만 아라가야나 대가야와 같은 중심 고분군이 미약한 것은 소가야 이전의 포상팔국과 같이 여러 정치체가 경제적 교류 관계 혹은 정치적 이해관계에 얽혀 있는 竝列的이면서 斷續的인 연합체임을 웅변한다. 특히, 해안변의 정치체는 항시(港市)집단인 포상팔국의 연장선에서 횡적인 연맹체는 가능하여도 그 연맹의 성격이 경제적 교류가 강하여 개별적이고 단속적인 연맹이라는 것이다. 그래서 고차국이 교류의 중심이지만 6세기대에 가야 諸國 중 강국으로 기록되지 않은 것은 항시적인 특징, 즉 종적인 통제가 약한 정치체들간의 완만한 연맹체의 성격에서 엿볼 수 있다. 이에 비해, 고성 송학동고분군보다 내륙인 삼가고분군은 고총의 규모가 탁월하고, 목관묘부터 시작되는 군집도나 지속기간이 긴 것은 시사하는 바가 크다.

요컨대, 5세기 후반~6세기 전반대의 소가야토기문화권 내에 삼가식 다곽식 묘제가 확인되는 공간적 범위는 후기 가야 중 가라(대가야), 안라(아라가야) 다음의 유력국인 다라의 존재를 시사한다. 삼가식 다곽식 고분은 그 범위가 1개 군 단위를 넘어서 주변 소국까지 영향을 미치고 있어 고성 일 대 연안에 한정된 고성식 다곽식 고분의 분포권보다 훨씬 넓다.[16] 고성식 다곽식 고분의 분포권은 고차국과 관련지을 수 있다. 다만, 고성식 및 삼가 식 다곽식 고분은 순장이 보이지 않아 상하지배체제의 위계는 대가야나 아 라가야에 비해 약하다.

소가야권은 동일한 토기문화권을 가졌지만 경제적 공동체성격이 짙다. 즉, 소가야문화권은 정치적 의미보다 경제적 의미가 강조된 병렬적 정치체 연합이어서 대가야, 아라가야 등 순장문화권을 가진 세력과 달리 상하 종 속적 지배체제가 약하다. 다곽식의 배장 문화권은 공동체유제가 많이 남아 사회발전단계가 늦고 상하지배체제도 약한 한계성을 가진다. 이것이 문헌 (『日本書紀』)에서도 언급되듯이 다라가 가라·안라보다 약세로 표현된 것으 로 보인다.

경남 서부해안지역의 소가야연맹체가 종적인 지배체제가 아닌 병렬적인 횡적 연맹체로서 고성 송학동세력을 중심으로 상하 지배체제가 약한 것은 경제적 교역 공동체의 성격이 짙기 때문일 것이다. 즉, 내륙 농경집단의 종 적지배와는 명확히 다른 모습이다. 남해안의 여러 집단들은 항시국가의 연 합체로서, 고차국은 여러 항시 중 유력 항시로서 고성 정도만 직접 통제하 는 수준으로 보인다. 이는 고성식 다곽식 분구묘가 고성 남부 해안권에 집 중하는 것에서도 유추할 수 있다.

후기가야를 주도한 대가야나 아라가야의 고총 고분군이 가장 탁월한 것 은 해양국가가 아닌 농경 위주 사회의 상하 종적 연맹체로 주변지역에 대 한 통제가 해안변의 항시연합체보다 강했던 것과 관련될 것이다. 소가야연

---

16) 고성식 다곽식 고분이 통영 남평리 일대에서도 보이지만 상당한 거리를 두고 있어 개별 성이 강하다고 하겠다.

맹체 중 내륙에 있으면서 대가야 다음의 대형고분군이 조성된 삼가유적은 토기문화로 보면 고성과 통하지만 그 성격은 다르다. 즉, 삼가고분군은 고성보다 훨씬 더 큰 대형고분군이 존재하고 목관—목곽—고총으로 이어지는 누세대적 고분군의 모습이 고성 송학동 일원의 5세기 후반~6세기 중엽경의 소수 고총군과는 명확히 구분된다. 같은 소가야토기문화를 공유하지만 내륙의 삼가고분군은 한곳에서 장기간 고분군을 조성한데 비해 송학동은 늦은 시기의 고총만 한시적으로 보인다는 것이다. 남해안에서 정치적 중심지가 고정되지 않은 것은 주변 정치적 상황에 따라 유동적인 港市의 특성과 관련지어 볼 수 있다. 즉, 경남 남해안에서 교역의 중심지는 사천 늑도(기원전후)—고 김해만(2~4세기)—마산 현동(4세기 후반~5세기 전반)—고성 송학동(5세기 후반~6세기 전반) 등의 순으로 이동되었기에 한 곳에 특정 유력 고분군이 고정되지 않는다고 볼 수 있다. 이러한 측면에서, 고성 세력이 『일본서기』에 大國으로 표현되지 않은 것으로 보인다.

6) 옥전고분군과 삼가고분군의 비교를 통해 본 다라국의 위치

옥전 고분군은 옥전 고분군 고유의 묘제인 대형의 보강식 목곽묘를 축조하지만 토기가 고령양식토기 양식으로 변하는 M3호분 단계인 5세기 후반 이후가 되면 점차 대가야식의 수혈식 석곽묘로 변화되고 M4·6호분 단계가 되면 대가야양식 토기 일색이 된다. 따라서 5세기 후반부터는 옥전세력은 고령 대가야의 정치적 통제를 받았다고 볼 수 있다(김세기 2014 : 218~219).

이처럼, 옥전고분군에서 5세기 후반 이후에 다량의 대가야계 유물이 출토되고 묘제도 수용되는 상황에서 타 유적에 비해 고총 규모와 수가 적은 것은 대가야 통제 속의 상황을 암시한다고도 볼 수 있다. 지리적으로 고령과 인접하고 독립성이 약한 옥전 세력을 독자성이 강하고 가라·안라 다음의 3위의 가야 대국인 다라국에 비정하는 것은 무리이다. 이러한 점에서 같은 합천 권역에 속하고 고총 규모가 서부 경남 소가야권에서 가장 큰 삼가고분군을 다라국으로 볼 수 있다. 즉, 삼가고분군은 5세기 후반대까지 소가야문화권에 속했다가 6세기이후에 점차 대가야문화권에 포함되므로 옥전세력보다는 독자성이 강하다는 점을 의미한다.

최근에 조사된 삼가 24호분은 직경 28m로서 대형분인데 6세기 초로 편년된다. 5세기 후반부터 대가야 영향이 보이는 옥전고분군과 달리, 삼가는 6세기 이후 대가야의 영향이 점차 보이지만 옥전고분군과는 많은 차이점을 보인다. 대형분이면서 대가야계 토기류가 출토되는 삼가 24호분에는 산청 생초 고분군과 같은 대가야식 11자형의 주·부곽이 있어야 하지만 보이지 않는다. 이는 그만큼 삼가세력의 독자성과 위상을 보여주는 것이다.

삼가 24호분에는 대가야토기류가 출토되지만 여러 계통의 묘제 영향이 보이고 있어 대가야에 치우치지 않는 삼가세력의 자율성과 독자성을 보인다. 즉, 소가야계의 극세장형 평면형태, 아라가야계의 들보 시설 등 다양한 형식의 묘제를 수용하고 있다. 이처럼 5세기 후반 이후 다량의 대가야유물이 유입되는 옥전에 비해 삼가고분군에서 급격한 변화가 보이지 않는다는 것은 6세기 이후 대가야의 영향은 있지만 삼가세력이 독자성을 유지했음을 의미한다. 이러한 고고학적 양상과 540년대 일본서기 흠명기 기사는 통하는 면이 있다.

한편, 유물부장양상으로 옥전고분군과 삼가고분군을 비교·검토해 보기로 한다.

주지하는 바와 같이, 우륵 12곡[17]에 등장하는 10개 나라는 대가야와 긴밀한 정치적 관계가 있었던 것으로 인식되고 있다. 해당 나라들은 거창·남

---

17) 『三國史記』 卷32 雜志1 樂志 加耶琴條. "于勒所製十二曲 一曰下加羅都 二曰上加羅都 三曰寶伎 四曰達已 五曰思勿 六曰勿慧 七曰下奇物 八曰師子伎 九曰居烈 十曰沙八兮 十日爾赦 十二日上奇物"

원·합천·의령·사천 등 경남 서북부권 및 호남 동부권으로서 대가야의 세력권에 속해 대가야 양식의 토기·금제 이식이 출토되는 지역이다.

이러한 점에서, 5세기 후반부터 대가야유물과 대가야식 묘제가 적지 않게 확인되는 옥전고분군은 우륵 12곡 중 하나인 사팔혜국으로 비정이 가능하지만, 5세기대까지 소가야연맹의 중심이면서 독자성이 강한 삼가고분군은 특별한 존재이다. 공간적으로도 옥전고분군은 고령과 인접한 합천의 북동쪽 황강변이고, 삼가고분군은 합천의 가장 남쪽의 남강유역이다.

옥전고분군에 유물이 많이 부장된 것은 신라와 대가야의 중간에 위치한 교역상의 지정학적 이점과 관련된 것으로 파악되지만 고분군의 규모나 크기, 지속시기로 보면 삼가에 미치지 못한다. 삼가고분군의 경우, 옥전고분군에 비해 상대적으로 대형 고총이 많지만 초대형의 고총(11기)은 발굴조사되지 않았고 기 발굴된 고분은 도굴이 극심하여 유물이 빈약하다.

이처럼, 옥전세력은 거리나 유물로 보면 대가야와 너무 가까워 독자성이 강하지 못한 한계성이 있다. 다만, 신라와 대가야의 중간에 위치한 지정학적 입지와 교류·교역의 중심지로 인해 고분 규모에 비해 위세품이 탁월한 특별한 집단이다.

환두대도·로만글래스·금제이식 등의 최고 위세품으로 보면 옥전고분군이 지산동고분군보다 오히려 빈도가 더 높다. 예컨대, 금제이식의 경우, 고령 지산동에는 5개고분(13묘곽)에서 16쌍의 이식이, 옥전에서는 18개고분에서 24쌍의 이식이 확인되었다(이한상 2019:271-280). 하지만, 이러한 위세품에 근거해 옥전세력이 고령세력보다 더 상위의 집단이었다고 논하는 연구자는 없다. 고령 지산동 고분군의 경우, 옥전고분군과 달리 고총의 규모가 두드러져 일제강점기 이래로 도굴의 피해가 극심했던 점을 감안해야 한다. 가야 여러 나라의 위상은 고총의 규모·수·문헌기사 등을 종합해야 한다. 옥전 고총의 크기나 고분군의 규모는 지산동 고분군과는 너무나 큰 차이가 있어 비교의 대상이 아니다(표 2 참조). 이는 함안 말이산 고분군 및 삼가 고분군에 대해서도 동일하게 적용해야 한다. 옥전고분군에 대가야계 위세품이 많은 것은 대가야와 근거리에 있어 대가야의 영향과 통제를 상대적으로 많이 받은 결과일 것이다. 아울러 로만글라스 등 신라에서 들어온 유물이 적지 않은 것은 대가야와 신라 사이에 위치한 지정학적 위치와 교류의 결절지라는 특수성에 기인한 바 크다.

이처럼, 유물의 경우, 옥전고분군이 厚葬인 것은 사실이지만 고총 규모에서 옥전이 삼가 고분군보다 더 소규모인 것은 대가야의 일정한 통제를 받았을 가능성을 시사한다. 이에 비해 삼가는 주변 유력 정치체의 통제가 적은 지정학적 위치로 인해 독자성이 강하고 고총의 크기와 고분군의 규모에서 가라, 안라와 비교될 수준이다. 이는 문헌에서 나타난 다라의 위상과 궤를 같이한다.

대가야토기 뿐만 아니라 대가야 양식의 금제이식이 고령 지산동고분군과 합천 옥전고분군에 집중적으로 보이는 것은 우륵 12곡에서의 친연관계에서 유추되듯이 대가야와 사팔혜의 밀접한 관련성을 시사한다. 이러한 점에서도 옥전고분군은 다라국으로 보기 어렵다. 옥전세력은 공간적으로 고령과 너무 인접해 있어 대가야 연맹의 맹주국인 고령의 통제를 많이 받을 수 밖에 없는 지리적 위치이다. 이에 비해, 고령에서 더 멀리 떨어져 일정한 거리를 유지하는 삼가세력은 독자성이 뚜렷한 다라국일 가능성이 높다. 삼가고분군에서는 아직 대가야계 이식이 확인된 바 없다.

삼가식 다곽식 고분 분포권으로 보면, 다라국의 공간적 범위는 대가야, 아라가야, 남부 소가야연맹체(남해안) 사이인 북부 소가야연맹체 즉, 합천 남부·산청 남부·진주 일부·의령 북서부(천곡리)일부를 포함하는데, 삼가세력이 그 주축세력으로 보아도 무리가 없을 것이다. 물론, 산청 중촌리세력(걸손국 추정)이나 진주세력(자타국 추정)의 자치권과 독자성이 있겠지만,

삼가세력을 중심으로 완만한 상하연맹체를 형성한 듯하다.

요컨대, 지금까지 거론되던 '소가야연맹체'는 내륙의 남강 중상류역(북부 소가야연맹체)과 남해안권역(남부 소가야연맹체)으로 구분해 보아야 한다. 또한, 종래 5세기 후반 이후 소가야연맹체의 중심을 고성 송학동세력으로 보는 일반론을 재고해야 한다. 즉, 남해안의 병렬적인 港市 세력 가운데 중심인 송학동세력보다는 내륙의 다라국이 더 상위의 지역연맹체의 중심국이라고 하겠다. 따라서, 소가야연맹체 내의 남강 중류역의 지역연맹체를 '다라 연맹체'로 명명할 수 있으며 그 중심은 합천 삼가세력이자 '다라국'이라고 하겠다.

Ⅳ. 탁기탄국 위치의 재검토

1. 기존 연구성과

탁기탄(탁국)의 위치에 대해서는 일제강점기에 낙동강 동안인 대구, 경산, 창녕군 영산면과 밀양시 등지로 비정한 이래, 국내 문헌사학자들(천관우·김정학·김태식·백승충)도 대체로 동조하는 편이다(표 8 참조). 즉, 탁기탄(탁국)이 가라(대가야)와 신라 사이에 위치하였다고 전하는 『日本書紀』 흠명기 2년 기사를 주목한 학자들은 탁기탄의 위치를 창녕군 영산면이나 밀양 일대에 비정하였고, 음운상의 유사성에 주목한 연구자들은 대개 대구 혹은 경북 경산으로 비정하였다(전덕재 2011 : 263-264).

이에 비해, 1990년대 이후에는 낙동강 서안인 경남 의령군 부림면 일대(이희준 1995)로 비정하거나 김해와 창원의 중간지역(田中俊明 1992) 혹은 김

위치	연구자 및 참고문헌	비고
대구	今西龍, 1919, 「加羅領域考」, 『史林』 4-3·4 김정학, 1977, 『任那と日本』, 小學館	今西龍은 탁국과 기탄국으로 나누고 탁국은 대구에, 기탄국은 경산 또는 칠곡으로 비정
경산	鮎貝房之進, 1937, 『雜攷日本書紀朝鮮地名攷』, 圖書刊行會 末松保和, 1949, 『任那興亡史』, 吉川弘文館 천관우, 1977, 「복원가야사(상)」, 『문학과 지성』 28	
창녕 영산	津田左右吉, 1913, 「任那疆域考」, 『朝鮮歷史地理研究』 1	탁국과 기탄국으로 나누고 탁국은 영산에, 기탄국은 영산에서 남쪽으로 낙동강에 이르는 지역에 비정
	김태식, 1993, 『가야연맹사』, 일조각 백승충, 2010, 「신라·안라의 '接境'과 '耕種' 문제」, 『지역과 역사』 27	
김해, 창원	田中俊明, 1992, 『大加耶連盟の興亡と「任那」』, 吉川弘文館	신라에 의한 남부가야의 침공이 금관가야→탁기탄→탁순의 순으로 진행되기에 금관이 김해이고 탁순이 창원이므로 탁기탄을 김해와 창원의 중간지역으로 비정
	이영식 1995, 「6세기 안라국사 연구」, 『국사관논총』 62 이영식 2016, 「문헌사학으로 본 가야」, 『가야고고학개론』, 진인진	김해에서 창원으로 통하는 교통로상 중간지역인 진영읍~동읍일대
의령 부림	이희준, 1995, 「토기로 본 대가야의 권역과 그 변천」, 『가야사연구-대가야의 정치와 문화』, 춘추각	
합천 쌍책	전덕재, 2011, 「탁국(탁기탄)의 위치와 역사에 대한 고찰」, 『한국고대사연구』 61	옥전고분군과 관련

〈표 8〉 탁기탄의 위치 비정에 대한 제설(이영식 1995, 전덕재 2011 참고)

해시 진영읍(고 대산만)일대로 비정한 견해(이영식 1995)가 제시되었다. 그리고, 최근에는 낙동강 서안인 합천 옥전고분군으로 비정하는 견해가 나왔는데, 문헌과 언어학적인 방법론을 활용하여 고증하였다. 즉, 5~6세기에 신라계와 대가야계의 유물이 시간 차이를 두고 다량 발견된 옥전고분군이 있으므로 백제 성왕이 언급한 신라와 가라의 경계로서 전혀 손색이 없다는 것이다(전덕재 2011).

이처럼, 1990년대 이후 연구성과로는 탁기탄을 낙동강 동안인 아닌 서안인 의령, 김해·창원, 합천 쌍책면 등지로 비정하는 견해가 증가하고 있다.

2. 기존 연구 성과의 검토

1) 대구, 경산설

전술한 바와 같이, 탁기탄을 대구 혹은 경북 경산으로 비정한 견해들은 대개 음상사에 근거를 두고 있다. 고고학적으로 보면, 대구·경산 일원은 이르면 4세기, 늦어도 5세기대에는 신라 영역권에 완전히 들어가기에 6세기 전엽에 탁기탄이 가라(대가야)와 신라 사이에 위치하였다고 전하는 『日本書紀』흠명기 2년 기사와 배치된다.

2) 창녕 영산설

탁기탄국을 창녕 영산설에 비정한 것은 일제강점기에 津田左右吉(1913)에 의해 처음 제기된 이후, 김태식(1993, 2002c)에 의해 재정립되었다(표 8 참조). 김태식의 견해를 정리해 보면 다음과 같다.

"『日本書紀』흠명기에 여러 가야 소국들 가운데 탁기탄국이 제일 먼저 신라에게 병합되었다고 나온다. 즉, 탁기탄국은 대가야와 신라 사이의 결혼 동맹 파탄으로 인한 분쟁의 결과 529년을 전후한 시기에 가야 소국 가운데 가장 먼저 신라에게 복속되었다. 흠명기의 기록에는 탁기탄은 가라와 신라 사이에 있어서 매년 공격받아 패하는데도 임나가 구원할 능력이 없었기 때문에 망했다고도 하고 탁국의 함파한기가 가라국에 두 마음을 품어서 신라에 내응, 가라는 밖으로부터 싸우게 되었으므로 멸망했으며, 만일 함파한기로 하여금 내응치 못하게 했다면 탁국이 비록 작아도 결토 망하지 않았을 것이라는 기사가 나온다. 이로 보아 탁기탄국은 가야와 신라 사이의 변경에 위치하였고 그 규모도 매우 작은 곳이었을 것이다"(김태식 2002c : 223-225).

그런데, 탁기탄을 영산으로 보았을 때 대가야유물이 이곳에서 보이지 않을 뿐만 아니라 5세기~6세기 전엽경에 대가야의 영향력이 낙동강 이동에 미쳤다는 것을 고고학적으로 전혀 확인할 수 없다.

즉, 김태식이 주장한 바와 같이 낙동강 이동의 창녕 영산으로 보면, 고고학적으로 입증되지 않는다. 낙동강 이동 지역은 6세기 훨씬 이전에 이미 신라화되었고, 낙동강 이동에서 대가야 관련 유물이 정치적 의미를 부여할 만큼 정형성을 갖추고 출토된 사례가 없다(이희준 1995 : 439).

이와 관련하여, 창녕 일대의 신라 영역화에 대해 조금 더 살펴보기로 한다.

고대 창녕지역이 5세기대를 중심으로 신라의 간접지배지라는 견해에 대해 부정적인 견해도 없지 않지만, 필자는 창녕지역의 신라로의 편입에는 점진적인 과도기를 거쳤다고 보고 있다. 백제나 대가야의 경우에도 그러한 양상을 파악할 수 있다. 즉, 백제 한성기에는 호서·호남지역의 지방세력들을 대상으로 금동관 등의 위세품을 사여하는 방식의 과도기 단계(간접지배)를 거쳐 직접지배로 나아갔다고 본다. 대가야도 경남서북부권이나 호남동부권의 유력토착세력에 대해 금제이식·마구·통형기대 등의 위세품을 사여하는 방식을 통해 간접지배(혹은 상하연맹체관계)를 시행했다는 견해(박천수

2018, 이동희 2011)가 제시된 바 있다. 예컨대, 호남동부권에 5세기 후반~6세기 초엽에 토착 수장층의 고분군에서 대가야계 토기가 주류를 이루는 점에서도 대가야의 강력한 영향력을 알 수 있다. 이러한 측면은 신라가 영역을 확장하는 과정에서 주변 지역에 대한 통제 방식과 궤를 같이한다.

고대사회에서 창녕지역과 맥락이 통하는 양산지역의 경우, 5세기 이후 신라계 문물이 다수 들어오지만 양산지역만의 묘제의 특징을 보여주고 있음은 신라의 영향 속에서도 양산 토착세력의 자치권이 있는 상황(신라의 간접지배)을 보여주는 것이다. 즉, 양산지역은 5세기 후반~6세기 초까지는 부부총과 같은 고총고분이 축조되고 있어 완전히 신라화되지 않고 어느 정도 독자성을 유지한 간접지배형태로 볼 수 있다(마경희 2011). 창녕지역이 친신라적 독자세력이라고 주장할 수도 있겠지만, 그 독자적 자율성은 분명한 한계점이 있다.

6세기 중엽 이후 고총이 점차 소멸되고 신라의 직접지배가 강화되는 양상은 낙동강 동안 지역인 창녕이나 양산지역이 동일하다는 점에서 창녕·양산세력의 배후에 공히 신라가 있었음을 짐작케 한다.

창녕지역의 고총세력은 대가야와 다라국이라는 가야의 큰 세력들을 견제하면서 낙동강을 통한 물자의 교역을 완전히 장악하고자 하는 목적으로 신라가 지원함으로서 성립되었다. 창녕지역 고총의 종언은 신라가 이 지역에 직접적으로 군을 주둔함으로써 재지집단에 대한 지원의 필요성이 없어지게 된 것이 그 원인일 것이다(김용성 2009).

이렇듯 창녕지역 고총의 종언 시기는 신라의 직접지배 시기인 6세기 2/4분기와 관련될 것이다. 즉, 비화가야식 토기가 소멸되고 고총이 급감하는 6세기 중엽경이 양산지역 토착세력의 자치권이 사라지고 신라의 직접지배 단계로 볼 수 있을 것이다.

그리고, 532년에 신라에 투항하는 낙동강 서안의 가락국(금관가야)에서 5

세기~6세기 전엽의 고총이 보이지 않는 것은 400년 고구려 남정 이후에 약화된 측면도 있지만 낙동강유역을 장악한 신라의 압박이 작용했을 것이다. 그러한 상황에서, 낙동강 동안에 위치하면서 6세기 전엽까지 고총고분이 존재하는 창녕세력이 독자적이었고 신라의 직·간접적인 통제가 없었다고 보기 어렵다.

3) 의령 부림설

이희준은 고고지리적인 논증을 토대로 기존 연구자들과 달리 탁순·탁기탄을 의령 부림면 일대로 비정하였다(이희준 1995 : 433-439). 이에 대한 문제점을 지적해 본다.

첫째, "가야 소국의 위치 비정은 중대형 고총고분군 등 고고학적 증거가 우선 고려되어야 한다. 탁순을 창원에 비정할 때 고고학적인 관점에서 가장 큰 문제는 창원 일대에 뚜렷한 고총고분군이 없다"는 주장이다(이희준 1995 : 434).

일반적인 관점에서는 개연성이 있는 지적이다. 하지만, 전술한 바와 같이 가야전기에 해당하는 변한 여러 나라들도 대국·소국간에 최대 7배 이상 차이가 나므로 가야 여러 나라의 고분 규모도 동일한 잣대로 접근해서는 안 된다. 이를테면, 함안 말이산 고분군이나 고령 지산동 고분군 같이 직경 30m를 초과하거나 수백기가 군집된 사례가 있는 것에 반해, 가야 소국의 하나로서 최근 발굴조사된 순천의 사타국의 지배층 고분인 운평리고분군에서 봉분 수는 10기 미만이며 그것도 10~20m에 불과하다. 하지만 운평리 2호분의 경우, 5기 이상의 순장묘가 동반되고 금제이식이 출토되어 주목된다(표 2 참조). 그리고 고구려 남정이후의 금관가야(남가라)의 고총은 뚜렷하지 않지만 금관가야 존재를 부정하는 학자는 드물다.

같은 맥락에서, 일반적으로 탁순국으로 비정되는 창원지역의 경우 고총은 드물지만 5세기대를 중심으로 아라가야와 신라토기를 모방한 토기양식이나 '도계동식 목곽묘'가 출현하는 것으로 보아 이 지역만의 특징적인 가야문화의 일단을 파악할 수 있다(이동희 2019 : 126).

이와 관련하여, 5세기 이후로 창원지역에 대형 고분군이 조성되지 않았음에 주목하여 "창원의 가야세력은 400년 고구려군의 공격을 받고 일단 멸망수준에 이르렀고, 이 지역은 김해와 마찬가지로 신라에게 견제를 받아 신라 문물의 영향 속에서 근근이 독립세력을 유지할 정도였다."는 견해(김태식 2002c : 214−216)는 시사하는 바가 크다.

금관가야연맹체의 맹주인 김해에서 5세기 이후에 고총을 축조하지 못할 정도면 창원지역도 더 나은 상황이라고 보기 어렵다. 더구나, 5세기 이후에 창원지역에 다량의 신라계 토기류들이 확인되고 있음은 신라의 간접적인 영향이 있었을 것이다. 400년 고구려 남정시에 김해 뿐만 아니라 동맹관계에 있는 주변 소국까지 영향을 받았을 것이다. 김해 대성동고분군이 5세기 이후에 뚜렷한 고총이 보이지 않는 점에서도 뒷받침된다. 이를 회복하는데 상당한 시간이 소용된 것으로 보인다. 이러한 점에서 6세기 전엽경의 마산 합성동 고총은 주목된다. 합성동 고총은 소수이지만 창원·마산 일대에서 유일하게 20~25m 규모로서 유력 정치체와 관련지어 볼 수 있다(이동희 2019 : 108).

요컨대, 창원지역 일대에 하나의 가야 소국을 설정하여도 무리가 없다. 김해·창원 일대는 4세기대를 중심으로 가락국을 중심으로 하는 금관가야연맹체 소속이었다가 고구려 남정 이후에 함께 쇠퇴한 결과로서 가야 내륙의 여러 가야 소국에 비해 고총의 존재가 미약하다는 것이지 정치체가 없다는 것은 아니다. 『日本書紀』 흠명기 5년(544년) 3월조 사비회의 당시 '탁기탄은 작은 나라'라고 언급된 점을 고려하면 뚜렷한 고총이 있는 곳은 오히려 제외되어야 하고 순천 운평리 같은 중소규모의 고분군을 가진 정치체를 염두에 두어야 한다.

둘째, 이희준은 탁순을 의령군 남부인 의령읍 일대로 비정함으로써 탁기탄을 낙동강에 연한 북쪽의 의령군 부림면 일대로 비정하였다(이희준 1995:439). 낙동강 이동에서 대가야유물이 뚜렷한 정형성을 가지고 출토된 예가 없다는 점에서 탁기탄을 낙동강 이동지역으로 보는 견해(김태식 1993)에 반대하는 입장은 필자도 동의한다. 하지만, 對倭 교섭의 거점으로 바닷가에 위치했다는 탁순국을 의령읍 일대로 잘못 비정함으로써 탁기탄까지 의령군 북쪽으로 비정하는 것은 심각한 문제점으로 제기될 수 있다.

6세기 전반에 신라가 탁순을 먼저 정복하고 창원과 인접한 함안 칠서 무릉리 성산성으로 비정되는 구례산성을 공격하여 차지한 점을 고려하면 탁순은 창원으로 보는 것이 합리적이다(김태식 1993:183-186, 전덕재 2011:269).

의령군 부림면 일대의 경우, 이미 다수의 학자들에 의해 '사이기국' 등의 가야 소국이 비정된 바 있다(田中俊明 1992, 김태식 1993, 백승충 2009, 전덕재 2011).

셋째, 부림면 일대에는 경산리 1호분으로 대표되는 6세기 중엽경의 고총이 유지되고 있다는 점에서 530년경에 멸망한 탁기탄의 고지로 보기에 어렵다는 결론에 도달한다.

넷째, 음상사를 통한 위치 비정은 문제 해결에 거의 도움이 안 된다는 주장이다(이희준 1995:434). 하지만, 안라국·고차국·포상팔국 등의 위치 비정은 음상사에 기인한 바 크고 고고학적으로도 대체로 증명된다는 점에서 음상사를 통한 위치 비정을 간과하는 것은 옳은 연구 방법이 아니다. 따라서, 가야소국의 위치 비정에 있어서 음상사를 통한 연구 방법과 지리적·고고학적인 접근이 병행되어야 한다.

4) 합천 쌍책설

탁기탄을 합천군 쌍책면 옥전고분군으로 보았을 때(전덕재 2011), 지리적으로 상호 밀접한 관련성이 있는 탁순의 위치 비정이 선결 과제이다. 그리고, 530년경에 멸망한 탁기탄은 매우 약한 존재로 나오는 것으로 보아 고총이 미약해야 하고 6세기 중엽경에는 고총이 없어야 한다. 그런데 옥전에는 6세기 중엽경에 여전히 고총이 축조되고 있다. 즉, 횡혈식석실묘인 옥전 M11호분이 그것으로서 봉분 규모로 보면 옥전고분군에서 가장 대형에 속한다. 탁기탄이 멸망한 이후에 규모가 더 큰 고총이 축조되었다는 것은 옥전고분군 일대가 탁기탄이 될 수 없다는 것을 의미한다.

이와 같이, 합천 쌍책설은 고고자료를 간과한 면이 있다. 더구나 전덕재는 합천 쌍책면 인근의 합천군 초계면에는 사팔혜국을 비정하고, 다라국은 합천읍 일대로 각기 비정하고 있다. 하지만, 양 지역에 해당 가야 소국으로 추정할 만한 고총군이 뚜렷하지 않다는 점은 이 견해의 최대 약점이다.

아울러, 우륵 12곡의 하나로 전하는 사팔혜국(산반하국)은 초계면에 비정하면서 562년에 대가야와 함께 멸망한 것으로 보았는데(전덕재 2011 : 284-285), 더 늦게까지 잔존한 초계면(사팔혜국)에는 고총이 없고 빨리 멸망한 쌍책면(탁기탄)에 고총이 있다는 문제점이 발생한다. 또 하나의 약점은 쌍책면과 초계면은 바로 인접하고 있는데 별개 소국으로 비정한 것도 문제지만 30년 정도 간격을 두고 멸망했다고 보는 것이 이해하기 어렵다. 즉, 초계면에 있던 사팔혜국(산반하국)은 560년경까지 잔존하고 바로 인접한 쌍책면의 탁기탄은 530년경에 멸망했다는 것은 지리적으로 보았을 때 이해하기 어렵다.

5) 창원·김해 일원(진영분지~창원 동읍)

이 설을 최초 제기한 田中俊明(1992)은 신라에 의한 남부가야의 침공이

남가라(금관가야)→탁기탄→탁순의 순으로 진행되기에 남가라가 김해이고 탁순이 창원이므로 탁기탄을 김해와 창원의 중간지역으로 비정하였다. 이후 이영식도 김해에서 창원으로 통하는 교통로상 중간지역인 김해시 북부의 진영읍~창원시 북부의 동읍일대를 탁기탄국의 故地로 보았다. 즉, 529년부터 적극적으로 시작되었던 신라의 서진으로 532년경에는 금관국과 탁기탄국이 멸망하고 늦어도 541년 이전까지 탁순국이 신라에 통합되었다는 것이다(이영식 1995).

탁기탄의 위치에 대해서, 문헌사 연구자인 田中俊明과 이영식이 김해·창원의 북쪽으로 비정한 견해는 卓見이라 생각한다. 하지만, 지금까지 이와 관련하여 고고학적 관점에서 본격적인 논의가 없었다. 기존에, 창원시 북쪽인 창원시 동읍일대를 탁순의 일부로 파악하거나(김태식 2002), 금관가야 멸망기까지 김해시 북쪽인 진영평야 일대를 금관가야 연맹의 일부로 보는 견해(박천수 2018, 홍보식 2019)는 현재의 행정구역에서 접근한 사례이다.

본고는 이러한 여러 문제에 대해 최근 고고학적 성과에 근거하여 본격적인 논의를 진행하고자 한다.

3. 문헌과 고고자료로 본 탁기탄국 위치의 재검토

필자는 김해와 창원의 북쪽인 古 대산만 일대(창원시 동읍 및 김해시 진영읍 일대)를 탁기탄으로 비정하고자 한다. 이에 대해서는, 이영식(2016)에 의해 이미 제기된 바 있다. 기존 연구성과의 문제를 재검토하면서 최근 고고학적 발굴성과를 가미하여 논의를 전개하고자 한다.

1) 김해·창원지역의 자연지리적 구분과 정치체의 구분: 古 김해만, 古 마산만, 古 대산만

다호리유적이 번성했던 시기에는 창원시 동읍·대산면, 김해시 진영읍 일대 저지대에는 바닷물이 들어 왔던 灣(古 대산만)으로 이해되고 있다(임학종 2007:1-13). 같은 맥락에서 창원지역 남쪽과 마산 일대는 고 마산만, 김해시 동남부는 고 김해만으로 구분할 수 있고 각 공간은 고대사회에서 별개의 정치체가 존재했던 것으로 파악된다(이동희 2019·2021, 그림 5 참조).

古 대산만은 古 김해만(가락국)·古 마산만(골포국·탁순국)과 구분되는 독자적인 영역으로 청동기시대 말기의 덕천리유적이나 변한의 수장층 무덤인 다호리 유적이 자리하여 주목되는 지역이다(이동희 2021).

그런데 기존 연구자들은 대개 현재의 행정구역에 근거하여 김해시 전체는 금관가야로 보거나, 탁순국의 영역을 古 마산만을 벗어나는 창원의 북쪽인 고 대산만까지 포괄하는 경우가 대부분이다. 즉, 창원·김해 북쪽의

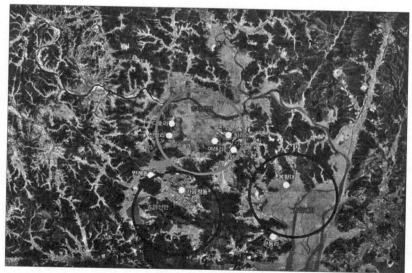

〈그림 5〉 가야시대 김해·창원지역의 권역 구분(古 김해만, 古 마산만, 古 대산만)

古 대산만 일대를 고 마산만의 연장성으로 보아 독자적인 정치체로 파악하지 못하거나(김태식 2002), 고 대산만에 4세기대의 금관가야토기들이 출토되므로 6세기 전반대 멸망기까지 금관가야영역으로 간주하고 별도의 정치체에 대한 깊이 있는 접근이 없었다(박천수 2018, 홍보식 2019).

『日本書紀』흠명기에 나오는 성왕의 언급을 보면, 남가라는 작고 협소하여 갑자기 준비하지 못하고 의탁할 곳을 몰랐기 때문에 멸망했다고 하였다(김태식 2002a : 210). 따라서, 남가라 멸망기에 그 영역이 좁았음을 의미하며 그 공간적 범위는 고 김해만으로 볼 수 있다. 또한, 『日本書紀』계체기 23년(529년)조에 이사부가 다다라촌(부산 다대포)에 주둔하다가 낙동강을 건너 수나라촌(금관국) 등을 함락시켰다는 점을 고려하더라도(김태식 2002a : 209) 멸망기의 금관국은 종래 중심지인 고 김해만으로만 한정해 보아야 할 것이다.

남가라가 신라에 쉽사리 투항했다는 것은 고고학적으로 5~6세기대 김해지역에 대형 고분군이 나타나지 않고 토기도 신라와 가야 토기의 혼합적인 성격을 띠고 있었다는 사실과도 관련된다(김태식 2002a : 210).

고고학계에서는 현재의 행정구역인 김해시 전역을 금관가야 영역으로 보고 古 김해만의 대성동고분군·봉황동유적·양동고분군·유하동생활유적 등을 중심집단으로, 김해시 북쪽의 진영 분지의 여래리·하계리·퇴래리 집단을 주변집단으로 정리하는 것이 일반적이다(조성원 2019, 김다빈 2020). 그런데 가야를 포함한 고대사회에서 현재의 행정구역이 큰 의미를 가지는가? 오히려 김해·창원지역은 고 김해만, 고 마산만, 고 대산만 등 자연환경이 더 중요한 정치집단 구분의 근거가 되어야 한다. 고 대산만은 김해 진영읍·한림면, 창원시 동읍·대산면 일대가 포함된 지역이다. 이러한 古環境에 대한 이해는 고대사회를 바라보는 이해의 폭을 넓혀 줄 것이다.

요컨대, 이러한 고환경은 고대사회에서의 정치체 구분의 결정적 요소였을 것이다. 물론 금관가야연맹체가 강성했을 4세기대에는 김해 북쪽 즉 고 대산만에 대한 고 김해만 세력의 통제가 강했겠지만 5세기 초 고구려 남정 이후에는 그러한 통제력이 약화되고 개별 정치체가 4세기 이전상태로 되돌아가 유지되었을 것이다.

2) 古 마산만 · 古 대산만의 가야 정치체와 탁기탄국

(1) 古 마산만과 古 대산만의 정치체 구분

현 창원시 지역에서 변한 단계에 2개의 정치체에 대해 거론되고 있다. 즉, 고 마산만에서는 골포국과 탁순국이 위치하고 고 대산만에는 변진주조마국이 존재했었다는 견해이다(안홍좌 2016). 고고자료로 보면 고 대산만의 중심은 창원시 동읍 일대이다. 동읍 일대는 다른 지역에 비해 상석의 규모가 탁월하고 덕천리·봉산리·용잠리 등에서 대형 묘역식 지석묘와 비파형 동검이 확인되었고 변한의 수장층 무덤인 다호리 고분군이 자리한다(이동희 2021).

안홍좌는 다호리고분군 집단을 변진주조마국으로 비정하고 뛰어난 철제품을 바탕으로 한반도 남부 교역의 중심지로 성장하였다고 보았다. 2세기경 국제정세의 혼란으로 교역의 쇠퇴가 변진주조마국의 쇠퇴를 가져왔지만 가야 멸망기까지 가야 고분이 확인되고 있어 정치체는 약화되었지만 유지된 것으로 파악하였다(안홍좌 2016). 고 마산만에서 골포국이 탁순국으로 국명 변경이 이루어졌듯이(남재우 2003, 이동희 2019), 고 대산만에서는 변진주조마국이 4세기 이후 어느 시기에 탁기탄국으로 국명이 바뀐 것으로 보인다.

(2) 탁순국 위치로 본 탁기탄국의 비정

김태식은 탁순국을 5~6세기 후기 가야시대의 국명으로 보면서 창원으

로 비정하였다. 신라는 탁순국을 복속시켜 굴자군으로 삼았으며 경덕왕이
의안군으로 이름을 고쳤다. 영현은 칠제현(함안군 칠원면), 합포현(마산시),
웅신현(진해시 성내동)의 셋이다(김태식 2002c : 207-216).[18]

상기 견해를 참고하면, 탁순국의 관할 범위는 함안군 칠원·마산·진해는
포함되지만 창원시 북쪽의 북면·동읍·대산면은 빠져 있다는 것이다. 이곳
은 별개 행정구역임을 시사한다. 즉, 고 대산만이 누락되어 그 공간이 탁기
탄으로 추정된다.

(3) 구례모라성의 위치로 본 탁기탄국의 비정

『日本書紀』계체기·흠명기의 구례모라성·구례산수는 『신증동국여지
승람』칠원현 고적조에 나오는 현 북쪽 4리의 구성리 산성으로 비정된다.
구례산 5성이라고 하는 것으로 보아 구성리 산성을 중심으로 하여 칠원
면 동쪽의 무릉산·작대산·천주산 등에도 방어선이 연결되어 있었을 것
으로 추정된다. 백제가 520년대 후반에 가야제국을 신라로부터 지켜준다
는 명목 아래 이곳에 구례모라성을 비롯한 구례산 5성을 쌓고 군대를 주
둔시켰으나 530년대의 어느 시기에 창원의 탁순국이 신라에게 자진 투항
하자 신라는 더 나아가 이곳을 쳐서 백제군을 쫓아내고 점령하였다(김태식
2002c : 220-222).

탁기탄은 가라(대가야)와 신라 사이에 자리하여 매년 신라에게 공격을 받
아 패하였다는 『日本書紀』흠명기 기사를 보면, 탁기탄의 멸망(529년 무렵)
이전에도 신라의 영향권 속에 있었다고 하겠다.

이러한 상황에서, 백제가 520년대 후반에 칠원면 동쪽 산에 5성을 쌓고
주둔하였다는 것은 바로 칠원면 바로 동쪽이 신라세력의 영향권에 있었음

---

18) 탁순국이 신라에 투항한 시기는 538년 직후 어느 시기로 보고 있다(김태식 2002a : 214).

을 의미하는데, 그곳이 바로 고 대산만 부근일 것이다. 만약, 탁기탄국이 낙동강 건너 창녕 영산에 있었다면 내륙의 칠원이 아니라 낙동강변에 연한 칠서면이나 칠북면에 방어선을 구축했어야 하는데 그러지 않았다는 점은 주목해야 한다.

3) 다호리 고분군과 탁기탄

『日本書紀』흠명기 2년조에 백제 성왕이 "탁기탄은 가라와 신라 경계 사이에 자리하여 매년 공격받아 패하는데도 임나가 구원할 능력이 없었기에 멸망하였다." 라고 언급한 기사가 있다.

이 기사에서 유추할 수 있는 것이 탁기탄은 가야 여러 나라 중 가장 약한 세력에 속하여 고총고분이 미약할 것이고 6세기 이후에 대가야의 영향력을 감안하면 낙동강 서안이며 탁순과 가까운 거리이면서 대가야가 한때 영향력을 미치지만 고령에서 거리가 멀어 신라로부터 구원하지 못하는 공간이다. 고고학적으로 6세기 전엽에 대가야와 신라유물이 공반되는 단계가 있고 이후 6세기 중엽경에는 고총이 사라지고 신라계 유물이 증가하는 지역이라고 할 수 있다.

다시 말하면, 탁기탄이 후기 가야에서 가장 먼저 멸망한 것은 그만큼 나라의 규모나 위세가 약했고 신라에 가까운 가야 외곽에 있었음을 의미한다. 그러한 곳 가운데 가장 유력한 지역은 古 대산만 일대이다. 즉, 낙동강 서안에서 대가야 문물이 나오지만 규모가 작고 고총이 약한 곳이 바로 고 대산만이다. 이와 관련하여 고 대산만의 창원 다호리 고분군을 주목하지 않을 수 없다.

다호리 고분군의 경우, 기존 고고학계의 문화권적 분류에서는 금관가야에 포함된다(홍보식 2019, 박천수 2018). 필자는 문화권적 분류를 인정하면서도 시기구분을 하여야 한다고 본다. 다호리 고분군 일대의 고 대산만이 4

세기대까지는 금관가야권역에 포함되지만 고구려 남정이후에 금관가야연맹체가 약화되면서 5세기 말 이후에는 대가야의 영향권에 들어간 것으로 본다. 이와 관련된 상징적인 유물이 다호리 고분군 출토 금제이식 2쌍과 다수의 대가야계토기들이다.

다호리고분군에서 발굴된 대형 횡혈식석실분인 B1호분은 고령 지산동 45호분 단계인 6세기 초에 조영된 왕묘급 고분으로 추정된다. 왜냐하면, 석실은 유실되었으나 직경 18m의 봉토에 동반되는 주구에서 대가야산 금동제 검릉형행엽·안교·화살통·고상창고형토기 등이 출토되고 호석을 가진 봉토분인 B5, B15호분이 배총으로 조영되었기 때문이다. B5호분은 길이 4m의 대형 수혈식 석곽으로 금제 이식이 출토되었다. B15호분도 길이 4m의 대형 수혈식 석곽으로 대가야 양식 금제 수식부 이식이 출토되었다. 양자는 B1호분을 중심으로 그 외 석곽묘와 함께 위성식으로 배치되어 있는 점에서 횡혈식 묘제인 B1호분은 왕묘급 고분으로 보인다. 다호리고분군에서는 5세기후엽의 합천 옥전 28호분 출토품과 동일한 대가야산 수식부이식이 수습된 바 있다. 그런데 B1호분의 주구에서는 발형기대·유대파수부완·고배·개배 등 대가야 양식 토기가 주류를 이루는 가운데 아라가야 양식의 통형기대와 발형기대, 신라양식의 토제 영락부장경호와 대옹과 같은 토기가 동반된다. 이는 다호리일대에서 가야와 신라 토기양식을 수용하여 제작되었음을 시사한다. B1호분에서 대가야양식토기가 압도적인 다수를 차지하고 대가야산 수식부 이식과 금동제 마구와 같은 금공품이 출토된 것과 영락부장경호·대옹과 같은 신라산토기가 다수 출토되었다.[19] B1호분 이후 고총이 조영되지 않고 대가야 금공품이 이입되지 않는 것으로 보아 가야양식 대신 신라양식 토기만이 부장된 이 지역은 530년경에 신

---

19) 이러한 고고학적 유물 출토 양상에 대해, 기존 해석은 금관가야가 대가야와 신라를 중심으로 아라가야, 소가야와도 교섭하였다는 견해가 주류를 이룬다(박천수 2018 : 303-305).

라화됨을 의미한다(박천수 2018 : 303~305).

이렇듯, 다호리유적이 위치한 고 대산만의 공간적 위치와 대가야-> 신라계 유물로의 변화상을 고려하면, 이 곳이 바로 탁기탄의 영역이었을 것이다.

기존에, 다호리 고분군에 대하여 금관가야의 연장선상에서 보는 견해가 주류를 이룬다(박천수 2018·홍보식 2019). 이 경우, 고고자료에 근거한 문화권적 관점에 치중하여 문헌사적 관점에서의 가야 小國을 고려하지 않은 듯하다.

고 대산만의 정치체를 통시적으로 살펴보면, 다호리유적으로 대표되는 목관묘 단계에는 낙동강수계를 통한 교류의 거점으로 크게 성장하였는데 비해 2세기 이후에는 낙동강 하구의 가락국(구야국)에 밀려 점점 그 위세가 약화되었고 4세기대에는 가락국을 맹주로 하는 금관가야 연맹의 일원이 된 것으로 보인다. 목관묘가 축조되는 변한 단계의 국명으로는 주조마국이 언급되기도 한다(안홍좌 2016). 4세기대 이후 고대산만의 가야 소국은 고김해만의 가락국을 중심으로 한 금관가야 연맹체에 포함되었다가 5세기대 고구려 남정 이후에 금관가야의 통제가 약한 상태에서 독립 정치체로 전환된 것으로 보인다. 5세기 말 이후 대가야의 확장 속에 대가야와 완만한 연맹관계를 유지한 것으로 보이는데, 다호리 B1호분의 피장자는 대가야와 긴밀한 관계를 유지하던 탁기탄국의 멸망 직전의 왕묘로 추정된다.

대가야는 510년대, 520년대 백제의 가야 서부권 진출(섬진강유역)에 맞서 소가야·아라가야·금관가야 등지와의 관계를 강화한다. 6세기 이후 가야 전역으로 확산되는 대가야 문물은 이런 정황을 반영한다. 또한, 신라 역시 가야 진출을 본격화하는데 남해안을 따라 고성지역에 신라계 유물이 다량 유입되는 것에서도 유추된다(하승철 2019 : 530). 이러한 정황에서 보면, 6세기 이후에 대가야(가라)와 신라의 경계에 위치한 대표적인 나라가 고 대산만의 탁기탄이라 하겠다.

4) 탁기탄과 금관가야·대가야와의 관련성

(1) 탁기탄과 금관가야와의 관련성

고 김해만과 고 대산만(진영분지), 마산만 일대, 수영만 수계에는 각기 변진 소국들이 존재했으나 각 소국의 범위를 표현한 물질자료는 구체화되지 않았고 유사한 물질문화 요소들이 공유되었다. 3세기 후반까지는 목곽묘의 평면형태, 수혈주거지의 구조와 평면형태 등 유구와 유물 모두에서 소지역 단위의 특색은 형성되지 않았고 유사한 양상이다. 변화가 나타나는 시기는 3세기 말·4세기 초이다(홍보식 2019 : 383-384).

4세기대의 목곽묘가 다호리고분군의 구릉 경사면에 상당수 조성되는데, 이곳에서 외절구연고배가 출토된다. 다호리와 인접한 생활유적인 신방리 저습유적에서는 4세기 전반의 소문양이부단경호가 출토되었고 4세기 후반에는 고배와 통형기대 등의 금관가야 양식 토기가 다수 출토된다. 이 지역 일대가 4세기 전반부터 금관가야권역에 포함되었음을 의미한다(홍보식 2019 : 394-395).

한편, 이성주는 4세기에 들어와 김해를 중심으로 하는 정치체 내에 고 대산만(진영분지)이 포함되면서 하위 분묘군이 되었고 금관가야 지배세력의 권력이 미치는 범위는 고김해만을 포함하여 고 대산만까지 확대되었고 그 거리는 반경 20여km에 이르렀다고 보았다. 즉, 4세기대에 금관가야권역의 범위가 낙동강 이서지역의 김해지역과 창원지역까지로 파악하였다(이성주 1993).

그런데, 고구려 남정 직후인 5세기 전엽에 고 마산만(창원분지)에서 금관가야양식 토기가 사라지고 그 자리에 아라가야 양식의 토기가 채워지게 된다. 이는 고 마산만 일대가 금관가야권역에서 이탈하고 아라가야권역에 편입되었음을 의미한다(홍보식 2019:408-410). 이 무렵에 창원 북쪽의 고 대산만(진영분지)일대 세력도 금관가야 연맹체에서 벗어난 것으로 보인다.

(2) 탁기탄과 대가야와의 관련성

㉮ 문헌으로 본 탁기탄과 가라(대가야)

"『日本書紀』흠명기의 기록에는 탁기탄은 가라(대가야)와 신라 사이에 있어서 매년 공격받아 패하는데도 임나가 구원할 능력이 없었기 때문에 망했다고도 하고 탁국(탁기탄국)의 함파한기가 가라국에 두 마음을 품어서 신라에 내응, 가라는 밖으로부터 싸우게 되었으므로 멸망했으며, 만일 함파한기로 하여금 내응치 못하게 했다면 탁국이 비록 작아도 결코 망하지 않았을 것이라는 기사가 나온다. 이로 보아 탁기탄국은 가야와 신라 사이의 변경에 위치하였고 그 규모도 매우 작은 곳이었던 듯하다"(김태식 2002c: 223-225).

상기한 바와 같이, 대가야는 탄기탄 영역에 대한 일정한 통제(상하연맹관계 혹은 간접지배)를 하였지만 대가야와 탁기탄의 거리가 가깝지 않아 탁기탄의 자율성이 있었으며 나라의 규모가 매우 작았다고 볼 수 있다.

그리고, 탁기탄이라는 국명과 자치권이 있는 수장(한기)이 있지만, 6세기 초 결혼동맹 체제하의 탁순에서 유추되듯 어느 정도 대가야의 통제를 받는 정치체로 볼 수 있다. 탁순과 비교하여 탁기탄은 상대적으로 약세였던 것으로 보인다. 탁순이 자리한 고 마산만은 대외교역의 중심지로서 백제가 관심을 둔 나라인데 비해, 탁기탄은 변한 단계의 다호리세력에 비해 약화되었고 고 대산만이라는 공간을 배경으로 비교적 소규모 정치체를 유지한 것으로 보인다.

이를 엿볼 수 있는 고고자료는 고 마산만의 창원분지에는 5세기대를 중심으로 도계동형 목곽묘와 창원 토착계 토기양식(이단교호세장방형투창고배)이 확인되는데 비해(김주용 2007, 이동희 2019), 다호리 일대는 대가야와 신라 토기가 보이지만 토착화된 묘제나 토기양식은 거의 보이지 않는다. 또한 마산 합성동에는 20~25m급의 중대형 고총이 보이지만 다호리 일대에는 10~20m의 중소형 고총만이 확인된다.

  ㉯ 다호리 고분 출토 대가야 이식의 역사적 성격

가라(대가야)와 탁기탄의 관련을 보여줄 수 있는 대표적인 유물이 금제수하부이식이다. 이러한 금제이식이 출토되는 가야 지역은 대가야의 세력권을 유추해 볼 수 있다는 점에서 중요하다(이한상 2019 : 302).

고 대산만의 중심인 창원 동읍 다호리 B-15호묘에서는 금제수하부이식 1쌍이 출토되었다. 인접한 B-1호묘 주구에서 다량의 대가야 양식 토기가 출토되었다. 이식의 중간식은 공구체이고 수하식은 삼익형이다. 또한, 일제시기에 다호리 소재 밭에서 도굴된 것을 압수하여 국립중앙박물관에 수장된 대가야계 금제수하부이식이 1쌍이 더 있다(이한상 2019 : 291).

대가야 양식 금제이식은 고령과 합천에 집중되며 함양, 산청, 진주, 고성, 창원, 순천, 남원, 장수 등 대가야와 긴밀한 관계를 맺은 여러 지역에서 출토된다. 특히 고령 지산동 고분군과 합천 옥전고분군에 집중된다. 이식이 묻힌 무덤의 연대는 5세기 전반부터 6세기 중엽까지 약 1세기 이상이지만 중심연대는 5세기 후반~6세기 전반이다. 대가야 이식은 대가야 양식 토기와 공반되는 경우가 많다. 이와 같은 이식 분포권을 대가야의 영역으로 치환하기는 어렵지만 대가야 양식 토기와의 조합관계를 고려할 때 영역은 아니더라도 세력권으로 묶어볼 여지는 충분하다(이한상 2019 : 301-302).

상기한 견해에 대체로 공감하는데, 기존에 발굴조사된 대가야 변경지역의 사례를 검토할 필요가 있다. 이를테면, 任那四縣의 하나인 '사타국' 지배층의 무덤인 순천 운평리 고분군에서도 대가야의 이식과 대가야토기들이 다수 확인되어 대가야와 간접지배 관계 혹은 상하연맹관계로 추정된 바 있다(이동희 2011).

다만, 순천 운평리세력이나 고 대산만의 창원 다호리 세력은 우륵 12곡에 등장하는 나라들에 비해 대가야유물이 빈약하고 대가야에서 거리가 멀어 대가야의 영향력은 상대적으로 약했을 것이다. 즉, 고 대산만은 대가야 세력권 내에서도 가장 멀리 이격되어 있고 낙동강변을 경계로 신라와도 접하고 있어 대가야의 통제가 상대적으로 강하지 않았을 것이다. 이는 다호리 고분에서 신라계유물과 대가야유물이 섞여 나오는 것으로도 뒷받침된다.

금공품을 사여하여 각 지역 세력을 지방지배체제에 편입시키고 그들을 매개로 국가의 권력을 관철하는 지배방식이 대가야에도 존재한 것 같으나 백제와 신라처럼 정형화되지는 않은 것으로 보인다. 즉, 연맹의 일원임을 확인하는 정도에 머물렀고 상대적으로 느슨한 상호관계의 징표였던 것으로 이해할 수 있다(이한상 2019 : 305).

5세기 후엽에서 6세기 전엽경에 창원 다호리B1호분, 김해 예안리 고분군, 창원 반계동 고분군 등 낙동강 하류역의 고분들에서 대가야계 토기들이 출토되는 것은 510년대에 임나사현·기문 등을 장악하고 섬진강유역으로 진출하는 백제의 압박과 무관하지 않을 것이다. 즉, 섬진강유역으로의 백제의 압박이 심해지자 가라(대가야)는 낙동강로를 통해 대외 교섭로의 확보를 위해 결혼동맹(522~529년)을 맺게 되는 정치적 상황과 맞물려 있다(이희준 1999 : 15).

결혼동맹 무렵에 대가야 문물이 다수 확인되는 창원 다호리 고분군이나 대가야 토기요지가 조사된 창원 중동유적을 고려하면, 탁순과 탁기탄은 대가야왕이 신라 왕녀의 시종 100인을 배치한 '여러 縣'으로 표현된 가야 소국일 가능성이 있다.

㉰ 탁기탄 멸망시에 대가야가 깊게 관여하지 못한 이유

이에 대해서는 백제의 임나사현(任那四縣)의 영역화와 비교해 보면 참고가 될 것이다.

임나사현은 대가야연맹의 가장 서남쪽 변경에 자리하여 상대적으로 결속력이 떨어졌기에 큰 마찰 없이 백제에 편입되었을 것이다. 대가야나 임나사현의 정치체가 임나사현 할양에 반발하였다면 기록이 있어야 하는데 그렇지 않다(백진재 2020 : 159-160). 임나사현이 자리한 전남동남부지역은 다양한 정치체와 교류하고 있었고 대가야계 고분의 숫자가 적고 소규모인 점은 대가야가 임나사현에 영향력을 끼친 기간이 비교적 짧았다고 볼 수 있다(이동희 2011 : 31). 임나사현은 대가야연맹에 속했지만 문화권의 주변부에 있었고 연맹 소속 기간도 짧았고 지정학적 위치상 다양한 정치체와 교섭하였기에 동맹 결속이 약했다고 하겠다(백진재 2020 : 160-161).

요컨대, 대가야연맹에서 대가야와 동맹 정치체사이의 상호관계는 거리에 비례하여 결속력이 약화되었다고 볼 수 밖에 없다(이희준 1995 : 420). 임나사현이 대가야연맹체의 가장 서남쪽에 자리한 지정학적 위치라는 점에서 상호 결속력이 강하지 않았는데, 이는 대가야에서 가장 동남쪽에 위치한 탁기탄도 동일한 맥락에서 볼 수 있다.

㉱ 대가야의 방어체계 범위와 탁기탄

5세기 중엽 이후 고령 외곽지역을 중심으로 대가야고분군이 집중 축조된다. 고령 이남의 합천과 의령지역에서도 대가야의 진출을 보여주는 자료들이 증가한다. 현 합천의 시가지 일원에는 합천 대야성과 傳초팔성이 조사되었으며 이곳에서도 5~6세기대의 대가야토기가 확인된다. 강변성이 계속 의령지역으로 확대되는 것을 근거로 창녕과 영산지역의 신라 축성사업과 대비되는 대가야성곽으로 파악된다. 발굴조사된 의령 산성산 고분군과 인근의 호미산성의 경우도 대가야고분과 성곽이라 추정된다. 의령 백야리 성지의 경우, 성벽의 형태가 고령 주산성의 축조수법과 유사하다. 따라서 낙동강과 남강을 연결한 광역의 방어체계가 형성된 것으로 보여진다(조효식 2013 : 142-148).

이처럼, 대가야의 산성이 합천·의령지역까지만 주로 확인되어 대가야의 방어체계가 동남부 외곽인 창원·김해지역까지는 미치지 못한 것으로 보인다. 전술한 바와 같이, 대가야연맹의 동남쪽 외곽에 위치한 탁순·탁기탄에 대한 영향력은 제한적이라고 하겠다. 즉, 529년 대가야와 신라의 결혼동맹 파기에 결정적인 역할을 한 탁순국의 독자적인 행동으로 보아도 유추되듯 고령세력의 대가야연맹체 외곽 가야 소국에 대한 영향력은 제한적이었음을 보여주는 것이다. 이는 탁기탄에도 동일하게 적용될 수 있다.

V. 맺음말

가야사는 역사시대에 포함되므로 사료를 염두에 둔 역사고고학적 관점에서 연구가 진행되어야 한다. 본고에서는 위치 비정에 대해 논란이 많은 다라국과 탁기탄국을 대상으로 문헌자료와 고고자료를 모두 고려하여 검토하였다.

문헌자료에서 다라국은 大國, 탁기탄국은 小國으로 표현되어 있어, 가야권에서 확인되는 유력 고분군의 규모 차이는 가야 여러 나라의 규모와도 직결된다.

고분의 규모로 보면, 가야 여러 나라는 大國·中國·小國으로 구분해 볼수 있다. 즉, 小國의 범위는 2~3개 읍·면 정도이며, 가장 일반적인 中國은 1개군 정도의 범위이고, 大國은 1개 군 단위 이상의 연맹체의 맹주로볼 수 있다. 후자의 경우, 대가야(가라)와 아라가야(안라)를 들 수 있다.

다라국은 기존에 문헌사에서는 음상사에 의하여 합천읍으로 비정하는경우가 많지만, 고총고분군이 뒷받침되지 않는다. 한편, 고고학자들은 다라국을 합천 쌍책면 옥전고분군에 비정한다. 하지만, 옥전 고분군의 규모와 수는 삼가 고총고분군에 비해 상대적으로 미약하고, 초계면·쌍책면 일대는 고지명으로 보면 초팔혜국(사팔혜국, 산반하(해)국)으로 볼 수 있어 다라국으로 비정하기 어렵다.

다라국은 『일본서기』 흠명기 기사에 보면 제 3위의 위세를 보여주기에그에 걸맞는 고총 고분군의 존재나 영향력이 큰 집단이 전제되어야 한다.합천 인근에서 이러한 집단은 300기 이상의 고총고분군이 존재하는 합천삼가고분군 뿐이다.

고고학적으로 삼가고분군의 위세를 보여주는 것은 삼가식 다곽식 고분군의 분포권으로 미루어 짐작할 수 있다. 삼가식 다곽식 고분은 신라권, 마한·백제권, 타가야 지역과도 차이를 보여 고분축조기술에 있어 삼가고분군만의 독자성을 밝히는 데 중요한 자료이다. 삼가식 다곽식 고분은 5세기후반 이후 멸망기까지 합천 남부의 삼가고분군을 중심으로 의령,산청,진주권까지 확산되고 있다.

이에 비해, 고성식 다곽식 고분은 대개 5세기 후반~6세기 전반대에 고성 송학동·율대리·내산리 고분군 등 고성지역의 대형분에 한정된다. 같은소가야권에 속하는 다곽식 고분이지만, 삼가식과 고성식으로 구분되는 것은 같은 소가야 문화권 내에서도 5세기 후반~6세기무렵 정치체의 향방을 보여주는 중요한 고고학적 자료이다. 즉, 가라·안라국에 버금가는 대국의 범주에 속하는 다라국(삼가식고분)과 그 보다 하위인 고차국(고성식고분)의 위세와 세력권을 보여주는 자료이다. 소가야문화권은 정치적 측면보다 경제적 의미가 강조된 병렬적인 횡적 연맹체로서 대가야·아라가야·금관가야 등 순장문화권을 가진 세력과 달리 상하 종속적 지배체제가 약하다. 즉, 다곽식의 배장 문화권은 공동체 유제가 많이 남아 사회발전단계가 늦고 상하지배체제도 약한 한계성을 가진다. 이것이 문헌(『日本書紀』)에서도 언급되듯이 다라가 가라·안라보다 약세로 표현된 것으로 보인다.

지금까지 거론되던 '소가야연맹체'는 내륙의 남강 중상류역(북부 소가야연맹체)과 남해안권역(남부 소가야연맹체)으로 구분해 보아야 한다. 남해안의 병렬적인 港市 세력 가운데 중심인 송학동세력보다는 내륙의 다라국이 더 상위의 지역연맹체의 중심국이라고 하겠다. 따라서, 소가야연맹체 내에서 남강 중류역의 지역연맹체를 '다라연맹체'로 명명할 수 있으며 그 중심은 합천 삼가세력이자 '다라국'이라고 하겠다.

다음으로 탁기탄국의 위치 비정에 대해 살펴보기로 한다.

문헌사학자들은 음상사나 가라(대가야)와 신라 사이에 위치하였다고 전하는 문헌기록에 근거하여 낙동강 동안인 경산, 창녕, 대구 등지로 비정하는 견해가 많았다. 하지만, 고고학적인 유적·유물을 고려하면 탁기탄의 위치를 낙동강 동쪽으로 비정하는 것은 불가하다. 낙동강 동안 지역에서 6세기 전엽에 해당하는 대가야 관련 유물들이 발견되지 않기에 가야 소국의 하나로 추정되는 탁기탄의 위치를 낙동강 동안 지역에 비정하기 어렵다.

한편, 낙동강 서안인 경남 의령군 부림면이나 합천군 쌍책면 일대로 비정한 견해는 해당 지역에서 6세기 중엽경의 고총이 유지되고 있다는 점에서 530년경에 멸망한 탁기탄의 故地로 보기 어렵다.

이에 비해, 김해와 창원의 중간지역으로 보는 문헌사학계의 일부 견해가 설득력이 있다. 즉, 창원·김해의 북쪽인 古 대산만은 김해·창원 지역을 3 곳(고 김해만·고 마산만·고 대산만)으로 구분했을 때 한 권역으로서 별도의 정치체인 탁기탄으로 비정될 수 있다.

『日本書紀』흠명기 기록에 따르면, 탁기탄국은 가라와 신라 사이의 변경에 위치하였고 그 규모도 매우 작은 나라라는 점이다. 이러한 점을 고려하면, 대가야의 영향권에 있는 가야 소국이지만 거리상 고령에서 멀고 신라에 가까워 대가야의 관리가 쉽지 않은 곳임을 의미한다. 따라서, 탁기탄은 낙동강 서안에서 대가야 문물이 나오지만 규모가 작고 고총이 약한 곳이다. 이와 관련된 유적이 바로 고 대산만의 다호리 고분군이다. 고 대산만의 공간적 위치와 대가야─>신라계 유물로의 변화상을 고려하면, 이 곳이 바로 탁기탄의 故地였음을 의미한다.

참고문헌

경남연구원 역사문화센터, 2020, 「합천 소오리고분군 1호분 정밀발굴조사 학술자문
　　　회의 자료」.

경상대학교박물관, 1988, 『합천 옥전 고분군 I (목곽묘)』.

국립중앙박물관, 2001, 『창원 다호리유적』.

김다빈, 2020, 「금관가야 사회의 중심과 주변」, 『영남고고학』 88, 영남고고학회.

김세기, 1996, 「가야의 순장과 왕권」, 『가야제국의 왕권』, 신서원.

――――, 2014, 「낙동강 중상류지역 가야문화」, 『가야문화권 실체 규명을 위한 학술연
　　　구』, 가야문화권 지역발전 시장·군수협의회.

김용성, 2009, 「창녕지역 고총 묘제의 특성과 의의」, 『한국 고대사 속의 창녕』, 창녕
　　　군·경북대 영남문화연구원.

김주용, 2007, 「창원지역 고분의 추이와 성격」, 부산대학교 대학원 석사학위논문.

김태식, 1993, 『가야연맹사』, 일조각.

――――, 2002a, 『미완의 문명 7백년 가야사』(1권), 푸른역사.

――――, 2002b, 『미완의 문명 7백년 가야사』(2권), 푸른역사.

――――, 2002c, 『미완의 문명 7백년 가야사』(3권), 푸른역사.

남재우, 2003, 『안라국사』, 혜안.

――――, 2011, 『가야, 그리고 사람들』, 선인.

마경희, 2011, 「양산지역 5～7세기 고분 연구 – 북정리 고분군을 중심으로 –」, 『문물』
　　　창간호, 한국문물연구원.

박성현, 2019, 「가야 諸國의 공간 구조와 城」, 『다라국의 도성 성산』(합천 성산토성
　　　사적지정을 위한 학술대회), 합천군·경남발전연구원 역사문화센터.

박승규, 2018, 「삼가고분군의 가치와 사적 지정의 타당성」, 『빛나는 합천의 가야 삼
　　　가고분군』(합천 삼가고분군 사적지정을 위한 학술대회), 경남발전연구원 역

사문화센터.

박영민, 2012, 「4~6세기 금관가야의 읍락 구성」, 경북대학교 대학원 석사학위논문.

박천수, 2010, 「가야」, 『한국고고학강의』 (한국고고학회 편), 사회평론.

_____, 2018, 『가야문명사』, 진인진.

백진재, 2020, 「5세기 말~6세기 중엽 가라국과 가야제국의 관계」, 『가야와 주변, 그리고 바깥』 (가야연구 III), 주류성.

신경철, 2007, 「가야스케치」, 『고고광장』 창간호, 부산고고학연구회.

안홍좌, 2016, 「弁辰走漕馬國의 형성과 변천」, 『지역과 역사』 38호, 부경역사연구소.

오재진, 2021, 「삼가식 고분의 축조방식과 분포양상 검토」, 『합천의 또 다른 가야, 삼가』 (합천 삼가고분군 국가사적 지정 학술대회), 합천군·경남연구원.

이동희, 2011, 「전남동부지역 가야문화의 기원과 변천」, 『백제문화』 45.

_____, 2014, 「전남동부지역의 가야문화」, 『가야문화권 실체 규명을 위한 학술연구』, 가야문화권 지역발전 시장·군수협의회.

_____, 2019, 「고고자료로 본 창원지역 가야의 성장과정과 대외관계」, 『창원의 고대 사회, 가야』, 창원시·창원대경남학연구센터 가야사 학술심포지움.

_____, 2021, 「고 대산만 지석묘사회와 다호리집단」, 『호남고고학보』 67.

이성주, 1993, 「1~3세기 가야 정치체의 성장」, 『한국고대사논총』 제5집.

이영식, 1995, 「6세기 안라국사 연구」, 『국사관논총』 62.

_____, 2007, 「가야」, 『이야기 한국고대사』, 청아출판사.

_____, 2016, 「문헌사학으로 본 가야」, 『가야고고학개론』, 진인진.

이한상, 2019, 「관과 이식으로 본 대가야 권역」, 『가야사의 공간적 범위』, 고령군 대가야박물관·계명대학교한국학연구원.

이희준, 1995, 「토기로 본 대가야의 권역과 그 변천」, 『가야사연구—대가야의 정치와 문화』, 춘추각.

_____, 1999, 「신라의 가야 복속 과정에 대한 고고학적 검토」, 『영남고고학』 25호.

임학종, 2007, 「낙동강 하·지류역의 패총문화에 대한 재인식」, 『대동고고』 창간호, 대동문화재연구원.

전덕재, 2011, 「탁국(탁기탄)의 위치와 역사에 대한 고찰」, 『한국고대사연구』 61.

조성원, 2019, 「금관가야 고고학의 연구 성과와 흐름」, 『문헌과 고고자료로 본 가야사』 (가야연구 II), 주류성.

조영제, 2007, 『옥전고분군과 다라국』, 혜안.

조효식, 2013, 「대가야의 방어체계」, 『대가야의 고분과 산성』, 고령군 대가야박물관·대동문화재연구원.

최영준, 2017, 『가야 다곽식고분 연구』, 경상대학교 대학원 석사학위논문.

_____, 2018, 「삼가고분군의 구조와 특징」, 『빛나는 합천의 가야 삼가고분군』 (합천 삼가고분군 사적지정을 위한 학술대회), 경남발전연구원.

하승철, 2014, 「남강수계와 남해안지역의 가야문화」, 『가야문화권 실체 규명을 위한 학술연구』, 가야문화권 지역발전 시장·군수협의회.

_____, 2019, 「소가야 권역의 범위와 영역의 성격」, 『가야사의 공간적 범위』, 고령군 대가야박물관·계명대학교한국학연구원.

_____, 2021, 「합천 삼가고분군과 가야권역 다곽식 고분 비교」, 『합천의 또 다른 가야, 삼가』 (합천 삼가고분군 국가사적 지정 학술대회), 합천군·경남연구원.

합천박물관, 2012, 『삼가, 또 하나의 가야 왕국』.

합천군·경남발전연구원, 2018, 『빛나는 합천의 가야, 삼가고분군』 (합천 삼가고분군 사적지정을 위한 학술대회).

홍보식, 2000, 「고고학으로 본 금관가야」, 『고고학을 통해 본 가야』, 한국고고학회.

_____, 2019, 「금관가야의 권역과 추이」, 『가야사의 공간적 범위』, 고령군 대가야박물관·계명대학교한국학연구원.

田中俊明, 1992, 『大加耶連盟の興亡と「任那」』, 吉川弘文館.

_____, 1996, 「가야제국의 왕권에 대하여」, 『가야제국의 왕권』, 신서원.

_____, 2014, 「復元多羅國史」, 『多羅國 그 位相과 役割』陜川郡·慶尙大學校 博物館.

「역사학과 고고학의 융합을 통한 가야사 연구」에 대한 토론문

이 근 우 (부경대학교)

이동희 선생님이 다라와 탁기탄 비정은 설득력이 있는 주장으로 판단된다. 『일본서기』의 자료를 인용하여 다라국의 위상을 다시 한 번 확인해 보고자 한다.

『일본서기』欽明 2년 夏四月、安羅次旱岐夷呑奚 · 大不孫 · 久取柔利 · 加羅上首位古殿奚 · 卒麻旱岐 · 散半奚旱岐兒 · 多羅下旱岐夷他 · 斯二岐旱岐兒 · 子他旱岐等、與任那日本府吉備臣闕名字、往赴百濟、俱聽詔書。百濟聖明王、謂任那旱岐等言「日本天皇所詔者全以復建任那、今用何策起建任那、盍各盡忠奉展聖懷。」任那旱岐等對曰「前再三廻與新羅議、而無答報。所圖之旨、更告新羅、尚無所報。今宜俱遣使往奏天皇。夫建任那者爰在大王之意、祇承敎旨、誰敢間言。然、任那境接新羅、恐致卓淳等禍。」等、謂㖨己呑 · 加羅。言、卓淳等國有敗亡之禍。

欽明 5년 十一月、百濟遣使、召日本府臣 · 任那執事曰「遣朝天皇、奈率得文 · 許勢奈率奇麻 · 物部奈率奇非等、還自日本。今日本府臣及任那國執事、宜來聽勅、同議任那。」日本吉備臣 · 安羅下旱岐大不孫 · 久取柔利 · 加羅上首位古殿奚 · 卒麻君 · 斯二岐君 · 散半奚君兒 · 多羅二首位訖乾智 · 子他旱岐 · 久嗟旱岐、仍赴百濟。

다라국에 대한 사료는 『일본서기』에서 많지 않으며, 국명만 거론된 경우를 제외하면 위의 두 가지 사료가 전부이다. 이들 사료에서 주목되는 것은 흠명 2년에서 5년 사이에 다라의 대표가 下旱岐 夷他에서 二首位 訖乾智로 바뀌고 있다. 당시 首位라는 명칭을 사용하는 나라는 加羅와 多羅밖에 없다. 가라에서는 상수위, 다라에서는 이수위가 보인다. 또한 각국의 대표 중 이름이 명기된 경우도 安羅의 次旱岐 夷呑奚 · 大不孫 · 久取柔利, 加羅 上首位 古殿奚, 多羅 下旱岐 夷他. 多羅 二首位 訖乾智밖에 없다. 다른 나라들은 卒麻君 · 斯二岐君 · 散半奚君兒, 子他旱岐 · 久嵯旱岐, 卒麻旱岐 · 散半奚旱岐兒 등과 같이 君 · 旱岐 · 旱岐兒와 같이 그 지위만 나타난다. 논문의 대국 중국 소국의 분류와도 상응하는 내용으로 해석될 수 있을 것으로 보여 사료를 제시해 보았다.

「역사학과 고고학의 융합을 통한 가야사 연구」에 대한 토론문

김 재 홍 (국민대학교)

역사학과 고고학의 융합 연구의 확장

가야사는 삼국의 역사와 달리 고고학자료와 문헌사료를 융합한 연구가 많이 이루어지고 있으며, 본 발표문도 이에 근거하여 가장 논란이 되는 '다라'와 '탁기탄'의 위치와 영역을 정밀하게 접근하였다는 점에서 기존 논의와 차이를 보이고 있습니다. 다양한 견해를 수용하거나 비판하면서 다라국은 삼가고분군, 탁기탄은 다호리고분군을 중심으로 형성되었다는 점에서 시사하는 바가 크다고 할 수 있습니다. 위치의 타당성과 관련하여 제시한 주변 연맹체(?)와의 관계를 질의드립니다. 다라국은 "소가야 연맹체 – 북부(다라연맹체), 남부(고차연맹체?) – 다라국 등 소국"이라는 구조와 탁기탄국은 "금관가야연맹체 → 대가야연맹체 – 탁기탄"의 구조입니다. 고고학 자료인 묘제와 토기 등을 근거로 하여 논지를 전개한 장점을 가지고 있습니다. 소국의 소속 연맹이 중첩되거나 이동하는 과정으로 설명하고 있습니다. 그러면 대체 연맹은 가야 정치사에서 어떤 의미를 갖고 있는지 의문입니다. 단지 소국이 정세에 따라 이합집산한다는 의미로 보이기도 합니다. 연맹의 성격에 대한 근본적인 질문을 드립니다.

「역사학과 고고학의 융합을 통한 가야사 연구」에 대한 토론문

김 규 운 (강원대학교)

- 제목 그대로 가야사 연구는 역사학과 고고학의 융합이 필연적
- 고분군의 규모로 대국−중국−소국으로 위계를 정하고 고분군과 국명을 비정함
- 각 국간의 관계는? 대국 가락국(지상동고분군)과 중국 기문군(유곡리·두락리고분군)의 관계는? 중국(송학동고분군)과 중국(중촌리고분군)과의 관계는? 임나사현의 사현을 소국으로 보면서 '대가야연맹체 내의 소국'이라고 표현. 임나사현과 대가야의 관계는?
- 다라국과 탁기탄에 대한 위치 비정 자체에 대한 질문보다는 결국 '국' 비정에 있어 고고학적 증거는 고분군의 규모가 전부임. 독자적인 물질문화를 설정하지 못하는 이상 논쟁은 계속 되풀이 될 듯. 독자적인 물질문화가 없는 곳을 독자적인 '국'으로 인정할 수 있는지

「역사학과 고고학의 융합을 통한 가야사 연구」에 대한 토론문

심 재 용 (김해시청)

　발표자는 사료를 염두에 둔 역사고고학적 관점에서 가야사 연구가 진행되어야 하며, 그 일환으로 다라국과 탁기탄국의 위치 비정을 검토하였다. 가야 諸國의 위치 비정은 고고학자들보다 문헌사학자들이 적극적으로 행하고 있다. 토론자는 고고학 자료가 부족한 상태에서 국 중심지나 중심고분군의 위치 비정에는 신중할 필요가 있다는 편이다. 발표자는 후기 가야 여러 나라의 위치 비정에 대해 김태식의 안을 대체로 동의하면서도 다라국과 탁기탄국에 대해서는 달리 보고 있다. 즉 옥전고분군이 위치한 합천군 쌍책면에 산반하국, 합천 삼가고분군을 다라국으로 비정하며, 탁기탄의 위치를 다호리고분군 일대의 古대산만으로 설정하였다. 이와 관련해서 의문점 두 가지를 제시코자 한다.

　먼저 문헌사학에서는 옥전고분군 일원을 다라국, 산반하국, 탁기탄으로 보는 등 다양하다. 발표자는 옥전고분군이 대가야의 영향과 통제를 상대적으로 많이 받아서 탁월한 위세품이 많이 부장되고, 고분군의 규모가 삼가고분군보다 소규모로 조성된데 반해, 삼가고분군은 독자성이 강하고 고총의 크기와 고분군의 규모면에서 가라, 안라와 비교될 수준이므로, 문헌에 나타난 다라의 위상과 궤를 같이한다고 보고 있다. 그러나 고분군을 통해 위계를 설정할 때 봉분의 규모도 중요하지만, 매장주체부의 크기와 부장유물을 무시할 수 없다. 옥전고분군의 경우, 봉분은 삼가보다 작지만, 매장주체부의 크기와 부장유물에서는 격이 떨어지지 않는다는 것이 일반적인 견해이다. 발표자는 옥전고분군의 최고 위세품을 지산동고분군의 영향으로 보지만, 백제의 영향으로 보는 설도 존재하며, 매장주체부가 지산동고분군과 다르다는 것이 계속 지적되어왔다(조영제, 20017, 『옥전고분군과 다라국』; 권용대, 2018, 「합천의 가야고분과 다라국」, 『호남문화재연구』 25). 이러한 견해에 대한 발표자의 견해를 듣고 싶다.

두 번째로, 탁기탄은 4세기대 이후 고김해만의 가락국을 중심으로 한 금관가야 연맹체에 포함되었다가 5세기대 고구려 남정 이후에 금관가야의 통제가 약한 상태에서 독립 정치체로 전환되었고, 5세기 말 이후 대가야의 확장 속에 대가야와 완만한 연맹관계를 유지한 것으로 보이며, 다호리 B1호분을 탁기탄국의 멸망 직전의 왕묘로 추정하였다. 그러나 지금까지 4세기대 이후의 분묘유적이 다호리고분군에서 확인된 것은 8차 발굴조사에서 조사된 5세기 말~6세기대 수혈식석곽묘와 횡구식석실묘뿐이다. 즉 탁기탄국의 실체를 증명할 만한 고고자료가 매우 부족한 형편이며-창원 다호리 B1호분 출토 대가야토기와 다호리 B5호분 출토 대가야산 금제 이식-, 무엇보다도 대가야가 古대산만지역으로 정치적 영향력을 행사하려면 낙동강 좌우안을 장악하고 있던 아라가야와 비화가야를 지나야 하는데, 그것이 허용되었을지 의문이 든다. 이에 대한 발표자의 견해를 부탁드린다.

신화에서 삶 속으로
- 문화재 현장에서 본 가야사 국정과제 3년의 변화 -

조 신 규*

Ⅰ. 서론

대통령 수석비서관 회의에서 제기된 가야사에 대한 규명요구는 가야사 조사연구 및 정비라는 이름으로 2017년 문재인 정부 100대 국정과제 중 67번째에 이름을 올리게 되었다. 가야사가 정부주도 사업에 포함된 것은 이번이 처음은 아니다. 지난 국민의 정부와 참여정부 시절 김해의 금관가

---

* 함안군청

야를 중심으로 가야사 복원사업이 추진된 바 있다. 이전 사업과 다른 점은 김해를 중심으로 한 가야사의 복원에서 나아가 가야사 전반에 대한 조사연구 및 정비와 이를 통한 영남지역과 호남동부지역간의 역사적 공감대를 형성하자는 것으로 이전 사업에 비하여 학술적, 사회적 측면이 강해졌다.

이렇게 시작된 '가야사' 사업은 올해까지 햇수로 5년째를 맞이하고 있다. 정부와 지자체의 적극적인 관심과 지원 속에 가야사에 대한 조사연구는 폭넓게 이루어졌으며 그 결과 그동안 밝혀지지 않았던 가야사의 일면들이 새롭게 확인되었고 중요 유적들은 국가사적, 보물 등 문화재 지정으로 이어져 가야의 문화유산에 대한 새로운 인식과 더불어 법적 보호의 테두리에 놓이게 되었다. 발굴조사에서 출토된 많은 유물들은 가야인들의 삶의 모습을 알 수 있게 해주었으며 발굴조사 이후 정비사업을 통해 국민들은 보다 편리하고 가깝게 가야인들이 남긴 역사의 현장을 찾아볼 수 있게 되었다. 또한 이전 가야사사업이 가지고 있던 지역적 한계를 벗어나 경남 서부지역과 전북 동부지역 등 가야 전 지역에 대한 고른 사업추진으로 가야사 연구의 불균형을 탈피하는 계기를 마련하였다.

이 글에서는 가야사 사업의 국정과제 선정과 현재까지 성과 및 이슈들을 살펴보고 주요 지역별 사업고도화 정도와 도시재생 뉴딜사업에서 확인되는 가야사 인식을 통해 국민들의 가야사에 대한 인식 변화를 살펴보고자 한다. 이와 함께 현재 추진 중인 가야고분군의 세계유산 등재와 지난해 제정되어 올해 6월 시행 예정인 역사문화권 정비 등에 관한 특별법으로 인한 변화의 움직임에 대하여 짚어보고자 한다.

II. 국정과제의 선정과 대응

1. 국정과제의 선정

2017년 6월 1일 오전 문재인 대통령은 수석비서관회의 모두발언에서 '가야사 연구 복원은 영·호남의 벽을 허물 수 있는 좋은 사업'이라며 '국정기획위가 정리 중인 국정과제로 포함시켜주면 좋겠다.'고 밝혔다. 이와함께 '보통 가야사가 경상남도를 중심으로 경북까지 미치는 이런 역사로 생각들 많이 하는데 사실은 더 넓다. 섬진강 주변, 그 다음에 또 광양만, 순천만 심지어는 남원 일대 그리고 금강 상류 유역까지도 유적이 남아 있는 넓은 역사'라는 점을 강조하며 '그 정도로 아주 넓었던 역사이기 때문에 가야사 연구 복원은 말하자면 영호남 공동사업으로 할 수 있다'는 의견을 피력하였다. 이 같은 대통령의 발언은 언론을 통해 크게 보도되었으며 정부와 지자체, 학계의 큰 관심으로 이어졌다. 특히 영호남에 위치한 가야문화권의 지자체에서는 이를 새로이 출범한 정부의 메시지로 해석하고 가야사복원TF팀을 꾸리고 가야사 관련 지방공약들을 점검하였다. 학계에서는 그동안 상대적으로 신라사, 백제사에 비해 조사연구가 이루어지지 않은 가야사 연구에 대한 활력을 불어넣을 것이라는 기대감과 더불어 지자체의 예산 나눠 먹기식 사업으로 변질될 것이라는 우려의 반응들이 나타났다.

한 달여가 흐른 2017년 7월 19일 국정기획자문위원회에서 발표한 문재인 정부 100대 국정과제에서 가야사 연구복원사업은 67번째 항목인 「지역과 일상에서 문화를 누리는 생활문화시대」 중 「문화유산 보존활용 강화」의 세부항목에 「가야문화권 조사·연구 및 정비」라는 이름으로 포함되

었다.[1]

국정과제가 발표되자 가야문화권에 포함된 지역에서는 단일 항목이 아닌 세부항목으로 포함되었다는 아쉬움과 함께 예상대로 국정과제에 포함되었다는 기대감이 교차하였다. 반면 가야문화권이 아닌 다른 문화권에 속한 지자체나 학계에서는 학문적 영역에 정치가 관여하는 것은 잘못된 것이라는 의견과 더불어 다른 문화권에 대한 역차별로 이어지지 않을까 하는 우려의 시선들이 나타났다.

경남, 경북, 전북, 부산 등 각 지자체들이 앞다투어 가야사에 대한 각자의 계획을 발표하고 있는 와중에 가야사 조사연구 및 정비사업의 주무부처

연번	주요골자	세부내용	비고
1	가야문화권 조사연구 기반구축	△ 2018년까지 가야총서 발간 △ 영호남 가야문화권 유적분포지도 작성 및 통합 데이터베이스 구축 △ 중장기 조사연구 종합계획 수립	
2	가야 역사 실체규명 연구 활성화	△ 가야 중요유적에 대한 발굴조사 　- 영남지역은 핵심유적 발굴정비 　- 호남지역은 기초조사 및 지정확대 △ 가야문화권 대내외 교류관계, 가야유물 생산기술 및 유통시스템 심화연구 △ 전북권역 고대문화 실체규명	
3	가야 역사문화적 가치 재조명	△ 가야의 중요유적 및 유물 문화재 지정 적극 추진 △ 가야고분군 세계유산등재 및 호남지역 확장등재 추진	
4	국민 향유 활용기반 조성	△ 사적 보수정비 지원액 증액 △ 가야유적 적극보수로 국민의 손쉬운 경험기회 확대 △ 발굴현장 탐방 및 생생문화재 사업 등 참여프로그램 확대	

〈표 1〉 문화재청 가야문화권 조사연구와 정비사업 추진방향(2017. 12. 7.)

---

[1] 2017, 「문재인 정부 국정운영 5개년 계획」, 국정기획자문위원회.

인 문화재청은 국정과제 선정 이후 내부 전문가 그룹을 포함한 임시조직을 운영하며 전문가 간담회, 지자체 의견수렴, 민간 자문위 구성 등의 과정을 거쳐 2017년 12월 7일 「가야문화권 조사연구와 정비사업 추진방향을 알려드립니다」라는 제목으로 국정과제 수행방안을 발표하였다. 문화재청에서 발표한 계획의 주요골자는 〈표 1〉과 같다.[2]

문화재청의 계획은 기존 문화재보수정비사업과 활용사업을 확대하여 가야문화권에 대한 지원을 강화하는 것과 가야문화권 내 핵심유적에 대한 조사연구를 심화하고 입체화하는 방향으로 각 지자체에서 기대하고 있던 대규모 시설투자 및 관광사업과는 차이를 보이고 있었다.

2. 지자체의 대응

문화재청 계획 발표와 전후하여 가야문화권에 포함된 각 광역 지자체에서도 광역지자체 단위의 계획을 발표하였다. 먼저 김해와 함안, 고성, 창녕, 합천 등 가야문화권의 주요지역을 관할하는 경상남도가 가장 적극적으로 대응하였으며 남원, 장수 등 동부권에 가야유적이 위치한 전라북도 역시 가야사 사업을 통한 동부권의 발전과 역사정체성 확립을 위해 활발한 움직임을 보였다. 또한 3대 문화권 사업등으로 고령군의 대가야 복원정비사업에 심혈을 기울여왔던 경상북도와 복천동고분군, 노포동고분군 등이 위치한 부산광역시에서도 가야사 관련 추진의지를 밝혔다. 다만 영호남 교류사업의 핵심으로 기대하였던 전남 동부권의 경우 상대적으로 소극적인 자세를 취하였다.

---

2) 2017, 「가야문화권 조사연구와 정비사업 추진방향 등 앞으로의 계획을 알려드립니다」, 문화재청.

1) 경상남도

국내 가야유적의 82%인 554개소의 가야유적이 위치하고 있는 경상남도는 대통령 선거 당시 더불어민주당 지방 공약사업을 바탕으로 기초지자체별 사업을 취합한 다음 2018년부터 2037년까지 1조 726억원의 예산이 소요되는 108개 사업(조사연구 28개 사업, 정비복원 34개 사업, 활용 46개 사업)을 추진한다는 계획을 발표하였다.[3] 108개 사업은 '가야사 조사연구 학술적 가치 재정립과 세계화'(3개 정책과제 23개 사업, 1297억원), '가야유산 복원·정비 통한 경남 정체성 확립'(5개 정책과제 34개 사업, 5112억원), '가야역사문화 교육관광자원화과 지역균형발전'(3개 정책과제 36개 사업, 4106억원), '가야문화권 발전 기반구축과 협력강화'(3개 정책과제 8개 사업, 43억원), '가야문화권 공동협력과 영·호남 상생발전'(4개 정책과제 7개 사업, 168억원)으로 나누어지며 각 사업은 달성가능성과 시급성에 따라 단기·중기·장기과제로 구분되어 있다. 주요사업으로는 김해시의 가야사 2단계 사업과 봉황동유적 확대 복원정비사업, 창원 다호리고분군 정비, 함안 말이산고분군 정비와 노출전시관 건립 사업 등이 포함되었다.

2) 경상북도

대가야의 중심지인 고령이 위치하고 있는 경상북도는 수석비서관회의에서 가야사 관련 내용이 언급된 이후 즉각적인 대응으로 국정과제 발표 이전 25개 사업 7,500억원 규모의 가안(假案)을 수립했다. 2010년부터 3대 문화권(유교, 가야, 신라)사업을 추진 중에 있던 경상북도는 3대 문화권 사업의 완성이라는 측면에서 기존 계획들에 추가적인 내용들을 포함하여 사업계획을 발표한 것이다. 경상북도 주요 사업대상지는 고령군으로 가야국역

---

3) 2017, 「경상남도 가야사 복원 종합계획」, 경상남도.

사루트재현과연계자원개발사업, 대가야 종묘건립, 대가야 역사문화벨트 조성사업, 대가야 전시관 건립, 가야 역사 관광벨트 조성 등이 주요 사업으로 포함되었다.

3) 전라북도

경상남도와 함께 가장 적극적으로 대응한 곳은 전라북도였다. 남원, 장수, 무주, 진안 등 동부권에서 가야유적이 확인됨에 따라 전라북도는 가야사 연구·복

〈그림 1〉 전북가야선포식(전북도청 제공)

원을 위한 전담반을 만들고 봉수대, 산성, 제철 유적 등 복원 대상 가야 유적 690개소를 선정했다. 도는 이들 유적의 조사연구와 종합정비를 통한 지역문화유산 자원 확보 및 관광활성화에 2027년까지 5,486억원을 투입하겠다는 계획을 수립하였다.[4] 주요사업으로는 전북지역 가야유적 시발굴조사와 가야고분군 세계유산등재, 봉수 및 제철유적 특성화 규명, 가야유적 활용사업(체험학습장, 역사문화단지 조성)이 있다. 이와 함께 전라북도는 남원과 장수의 경계인 봉화산에서 동부지역 7개 지자체와 함께 전북가야 선포식을 개최하여 가야사 사업에 대한 의지를 표명하였다.

4) 부산광역시

사적 제273호 부산 복천동고분군이 위치한 부산광역시 역시 2017년 국정과제 선정 이후 가야사 조사연구 및 복원을 위한 17개 사업비 2,000억

---

4) 2017, 「전북가야 선포식 보도자료」, 전라북도.

원 규모의 사업계획을 발표하였다.[5] 부산시의 사업계획은 학술연구, 발굴
정비, 관광자원화, 정책사업의 4개 부분으로 구성되었으며 학술연구분야
에는 '부산 가야문화의 정체성' 연구총서 발간, 국제학술심포지엄 개최, '부
산의 가야문화' 특별전 개최, 가야사 시민강좌 개최, 가야사 디지털 아카이
브 구축사업이, 발굴정비사업에는 복천동고분군 발굴조사 및 정비, 동래
패총 발굴조사 및 정비, 노포동고분군 발굴조사 및 정비, 비지정문화재 발
굴조사 및 정비가 선정되었다. 가야유적을 통한 관광자원화 사업에는 노
포동고분군에서 복천동고분군을 거쳐 배산성지까지 이어지는 12km구간
에 '가야의 길'이라는 가야문화 체험벨트 조성사업과 동래패총과 연산동고
분군에 전시관 건립, 가야무덤 발굴체험과 및 강당건립, 노포동고분군 체
험전시관 건립, 복천동고분군 경관조명 설치사업 등 5개의 사업이 선정되
었다. 이 밖에 정책사업으로는 국립박물관에서 보관관리하고 있는 복천동
고분군 출토유물을 부산박물관으로 이관하는 '부산 가야유물의 귀향'사업
이 선정되었으며 이러한 사업추진을 위한 조직신설과 인력양성도 사업에
추진하기로 하였다.

Ⅲ. 가야사 사업의 전개와 성과

가야사 사업은 국정과제 선정의 결과가 첫 예산으로 반영된 2018년도부
터 본격적으로 추진되었다. 첫해 사업은 대부분 조사연구 사업을 중심으
로 기존 지정된 유적에 대한 정비사업과 새롭게 발견된 유적에 대한 문화

---

5) 2017, 「부산지역 가야문화 연구복원사업 계획」, 부산광역시.

재 지정이 주를 이루었다. 이듬해인 2019년에는 전년도 조사 성과를 바탕
으로 지정 및 복원 정비 사업이 이루어졌으며 조사연구 대상의 확대와 더
불어 활용사업들도 추진되었다. 조사연구 및 정비사업은 2020년에도 계속
해서 이어졌다. 그동안 조사되지 못한 체 방치되어있던 가야유적들에 대한
발굴조사가 이루어져 가야사에 대한 보다 입체적인 규명이 이루어지게 되
었으며 중요유적에 대한 문화재지정으로 역사공간의 보존체계가 마련되
었다. 가야사 사업의 추진은 조사연구를 통해 그동안 알려지지 않았던 새
로운 가야유적들의 발견을 이끌었으며 연구 및 전시, 관광 인프라 시설의
확대로도 이어졌다. 이와 함께 가야의 역사와 문화요소들은 문화공연, 축
제, 주민참여사업 등에서 핵심 콘텐츠로 이용되었다. 그러나 이러한 가야
사의 규명과 인프라구축, 활용의 정도는 각 지역에 따라 조금씩 다른 양상
과 일부 지역에 편중되는 모습을 보이고 있다. 현재까지 진행되고 있는 지
역별 가야사 사업의 전개양상과 주요성과를 살펴보면 다음과 같다.

1. 경상남도

경상남도는 2017년 연말
에 발표한 종합계획에 따
라 활발하게 사업을 추진하
였다. 내부적으로는 기존
의 문화예술과에서 문화재
부분을 독립시키고 가야사

〈그림 2〉 가야사 민간자문단(경상남도 제공)

정책담당과 가야사복원담당을 추가하여 가야사 전담조직인 가야사복원추
진단을 발족시켰다. 이와 함께 '가야문화권 조사연구 및 정비 민간자문단'
이라는 민·관·학이 함께 참여하는 자문기구도 발족시켜 경상남도 및 도내

시군에서 추진하는 가야사 사업과 정책에 대한 검토와 자문 역할을 수행하도록 하여 각계각층의 의견을 반영하였다. 이와 함께 2017년 12월 28일 발표한 '가야문화권 조사연구 및 정비 종합계획'을 권역별(동부, 중부, 서부)로 설명회를 개최하여 기초자치단체들의 사업에 대한 이해를 돕고 추진을 독려하였다.

2019년부터는 도지정문화재로 지정된 가야유적의 국가사적으로 승격을 위한 조사연구 지원사업을 개설하였으며 비지정 가야유적에 대한 조사연구사업 개설로 도내 가야유적에 대한 폭넓은 보존관리 체계를 마련하였다. 또한 도지정문화재 보수정비사업에 있어 가야유적에 대한 예산을 우선적으로 편성하여 그 동안 상대적으로 소외되어 있던 가야유적의 보존관리환경을 크게 개선하였다.

경상남도는 국정과제 초기부터 가야사 특별법 제정에 많은 노력을 기울여왔으며 그러한 노력을 바탕으로 2020년 상반기 역사문화권 정비 등에 관한 특별법이 제정되는데 기여하였다. 또한 특별법 제정 이후에는 가야문화권의 신속하고 종합적인 사업추진을 위해 10년간 1조 4041억 규모의 초광역협력 가야문화권 조성 기본계획을 마련하는 등 선도적인 역할을 수행하였다.

1) 김해시

'가야왕도'를 자부하며 가야의 본고장으로 알려진 김해시는 가장 폭넓고 다양한 방향으로 가야사사업을 전개 하였다. 국민의 정부시기 가야사복원사업 1단계로 1,297억 원(국비 929억 원)의 예산을 투입하여 대성동고분군 정비, 구지봉 정비, 봉황대유적 정비, 가야의 거리 조성 등 15개 사업을 완료한 경험이 있는 김해시는 이후 참여정부 시기 2단계 사업을 추진하려 하였으나 예산확보가 이루어지지 않아 오랫동안 추진하지 못하고 있었다.

가야사 사업이 국정과제로 선정되자 김해시는 가장 먼저 그동안 중단되어있던 가야역사문화 환경정비사업을 추진하였다. 사적 제429호 구지봉의 보호구역 확대를 추진하여 2018년 9월, 문화재청이 국립김해박물관 남쪽 구봉초등학교가

〈그림 3〉 구지봉 보호구역 지정범위

위치한 93,485㎡의 지역을 구지봉 보호구역으로 지정함에 따라 김해시는 그동안 멈춰있던 가야사 2단계 사업의 물꼬를 트는 계기를 마련하였다. 연이어 10월에는 봉황대유적 남쪽 6,760㎡에 대한 보호구역 지정도 이루어져 가야 왕궁 복원연구의 기틀도 마련하였다.

이와 함께 12월에는 문화체육관광부에서 주관하는 문화도시 조성사업에 '오래된 미래를 꿈꾸는 역사문화도시 김해'라는 타이틀로 도내 처음으로 역사문화도시로서 예비지원사업 대상으로 선정되는 쾌거를 맞이하였다. 예비사업에 선정되면 1년간 사업을 추진한 후 문화도시심의위원회의 실적평가와 심의를 거쳐 문화도시로 최종지정되며 5년간 200억원의 예산지원을 받게되는 사업이다.

2019년 김해시는 지정문화재 6개소를 비롯하여 비지정문화재 3개소 등 활발한 유적 조사연구사업을 추진하였으며 중요유물에 대한 문화재 지정을 추진하였다. 유적 정비사업에 있어서는 2018년 지정된 구지봉 보호구역과 대성동고분군 보호구역에 대한 토지 및 지장물 보상사업을 추진함과 동시에 세계유산 등재를 추진 중인 대성동고분군에 대한 조경정비사업을 완료하였다. 가야사 활용사업으로 생생문화재 사업과 문화재 야행사업을

시행하였으며 가야사 연관사업으로 김해시 가야문화축제와 가야금축제, 스마트시티 관광특화단지, 가야시민 합창제 등이 추진되었다.

2020년에는 김해 대성동고분군과 양동리고분군에서 출토된 금관가야의 목걸이 3건이 보물로 지정받았으며 대성동고분군과 봉황동유적, 원지리고분군 등에 대한 활발한 조사연구사업을 추진하여 대성동고분군에서 도굴되지 않은 금관가야의 온전한 고분이 출토되는 등 많은 성과를 거두었다. 유적 정비사업에서는 가야사 2단계사업에 해당하는 구지봉과 봉황동유적에 대한 사유지매입 및 정비사업을 거의 완료하여 역사문화도시로 나아가기 위한 기반을 구축하였다. 인프라구축사업에 있어서도 탁월한 성과를 거두었다. 김해시는 문화재청에서 건립을 추진 중인 국립가야역사문화센터를 김해시로 유치하는데 성공하였다. 국립가야역사문화센터는 박물관, 도서관, 기록과의 기능을 통합한 복합문화센터로 향후 가야사 연구의 중추적

〈그림 4〉 보물로 지정된 양동리207호분 출토 수정목걸이(김해시 제공)

역할을 수행할 것으로 보인다. 이러한 조사연구 및 정비사업, 인프라구축사업의 결과 김해시는 가야문화권에서는 처음으로 문화체육관광부 법정 역사문화도시로 지정받는 성과를 거두었다.

2) 함안군

'아라가야의 고도'로 잘 알려진 함안군은 가야사 국정과제 선정 이후 조사연구와 정비사업에 있어 가장 많은 성과를 거두었다. 먼저 조사연구에 있어서 2018년 4월에는 그동안 그 실체가 확인되지 않고 있던 아라가야

왕궁지(아라가야 왕성지)를 발견하였으며 2018년 9월에는 100년 전인 1918년 야쓰이 세이이츠에게 발굴되었던 말이산고분군 13호분 재발굴조사를 추진하여 말이산13호분이 무덤방 내부가 붉게 칠해진 채색고분임과 무덤내부에서 별자리가 새겨진 덮개석을 발견하는 성과를 거두었다.[6] 이와 함께 국립가야문화재연구소에서 실시한 우거리 토기생산유적 발굴조사에서는 길이 11m, 폭2.5m, 잔존높이 1.1m의 오름가마와 대형 폐기장이 확인되었는데 이는 4세기 고식도질토기의 중심지로 알려진 아

〈그림 5〉 사적 제554호 함안 가야리유적

〈그림 6〉 말이산13호분 내부 채색

〈그림 7〉 45호분 출토 상형토기 4점

라가야의 뛰어난 토기 제작기술과 대규모 수공업체계를 보여주는 유적으로 생산과 유통이라는 측면에서 가야사 연구의 영역을 넓혀주는 성과로 주목받았다.[7] 또한 가야산성에 대한 조사연구를 추진하여 함안지역 성곽현황조사를 통해 16개소의 가야산성으로 추정되는 흔적을 확인하였으며 이

6) 2020, 「함안 말이산고분군 13호분 발굴조사 약보고서」, 함안군·동아세아문화재연구원.
7) 2020, 「함안지역 가야토기 생산유적 기초학술연구」, 국립가야문화재연구소.

중 안곡산성에 대한 시굴 및 정밀발굴조사를 추진하여 5~6세기 무렵 토석혼축으로 쌓아올린 높이 6m의 아라가야의 산성을 확인하는 성과를 거두었다.[8] 2019년에는 1980년대 시굴조사결과 고분이 아닌 것으로 보고되었던 말이산45호분에 대한 재발굴조사를 추진하였다. 그 결과 도굴되지않은 대형덧널무덤을 확인하였으며 무덤내부에서 사슴모양, 집모양, 배모양 토기 등 가야토기의 최고걸작이라 할 수 있는 유물들이 무더기로 출토되는 성과를 거두었다.[9] 또한 남문외고분군에 대한 정밀조사를 추진하여 6호분과 7호분에 대한 발굴조사를 실시하여 6호분이 현재까지 확인된 가야문화권의 돌방무덤 중 가장 큰 규모를 가지고 있음이 확인되었으며 남문외고분군이 6세기 이후 아라가야의 왕릉으로 조영되었음을 확인할 수 있었다. 2019년에는 2018년 발견된 가야리유적에 대한 발굴조사 성과들도 본격적으로 공개되었다. 발굴조사 결과 가야리유적은 판축으로 견고하게 쌓아올린 성벽으로 높이는 8.5m로 내부에는 판축을 위해 결구한 영정주와 횡장목의 흔적이 그대로 남아있었다. 또한 성벽 안쪽에서는 초대형의 구들 등의 건물지들이 확인되어 아라가야 왕성으로서 가능성을 높였다. 이러한 조사성과를 기반으로 가야리유적은 2019년 10월 발견되지 1년 6개월만이라는 단시간에 국가사적으로 지정되었다.

유적 정비사업에 있어서는 세계유산등재를 추진중

〈그림 8〉 우거리 토기생산유적 전경(국립가야문화재연구소 제공)

---

8) 2020, 「함안 안곡산성」, 함안군·동아세아문화재연구원.
9) 2019, 「함안 말이산고분군 정비사업부지내 유적 발굴조사 약보고서」, 함안군·두류문화연구원.

인 말이산고분군을 중심으로 지정문화재를 대상으로 추진되고 있다. 사유지 및 지장물 보상과 함께 발굴지 정비, 경관정비사업, CCTV설치사업 등이 활발하게 이루어졌으며 2019년 국가사적으로 지정된 가야리유적에 대한 대대적인 사유지 보상사업도 추진 중에 있다.

문화재 지정에 있어서는 사적으로 지정된 가야리유적과 더불어 국립김해박물관에 보관 중인 마갑총 말갑옷 및 환두대도가 보물로 지정되었으며 현재 '서말이산'으로 알려진 경상남도 기념물 남문외고분군의 사적승격과 안곡산성, 우거리 토기생산유적의 문화재지정도 추진 중에 있다.

가야사 관련 인프라구축사업도 추진되었다. 먼저 말이산고분군의 고분 내부모습을 보여주기 위한 말이산고분군 노출전시관 건립사업이 추진되어 2020년 건축 및 전시공사를 완료하고 개관을 준비 중에 있으며 2003년 말이산고분군 유물전시관으로 건립된 함안박물관의 리모델링 및 증축사업이 현재 진행 중에 있다.

3) 창녕군

비화가야의 고장으로 알려진 창녕군은 계성고분군과 영산고분군의 사적승격, 교동과 송현동고분군 조사연구 및 정비사업과 비지정 산성 및 생산유적 규명을

〈그림 9〉 퇴천리 토기가마(창녕군 제공)

중점과제로 사업을 추진하였다.

먼저 유적 조사연구사업으로 국립가야문화재연구소의 교동과 송현동고분군에 대한 발굴조사를 중심으로 계성고분군과 영산고분군 등에 대한 발굴조사를 추진하였으며 2019년 창녕의 고대산성과 생산유적에 대한 지표

조사를 실시하고 그 결과를 바탕으로 창녕읍 퇴천리 토기가마 1개소 발굴을 추진하여 국내 최대규모인 길이 15m, 너비 2.3m, 높이 2.3m의 거의 완전한 형태의 4~5세기대 토기가마를 발굴하는 성과를 거두었다.[10] 정비사업에 있어서는 지정문화재인 교동과 송현동고분군 정비사업과 더불어 2019년 사적으로 승격한 계성고분군에 대한 대대적인 사유지보상사업을 추진하여 보존관리의 기반을 마련하였다.

4) 고성군

가야사 조사연구 및 정비 사업이 국정과제로 채택되자 소가야의 고도로 알려진 고성군에서는 가장 먼저 소가야 비전을 선포하였다. 2018년 1월 기월리 1호분 복원공사 준공식과 함께 진행된 소가야 비전선포식에

〈그림 10〉 소가야비전선포식(고성군청 제공)

서 고성군은 '가야사 복원, 소가야가 먼저 가야지'라는 슬로건으로 2018년부터 2027년까지 모두 821억원의 예산을 투입하여 송학동고분군 정비, 내산리고분군 정비 등을 추진해 나갈 것을 밝혔다.

우선 조사연구분야에 있어서는 사적으로 지정된 송학동고분군과 내산리고분군에 대한 발굴조사를 중심으로 경상남도 기념물로 지정된 동외동패총과 도 문화재자료 철마산성에 대한 정밀지표조사가 이루어졌다. 동외동 유적은 1969년 국립중앙박물관, 1974년 동아대학교박물관의 발굴조사와

---

10) 2019, 「창녕 퇴천리 토기가마터 문화재 발굴조사 약보고」, 창녕군·동아세아문화재연구원.

1995년 국립진주박물관의 발굴조사에서 1~4세기 고성지역의 문화를 보여주는 중요 유적으로 새무늬청동기가 출토되는 등 가야사 연구에 있어 중요유적으로 손꼽히는 유적이다. 고성군은 동외동유적에 대한 토지매입과 더불어 정밀 지표조사를 실시하여 현황을 파악하고 향후 발굴조사를 거쳐 국가사적으로 지정할 계획을 밝혔다. 2019년에는 소가야의 왕궁지로 추정되어온 남산토성과 만림산 토성에 대한 지표조사와 시굴조사를 추진하였다. 고성만에 접하고 있는 낮은 구릉산지에 서로 마주보고 위치하고 있는 남산토성과 만림산 토성은 오래전부터 소가야의 왕궁(성)으로 여겨졌던 곳으로 일제강점기 쿠로이타 카츠미가 송학동고분군과 함께 주목하여 사진을 남긴 바 있으며 2014년 국립김해박물관과 고성박물관의 조사에서 그 완연한 상태가 보고된 바 있었다. 지표조사 결과 남산공원 조성으로 잔존상태가 뚜렷하지 않은 남산토성에 비해 뚜렷한 흔적을 보이고 있는 만림산토성에 대한 시굴조사를 실시하였다. 2020년에는 송학동7호분과 8호분에 대한 발굴조사와 더불어 내산리고분군 47호분에 대한 발굴조사를 추진하였으며 만림산토성에 대한 정밀발굴조사를 실사하여 소가야의 중심 토성의 실체를 밝히는 성과를 거두었다.[11]

〈그림 11〉 만림산 토성 성벽현황(고성군 제공)

5) 합천군

가야시대 다라국의 유적들이 위치하고 있는 합천군은 국정과제와 관련

---

11) 2020, 「고성만림산토성 정밀발굴조사 학술자문회의 및 현장설명회 자료집」, 고성군·동아세아문화재연구원.

하여 가야문화관광단지 조성과 성산토성의 국가사적 지정, 옥전고분군 정비, 야로야철지 복원정비 등을 주요목표로 설정하고 사업을 추진하였다. 2018년부터 옥전고분군과 삼가고분군, 야로 야철유적에 대한 지표조사와 사적지정을 추진 중인 성산토성의 추가 시굴조사를 실시하였다. 지표조사 결과를 바탕으로 2019년에는 옥전고분군과 삼가고분군, 성산토성, 야철유적에 대한 시굴 및 정밀발굴조사를 실시하였으며 이러한 성과를 바탕으로 옥전고분군의 지정면적 확대와 삼가고분군, 성산토성의 사적지정을 추진하였다. 2020년에는 옥전고분군과 삼가고분군, 성산토성에 대한 정밀발굴조사를 계속적으로 추진하였으며 비지정 가야유적인 소오리고분군에 대한 발굴조사를 실시하였다.

2. 경상북도·고령군

경상북도 내 가야문화권은 대가야의 중심지 고령군을 중심으로 성산가야로 알려진 성주와 고녕가야로 알려진 상주가 있다. 가야사 조사연구 및 정비사업이 국정과제로 선정되자 경상북도는 도내 이들 세 시군의 사업현황과 소요예산을 점검하는 한편 경북을 중심으로 경남, 전북, 전남 등 관계 광역지자체간의 협력망 구축을 모색하였다. 성주와 상주가 가야문화권 시장군수협의회에 참가하는 등 사업추진에 의욕을 드러내었으나 이후 전문가 그룹의 검토과정에서 성주와 상주의 경우 실제 유적 조사에서 가야와 관련된 유적이 발견되지 않는다는 점 등의 이유로 사업은 고령군을 중심으로 이루어졌다.

대가야의 중심지 고령은 2010년 경상북도의 3대 문화권 사업을 비롯하여 오래전부터 대가야 복원 및 활용사업을 추진해왔다. 대가야의 고도임을 강조하고 브랜드가치로 활용하기 위해 고령읍을 대가야읍으로 변경하였으며 매해 대가야 축제와 학술대회를 열어 대가야문화를 알리는데 힘써왔다. 그런 노력과 경험을 기반으로 가야사 국정과제 선정과 관련하여서도 고령군은 발빠르게 대응하였다. 먼저 내부적으로는 부군수를 중심으로 가야사 복원 TF팀을 구성하였으며 소속 공무원을 대상으로 가야사 전문가 특강을 개설하여 가야사에 대한 소속공무원의 업무이해도를 높였다. 이와함께 가야사 복원정비사업에 따라 지산동고분군의 세계유산등재와 더불어 가야국 역사루트 재현사업, 대가야 궁성지 성벽 발굴조사, 대가야 종묘 건립 등 26개 사업에 5,084억원의 예산을 투입하는 계획을 수립하고 경북도와 함께 긴밀한 협력관계를 구축하였다.

고령군은 조사연구사업보다 보수정비사업 및 인프라구축사업에 집중하였다. 주요 조사연구사업으로는 대가야의 왕궁지로 여겨지는 연조리유적에 대한 조사와 지산동고분군 604호분 발굴조사, 지산동고분군 정비사업에 따른 발굴조사를 들 수 있다. 2019년 지산동고분군 내 CCTV 설치를 위한 발굴조사 과정에서는 소형 돌덧널무덤에서 가야건국 설화를 표현한 것으로 추정되는 토제방울이 출토되어 세간의 이목을 집중시켰다.[12]

보수정비사업에 있어서는 지산동고분군 내 CCTV를 설치하여 안전한 관리시스템을 마련하였으며 고분군 탐방로를 따라 경관조명을 설치하는 관광자원화 사업도 이루어졌다. 또한 604호분, 420호분 등 봉분정비공사와 더불어 상시적인 조경공사도 계속 진

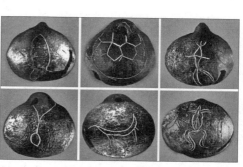

〈그림 12〉 지산동고분군 출토 토제방울(고령군 제공)

---

12) 2019, 「문화재청 보도자료-고령 지산동고분군에서 '건국신화 그림 6종' 새겨진 토제방울 출토」, 문화재청.

행되었다.

국정과제 선정 이전부터 고령군은 역사관광인프라 구축사업에 힘써
왔다. 2001년부터 2009년까지 대가야역사테마관광지 조성 및 우륵박물
관을 건립하였으며 2010년부터는 경상북도의 3대 문화권 사업의 일환으
로 대가야 역사테마관광의 인프라를 구축하였다. 이러한 사업들은 국정과
제기간 중 많은 결실을 맺었다. 먼저 가야국역사루트재현과 주변연계사업
의 일환으로 건립된 대가야 생활촌이 2019년 4월 개장하였으며 국정과제
선정 이후 추진된 대가야 종묘건립사업이 완료되어 2020년 11월 개관하
였다. 또한 대가야박물관 전시시설 개편 및 리모델링 사업으로 대가야 역
사관광의 핵심콘텐츠로서 대가야박물관의 입지를 강화하였다.

3. 부산광역시

2017년 수립한 계획에 따라 2018년 부산시는 17개 사업 중 먼저 7개 사
업을 추진한다. 우선 가야사의 완전한
복원과 부산 고도심의 관광활성화 방
안, 역사문화도시 조성방안 수립을 목적
으로 '가야문화 연구복원사업 기본계획
수립'을 추진하였다. 이와 함께 사적 제
192호 동래패총에 대한 종합정비기본계
획을 수립하고 가야의 길 조성사업의 일
환으로 연산동고분군과 배산성지를 잇
는 관광벨트 사업계획 수립용역과 정비
사업, 배산성지 2차 발굴조사를 추진하
였으며 노포동고분군 정비계획 수립과

〈그림 13〉 복천동 38호 출토 철제갑옷
일괄

발굴조사도 추진하였다.

　부산시는 문화재 지정에 있어서는 많은 성과를 거두었다. 2019년에는 복천동고분군 22호분에서 출토된 칠두령(七頭鈴)과 복천동 38호분에서 출토된 철제갑옷이 보물로 지정되었으며 2020년에는 복천동고분군 11호분에서 출토된 '도기 거북장식 원통형기대 및 단경호'가 보물로 지정되었다.

　한편 부산박물관에서는 2019년 국립중앙박물관에서 개막한 '가야본성─칼과 현'기획전시를 순회전시하여 부산시민들과 동남권 지역 국민들의 큰 관심을 모았다.

4. 전라북도

　2017년 11월 25일 전북가야 선포식을 개최한 전라북도는 남원과 장수, 임실, 진안, 무주, 순창, 완주의 전라북도 동부권 7개 시군을 대상으로 역점적으로 사업을 추진하였다. 특히 2018년 가야고분군 세계유산등재신청 대상에 포함된 유곡리와 두락리고분군이 위치한 남원과 동촌리고분군을 비롯한 가야의 흔적이 비교적 많이 남은 장수군에서 활발하게 추진되었다.

　우선 전라북도는 가야문명의 흔적을 찾는 조사연구사업에 집중하였다. 특히 장수와 남원에 동부권 특별회계등을 통한 파격적인 재정 지원으로 고분, 제철유적, 봉수유적 등의 실체를 규명하고자 노력하였다. 조사결과 확인된 유적 중 지정가치를 평가하여 도지정문화재로 지정하였

〈그림 14〉 남원유곡리와 두락리사진(남원시청 제공)

으며 유곡리와 두락리, 동촌리고분군 등은 남원시, 장수군과 함께 국가 사적으로의 지정을 추진하였다. 한편 안정적 가야사 연구를 위한 인프라구축을 추진하여 장수군에 장수가야 역사관 건립을 지원하고 문화재청 산하기관인 국립완주문화재연구소를 완주에 유치하였다.

이와 함께 전북지역 주민들의 가야사에 대한 이해를 돕고 주민참여를 끌어내기 위해 전북가야 서포터즈, 장수가야 지킴이와 가야문화유산지킴이(남원) 사업을 개설하여 지원하는 등 도민교육홍보사업에도 열의를 기울였다.

1) 남원시

보물로 지정된 광한루와 함께 춘향전의 고장으로 잘 알려진 남원은 2018년 호남지역에서 가야유적으로는 처음으로 사적으로 지정된 남원 유곡리와 두락리고분군이 같

〈그림 15〉 청계리고분군 출토 아라가야계 유물

은 해 6월 고성, 합천, 창녕의 가야고분군과 함께 세계유산등재 추진대상에 포함되며 전북지역 가야사 사업의 중심지로 발돋움하게 된다. 가야문화권 내에서도 확연히 부족한 역사성 및 자료를 보완하기 위해 남원시의 가야사 사업은 조사연구사업에 집중하였는데 특히 운봉지역의 봉수와 제철유적에 대한 기초조사연구에 집중하였다. 2018년 아막성을 비롯하여 제철 및 봉수유적에 대한 시굴 및 발굴조사를 추진하였으며 2019년에는 유곡리와 두락리고분군 발굴조사와 청계리고분군 발굴조사, 장교리고분군 발굴조사를 추진하게 된다. 2020년에는 사석리고분군과 운봉지역 제철유적에 대한 발굴조사를 실시하였으며 2019년 조사된 청계리고분군을 전라북도

기념물로 지정하고 국가사적으로 지정도 함께 추진하고 있다.[13] 이와 함께 가야고분군 세계유산등재가 발빠르게 추진되자 2018년 사적으로 지정된 유곡리와 두락리고분군에 대한 대대적인 정비사업을 추진 중에 있다.

2) 장수군

전북지역에서 가야사 사업과 관련하여 가장 활발한 움직임을 보인 곳은 장수군이다. 장수군은 봉수왕국 장수가야라는 기치를 내세우고 적극적으로 사업을 추진하였다. 먼저 장수가야의 역사성 확보를 위한 조

〈그림 16〉 동촌리고분군 사적지정 범위(문화재청 제공)

사연구사업으로 장수군 내 위치한 고분과 봉수, 제철유적에 대한 집중적인 조사를 실시하였으며 장수가야 홍보관, 장수가야 역사관 등 인프라시설 구축사업과 장수가야 교육·홍보사업도 병행하여 추진하였다. 이러한 노력으로 2019년 동촌리고분군이 국가사적으로 지정되었으며, 가야계 고분과 망치, 집게, 모루 등 단야구 일체가 발굴된 백화산고분군(장계리, 호덕리고분군)에 대한 발굴조사 성과를 바탕으로 사적지정도 추진 중에 있다.

인프라 사업에 있어서는 2019년 장수가야 홍보관이 개관하였으며 호남지역 최초의 독립적인 가야관련 시설인 장수가야 유물전시관 사업을 추진하여 2021년 3월 장수 가야역사관이라는 이름으로 기공식을 올리고 2022년 상반기중 준공을 앞두고 있다.

---

13) 2020, 『국제학술심포지엄』, 「남원 청계리 청계고분군과 월산리고분군 조사성과와 의의」, 국립완주문화재연구소.

Ⅳ. 가야사 사업으로 본 가야사 인식

1. 지역별 사업구조 및 단계

앞서 살펴본 각 주요자치단체의 사업전개양상에서 나타나듯 역사유적을 기반으로 하는 사업은 조사연구▶정비복원▶인프라시설구축▶사업연계 및 확산의 과정을 거치며 발전하게 된다. 가장 먼저 지표조사, 시굴조사 등을 통해 유적의 존재를 확인하고 발굴조사로 성격을 규명한 다음 그 가치에 따라 문화재지정이 이루어지게 되며 이후 종합정비계획을 바탕으로 정비복원이 이루어지게 된다. 정비복원은 당해 문화재 자체에 대한 봉부복원, 성곽복원 등의 유구정비와 경관정비, 수목정비, 탐방로 개설 등 주변 정비로 이루어진다. 이렇게 유적 정비복원이 이루어지면 유적의 역사성을 바탕으로 이용 및 활용을 위한 인프라시설이 구축되게 된다. 인프라시설은 유물전시관, 박물관 등 역사적 진정성을 기반으로하는 시설이 1차적으로 만들어지고 이후 체험장, 테마파크 등 문화관광 및 활용을 목적으로 하는 문화관광 시설이 건립된다. 마지막 단계는 사업연계 및 확산으로 역사적 요소들이 지역의 정체성을 대표하는 브랜드로 정착되고 이것이 민간영역에서 확산되는 단계이다.

이러한 사업구조 및 단계는 해당 유적의 특징과 지역의 정치·경제·사회적 여건에 따라 차이를 보이고 있어 지역별 사업의 고도화 정도를 측정하기 위해서는 계량화된 지표가 필요하다. 따라서 각 사업단계별 핵심적 요소에 대하여 몇가지 계량적 지표를 설정하였다.

먼저 조사연구분야에 있어 문화재로 지정된 유적의 수와 유적의 면적을 지표로 설정하였다. 유적의 문화재로서 지정 여부는 유적이 가진 역사적 가치를 단적으로 보여주는 요소로 유적의 보존 및 정비, 활용을 위해 필수적인 요소이며 문화재 지정면적은 유적의 규모를 보여주는 지표로 대규모 유적의 지정 및 향후 정비시 소요되는 예산 등을 고려할 때 반드시 고려되어야 할 요소이다. 정비복원분야에 있어서는 전체 지정면적 대비 국공유지 비율을 지표로 설정하였다. 정비복원사업에 있어 사유지 매입은 사업추진을 위한 선결조건으로 정비사업 추진에 있어 가장 오랜 시간이 소요되는 분야이다. 따라서 우선적인 사유지매입으로 국공유지화가 많이 진행된 유적은 정비복원사업도 빠르게 진행된다. 인프라 구축 분야는 박물관·유물전시관 등 전시연구시설의 수와 테마파크·체험장 등 가야사 관련 문화관광시설의 수를 지표로 삼았다. 마지막으로 브랜드화 및 확산분야는 가야사의 요소들이 지역의 대표 브랜드 슬로건 또는 캐릭터로 상징성이 부여되었는지 여부에 지표로 설정하였다. 이러한 지표에 따라 가야사 관련 주요지역의 현황을 살펴보면 다음과 같다.

분야	핵심지표		김해	함안	창녕	고성	합천	고령	남원	장수	부산
조사 연구	지정 문화재	계	11	3	3	4	3	2	3	2	4
		국가	8	2	2	2	1	2	1	1	2
		지방	3	1	1	2	2	0	2	1	2
	지정 면적	계	664,555	978,876	692,851	295,074	897,358	853,983	129,720	229,981	142,818
		국가	500,761	727,240	692,851	251,058	243,916	853,983	98,225	213,894	46,179
		지방	163,794	251,596	93,698	44,016	653,442	0	31,495	16,087	96,639
정비 복원	국공유지 비율(%)		90	80	66	90	40	95	76	53	78
인프라 구축	전시연구 시설(개소)		2	2	1	1	1	2	0	0	2
	문화관광 시설(개소)		1	1	0	0	0	2	0	0	0
지역 브랜드	가야관련 브랜드화		○	○	× (우포늪)	× (공룡)	× (자연)	○	× (춘향)	× (논개)	× (야류)

〈표 2〉 지역별 사업단계별 추진 현황(2021. 3. 기준)

지역	김해	함안	창녕	고성	합천	고령	남원	장수	부산 (동래)
브랜드 (캐릭터)	김해	아라리	안녕 자연의 창녕	공룡나라 고성	水 깨끗한합천				일사 동래

〈표 3〉 지역별 브랜드슬로건 및 캐릭터

가) 김해시

김해시는 봉황동유적과 대성동고분군, 양동리고분군, 예안리고분군, 구산동고분군을 비롯한 고대유적 5개소와 수로왕릉과 왕비릉, 구지봉 등 가야건국설화와 관련된 유적 3개소가 국가지정문화재인 사적으로 지정되어 있으며 지방기념물로는 원지리고분군과 칠산동고분군, 구산동백운대고분군이 지정되어 있다. 전체 지정면적은 664,555㎡로 봉황동유적부터 구지봉까지 해반천을 따라 주요 유적들이 분포하고 있다. 정비사업의 경우 가야사1단계 사업을 통해 사유지보상 등 정비사업이 많이 추진되었으며 국정과제를 통해 구지봉과 봉황동유적, 예안리고분군에 대한 대대적인 사유지매입을 추진하였다. 그 결과 전체 면적 대비 90% 이상의 국공유지 비율을 확보하였다. 가야사 관련 인프라는 국립김해박물관과 대성동고분박물관이라는 우수한 전시시설이 가야문화의 거점지로 역할을 수행하고 있으며 2015년 개장한 가야테마파크는 국내 최대규모의 가야 관련 관광테마파크로 점차 자리잡아 가고 있다. 이러한 문화적 역량은 김해시의 브랜드 슬로건인 '가야왕도 김해'로 잘 표현되어 있다.

나) 함안군

함안군의 가야유적은 가야읍의 중심부에 위치한 가야리유적으로부터 반경 5km 이내 모두 위치하고 있다. 문화재로 지정된 가야유적은 국가사적으로 세계유산등재를 추진 중인 말이산고분군과 2019년 사적으로 지정된 말이산고분군이 있으며 지방문화재로는 현재 국가사적 승격을 앞두고 있는 남문외고분군이 있다. 이밖에도 현재 안곡산성과 천제산 일원 토기생산유적, 당산유적 등에 대한 지방문화재 지정이 추진되고 있다. 현재 문화재로 지정된 전체 면적은 983,904㎡로 가야문화권 중 가장 넓은 지정면적으로 가야고도의 모습을 가장 잘 간직하고 있다. 정비사업의 경우 말이산고분군의 세계유산등재 추진과 국정과제 선정에서 집중적인 사업을 추진하여 지정면적의 72%정도에 대한 매입을 완료한 상태이다. 2003년 말이산고분군 유물전시관으로 건립되어 현재 리모델링 및 증축을 추진 중인 함안박물관과 2020년 건립된 말이산고분군 노출전시관이 대표적인 전시연구인프라로 기능을 수행하고 있으며 최근 우거리 토기가마에서 발굴된 가야를 원형으로 건립된 아라가야 체험장이 준공하여 관광체험 시설로서 역할을 수행할 것으로 기대되고 있다. 아라가야의 고도로 잘 알려진 함안은 2009년 지역농산물대표브랜드를 구축하며 아라가야의 고도임을 강조한 '아리리' 캐릭터를 개발하여 사용 중에 있다.

다) 창녕군

창녕군의 가야유적은 사적으로 교동과 송현동고분군, 계성고분군이 있으며 지방 기념물로 영산고분군이 있다. 이밖에 2019년 조사된 퇴천리 토기가마등이 있으나 아직 문화재로 지정되지 않고 있다. 지정면적은 786,549㎡이며 세계유산등재를 추진 중인 교동과 송현동고분군이 가장 넓은 면적을 차지한다. 창녕지역 가야유적의 정비사업은 교동과 송현동고분군을 중심으로 일찍부터 이루어져 거의 완성단계에 이르고 있다고 할 수 있으며 전체면적의 70% 이상의 매입이 완료된 상황이다. 교동과 송현동고분군 사이에 창녕박물관이 위치하고 있어 전시연구 및 유적관광의 거점으로 활용되고 있다. 창녕군의 브랜드는 우포늪과 따오기를 대상으로 브랜드 슬로건 및 캐릭터를 사용하고 있다.

라) 고성군

고성군의 가야유적은 사적으로 지정된 송학동고분군과 내산리고분군을 비롯하여 지방기념물인 동외동패총과 최근 조사된 만림산토성까지 모두 4개소이다. 이중 내산리고분군을 제외하면 모두 고성만을 중심으로 위치하고 있다. 유적의 지정면적은 모두 295,074㎡로 그리 동해면에 위치한 내산리고분군이 186,135㎡로 가장 큰 면적을 차지한다. 고성지역 가야유적은 1999~2002년까지 발굴조사가 이루어진 송학동고분군과 2006년 발굴조사가 완료된 내산리고분군을 중심으로 이루어졌다. 지속적인 정비사업을 통해 현재 고성지역 가야유적의 토지매입율은 90%이다. 송학동고분군 1호분의 남쪽사면 아래로는 송학동고분군 유물전시관으로 2011년 개관한 고성박물관이 지역의 가야사 관련 거점시설로서 역할을 수행하고 있다. 고성군은 대표 브랜드 슬로건으로 공룡나라 고성을 사용하고 있으며 고성오광대를 캐릭터화한 공식캐릭터도 사용하고 있다.

마) 합천군

합천의 가야유적은 사적인 옥전고분군과 사적지정을 추진 중인 삼가고분군, 성산토성이 있다. 옥전고분군과 성산토성의 경우 합천군 쌍책면에 황강유역에 위치하고 있으며 삼가고분군은 옥전고분군에서 남쪽으로 36km정도 거리에 덜어진 의령과 경계를 마주하고 있는 곳에 위치하고 있다. 전체지정면적은 897,358㎡로 함안에 이어 두 번째로 큰 규모로 삼가고분군 정밀지표조사 결과를 바탕으로 2018년 추가지정이 이루어져 지정면적이 78,149㎡에서 535,161㎡로 늘어났기 때문이다. 현재까지 옥전고분군의 경우 80%의 사유지매입이 이루어졌으며 삼가고분군과 성산토성을 합처면 전체면적 중 40%정도가 국공유지로 편입되어 있다. 가야사 관련 인프라 시설은 1개소로 2004년 옥전고분군 유물전시관으로 건립되어 개관한 합천박물관이 지역 가야사의 조사, 연구, 전시, 교육의 역할을 수행하고 있다. 합천군은 황강과 합천호의 맑은 물과 합천팔경의 수려한 경관을 상징하는 '수려한 합천'을 브랜드 슬로건으로 사용하고 있다.

바) 고령군

대가야의 본고장 고령의 가야유적은 사적인 지산동고분군과 고아리벽화고분을 들 수 있다. 이전까지 대가야의 산성으로 알려져 있던 주산성도 위치하고 있으나 축조시기에 대한 논의가 진행되고 있어 이번 검토에서는 제외하였다. 지산동고분군은 가야의 모든 유적 중 가장 큰 규모의 유적(830,181㎡)으로 이른시기부터 조사연구와 정비사업이 이루어졌다. 현재까지 지산동고분군과 고아리 벽화고분의 국공유지 비율은 95%로 대부분의 사유지매입 등 정비사업이 완료되었다. 고령군은 김해시와 더불어 전시 연구 인프라와 관광인프라가 모두 갖춰진 지역이다. 1980년에 건립된 대가야유물전시관을 시작으로 2000년 대가야왕릉전시관 건립, 2005년 대가야역사관 개관, 2006년 우륵박물관 개관으로 완성된 현재의 대가야 박물관은 명실상부 국내 최고의 공립박물관으로 자리잡았다. 이와함께 관광인프라로는 대가야테마관광지와 대가야생활촌이 운영되고 있다. 한편 고령군은 지난 2014년 고령읍의 명칭변경을 추진하여 2015년 고령읍의 명칭을 대가야읍으로 변경하여 대가야도읍지로의 정체성을 확립하였다. 고령군은 현재 'Go Go, Goryeong'이라는 브랜드 슬로건과 함께 브랜드 캐릭터로 대가야를 상징화한 '가야돌이'를 개발하여 사용하고 있다.

사) 남원시

남원시의 가야유적 중 문화재로 지정된 것은 사적인 유곡리와 두락리 고분군과 지방 기념물인 월산리고분군, 청계리고분군이 있다. 이들 유적 의 문화재 지정면적은 모두 130,686㎡로 사적인 유곡리와 두락리고분군 이 98,225㎡로 비교적 넓은 면적이 지정되어 있으며 88올림픽고속도로 건 설 과정에서 조사된 월산리고분군은 당초 유적공원을 조성하기로 되어있 었으나 현재 2기의 봉분복원만이 이루어진 상태로 현재는 그 원형을 찾아 보기 어려운 실정이다. 유곡리와 두락리고분군, 월산리고분군과 같은 아영 분지 내 위치하고 있는 청계리고분군은 2019년 발굴조사 성과를 바탕으로 2020년에 새롭게 기념물로 지정되었으며 현재 사적지정을 추진하고 있다. 남원시는 2020년부터 유곡리와 두락리고분군 정비사업에 대한 사업인정 고시를 받아 현재 신속한 사유지매입과 수용 등으로 유곡리와 두락리고분 군의 99%, 전체 면적의 76%를 매입하였으며 매입부지에 대한 대대적인 정비사업을 추진하고 있다.

가야사 관련 인프라부분에서 남원시는 아직 갖추어진 것이 없다. 하지만 광한루 정비사업과 관련 관광인프라 구축의 경험이 있는 남원시는 향후 가 야사관련 인프라 역사 매우 빠르게 갖추어 나갈 것으로 기대된다. 지역 브 랜드에 있어서도 남원시는 지역의 대표 문화자원인 광한루와 춘향전을 이 용한 '춘향남원'이라는 브랜드 슬로건을 내세워 사용하고 있다.

아) 장수군

장수군의 가야관련 지정문화재는 2019년 사적으로 지정된 동촌리고분 군과 2013년 기념물로 지정된 장수삼봉리 가야고분군의 2개소이다. 지정 면적은 229,981㎡로 213,894㎡의 동촌리고분군은 호남지역 가야유적 중 가장 큰 규모를 자랑한다. 장수군은 2019년 동촌리고분군 사적지정 이후 정비사업을 추진하여 현재까지 50%정도가 국공유지에 편입되었으며 추가적인 사유지 매입과 정비사업을 추진 중에 있다. 장수군의 가야관련 아직 구축되지 않았으며 2018년 개관한 홍보관이 일부 그 기능을 수행하고 있다. 2021년 3월 장수 가야역사관이 기공하여 2022년 상반기 중 개관할 예정이다. 장수군은 지역의 브랜드를 군민의 화합과 번영을 의미하는 '장수만세'로 내세우고 캐릭터로 논개의 고장임을 강조하여 논개 캐릭터를 개발하여 사용하고 있다.

자) 부산시

부산시의 가야관련 지정문화재는 모두 4개소로 사적으로 지정된 복천동고분군과 연산동고분군, 지방 기념물인 노포동고분군과 생곡 가달고분군이 있다. 지정면적은 모두 142,818㎡로 최근 지정된 연산동고분군이 66,068㎡로 가장 넓은 지정면적을 보유하고 있다. 부산시는 1982년부터 동래구와 함께 복천동고분군에 대한 사유지 및 지장물 보상사업을 시작하여 1996년부터 본격적인 정비사업을 추진하였다. 연제구에서도 2017년 연산동고분군의 사적지정을 시작으로 대대적인 정비사업을 추진하여 현재 90%의 사유지 및 정비사업 진도를 보이고 있다. 2019년 부산시립박물관은 노포동고분군에 대한 발굴조사를 추진하여 3세기대 주거유적을 대거 발굴하는 성과를 거두었다. 부산지역 가야관련 인프라시설은 복천박물관과 부산박물관을 들 수 있다. 1996년 건립된 복천박물관은 직접적인 유적전문박물관으로서 복천동고분군에 관한 전시, 연구, 교육의 역할을 수행하고 있으며 부산시립박물관이 이를 총괄, 지원하고 있다. 지역 브랜드에 있어서는 부산시와 동래구, 연제구, 금정구, 강서구 모두 가야 관련 브랜드를 채택하지 않고 있다.

2. 사업고도화로 본 가야사 인식

가) 지역별 사업고도화

〈표 2〉의 지표에 따라 각 지역별 가야사 사업의 구조를 살펴보면 크게 3
개의 그룹으로 나누어 볼 수 있다. 먼저 〈표 2〉에 제시된 모든 고도화 단계
를 실현한 1그룹(김해, 함안, 고령)과 조사연구, 정비복원, 전시·연구 인프라
구축은 실현하였으나 문화관광 시설 건립 및 지역브랜드가치 구현이 이행
되지 않은 2그룹(창녕, 고성, 합천, 부산), 그리고 조사연구 및 정비복원이 추
진 중인 3그룹(남원, 장수)로 나누어진다. 이들 세 그룹은 정성적 기준에 따
라 그룹 내 고도화의 정도를 세분할 수 있다. 정성적 기준에는 해당지역 가
야문화에 대한 사회적 인지도, 유적 정비사업의 성숙도, 인프라의 시설의
규모 등을 들 수 있다.

1그룹은 금관가야, 대가야, 아라가야라는 대중적으로 인지도를 가진 이
름을 가지고 있으며 활발한 유적 조사연구와 정비사업을 통해 유적 경관조
성 등에 있어서 다른 그룹과 차별성을 보이고 있다. 특히 이른 시기부터 지
역의 가야문화에 대해 관심을 기울인 김해와 고령은 국립박물관 유치, 박
물관 활성화 및 테마파크 조성 등 인프라 시설 구축에 있어 선도적인 위치
를 차지하고 있다.

특히 김해시는 이전 정부의 가야사 1단계 사업경험과 실적을 바탕으로
정부의 전폭적인 지원 속에 인프라구축 및 도시 브랜드 가치로 확산이라
는 측면에서 가장 높은 수준의 고도화를 이루었으며 2021년 문화체육관광
부로부터 역사문화도시로 지정받으며 한층 더 높은 단계로의 성장을 예고
하였다. 경북에 위치한 고령의 경우 경북의 3대 문화권 사업과 연계한 대
가야박물관 전시시설의 개선사업과 대가야 종묘건립, 우륵선생 현창사업,
가야금 전승 등 조사연구보다 인프라 구축과 지역 브랜드화 사업에 집중하

였다.

김해와 고령과 함께 1그룹에 포함된 함안은 가야사 국정과제와 함께 많은 성과를 거두었다. 국정과제의 시작된 2017년부터 각종 발굴조사의 성과들과 가야리유적, 남문외고분군의 사적지정으로 함안은 조사·연구 분야에 있어 급격한 발전을 이루었으며 국정과제로 인한 정부지원의 확대로 정비복원에 있어서도 상당한 진전을 이루었다. 인프라 구축에 있어서도 전시연구시설 1개소와 관광체험시설 1개소를 확보하여 그동안 부족했던 가야 관련 인프라도 확충해 나갔다. 또한 무엇보다 조사연구결과 확보된 유적의 다양성과 집약성, 탁월한 경관은 향후 아라가야 고도로서 함안의 높은 발전가능성을 나타내고 있다.

고도화 2그룹에 포함된 창녕과 합천, 고성의 경우 현재까지 비슷한 수준의 사업고도화가 진척되었으나 인프라 구축 및 지역 대표 브랜드가치로의 확산을 이루지 못하고 있다는 공통점을 가지고 있다. 먼저 창녕의 경우 '제2의 경주'라 불릴 만큼 일찍이 문화유산에 대한 조사연구와 정비사업을 추진하였으며 국정과제 수행에 있어서도 많은 성과를 이루었으나 지역 내 공존하고 있는 신라적 역사 정체성으로 가야사가 지역 정체성의 구심점이 되지 못하는 약점으로 작용해왔다. 이러한 이유로 가야 관련 인프라시설의 확대, 브랜드가치 구축 등 고도화의 단계가 늦어지고 있는 것으로 생각된다. 합천의 경우 유적의 위치가 중심지가 아닌 주변지에 위치하고 있다는 단점과 성산토성, 삼가고분군의 사적지정이 늦어짐에 따른 정비복원사업의 지연이 사업고도화에 있어 다음 단계로 나아가지 못하는 걸림돌로 작용하고 있다.

'소가야'의 중심도시로 알려진 고성은 1990년대 후반과 2000년대 초반, 송학동고분군·내산리고분군 발굴조사 등 소가야의 고도로서 지역 정체성 확립을 추진한 바 있다. 그러나 2006년 공룡엑스포 개최를 계기로 지역의 문화적 역량을 '공룡'에 집중함에 따라 상대적으로 '소가야'에 대한 관심과 지원이 약화되었다. 그러나 고고학 분야에서 소가야에 대한 학술적 연구성과의 축적과 국정과제 선정, 만림산토성등의 발굴은 지역에서 다시 '소가야'에 대한 관심을 불러일으키는 계기가 되었다. 현재 정비복원 및 인프라 구축사업이 빠르게 진행되고 있으며 향후 신속한 고도화 단계로 접어들 것으로 기대된다. 다만, 장기적으로는 '공룡나라'로 자리 잡은 지역의 문화적 정체성을 어떻게 '소가야'와의 접목을 이루어 나갈 것인지가 관건이라 할 수 있다.

2그룹에 포함된 부산의 경우 가야고고학에 있어 상징적 위치를 가지는 복천동고분군이 위치하고 있으며 국내 대표적인 공립박물관인 복천동고분박물관이 있어 다른 2그룹보다 선도적인 위치에 있다고 할 수 있다. 그러나 'ㅇㅇ가야'와 같은 뚜렷한 대중적 인식의 부재와 복천동고분박물관을 제외한 인프라시설의 부재, 대도시에서의 개발과 보존이라는 가치충돌과 지역의 다양한 역사정체성으로 인해 부산의 가야 문화는 크게 주목받지 못하고 있는 실정이다.

3그룹에 해당되는 남원과 장수는 현재까지 조사연구 및 정비사업을 추진하는 단계로 지역 가야사의 실체규명과 가야문화유산의 보존, 정비사업 등 많은 과제들이 남아있다. 그러나 전북지역의 가야문화라는 희소성과 천혜의 자연환경, 그리고 남원 유곡리와 두락리고분군의 세계유산등재는 이지역 가야문화에 대한 충분한 발전가능성을 시사하고 있다. 다만 관건은 이 지역 가야문화에 대한 올바른 규명과 정부 및 지자체의 계속적인 관심과 지원여부라 할 수 있다.

나) 가야사의 인식과 변화

앞서 살펴본 지역별 가야사 사업의 고도화는 지역주민의 인식에 그대로 반영되어 나타난다. 가야사 사업 이전 유적이 위치한 지역 주민들은 가야 사에 대한 자긍심보다는 유적으로 인한 사유재산의 침해를 호소 또는 우려하는 등 부정적인 인식들이 주를 이루었다. 그러나 최근 가야사 국정과제 선정에 이은 새로운 자료의 발굴, 정비사업의 추진, 인프라구축 등의 사업 성과들이 축적되며 가야사에 대한 주민인식 변화의 흔적들이 확인되기 시작하였다. 특히 이러한 인식의 변화는 각 지자체별로 역점사업으로 추진 중인 도시재생 뉴딜사업에서 뚜렷하게 확인된다. 도시재생 뉴딜사업은 현 정부의 핵심 사업으로 낙후된 구도심의 주거환경개선 및 지역 상권 살리기를 목표로 그 지역 주민이 사업주체가 되어 추진되는 사업으로 사업계획 수립 및 주제선정 등 지역의 특성과 주민의 인식이 잘 반영되어 있다. 도시 재생사업을 추진하는 지역의 주민들은 스스로 지역공동체를 결성하고 지역의 문화적 특성과 주민들의 정체성을 반영한 자신들의 미래발전계획을 수립하는 것이다. 현재 가야문화권 주요지역의 도시재생 뉴딜사업 선정현황을 살펴보면 〈표 4〉와 같다.

지역	김해	함안	창녕	고성	합천	고령	남원	장수	부산
선정 여부	선정	선정	미선정	선정	미선정	선정	선정	선정	선정
인접 유적	대성동 고분군	말이산 고분군	–	송학동 고분군	–	지산동 고분군	해당 없음	해당 없음	해당 없음
사업 주제	역사와 전통을 재생하는 대성동 역사문화 마을	아라가야 사람들이 만들어가는 별별 이야기	–	고분아래 삶터, 무학마을 조은 동네	–	삶을 잇다, 역사를 잇다, 新 대가야 승람	씨앗으로 피운 행복, 숲정이 마을	1인1참, 세대공감 어울림 장수마을	향파 이주흥을 따라 걷다, 천년의 온천장
고도화	1그룹	1그룹	2그룹	2그룹	2그룹	1그룹	3그룹	3그룹	2그룹

〈표 4〉 지역별 도시재생 뉴딜사업 추진 현황

〈표 4〉에서 알 수 있듯이 주요 가야유적이 위치한 9개 지자체 중 도시재생 뉴딜사업에 선정되어 추진 중인 곳은 7개소로 앞서 살펴본 1그룹에 속한 김해, 함안, 고령은 모두 가야사와 관련 주제로 선정되었으며

〈그림 17〉 함안군 도시재생 사업의 사례

2그룹 중에서는 고성만이 선정되었다. 3그룹에서는 가야사가 아닌 다른 주제로 선정하여 도시재생사업이 결정되었다. 이러한 도시재생사업에서의 사업주제 선정 결과는 가야사 사업의 고도화와 성숙도가 지역 주민의 가야사에 대한 인식과 상호 연관되어 있음을 보여주고 있다. 1그룹에 속한 김해와 함안, 고령의 경우 지역의 대표적 가야유적인 대성동고분군과 말이산고분군, 지산동고분군의 역사적 요소들을 활용하여 지역공동체 형성과 지역경제활성화, 주거안정과 복지를 목적으로 계획을 수립하였다. 이 중 가까운 사례로 함안 말이산고분군 주변 말산지구 도시재생사업을 준비하는 과정을 살펴보면 다음과 같다. 말이산고분군에서 직선거리로 약 300m 떨어진 곳에 위치한 말산지구는 노후화된 주거지와 일제강점기 설치된 경전선 폐철로와 그에 따라 형성된 가야시장이 위치하고 있다. 경전선 유휴부지 활용사업에 따라 폐철로가 아라(가야)길로 복구되었으며 이와 연계하여 주변 노후 주거환경 개선과 가야시장 활성화를 목표로 말산지구 도시재생사업이 시작되었다. 먼저 도시재생사업 추진을 위한 공동체 형성과정에서 지역 주민들의 공통된 정체성을 '아라가야 사람'으로 정립하였다. 이후 사업계획 수립과정에서는 2018년 말이산13호분에서 출토된 별자리 덮개석의 별자리를 컨텐츠 활용하여 '아라가야의 별밤 특화거리 조성'과 '별 볼일

있는 별별 시장'과 같은 사업계획을 발굴하였다. 또한 말산지구 내 보행로 보도블럭에 2019년 말이산고분군 45호분에서 출토된 주요유물의 사진을 인쇄하여 배치함으로서 아라가야 고도로서 이미지를 구축하는 사업도 현재 추진 중에 있다. 이러한 사업계획을 바탕으로 2020년 도시재생사업에 선정되었으며 현재도 활발하게 추진 중에 있다. 2그룹 중 유일하게 선정된 고성의 경우 유적정비, 인프라 구축에 있어서는 그룹 내에서 탁월한 고도화를 이루고 있다고 볼 수 없으나 삼국유사에 기록된 '소가야'라는 뚜렷한 명칭과 전방후원분 논란으로 큰 이슈가 되었던 송학동고분군 발굴조사, 오랫동안 이어진 지역 축제인 '소가야문화제'등이 지역 가야문화의 선명성을 부여한 결과로 생각된다.

V. 가야사 인식의 전환점 : 가야고분군의 세계유산 등재와 역사문화권 정비 등에 관한 특별법

가야사 인식에 있어 2021년은 큰 전환점이 되는 해라 생각된다. 지난 2013년 김해, 함안, 고령의 가야고분군이 세계유산 잠정목록에 등재되며 추진된 가야고분군의 세계유산등재는 2018년 고성, 남원, 창녕, 합천의 가야고분군으로 확대되었으며 2020년 최종등재신청대상에 선정되어 올해 전문가 현지실사를 앞두고 있다. 현지실사가 끝나면 세계유산 패널회의를 거쳐 2022년 최종등재여부가 결정되게 된다. 가야고분군 세계유산등재에 포함된 지자체에서는 지난 2018년부터 주민과 지역의 학생들을 대상으로 가야고분군에 대한 이해를 돕고 유적보존을 위한 자발적 참여를 독려하는 주민지킴이 사업을 추진 중에 있다. 이러한 사업 결과 지역 내에서 가야고분군에 대한 관심과 저변은 점차 확대되고 있으며 향후 세계유산 등재 시 가야사에 대한 인식은 가야문화권에 있는 지역을 넘어 범국민적으로 새롭게 인식될 것이라 생각된다.

이와 함께 지난해 6월 10일 가야사 국정과제 선정 초기부터 추진되던 가야문화권 특별법이 역사문화권 정비 등에 관한 특별법으로 제정되었다. 역사문화권 정비등에 관한 특별법은 가야사 국정과제 이전부터 추진되던 가야사 특별법에서 나아가 우리 고대에 존재하였던 고구려, 백제, 신라, 마한, 탐라 문화까지 포함하는 것으로 역사문화권의 지정과 정비구역의 설정, 정비구역 내 사업에 대한 행정적·재정적 지원을 주요 골자로 하는 법안이다. 역사문화권 특별법은 올해 6월부터 시행되며 법시행과 더불어 주무부처인 문화재청의 역사문화권 지정과 이후 기초지자체의 역사문화권

역사문화권 정비법 시행	○ 2021. 6. 10. 법 시행 ※ 역사문화권 정비위원회 위촉(21. 6.)
⇩	
역사문화권정비 기본계획 수립 (문화재청)	○ 정비기본계획 작성(문화재청) → 정비위원회 심의 → 정비기본계획 수립 - 정비구역 지정기준 등 시행계획 수립 가이드라인
⇩	
역사문화권 정비구역 지정 및 시행계획수립 (시군)	○ 시행계획 작성(시·군·구) → 시·도 경유 → 중앙행정기관 협의 → 정비위원회 심의 → 시행계획 승인·고시(문화재청) 및 정비구역 지정
⇩	
역사문화권 정비 실시계획 수립 및 시행 (시행자)	○ 실시계획 수립(시행자*) → 중앙행정기관 협의 → 승인(시·도) ※국가, 지자체, 공공기관, 대통령령으로 정하는 자

〈표 5〉 역사문화권 정비등에 관한 법률 진행 절차

정비구역 지정계획 수립 및 지정신청, 시도의 검토와 역사문화권 정비구역 지정 등의 절차가 진행될 예정이다.

이러한 역사문화권 특별법과 정비구역의 지정은 현재까지 진행된 가야사 사업의 모습을 크게 변모시킬 것으로 기대된다. 특히 문화재지정구역으로 한정된 기존의 정비복원사업에서 벗어나 지정구역과 주변까지 포괄하는 면단위의 정비복원사업의 추진을 통해 가야의 고도들은 역사도시로서의 모습을 갖출 수 있을 것이며, 역사도시의 주민들과 지역을 방문하는 방문객들은 삶과 생활 속에서 1,500년 전 가야인들의 발자취를 느낄 수 있을 것이다. 이러한 역사도시 조성의 가야사에 대한 국민인식의 획기적 전환과 더불어 지역발전의 원동력이 될 것으로 생각된다. 이를 위해 가장 중요한 것은 지역주민들과의 공감대와 협력이라 할 수 있다. 역사문화권 특별법은 본질적으로 문화재 주변에 대한 규제를 문화재 활용사업을 통해 주변지역의 발전과 지역경제 활성화를 도모한다는 반대급부적인 성격을 가지고 있다. 따라서 특별법에 따른 사업은 문화재가 위치한 지역주민의 삶과 연결되어야 하며 사업선정 과정에서 주민의 의견을 수렴하는 것이 반드시 필요할 것으로 생각된다. 물론 의견수렴 과정에서 문화유산의 역사적·경관적 가치와 괴리된 사업 요구가 발생할 수 있으며 대승적 차원의 계획이 받아들여지지 않을 가능성이 높다. 따라서 사업을 구상하고 있는 현 단계에서 주민들과 함께 우리 지역의 미래를 그리는 소통의 장을 마련하는 것이 반드시 필요할 것으로 생각된다. 아울러 앞서 설명하였듯 역사문화권 정비구역은 이전의 점 단위의 문화재 계획에서 벗어나 문화재와 이를 둘러싼 도시를 포함하고 있는 계획이므로 도시의 장기적 발전계획과 함께 검토되어야 한다. 민(民)·관(官)·학(學)이 한자리에 모여 토론하는 진정한 의미의 거버넌스(Governance)가 필요한 것이다.

VI. 결론

龜何龜何(구하구하) 거북아 거북아
首其現也(수기현야) 머리를 내어라
若不現也(약불현야) 내놓지 않으면
燔灼而喫也(번작이끽야) 구워서 먹으리라

구지가(龜旨歌)와 함께 신화처럼 전해오던 가야사는 1980년대부터 점차 본격적인 연구의 주제가 되기 시작하여 약 40여 년이 지난 2017년 국정과제 선정이라는 새로운 시작을 맞이하게 되었다. 정부차원의 가야사에 대한 관심과 지원은 그동안 문화유적에 대하여 부정적인 인식을 가져온 지방정부의 변화를 이끌어

〈그림 18〉 Archaeology Magazine에 가야관련 처음으로 게재된 말이산45호분 출토 사슴모양 토기

냈고 가야인의 흔적이 남아있는 지역들에서는 그들의 발자취를 찾기 위해 다양한 노력을 기울였다. 이러한 과정에서 지난 40년간 밝혀지지 않았던 가야사에 대한 많은 부분들이 새롭게 확인되었으며 정비복원사업을 통해 1,500여 년 전의 웅장한 모습을 회복해 나갔다.

이러한 변화는 가야사를 땅속 토기편과 어린시절 썰매를 타던 뒷산 구릉

으로 여기던 지역의 주민들과 박물관속 회색의 토기와 녹슨 철기로 생각하던 국민들의 변화를 이끌어 내고 있다. 지역의 주민들은 가야의 역사와 문화를 점차 자신들의 문화적 정체성으로 받아들이기 시작하였으며 그들의 생활공간과 삶속에서 가야의 역사가 자리잡기 시작하였고 국민들은 아름다운 가야고분군의 능선을 찾아오기 시작하였다.

이러한 시점에 올해 현지실사를 앞두고 있는 가야고분군의 세계유산등재는 가야사에 대한 인식을 변화시킬 전환점이 될 것으로 생각된다. 가야고분군의 세계유산등재는 그동안 우리 역사 속 조연으로 머물러 있던 가야의 역사를 주연으로 끌어올림과 동시에 당당히 세계사 속의 한 장면으로 남겨지는 계기가 될 것이다. 아울러 올해 시행될 역사문화권 특별법은 역사 속 가야사를 현재의 삶 속으로 끌어내어 역사 문화도시로서 가야의 옛 고도를 탈바꿈 시켜줄 것으로 기대한다.

삼국유사 가락국기에 따르면 기원후 42년, 수로왕은 나라를 세워 6가야의 문명을 태동시켰다. 이 시점과 6가야에 대하여 많은 논란이 있을 수 있으나 이 시기를 즈음하여 가야문명이 태동되었다는 것에는 이의가 없을 것이다. 앞으로 세계유산등재와 역사문화권 정비사업이 순조롭게 이루어져 가야문명의 태동이 이루어진지 2,000년이 되는 2042년에는 전국민과 세계인이 함께 가야문명의 시작을 기념할 수 있기를 바란다.

참고자료

2017, 「문재인 정부 국정운영 5개년 계획」, 국정기획자문위원회.

2017, 「가야문화권 조사연구와 정비사업 추진방향 등 앞으로의 계획을 알려드립니다」, 문화재청.

2017, 「경상남도 가야사 복원 종합계획」, 경상남도.

2017, 「전북가야 선포식 보도자료」, 전라북도.

2017, 「부산지역 가야문화 연구복원사업 계획」, 부산광역시.

2020, 「함안 말이산고분군 13호분 발굴조사 약보고서」, 함안군·동아세아문화재연구원.

2020, 「함안지역 가야토기 생산유적 기초학술연구」, 국립가야문화재연구소.

2020, 「함안 안곡산성」, 함안군·동아세아문화재연구원.

2019, 「함안 말이산고분군 정비사업부지내 유적 발굴조사 약보고서」, 함안군·두류문화연구원.

2019, 「창녕 퇴천리 토기가마터 문화재 발굴조사 약보고」, 창녕군·동아세아문화재연구원.

2020, 「고성만림산토성 정밀발굴조사 학술자문회의 및 현장설명회 자료집」, 고성군·동아세아문화재연구원.

2019, 「문화재청 보도자료-고령 지산동고분군에서 '건국신화 그림 6종' 새겨진 토제방울 출토」, 문화재청.

2020, 「국제학술심포지엄」, 「남원 청계리 청계고분군과 월산리고분군 조사성과와 의의」, 국립완주문화재연구소.

「신화에서 삶 속으로」에 대한 토론문

김 재 홍 (국민대학교)

연구에서 복원으로 확장—아라가야의 부활

가야의 중심에 있는 아라가야는 『삼국사기』와 『일본서기』에 중요한 가야 국가로 등장함에도 금관가야나 대가야에 비해 관심이 적은 나라였습니다. 그러나 최근 문헌사료에 대한 재해석과 더불어 고고학적 발굴조사가 가장 활발하게 이루어졌고 많은 성과도 거두었습니다. 그동안 고분 위주의 발굴 조사에서 범위를 확장하여 왕궁지, 궁성의 성벽과 건물, 신전, 토기가마터, 주변 산성 등 고대 국가의 도성이 가진 궁성, 왕릉, 신궁(신전), 생산거점, 방어시설 등 제반시설을 하나의 공간에서 재현하는 성과를 거두었습니다. 가야가 가진 고대국가적인 성격에 가장 먼저 다가가고 있어 가야 지역사 연구의 모범이 되고 있습니다. 또한 이를 근거로 세계유산등재, 사적 지정, 전시관 건립 등 복원과 활용에도 초점을 맞추어 진행하고 있습니다. 문제의 핵심으로 개별적으로 존재하는 문화유산을 아라가야 도성이라는 공간에 맞추어 고대 도성의 경관을 해명하고 보존할 수 있는 지역으로 함안, 아라가야를 지목하고 싶습니다. 이와 관련하여 실무 담당자 입장에서, 아라가야의 도시 함안의 문화유산을 도성의 복원이라는 측면에서 설명 부탁드립니다.

「신화에서 삶 속으로」에 대한 토론문

심 재 용 (김해시청)

'가야문화권 조사·연구 및 정비'의 국정과제 선정 후 지자체의 대응과 2018년부터 2020년까지 3년간의 가야사 사업의 전개와 성과, 이러한 사업들에 반영된 지자체와 지역주민의 인식 등을 일목요연하게 잘 정리하여, 지자체의 가야사 국정과제사업이 어떻게 진행되었는지 잘 알 수 있게 되었다.

발표자는 가야고분군 세계유산 등재의 전문가 현지실사가 실시되고, 역사문화권 정비등에 관한 특별법이 시행되는 2021년 올해를 가야사 인식에 있어 큰 전환점이 될 것으로 보고 있다. 즉 가야고분군의 세계유산 등재 시 가야사에 대한 인식은 범국민적으로 새롭게 인식될 것이고, 역사문화권정비법에 의한 정비구역의 지정을 통해 가야고도들이 역사도시로서의 모습을 갖추면 가야사에 대한 국민인식과 지역민의 인식 역시 크게 전환될 것으로 파악하였다. 이에 대해 본 토론자 역시 동감하는 바이다. 하지만 이러한 인식변화는 이러한 사업들이 계획적으로 이루어졌을 때 가능한 것인데, 계획 진행 시 여러 변수들이 발생할 수 있다. 혹시 발표자가 생각하는 가장 큰 변수와 그에 대한 대응책이 있으면 부탁드린다.

호남에서의 가야사 인식 변화

하 승 철*

Ⅰ. 머리말

　4~6세기 호남지역은 다양한 문화가 공존하며 비약적으로 발전하던 시기였다. 호남지역은 금남정맥과 호남정맥을 경계로 서부의 평야지대와 동부의 산간지대로 구분된다. 호남 서부지역은 마한·백제 문화가 바탕을 이루고, 동부권은 마한·가야·백제 문화가 역동적으로 전개된다. 호남 서부지역의 고대 정치체와 가야의 관계는 주로 교류사를 중심으로 연구되고 있으며, 동부지역은 가야문화의 확산과정과 그 범위, 정치체의 성격에 대해 논의가 진행되고 있다. 따라서 본 연구에서는 호남 동부지역을 중심으로

---

* 가야고분군 세계유산등재추진단

가야사 연구현황과 인식변화에 대해 살펴보고자 한다.

호남 동부지역은 전북과 전남으로 행정구역이 나뉜다. 전북 동부지역은 금강상류에 위치한 진안고원, 남강상류에 위치한 운봉고원, 섬진강 상류의 임실·순창·남원 서부지역으로 세분된다. 전남 동부지역은 섬진강 중류의 구례·곡성, 섬진강 하류와 남해안에 위치한 순천·여수·광양·고흥·보성 으로 구분된다.

본문에서는 먼저 호남에서의 가야사 연구의 흐름을 정리해보고, 문헌사 학과 고고학에서의 연구 성과를 정리해보고자 한다. 문헌사학에서는 임나 사현과 대사·기문의 위치비정, 백제의 진출에 따른 정치체의 동향에 대한 연구가 중점을 이루고 있다. 고고학에서는 대부분 묘제와 토기양식에 연구 의 초점이 맞춰져 있었고, 위세품의 계통이나 제작기법, 유통에 대한 문제 도 논의되기 시작하였다. 최근에는 전북 동부지역에서 확인된 산성과 봉 수, 제철유적의 축조시기, 운용주체에 대한 논의가 활발하다. 고고학 연구 성과는 전북 동부지역과 전남 동부지역을 구분하여 살펴보도록 한다.

II. 호남지역 가야사 연구

호남지역은 마한·백제의 영역으로 인식되어 1980년대 이전까지는 가야 사 연구가 거의 이루어지지 못했다. 일부 문헌사 연구자를 중심으로 『일본 서기(日本書紀)』 계체기(繼體紀)에 기록된 임나사현(任那四縣)과 기문(己汶), 대사(帶沙)의 위치에 관한 연구가 이루어졌다. 그러나 1980년대부터 남원 월산리·건지리고분군 등 가야유적이 발굴되고, 운봉고원에 30여 개소의 가야계 고분군이 분포한다는 사실이 알려지기 시작하면서 가야 정치체에 대한 관심이 높아졌다. 그러나 호남지역 가야사에 대한 연구 논문이 본격적으로 제출되기 시작한 것은 2000년대 이후이다.

군산대학교박물관에서는 전북 동부지역에 대한 지표조사를 꾸준히 진행하였고, 2004년에『전북 동부지역 가야문화유산』, 2005년에『전북 동부지역 가야유물』도록을 발간하여 전북지역 가야문화에 대한 이해의 폭을 넓혔다. 이 책에서는 전북 동부지역 가야유적을 남강·금강·섬진강 수계권으로 구분하고, 생활유적·분묘유적·생산유적·관방유적·통신유적에 대해 소개하였다. 이후 장수 삼고리·삼봉리·동촌리·호덕리고분군, 장수 침곡리고분군 등이 발굴되면서 가야계 묘제와 유물이 실제로 확인되었다. 특히 진안고원에 위치한 산성과 봉수가 가야시기에 축조되었을 가능성이 있다는 견해(곽장근 2007, 조명일 2012)는 많은 관심과 논쟁을 불러일으켰다. 2014년에는 전북 장수군에서 영취산 봉수유적과 봉화산 봉수유적에 대한 발굴조사가 진행되기도 하였다. 이는『일본서기』계체 8년(514년)에 나오는 대가야가 성을 쌓고, 봉후(烽堠), 저각(邸閣)을 두어 일본에 대비하였다는 기사를 실증하는 것으로 받아들여지기도 하였다.

전남 동부지역 가야문화에 대한 연구는 순천대학교박물관의 역할이 지대하였다. 순천대학교박물관에서는 2006년부터 2012년까지 3차례에 걸쳐 순천 운평리고분군을 발굴하여 이곳이 가야의 고분군임을 밝혔다. 이후 순천 왕지동·성산리·용담동·덕암동유적, 여수 죽림리유적, 광양 도월리 분구묘 등이 연이어 조사되면서 5세기부터 6세기 전반의 시기에 소가야와 대가야가 전남 동부지역에 강한 영향력을 미치고 있었던 사실이 확인되었다. 또한 여수 고락산성, 순천 검단산성, 광양 마로산성이 연이어 발굴되면서 백제의 진출과정과 지배방식에 대한 이해가 가능하게 되었다.

호남고고학회에서는 호남에서의 가야사 연구를 지원하기 위하여, 2007년『교류와 갈등—호남지역의 백제, 가야 그리고 왜—』, 2010년『호남 동

범 례

1. 장수 삼봉리
2. 장수 삼고리
3. 장수 노하리
4. 장수 동촌리
5. 임실 석두리
6. 남원 월산리
7. 남원 두락리
8. 남원 건지리
9. 남원 입리
10. 구례 용두리
11. 순천 죽내리
12. 순천 운평리
13. 순천 왕지동

〈그림 1〉 호남 동부지역 주요 가야고분군(전상학 2019)

부지역의 가야와 백제』, 2014년 『가야와 백제, 그 조우(遭遇)의 땅 '남원'』, 2019년 『마한·백제 그리고 가야』라는 주제로 학술대회를 개최하였다. 학술대회에서는 가야 묘제와 토기·철제무기·마구 등 부장품, 장식대도 등 위세품, 주거지 등 생활유적을 비롯하여 산성과 봉수, 제철유적에 대한 다양한 연구 성과가 발표되었다.

순천대학교박물관과 한국상고사학회에서는 2008년에 『전남 동부지역의

〈그림 2〉 남원 청계고분군(국립완주문화재연구소)

가야문화』라는 주제로 학술대회를 개최하였고, 순천대학교박물관과 호남고고학회에서는 2015년에 『섬진강유역의 고고학』이라는 주제로 학술대회를 개최하였다.

국립나주문화재연구소와 국립가야문화재연구소에서도 2019년에 『호남과 영남 경계의 가야』라는 주제로 학술대회를 개최하였다. 전라북도 문화유산의 조사와 연구를 위해 2019년 설립된 국립완주문화재연구소에서는 남원 청계고분군을 발굴하고 국제학술대회를 개최하였다.

국립전주박물관에서는 호남지역 가야문화에 대한 학계와 시민들의 관심에 부응하여 2012년에 『운봉고원에 묻힌 가야무사』라는 주제로 남원 월산리고분군 발굴 유물 특별전을 개최하였다. 이어 2018년에는 『전북에서 만나는 가야 이야기』 특별전을 개최하여 호남 동부지역 가야문화에 대한 관심을 촉발시켰다. 백제학회에서도 (재)전북문화재연구원의 후원으로 2008년 『백제와 섬진강』을 주제로 학술총서를 발간하였다.

이와 더불어 남해안을 통한 마한·백제와 가야의 교류에 관한 연구도 진행되었는데, 한국고고학회에서는 2011년에 『삼국시대 남해안지역의 문화상과 교류』를 주제로 학술대회를 개최하였고, (재)전남문화재연구소는 2014년에 『전남 서남해지역의 해상교류와 고대문화』, 2017년에 『전남지역 고대문화의 양상과 교류』를 주제로 학술대회를 개최하였다. 이처럼 호남에서는 2000년 이후부터 거의 매년 학술대회, 특별전 등이 개최되면서 가야사 연구에 활기를 불어넣고 있으며, 이러한 연구 분위기는 현재까지도 이어지고 있다.

호남 동부지역 가야사 연구 흐름을 정리하면, 1980년대 이전에는 문헌사학을 중심으로 임나사현과 기문·대사의 위치비정에 관한 연구가 중심이었고, 1980년대부터 고고학 조사를 통해 가야계 묘제와 유물이 확인되기 시작하면서 가야문화의 확산시기와 범위에 관한 연구가 크게 증가하였다. 2000년대 이후에는 가야 정치체의 성격, 백제의 진출시기에 관한 연구가 중점을 이루었고, 최근에는 교통로, 성곽, 주거지, 묘제, 토기양식, 제철과 봉수, 위세품 등 유구와 유물에 대한 세부적인 측면의 연구가 늘어나고 있다.

III. 문헌사학

1. 임나사현(任那四縣)의 위치비정

호남지역의 가야사 연구는 『일본서기(日本書紀)』 계체기(繼體紀)에 기록된 임나사현(任那四縣)과 기문(己汶), 대사(帶沙)의 위치 비정에서 시작되었다.[1]

---

1) 『日本書紀』 繼體紀 6년(512)조 任那四縣(上哆唎, 下哆唎, 娑陀, 牟婁)의 백제 양도기사, 『日本書紀』 繼體紀 8년(514)조에 반파는 子呑과 帶沙에 성을 쌓아 滿奚에 이어지게

일제강점기 일본인 학자들은『일본서기』계체기 6~23년조 기사를 분석하여 '임나'의 일부 지역이 호남지역에 있었다는 가설을 제기하였다. 즉, 원래 임나 땅이었던 상다리(上哆唎), 하다리(下哆唎), 사타(娑陀), 모루(牟婁)의 임나사현과 기문의 땅을 왜왕이 6세기 초에 백제왕에게 할양했으므로 그 이전에는 그곳이 왜왕이 지배하는 임나에 속했다는 것이다.

대표적인 학자는 이마니시 류(今西龍 1922)와 스에마스 야스카즈(末松保和 1949)이다. 이마니시 류는 처음에 기문을 경북 개령으로 보았지만, 이후에 전북 남원으로 수정하였고, 스에마스 야스카즈(1949)는 임나사현을 전북과 전남 일원에 비정하였다. 다나카 도시아키(田中俊明 1990)도 임나사현의 위치를 영산강유역 일대로 비정하고 있다. 일본의 많은 역사서적에는 아직도 일제강점기 일본 학자들의 견해를 바탕으로 작성한 역사지도가 수록되고 있다.

이후 임나사현과 기문, 대사의 위치를 경남의 서남부지역으로 비정하거나(김정학 1977) 낙동강 중류지역(천관우 1991)으로 비정하는 등 다양한 견해가 제시되었다.

전영래(1985)는 임나사현과 기문, 대사지역이 서로 인접하고 호남 동부지역이 가야에 속한다고 보았으며, 스에마스 야스카즈가 영산강유역이나 구례 등으로 본 임나사현의 위치를 사타(娑陀)는 순천으로, 모루(牟婁)는 광양으로, 상다리(上哆唎)는 여수반도, 하다리(下哆唎)는 여수 돌산도지역으로 비정하였다. 이후 기문, 대사와의 관련성을 근거로 임나사현을 전남 동부지역으로 비정하는 견해(전영래 1985, 이근우 2003, 박천수 2006b, 이동희 2007, 정재윤 2008, 김영심 2008)가 대세를 이루게 되었다. 2000년대 이후에는 호남 동부지역에서 가야계 고분과 유물이 증가하면서 이러한 견해가 더욱 설

하고 봉수대와 저택을 설치하여 백제 및 왜국에 대비했다는 기사,『日本書紀』繼體紀 23년(529)조에 백제가 가라의 다사진을 왜에 요구하였고, 왜는 이를 승인하였다는 기사.

득력을 얻고 있다.

김태식(1993·2002·2008)은『일본서기』에 기록된 임나사현과 기문의 위치에 대하여, 상기문1은 장수 번암지역으로, 상기문2(혹은 中己汶)는 임실지역으로, 하기문은 남원지역으로, 사타는 순천, 모루는 광양, 상다리는 여수, 하다리는 여수 돌산으로 비정하였으며, 이 지역이 가야에 편입되었던 기간을 5세기 중엽부터 6세기 초의 70년 정도로 파악하였다. 또한 우륵 12곡에 거론된 상기물(上奇物)은 남원시, 하기물(下奇物)은 임실군 임실읍 및 장수군 번암면, 물혜(勿慧)는 광양시 광양읍, 달이(達己)는 여수시와 여수시 돌산읍으로 비정하고, 5세기 후엽에 섬진강 서안의 여러 정치체가 대가야가 주도한 후기가야연맹에 포함된 것으로 판단하였다.

박천수(1996·2006a)는 문헌과 고고학 자료를 근거로 5세기 후엽에 대가야가 함양·남원·구례·하동 지역을 장악하고 대가야권을 형성하였다고 보았다. 이후 고고학 발굴조사 성과를 토대로 임나사현과 기문, 대사의 위치를 섬진강 수계로 파악하고, 이 지역이 5세기 전엽부터 6세기 전엽까지 대가야 권역에 속했던 것으로 추정하였다. 이러한 가설은 순천 운평리고분군, 여수 죽림리고분군 등에서 확인된 가야계 묘제와 유물을 통해 증명된 것으로 주장하였다. 이후 전남 동부지역은 510년부터 530년 사이에 백제의 영역에 편입된 것으로 판단하였다.

이동희(2004·2010·2014)는 4세기 후엽부터 6세기 전엽까지 전남 동부지역이 가야와 밀접한 관계를 맺고 있었던 것으로 파악하였고, 임나사현의 위치에 대해서는 전영래의 견해를 수용하였다. 특히 고고자료와 문헌자료, 지리적 위치 등을 검토하여 임나사현에 속한 유적을 구체적으로 적시하였는데, 사타는 순천의 운평리고분군, 모루는 광양의 도월리고분군, 다리는 여수의 미평동유적과 고락산성과 연결하였다. 제시된 유적에서는 대가야 문물 일색의 양상이 확인되거나 다수의 대가야 토기가 백제의 문물과 함께 출토되고 있어 대가야에 속한 것으로 보았다.

　이영식(2018)은 『일본서기』 계체기 6~23년조 기사를 분석하고 임나사현
이란 대가야가 영향력을 확보하고 있었던 지역이며, 가야의 여러 정치체가
존재함에도 불구하고 대가야 왕이 직접 축성하고 봉수 체계를 정비하는 것
같은 직접적인 군사행동에 나서게 되는 점을 주목하였다. 이는 대가야가
간접지배의 형태에서 직접지배에 가까운 형태로 변해 갔음을 추정해 볼 수
있는 근거로 대가야의 고대국가적 지표의 하나로 판단하였다.

　임나사현의 위치비정이 단편적인 문헌기록과 지명의 음상사에 의존하
던 방식에서 벗어나 문헌사학과 고고학 연구 성과를 통해 전남 동부지역으
로 추정하는 견해가 설득력을 얻고 있다. 그러나 임나사현의 성격에 관한
연구는 부족한 것으로 보인다. 대부분의 연구자들은 임나사현을 대가야와
의 관계, 백제의 진출 시기를 이해하는 자료 정도로 활용하고 있어 문제가
있다. 임나사현은 전남 동부지역 재지세력의 성격과 관련하여 중요한 의미
가 있을 것으로 추정되므로 이에 대한 연구가 필요하다.

2. 대사(帶沙)의 위치비정

　『일본서기』에 기록된 다사진(多沙津) 또는 대사진(帶沙津)의 위치를 섬진
강 하구의 하동으로 보는 것에 대해서 별다른 이견이 없는 듯하다. 김태식
(2002)은 가야와 백제의 분쟁지역이고, 대왜 무역항으로 중요한 항구였다
는 사실로 볼 때 대사(帶沙)를 섬진강 하구의 하동지역으로 비정할 수 있다
는 견해를 제시하였다. 또한 대가야는 섬진강 교통로를 통해서 479년에
중국 남제와 통교하였던 것으로 보았다. 이후 이러한 견해에 대해서 많은
연구자들이 찬동하였지만, 조영제(2002)는 경남 서부지역과 호남 동부지역
을 모두 대가야권역으로 볼 수 없고, 합천 서부지역과 거창·함양·운봉·

산청지역에 국한된 것으로 보아야 한다는 견해를 제시하였다. 특히 문헌에 보이는 대사 즉 하동을 대가야와 관련된 지역으로 볼 수 없다고 주장하였다.

박천수(2006b)는 대가야 유물의 출토양상으로 보아 대가야가 하동지역이 가진 전략적인 중요성을 인식하고 재지의 수장층을 해체하고 지방관을 파견하여 직접 지배했을 가능성이 높은 것으로 판단하였다. 이후 하동 흑룡리고분군에서 대가야 토기를 비롯한 대가야계 유물이 다량 출토됨으로써 다사진 또는 대사가 대가야 권역에 포함되었다는 가설이 증명된 것이라고 주장하였다. 즉, 대가야는 최소한 479년 남제로의 사신 파견부터 백제가 섬진강 하구에 진출하는 529년까지 섬진강유역에 위치한 가야의 정치체에 대하여 절대적인 영향력을 미치고 있었다고 본 것이다.

곽장근(1999·2010)은 색다른 견해를 제시하였는데, 529년까지 가라가 여전히 다사진(多沙津)을 차지하고 있었으므로 대사와 다사가 각각 다른 지역을 가리킬 개연성이 있는 것으로 판단하였다. 그는 대사의 위치를 섬진강 중류지역에서 교통의 중심지이자 섬진강 내륙 수로의 출발지인 전남 곡성군 고달면 대사리 일대로 비정하였고, 다사의 위치는 경남 하동으로 비정하였다.

필자는 다사진(多沙津) 또는 대사진(帶沙津)의 위치를 섬진강 하류의 하동으로 비정하는 견해에 찬동한다. 대가야는 신라에 의해 낙동강 교역로를 상실하고 거창, 함양, 운봉고원을 거쳐 섬진강으로 진출하고자 세력을 확대하였다. 이는 백제는 물론 중국, 일본(왜)과의 안정적인 교역로를 확보하기 위함이었다. 순천 운평리고분군, 하동 흑룡리고분군에서 확인된 대가야 묘제와 유물은 이와 관련된 것으로 보는 것이 타당하다. 하동은 지리적으로 전남 동부지역에 비해 대가야의 영향력이 강하게 작용할 수 있고, 강력한 정치체가 형성되어 있지 못했던 곳이다. 대가야는 하동을 근거지로 하여 섬진강과 남해안을 통해 대외교역로를 확보하고자 하였다. 이러한 구상은 5세기 말부터 6세기 초에는 실현되었다. 그러나 하동은 대가야 중심지인 고령과 멀리 떨어져 있어 관리에 한계가 있었고, 섬진강 하류지역 정치체를 장기간 통제하기는 역부족이었으며, 웅진기 이후 백제가 진출하면서 대가야의 영향력은 쇠퇴하였다.

3. 기문(己汶)의 위치비정

기문의 위치에 대해서는 대부분의 연구자가 섬진강유역에서 구하였다. 일본인 학자(今西龍 1922; 末松保和 1949)들은 기문하(基汶河)가 섬진강을 가리키는 것으로 보고, 이 일대에 기문이 존재하였다고 판단하였다. 국내의 연구자들도 약간의 차이는 있으나 대부분 기문의 위치를 남원과 임실을 포함한 섬진강유역으로 보고 있다.(아래 표1 참조)

연민수(1988)는 『일본서기』 현종천황(顯宗天皇) 3년(487) 시세조(是歲條)의 이림(爾林)과 대산성(帶山城)을 전북 임실의 기문국으로 보았다. 박천수(2006b)는 기문을 섬진강 중·하류지역에 위치한 구례·곡성·순창·남원·임실의 넓은 지역으로 설정하였다.

곽장근(2004)은 섬진강수계에서 가야계 중대형 고총이 발견되지 않으므로 기문이 남강 수계에 위치하며, 남원 운봉고원과 장수·함양·산청·합천 등 남강 중·상류지역을 포괄하는 영역 국가로 파악하였다. 그러나 이후의 논고(2014)에서는 기문국의 위치를 남원 운봉고원으로 한정하였다. 그는 기문국이 6세기 전반기 이른 시기에 백제영역에 편입된 것으로 판단하였다.

백승옥(2007)은 기문을 동일한 이름을 가진 두 곳으로 추정하고, 섬진강유역과 낙동강 중류 일대로 비정하였다. 최근에는 가야계 고총의 분포를 주목하여 진안고원의 장수권과 운봉고원 일대를 구분하여 상·중·하 기문의 존재를 추정하는 견해가 제시되었다. 주본돈(2011)은 상기문을 장수지역으로, 하기문을 운봉고원으로 비정하였다.

김재홍(2012·2018)은 전북 동부지역에서 출토된 가야계 유물은 고령 대가야고분에서 출토된 것과 공통성을 보이지만, 모방품이나 소가야양식의 특징을 보이는 것이 있으므로 시기에 따라 정치적 이해관계를 달리하였을 가능성을 제시하였다. 이 지역의 정치체는 독자적 문화를 기반으로 가야문화를 수용하였으며, 기문국으로 불렸다. 그는 장수지역의 가야를 상기문, 운봉고원의 가야를 하기문, 중기문은 남원 서부와 임실지역으로 비정하였다.

전상학(2020)은 약간 다른 견해를 제시하였는데, 기문을 남강 상류에 자리했던 가야 소국으로 파악하고 상기문이 운봉고원에 있었던 것으로 추정하였다. 특히 운봉고원과 경남 함양군·산청군을 동일한 문화권으로 보고, 이 지역이 기문과 관련되는 것으로 판단하였다.

한편, 『일본서기』계체기 8년(514)조에 등장하는 반파국에 대하여 기존에는 고령 대가야를 지목하는 견해가 많았으나, 곽장근(2020)은 봉화와 봉화로의 복원, 고총 고분의 존재와 제철유적 등을 근거로 진안고원 장계분지에 기반을 둔 가야계통의 정치체라고 판단하였다.

섬진강 유역은 5세기부터 가야와 백제에게 전략적으로 매우 중요한 지역으로 부상하였다. 백제는 웅진기 이후 후방의 안정과 가야, 왜와의 교역로 확보를 위해 섬진강유역으로 진출하였고, 가야와 신라의 진출을 막는 전략적 요충지로도 활용하였다. 가야 역시 백제와의 내륙교통로, 영산강유역과 남해안을 연결하는 해양교통로가 지나가는 곳으로 교역과 전략적 이점 때문에 섬진강유역으로 세력을 확대하였다. 특히 대가야는 중국, 왜와의 독자적인 교역망 구축을 위해 섬진강유역으로 세력을 확대하였다. 『일본서기』계체기에 등장하는 기문·대사의 할양 기사는 이러한 당시의 사정을 반영하는 것으로 볼 수 있다.

기문(己汶)의 위치에 대해서는 섬진강 상류나 중·하류지역으로 넓게 설정하는 견해와 남원, 임실, 장수 등 특정한 지역으로 구체화한 견해로 나뉜다. 그러나 기문을 전북 동부지역에 있었던 가야 정치체로 이해하고 있는 점은 공통된다. 필자는 최근 고고학 조사 성과를 반영하여 세분할 필요가 있다고 본다.

먼저 남원은 동부의 산간지대와 서부의 평야지대의 문화적인 양상이 확연히 다르므로 정치체의 성격을 구분할 필요가 있다. 남원 동부의 운봉고원에는 가야계 고분군이 확인되었으나 서부 평야지대에는 가야계 고분군이 확인되지 않는다. 남원 동부지역의 월산리고분군, 유곡리와 두락리고분군, 청계고분군은 대표적인 가야의 고분군이며, 서부지역의 사석리와 입암리에서 조사된 고분은 영산강유역의 분구묘와 유사한 것으로 밝혀졌다. 남원 서부지역의 월평리·천사동·대곡리 취락유적에서도 마한·백제, 가야 유물이 혼재하고 있어 동부지역과 차이가 있다.

임실에서도 가야계 고분군이 확인되지 않았고, 임실 금성리·도인리·석두리 고분에는 백제와 가야계 묘제와 유물이 혼재한다. 또한 임실 망월촌·도인리·석두리·갈마리 해평 유적도 가야 보다는 호남 서부지역의 마한 취락과 상통하고 있어(김낙중 2021) 기문국의 존재가 불명확하다.

필자는 가야 정치체의 성립을 뚜렷하게 확인할 수 있는 남원 운봉고원 일대를 기문국으로 판단한다. 기문국이 하나인지, 둘 또는 셋으로 구분되는지, 진안고원(장수·장계분지)에 있었던 가야 정치체와의 관계는 어떠했는지에 대해서는 추후의 과제로 남겨둔다.

연구자	任那四縣의 위치비정				己汶·帶沙 위치비정		출전
	상다리	하다리	사타	모루	기문	대사	
今西龍	진주	웅천	하동?	고성	남원	하동	今西龍(1922)
末松保和	영산강 동안		구례	전남서부	섬진강	하동	末松保和(1949)
김정학	함양·산청				하동군 일대		김정학(1977)
천관우	의성 다인		칠곡 인동	예천	금릉 개령	달성 다사·하빈	천관우(1991)
전영래	여수 반도	여수 돌산도	순천	광양	남원	하동	전영래(1985)
연민수					남원 임실	하동	연민수(1988)
田中俊明	영산강 동안 (광주, 영남 등)		함평·고창·무안	영산강 서안	번암 (상기문), 남원 (하기문)	하동	田中俊明 (1990)
김태식	여수	여수 돌산도	순천	광양	장수번암, 임실 (상기문), 남원 (하기문)	하동	김태식(2002)
이영식					남원	하동	이영식(1995)
임영진					남원		임영진(1997)
이근우	전남 장흥		순천	광양 보성	남원	하동	이근우(1997)
곽장근	여수		순천	광양	운봉고원	다사: 하동 대사: 곡성군 고달면	곽장근 (1999·2014)
백승충	하동(다리=대사)		남원?		남원	하동	백승충(2000)
김현구					김천시 개령	대구시 달성군	김현구(2000)
이동희	여수		순천	광양	남원	하동	이동희(2004)

김병남	돌산도	여수	곡성, 구례, 순천	광양	남원, 임실	하동	김병남(2006)
박천수	여수지역		순천	광양	구례·곡 성·순 창·남 원·임실	하동	박천수(2006)
백승옥					낙동강 섬진강	하동	백승옥(2007)
김영심	여수·순천·광양				남원 임실	하동	김영심(2008)
박현숙					남원·장 수·임실	하동	박현숙(2008)
정재윤					남원 임실	하동	정재윤(2008)
주보돈					장수지역 (상기문) 하기문(운 봉고원)		주보돈(2011)
김재홍					장수(상 기문), 운 봉고원 (하기문), 중기문 (남원서 부 및임 실)		김재홍(2018)

〈표 1〉 임나사현 및 기문, 대사 기존의 위치비정(백승옥, 2007, 일부 개변)

Ⅳ. 고고학

1. 전북 동부지역

전북 동부지역은 1980년대 이전까지 개발에 따른 간단한 수습조사만 이루어졌기 때문에 정치체의 성격을 명확히 파악하기 어려웠다. 1972년 임실 금성리에서 조사된 가야계 석곽묘와 여기에서 출토된 대가야계 유개장경호를 근거로 가야와 밀접한 관련이 있을 것으로 추정하는(전영래 1974) 정도였다. 그러나 1980년대부터 고속도로, 댐 등 대규모 국토개발과 이에 따른 문화재 조사가 활발히 진행되면서 마한·백제와 가야에 관한 많은 자료가 축적되기 시작하였다. 1982년 동복댐 수몰지역에 대한 발굴조사, 주암댐 수몰지구에 대한 발굴조사, 88올림픽고속도로 발굴조사 등이 대표적인 사례이다. 특히 1982년 원광대학교 마한백제문화연구소에서 실시한 남원 월산리고분군 발굴조사에서 가야계 묘제와 유물이 확인되면서 전북 동부지역이 가야권역이라는 주장(전영래 1983)이 제기되었다.

이후 1980년대는 대학박물관을 중심으로 지표조사가 광범위하게 진행되어 많은 가야의 고분군이 확인되었다. 2021년 현재까지 전북 동부지역에서 확인된 가야계 고총은 진안고원(장수·장계분지) 240여기, 운봉고원 160여기로 파악되고 있다.

1989년 전북대학교 박물관에서는 남원 유곡리와 두락리고분군에서 석곽과 석실을 매장주체부로 하는 봉토분 5기를 발굴조사 하였다. 이 중 6세기 초에 축조된 17호분(舊 1호분)에서는 세장방형 수혈식석곽묘가 조사되었고, 대가야계 통형기대와 발형기대, 대가야계 마구 등이 출토되어 운봉고원 일대가 대가야와 긴밀한 관계를 맺고 있었던 것으로 밝혀졌다.

〈그림 3〉 유곡리와 두락리고분군 17호분(구 1호분, 전북대학교박물관 1989)

6세기 중엽에 축조된 36호분(舊 2호분)은 횡혈식실분이며, 연구자에 따라 백제계통 혹은 대가야계통으로 파악되고 있어 견해 차이가 있다.

1990년대는 전북 동부지역에 백제가 진출하기 이전에 가야문화를 기반으로 한 정치체가 존재하였을 것으로 추정하는 연구 논문이 증가하였다. 이희준(1995)은 대가야양식 토기의 시기별 분포를 검토하고, 고령 세력이 5세기 중엽에는 황강과 남강의 상류 지역을 포괄하는 연맹체의 맹주가 되며, 5세기 말에는 그 대부분 지역을 간접지배하는 영역국가와 같은 체제로 변화했을 가능성을 추론하였다. 전북 동부지역의 남원 월산리고분군에는 5세기 2/4분기부터 고령양식 토기가 나타나며, 5세기 3/4분기에는 섬진강 중·상류지역까지 고령양식 토기가 확산되었을 것으로 판단하였다. 이후 6세기 2/4분기까지 남원 유곡리와 두락리고분군, 건지리고분군에 고령양식 토기가 출토되고 있어, 이 시기까지 운봉고원 일대가 대가야 권역에 포함된 것으로 판단하였다.

유철(1996)도 전북 동부지역 석곽묘들이 5세기 중엽 이후 대가야의 영향을 받아 축조되기 시작한 것으로 판단하였다. 김재홍(2003)은 소형철제모형농기구를 분석하여 운봉고원 정치체가 대가야에 포함되었을 가능성을 제시하였다.

박천수(1996·1998·2006a)는 5세기부터 대가야가 가야 북부지역과 호남 동부지역에 걸쳐 넓은 권역을 형성하고, 그 권역은 대왕인 대가야왕을 중심으로 편제되었으며, 산성의 축조와 같은 역역동원체제가 형성된 것으로 보아 대가야가 고대국가로 성장한 것으로 보았다. 또한 대가야양식 토기가 남강하류역의 교통 결절점인 아영지역에 집중적으로 출토되는 것에 주목하여 대가야가 남강수계에 진출한 목적은 섬진강로를 통한 왜와의 교역로 확보와 함께 금강상류를 통한 백제지역과의 교역로를 확보하기 위한 것으로 판단하였다.

전북 동부지역의 진안고원과 운봉고원에 위치한 가야유적에 대한 관심이 높아지는 가운데, 월산리고분군에서 또다시 중요한 발굴이 이루어졌다. 전북문화재연구원은 2010년에 월산리고분군에서 6기의 봉토분을 발굴하였다. 대부분 대가야계 유물이 출토되었으나 M5호분에서 출토된 중국제

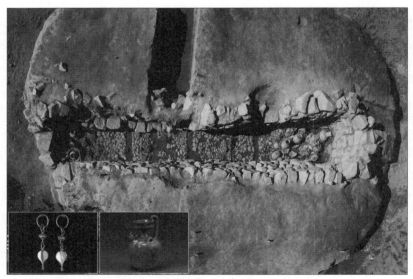

〈그림 4〉 남원 월산리고분군 5호분(전북문화재연구원 2012)

〈그림 5〉 남원 유곡리와 두락리고분군 32호분과 출토 수대경

청자 계수호를 통해 운봉고원 정치체가 백제와도 밀접한 관계를 유지하고 있었다는 사실이 드러났다.

2013년에 전북대학교박물관에서 조사한 남원 두락리 32호분에서도 백제와의 밀접한 관계를 보여주는 유물이 다량 출토되었다. 두락리 32호분은 주곽과 부곽이 나란히 배치된 대가야식 묘제이며, 대부분의 부장품이 대가야계 유물인 점에서 대가야와 관련이 있는 것은 확실하지만, 고분에 부장된 백제계 의자손수대경과 금동제 식리는 이 지역 정치체와 백제와도 밀접한 관계를 반영하고 있다는 것이다.

곽장근(2007·2010)은 5세기 중엽 이후 대가야의 영향력이 미치기 이전부터 운봉고원과 진안고원의 장수권 일대는 가야 세력이 존재한 것으로 판단하였다. 그리고 남원 두락리 36호분(구 2호분)의 석실구조가 공주 송산리 3호분과 유사하며, 두락리 5호분에서 출토된 은제목걸이와 은제구슬, 유리구슬, 탄목구슬이 무령왕릉 출토품과 유사한 점을 근거로 6세기 전반기 이른 시기부터 백제의 영향력이 운봉고원에 미쳤을 것으로 추정하였다.

박순발(2012)과 변희섭(2014), 최완규(2018)는 운봉고원 일대에 분포하는 가야 고총과 백제와의 관계를 보여주는 금동신발, 청자 계수호, 철제초두 등 부장품을 근거로 이 지역 가야 정치체가 가야문화를 기반으로 하면서 다양한 지역과의 교류를 통하여 독자 세력으로 성장하였던 것으로 파악하였다.

이영식(1995)은 남원의 월산리·두락리·건지리·초촌리고분군이 백제 세력의 진출과 관련된 것으로 파악하였으나 초촌리고분군을 제외하면 가야계 고분군이므로 재검토가 필요하다.

유영춘(2015)은 운봉고원에서 출토된 마구를 분석하고, 이 지역이 백제의 마구 생산기술을 수용하여 제작하였고, 이러한 제작기술은 운봉고원을 통해 대가야에 전파되었던 것으로 추정하였다. 반면 김우대(2011), 박경도(2019)는 장식대도의 계통과 제작기법을 분석하여 남원 월산리M1-A호, 두락리 4호분, 삼고리 2호분 2호 석곽에서 출토된 장식대도가 대가야에서 제작되어 분배된 것으로 파악하였다.

마한·백제 연구자들은 중국이나 백제계 위세품을 근거로 운봉고원의 가야 정치체를 대가야에 소속되지 않은 독자적인 세력으로 판단하였다. 그러나 대가야 연구자들은 대부분 운봉지역 가야 정치체가 대가야연맹에 소속되었거나 대가야의 지배를 받았던 것으로 판단하고 있다. 김태식(1993)과 이희준(1995·2014), 김세기(1995)는 남원 월산리·건지리고분군, 임실 금성리고분 등에서 확인된 가야묘제와 유물을 근거로 섬진강 상류의 남원, 임실 지역이 대가야 권역에 포함된 것으로 주장하였다.

박천수(2006a·2016·2018)는 운봉고원에 위치한 정치체가 대가야와 상하관계에 있었던 것으로 주장하였다. 특히 남원 월산리고분군에서 남원 유곡리와 두락리고분군으로 변화하는 과정에서 대가야의 정치적 개입이 있었던 것으로 추정하였다. 두락리 36호분(구 2호분)은 석실구조가 고령 고아리 벽화고분, 합천 저포리 D지구 1-1호 석실분과 유사한 것으로 판단하고, 대가야에서 파견된 축조기술자들에 의해 축조되었을 것으로 판단하였다.

또한 백제지역 계수호의 부장시기가 천안 용원리 9호분은 4세기 후엽, 공주 수촌리 유적은 5세기 전엽이지만, 월산리 M5호분은 5세기 후엽이고 대가야권역에 포함된 점에서 대가야가 이 지역 수장에게 사여한 것으로 추정하였다.

곽장근(2014)은 남강수계에 속하는 운봉고원과 금강수계에 속하는 진안고원에는 각기 다른 가야 정치체가 존재했다고 판단

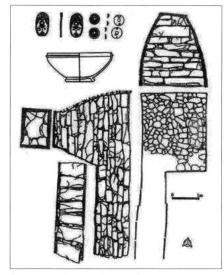

〈그림 6〉 남원 유곡리·두락리 36호분

하였다. 그는 운봉고원의 가야 정치체가 백제와 가야의 문화 및 문물교류의 교섭 창구로서 독자성을 지닌 세력이며 이를 기문국으로 추정하였다. 또한 진안고원의 장수권에 있었던 것으로 추정되는 가야의 정치체를 '장수가야'로 명명하였다. 장수가야는 6세기 초까지 백제에 복속되지도 않았으며, 남강유역에 속한 운봉고원의 기문국과는 백두대간과 금남호남정맥 산줄기로서 가로막혀 별개의 독립된 지역권을 형성한 것으로 파악하였다. 기문국은 6세기 전반기 이른 시기에 백제 영역에 편입된 것으로 주장하였다.

최근 조명일(2012), 곽장근(2020), 전상학(2017)은 진안고원과 운봉고원에 위치한 산성과 봉수, 제철유적이 가야시기에 조성된 것으로 파악하고, 이를 운용한 독자적인 가야 정치체의 존재, 이른바 '전북가야'를 주장하고 있다. 전북가야론은 진안고원에 위치한 '장수가야', 운봉고원에 위치한 '운봉가야'를 일컫는 것으로, 이 세력들은 섬진강 중상류 지역의 가야지역까지 영향을 미쳤다고 보았다. 특히 진안고원의 장수권에 집중적으로 배치된

봉수는 서로 일정한 거리를 두고 장수권으로 통하는 내륙교통로가 잘 조망되는 산봉우리에 입지하는 것으로 보고되었고, 이 봉수들의 운영주체를 장수가야로 판단하였다. 이러한 견해에 대해 찬반 여론이 뜨겁다. 이희준 (2014)은 봉수 중 일부가 가야시기에 축조되었을 가능성에 대해 찬동하였으나, 장수와 운봉지역 가야 세력에 속한 봉수들이 상호 연계되어 있는 것은 두 지역 세력을 상위에서 통할하는 중앙 세력의 존재, 즉 고령 대가야가 있었음을 알려주는 증거로 판단하였다. 박천수(2018)는 산성과 봉수, 제철유적이 삼국시대에 해당한다고 볼 수 있는 명확한 증거가 제시되지 않았으므로 장수가야, 운봉가야를 독자적인 가야 정치체로 보기 어렵다는 반론을 제기하였다.

김재홍(2018)은 전북 동부지역이 독자적 문화를 기반으로 가야문화를 수용하였으며, 장수지역의 가야를 상기문, 운봉고원의 가야를 하기문, 남원 서부 및 임실지역을 중기문으로 비정하였다. 남원 두락리 32호분 출토 금동신발, 남원 두락리 M5호분 출토 은제 목걸이, 탄목은 백제와 대가야, 남원의 가야(기문)와의 교류를 보여주는 명확한 증거로, 기문은 대가야권역에 속하는 정치체였으나 자율성을 가지며 대가야권역의 대외교류 창구로서 역할을 한 것으로 판단하였다.

한편, 4~5세기 섬진강 중·상류에 위치한 임실군과 남원 서부권의 성격은 명확히 밝혀지지 않고 있다. 문헌사학에서는 백제의 진출시기에 대해 4세기부터 6세기 전반까지 다양한 견해가 제시되어 있으며, 가야 정치체였던 기문국이 존재했다고 보는 연구자도 많다. 고고학에서도 백제와 가야의 요소가 혼재되는 양상인데, 남원시 대산면 운교리 석곽묘, 고죽동, 대강면 사석리 3호분 등에서 백제계 석실분과 가야계 석곽묘, 백제토기와 가야토기가 혼재되어 확인되었다. 박천수(1996·2006b)는 섬진강 중류역인 곡성 방송리고분군에서 대가야계 금제이식과 대가야토기가 출토되는 것을 근거로 이 지역을 대가야권역을 보고 있다. 그러나 곽장근(2004, 2011, 2013)은 전북 임실군과 순창군, 남원시에서 조사된 고분군에서 백제와 가야 요소가 공존하고 있고, 가야계 중대형 봉토분도 확인되지 않았으며, 부장품도 백제계와 가야계 토기가 혼재하고 있으므로 이 지역 전체를 가야권역으로 설정할 수 없다는 견해를 제시하였다.

임실과 남원 서부권은 6세기 전반에 백제의 영역으로 편입된 것으로 보았는데(곽장근 2014), 그 근거로 200기 이상의 백제계 석실이 축조되어 있는 남원 척문리·초촌리고분군을 들었다. 특히 척문리 고분에서 백제토기와 함께 출토된 은제관식은 이 지역이 백제 오방성 중 남방성과 관련되었음을 보여주는 결정적인 근거라고 주장하는 연구자(전영래 1985, 김영심 2008)도 있다. 초촌리고분군에서 서북쪽으로 1㎞ 정도 떨어진 곳에는 백제가 축조한 척문산성이 있다. 척문산성은 섬진강유역에서 백두대간 여원치·입망치를 통해 운봉고원으로 나아가는 길목에 축조되어 있어 가야·신라 세력의 진출을 차단하기 위한 역할을 하였던 것으로 보고 있다. 남원 서부지역이 6세기 전반에 백제의 핵심지역으로 부상하였다는 점에 대해서는 많은 연구자들이 동의하고 있다.

전북 동부지역의 장수·장계분지와 남원 동부의 운봉고원에 가야 정치체가 있었다는 점에 대해서는 대부분 견해를 같이하지만, 대가야 영역에 포함된 세력으로 보는 연구자와 독립된 가야 정치체로 보는 연구자로 나뉜다. 필자는 전북 동부지역에 5세기 후반부터 대가야 문물이 확산되는 것은 부인할 수 없는 사실이며, 정치체의 성장도 이와 연동될 가능성이 있다고 판단한다. 그러나 청자 계수호·수대경·금동신발·철제초두·은제목걸이·유리구슬·탄목구슬 등 위세품은 백제 중앙에서 보내준 것으로 보고 있다. 이러한 위세품은 이 지역 지배층이 상당한 독자성을 지니고 있었음을 알려준다. 전북 동부지역 가야 정치체는 대가야연맹에 포함되었으나,

자율성을 가지며 가야의 대외교역 창구로 역할을 하였던 것으로 판단한다.

2. 전남 동부지역

전남 동부지역은 행정구역상으로 광양·순천·여수·구례·보성·고흥이 해당되고, 호남정맥을 경계로 전남 서부지역과 구분된다. 전남 동부지역은 보성강수계와 섬진강수계, 남해안권역으로 세분되고 문화적인 양상도 달리 나타난다.

전남 동부지역은 마한·백제 문화권으로 인식되어 왔으나, 2000년 이후부터 고고학 발굴조사를 통해 가야유적과 유물이 증가하면서 가야의 정치적·문화적 영향력 아래에 들어갔던 시기가 있었음이 밝혀지고 있다. 그러한 인식변화의 결정적 계기는 순천대학교박물관에서 2006년부터 2012년에 걸쳐 진행한 순천 운평리고분군 발굴조사이다. 운평리고분군은 직경 10~20m의 분구를 가진 10여기의 고총과 다수의 목곽묘, 수혈식석곽묘로 구성된 고분군이었다. 발굴된 M1호분의 매장주체부는 세장방형의 수혈식 석곽묘이며 대가야계 유물이 다수 출토되었다. M2호분에서는 대가야양식 통형기대가 봉토에서 출토되어 대가야와 동일한 묘전제사(墓前祭祀)가 행해진 것으로 보고 있다. 또한 이 고분에서는 대가야양식 금제수식부이식이 출토되었다. 이후 여수 죽림리·죽포리·화장동유적, 순천 용당동·덕암동·왕지동·죽내리 성암유적, 광양 도월리고분, 보성 조성리유적 등이 연이어 조사되면서 전남 동부지역이 소가야연맹체 또는 대가야연맹체에 속했을 것으로 보는 견해가 제시되었다.

박천수(1996·2009)는 대가야가 5세기 중엽부터 황강이나 남강을 거쳐 남원과 구례를 지나 섬진강 하구인 하동까지 이르는 교통로 주변을 5세기 후엽에 장악하여 대가야권역을 형성하였던 것으로 판단하였다. 구례 용두리

고분군, 광양 비평리고분군, 순천 운평리·회룡리고분군, 여수 미평동고분군, 여수 고락산성 등에서 출토되는 대가야계 토기, 곡성 방송리고분군과 순평 운평리 M2호분에서 출토된 금제 귀걸이를 근거로 하였다.

　김태식(2002)은 순천 운평리유적에 대가야계 세장방형 석곽묘가 축조되고, 대가야계 통형기대와 이식, 마구류 등이 부장되는 것을 근거로 대가야와 순천의 수장층은 상하 연맹관계를 형성하였을 것으로 추정하였다.

　이동희(2004·2007·2011·2014)는 전남 동부지역에서 출토된 가야계 유물의 분석을 통해 가야문화의 변동에 관해 여러 편의 논문을 발표하였다. 그는 전남 동부지역 고분의 묘제와 유물을 통해 시기별 정치체의 변동과정을 자세히 분석하였다. 가야문화는 4세기 후반부터 남해안권역을 중심으로 확산하며, 5세기 중·후엽에는 소가야계 묘제와 토기가 전남 동부지역에 광범위하게 퍼져 있어 한시적으로 소가야연맹체에 속했을 것으로 보았다. 이후 5세기 말부터 6세기 초에는 섬진강유역에 대가야 세력이 진출하면서 대가야에 포함되는 것으로 판단하였다. 대가야계 묘제와 토기는 대부분 거점지역에서만 확인되고 있으므로 대가야와 전남 동부지역은 수장층을 중심으로 한 상하 연맹관계였을 것으로 판단하였다. 이 지역이 백제의 영역으로 편입되는 시기는 순천 죽내리유적, 광양 용강리고분이나 순천 검단산성, 여수 고락산성, 광양 검단산성·마로사성과 같은 백제산성(최인선 2002,

〈그림 7〉 순천 운평리고분군 1호분과 2호분

〈그림 8〉 순천 운평리고분군 출토 대가야계 토기와 귀걸이(순천대학교박물관 제공)

박태홍 2007)에서 출토되는 백제계 유물로 보아 6세기 2/4분기 이후일 것으로 추정하였다.

그러나 조근우(2019)는 5세기 후엽에서 6세기 전엽에 걸쳐 순천 운평리 일대를 중심으로 대가야의 묘제와 유물을 받아들였음은 분명하지만, 운평리고분군과 왕지동고분군을 제외하면 대가야 문물은 거의 확인되지 않는다. 따라서 순천 운평리고분의 축조집단과 대가야가 밀접한 관계를 형성한 것은 사실이지만, 이를 정치적 연맹관계로 해석하기에는 아직 자료가 부족하다고 판단하였다.

전남 동부지역 정치체의 성격에 대해서는 이견이 많지만, 백제의 편입시기에 대해서는 대체로 견해를 같이 한다. 전남 동부지역이 백제의 영역으로 편입되었음을 보여주는 결정적인 증거는 백제산성이다. 전남 동부지역의 백제산성(최인선 2002, 박태홍 2007)은 16곳 확인되었으며, 이 중 순천 검단산성, 광양 마로산성, 여수 고락산성이 발굴조사 되었다. 6세기 중엽이 되면 전남 동부지역은 소가야와 대가야 문화가 위축되는 반면, 백제계 문물이 확산한다. 백제고분은 대개 백제산성 주변에 축조되는데, 용강리고분군과 마로산성, 죽내리고분과 성암산성, 여수 고락산성과 미평동고분군,

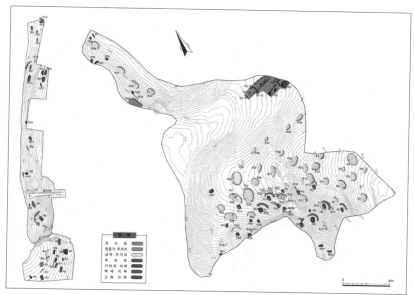

〈그림 9〉 여수 죽림동유적 가야계 주거지, 백제계 석실 분포도

순천 검단산성과 성산리고분, 고흥 백치산성과 동백고분군이 그러한 관계에 있다. 이동희(2007)는 백제가 진출하면서 섬진강 하구와 남해안 일대에 산성과 고분군을 축성하였던 것으로 파악하였다.

하승철(2018)은 전남 동부지역에 5세기부터 소가야 묘제와 유물이 급증하고, 주거지의 형태와 구조가 동일함으로 소가야문화권에 포함된 것으로 판단하였다. 대가야는 5세기 후엽부터 운평리 수장층과 긴밀한 관계를 구축한다. 6세기 중엽부터 등장하는 백제계 고분과 주거지, 백제산성으로 보아 전남 동부지역은 6세기 중엽부터 백제의 영역에 편입된 것으로 보았다. 이러한 변화를 가장 잘 보여주는 유적이 여수 죽림동유적이다. 죽림동유적에는 5세기에 가야계 원형주거지가 축조되고, 소가야토기가 주류를 이룬다. 이후 취락이 소멸되고, 6세기 중엽에 백제계 석실이 축조되면서 고분군으로 변화한다.

〈그림 10〉 죽림동유적 15호 주거지 출토 소가야토기

　전남 동부지역은 묘제는 물론, 주거지의 형태와 구조에서도 경남 서부지역과 유사한 것으로 파악(공봉석 2011)되고 있다. 섬진강유역의 주거지는 원형계에서 방형계로 변하는데, 1~3세기는 원형계 주거지가 대부분이고, 4세기는 보성강유역과 고흥반도에는 방형 주거지의 비율이 높지만, 동부 해안권은 원형 주거지의 비율이 높다. 이에 반해 전남 서부지역은 방형계 주거지가 90% 이상을 차지하며 4주식의 비율이 높아 동부지역 주거지와 차이가 있다. 권오영(2008)도 원형 주거지와 내부구조, 주거지 출토 가야계 토기를 근거로 전남 동부지역과 경남 서부지역과의 공통성을 지적한 바 있다.

　이동희(2014)는 삼국시대 남해안 지역 주거와 취락을 경남 동부와 서부지역, 전남 동부와 서부지역으로 구분하여 지역성과 변천의 과정을 고찰하였다. 전남 서부지역은 3~5세기에 지속해서 4주식 방형 주거지가 확인되는 것으로 보아 서해안의 마한 주류 문화권과 연결하였다. 반면 전남 동부지역과 경남 서부지역은 4세기까지 원형계가 주류를 이루다가 5세기 이후에는 전남 동부지역에서 마한의 4주식 주거지가 유입된다. 그리고 경남 동부지역은 4세기부터 방형계가 주류를 점하며, 5~6세기에는 신라와 연계되어 말각방형계 주거지가 다수를 차지하게 된다고 판단하였다.

김은정(2019)은 섬진강 중하류 지역과 경남 서부지역이 동일한 주거문화권을 형성하는 것으로 파악하였지만, 순창과 임실을 포함한 섬진강 상류권과 진안 일대의 금강 상류권은 마한의 영역으로 판단하고 있어 차이가 있다.

많은 연구자들이 전남 동부지역 원형계 주거지를 가야와 관련을 지닌 것으로 파악한 것에 비해 박미라(2019)는 다른 견해를 제시하였다. 그는 섬진강 중류나 순천·광양만권은 평면 원형계를 중심으로 한 주거문화가 전개되는데, 방형·4주식과 함께 사용되고, 마한계통의 유물이 출토되고 있기 때문에 전남 동부지역 원형계 주거지는 마한계 주거지의 특징으로 볼 수 있다는 것이다. 가야계 주거지로 분류되는 것도 마한·백제계와 달리 구조적인 특징이나 차이를 설명하기 어렵고, 가야토기와 마한·백제계 유물이 공반되므로 주거구조의 양상만으로는 마한과 백제, 가야를 명확하게 구분하기 어렵다는 것이다.

김승옥(2019)도 4세기 후반부터 5세기 후반의 시기는 마한이나 백제, 가야로 특정할 수 있는 정치체의 성립을 상정하기 어렵고, 문화요소가 혼재하는 문화적 점이지대와 관문으로서의 성격을 보여주고 있는 것으로 판단하였다.

4~5세기 전남 동부지역 가야계 주거지에 대해 견해 차이는 있으나, 6세기 중엽에 백제계주거지가 출현한다는 점에는 대체로 동의하고 있다. 백제주거지는 지상식에 가까운 구조로 벽주식·초석식 기둥, 판석재구들 등 기

존의 수혈계 주거지와는 다른 특징을 보이며, 백제산성인 순천 검단산성, 여수 고락산성과 광양 칠성리·도월리유적에서 확인되고 있다.

이처럼 전남 동부지역은 묘제와 출토유물을 통해 소가야 또는 대가야에 포함되었다는 판단하는 연구자들이 많지만, 최근에는 마한·백제, 가야문화가 혼재된 점이지대로 파악하고자 하는 움직임이 나타나고 있다.

V. 맺음말

호남지역은 금남정맥과 호남정맥을 경계로 서부의 평야지대와 동부의 산간지대로 구분된다. 호남 서부지역은 마한·백제로 이어지면서 신라·가야와 다른 독창적인 문화를 형성하였다. 호남 동부지역은 서부권과 동부권이 차이를 보이는데, 서부권은 마한·백제의 정치·문화적인 영향이 강하게 드러나지만, 섬진강유역의 동부권은 가야문화의 영향이 나타난다.

호남지역 가야사 연구는 1980년대 이전까지는 문헌사학을 중심으로 임나사현과 기문, 대사의 위치비정에 관한 연구가 중점을 이루었다. 이후 고고학 발굴조사의 증가에 힘입어 가야유적과 유물이 확인되기 시작하면서 가야문화 또는 가야 세력의 확산과정에 관한 연구가 증가하였다. 문헌사학에서도 고고학 자료를 바탕으로 마한·백제와 가야, 왜의 관계를 재조명하는 연구가 증가하고 있다.

호남지역과 가야에 관한 연구는 호남 동부지역을 중심으로 이루어지고 있으며, 대체로 3가지 경향으로 구분할 수 있다. 첫째, 호남 동부지역은 마한·백제로 이어지는 가운데 교류를 통해 가야문화가 수용된다는 견해이다. 이는 최근에 섬진강 하류의 고분과 주거지의 분석을 통해 제기된 것으로, 아직은 소수의 견해이다. 둘째, 호남 동부지역은 백제와 가야의 점이지대로 5세기부터 6세기 초까지 독자성을 가진 정치체가 존재하였으나, 6세기 전반에는 백제의 영역으로 편입된다고 보는 견해이다. 역시 소수의 견해로 정치체의 독자성과 성격을 명확히 제시하지 못하는 한계가 있다. 셋째, 호남 동부지역의 섬진강유역은 가야권역이며 백제가 진출하는 6세기 중엽까지 그 세력을 유지한다고 보는 견해이다. 가야 정치체가 대가야 권역에 포함된 것으로 보는 견해, 대가야권역에 포함되었으나 자율성을 지닌 것으로 보는 견해, 대가야에 포함되지 않은 독자성을 지닌 가야 정치체로 보는 견해로 나뉜다.

필자는 전북 동부지역의 진안고원(장수·장계분지)과 운봉고원에 있었던 가야 정치체는 대가야연맹에 포함되었으나 자율성을 지닌 독립된 세력으로 판단한다. 섬진강 상류의 남원 서부지대와 임실지역은 마한·백제와 가야문화가 혼재되었으나, 6세기 전반에 백제의 영역으로 편입된 것으로 본다. 섬진강 하류와 남해안 일대는 5세기 부터 소가야문화권에 속하였고, 5세기 후엽부터 6세기 초에는 대가야 세력이 영향력을 미친다. 대가야는 섬진강 루트를 확보하기 위해 하동까지 진출하였으나 일시적인 관계망을 형성하는데 그쳤다. 이후 백제의 영역확장과 함께 가야문화는 쇠퇴하였다.

호남지역에서는 2004년 이후 거의 매년 가야와 관련한 학술대회, 특별전 등이 개최되면서 우리나라 고대사 연구에 활기를 불어넣고 있다. 최근에는 고분군, 생활유적은 물론 산성과 봉수, 제철유적에 대한 연구로 범위를 확대하고 있다.

한 걸음, 한 걸음이 더디게 보일지라도 철저한 검증, 냉철한 시각으로 쉼 없이 정진하는 자세가 필요한 시절이다.

참고문헌

공봉석, 2011, 「경남 서부지역 3~5세기 취락 검토」, 『광양만권의 마한·백제 취락 재조명』, 국립광주박물관 광양 기획특별전 학술 세미나.

곽장근, 1990, 「전북지방의 가야묘제에 대한 일고찰 – 5·6세기 고분을 중심으로 –」, 전북대학교 대학원 석사논문.

_____, 1999, 『호남동부지역 석곽묘연구』, 서경문화사.

_____, 2003, 「금강 상류지역으로 백제의 진출과정 연구」, 『호남고고학보』 18.

_____, 2004, 「호남 동부지역의 가야세력과 그 성장과정」, 『호남고고학보』 20.

_____, 2007, 「섬진강유역으로 백제의 진출과정 연구」, 『호남고고학보』 26.

_____, 2010, 「전북 동부지역 가야와 백제의 역학관계」, 『호남 동부지역의 가야와 백제』, 호남고고학회.

_____, 2011, 「전북지역 백제와 가야의 교통로 연구」, 『한국고대사연구』 63, 한국고대사학회.

_____, 2013, 「임나사현과 기문의 위치」, 『백제학보』 제9호, 백제학회.

_____, 2014, 「전북 동부지역 가야문화」, 『가야문화권 실체규명을 위한 학술연구』, 가야문화권 지역발전 시장·군수협의회.

_____, 2020, 「삼국시대 가야 봉화망과 반파국 비정」, 『전북학연구』 제2집.

권오영, 2008, 「섬진강 유역의 삼국시대 취락과 주거지」, 『백제와 섬진강』, 서경문화사.

김낙중, 2021, 「섬진강유역의 백제와 가야 – 고고자료를 중심으로」, 『백제는 언제 섬진강 유역으로 진출하였나』, 제18회 쟁점백제사 학술회의, 한성백제박물관.

김병남, 2006, 「백제 웅진시대의 남방 재진출과 영역화 과정」, 『軍史』 61, 국방부 군사편찬연구소.

김세기, 1995, 「대가야 묘제의 변천」, 『가야사연구』, 경상북도, pp.352~363.

김승옥, 2019, 「호남지역 마한과 백제, 그리고 가야의 상호관계」, 『호남고고학보』 63.

김영심, 2008, 「백제의 지방지배 방식과 섬진강유역」, 『백제와 섬진강』, 서경문화사.

김우대, 2011, 「제작기법을 중심으로 본 백제·가야의 장식대도」, 『영남고고학』 59, 영남고고학회.

김은정, 2019, 「전북지역 주거구조 비교분석을 통한 마한·백제 그리고 가야」, 『마한·백제 그리고 가야』, 제27회 호남고고학회 정기학술대회.

김재홍, 2004, 「대가야지역의 철제농기구:소형철제농기구와 살포를 중심으로」, 『대가야의 성장과 발전』, 한국고대사학회.

_____, 2012, 「전북 동부지역 백제, 가야, 신라의 지역지배」, 『한국상고사학보』 78, 한국상고사학회.

_____, 2017, 「고대국가를 바라보는 시각, 자율과 통합」, 『한국상고사학보』 98, 한국상고사학회.

_____, 2018, 「전북 동부지역 가야 고분의 위세품과 그 위상」, 『호남고고학보』 59, 호남고고학회.

김태식, 1993, 『가야연맹사』, 일조각.

_____, 1997, 「백제의 가야지역 관계사 : 교섭과 정복」, 『백제의 중앙과 지방』, 충남대학교 백제연구소.

_____, 2002, 『미완의 문명 7백년 가야사』, 푸른역사.

_____, 2008, 「호남 동부지역의 가야사」, 『전남 동부지역의 가야문화』, 제36회 한국상고사학회 학술발표대회.

김현구, 2000, 「백제의 가야진출에 관한 일고찰」, 『東洋史學研究』 70, 동양사학회.

박경도, 2019, 「철제무기 비교분석을 통한 마한·백제 그리고 가야 – 장식대도를 중심으로 –」, 『마한·백제 그리고 가야』, 제 27회 호남고고학회 정기학술대회.

박미라, 2010, 「전남 동부지역 가야계토기 출토 주거지의 성격」, 『文化史學』 33, 韓國文化史學會.

_____, 2019, 「전남지역 주거구조 비교분석을 통한 마한·백제 그리고 가야」, 『마

한·백제 그리고 가야」, 제27회 호남고고학회 정기학술대회.

박순발, 2012, 「계수호와 초두를 통해 본 남원 월산리고분군」, 『운봉고원에 묻힌 가야 무사』, 전북의 역사문물전11, 국립전주박물관·전북문화재연구원.

박태홍, 2007, 「전남 동부지역 백제산성의 분포와 그 의미」, 『한국상고사학보』 56, 한국상고사학회.

박천수, 1996, 「대가야의 고대국가 형성」, 『석오 윤용진교수 정년퇴임기념논총』.

_____, 1998, 「대가야권 분묘의 편년」, 『한국고고학보』 39.

_____, 2006a, 「대가야권의 성립과정과 형성배경」, 『토기로 보는 대가야』, 대가야박물관.

_____, 2006b, 「임나사현과 기문, 대사를 둘러싼 백제와 대가야」, 『가야, 낙동강에서 영산강으로』, 제12회 가야사학술회의, 김해시.

_____, 2009, 「호남 동부지역을 둘러싼 大伽耶와 百濟 - 任那四懸과 己汶, 帶沙를 중심으로 -」, 『한국상고사학보』, 한국상고사학회.

_____, 2016, 「가야사 연구 서설 - 소국에서 영역 국가로 -」, 『가야고고학개론』, 서울 진인지.

_____, 2018, 『가야문명사』, 진인진.

박현숙, 2008, 「백제의 섬진강유역 영역화와 가야와의 관계」, 『백제와 섬진강』, 서경문화사.

변희섭, 2014, 「남원 두락리 및 유곡리고분군(32호분) 발굴조사 성과」, 『가야와 백제, 그 조우(遭遇)의 땅 '남원'』, 남원시·호남고고학회.

백승옥, 2007, 「己汶·帶沙의 위치비정과 6세기 전반대 가라국과 백제」, 『5~6세기 동아시아의 국제정세와 대가야』, 고령군 대가야박물관·계명대학교 한국학연구원.

연민수, 1998, 『고대한일관계사』, 혜안.

유영춘, 2015, 「운봉고원 출토 마구의 의미와 등장 배경 - 轡,蛇行狀鐵器, 鐙子를 중심으로」, 『호남고고학보』 제51집, 호남고고학회.

유철, 1996, 「전북지방 묘제에 대한 소고」, 『호남고고학보』 3, 호남고고학회.

이근우, 2003, 「웅진·사비기의 백제와 대가야」, 『古代 東亞細亞와 百濟』, 충남대학교 백제연구소.

이동희, 2004, 「전남동부지역 가야계 토기와 역사적 성격」, 『한국상고사학보』 46.

_____, 2007, 「백제의 전남동부지역 진출의 고고학적 연구」, 『한국고고학보』 64, 한국고고학회.

_____, 2008, 「전남 동부지역의 가야문화 – 순천 운평리 유적을 중심으로 –」, 『전남동부지역의 가야문화』, 제36회 한국상고사학회 학술발표대회.

_____, 2011, 「전남 동부지역 가야문화의 기원과 변천」, 『백제문화』 제45집, 공주대학교 백제문화연구소.

_____, 2014, 「전남 동부지역 가야문화」, 『가야문화권 실체 규명을 위한 학술연구』, 가야문화권 지역발전 시장·군수협의회.

이영식, 1995, 「백제의 가야진출 과정」, 『한국고대사논총』 7, 가락국사적개발연구원.

_____, 2018, 「가야 제국諸國의 발전단계와 초기고대국가론」, 『가야사 연구의 현황과전망』, 한국고대사학회.

이희준, 1995, 「토기로 본 대가야의 권역과 그 변천」, 『가야사연구』, 경상북도.

_____, 2014, 「고고학으로 본 가야」, 『가야문화권 실체규명을 위한 학술연구』, 가야문화권 지역발전 시장·군수협의회.

임영진, 1997, 「호남지역 석실분과 백제의 관계」, 『호남고고학의 제문제』, 호남고고학회.

전상학, 2007, 「전북 동부지역 수혈식석곽묘의 구조 연구」, 『호남고고학보』 25.

_____, 2011, 「장수가야의 지역성과 교류관계」, 『백제와 가야 그리고 신라의 각축장 금강상류지역』, 한국상고사학회.

_____, 2013, 「진안고원 가야의 지역성」, 『호남고고학보』 43.

_____, 2017, 「장수가야의 발전과정과 그 역동성」, 『호남고고학보』 57, 호남고고학회.

_____, 2020, 「고고자료와 문헌으로 본 상기문국」, 『전북학연구』 제2집.

전영래, 1974, 「임실 금성리 석곽묘군」, 『전북유적조사보고』 3집, 전라북도박물관.

_____, 1983, 「남원 월산리고분군 발굴조사보고」, 원광대학교 마한백제문화연구소.

_____, 1985, 「백제 남방경역의 변천」, 『천관우선생환력기념 한국사학논총』.

정재윤, 2008, 「백제의 섬진강 유역 진출에 대한 고찰」, 『백제와 섬진강』, 서경문화사.

조근우, 2010, 「4~6세기의 전남 동부와 서부」, 『호남동부지역의 가야와 백제』, 제18
회 호남고고학회 학술대회.

_____, 2019, 「섬진강유역 가야문화의 형성과 변천 – 호남 동부지역을 중심으로」,
『호남과 영남 – 경계의 가야 학술심포지엄』, 국립나주문화재연구소·국립가
야문화재연구소.

조명일, 2012, 「금강 상류지역 산성 및 봉수의 분포양상과 성격」, 『호남고고학보』 41.

_____, 2018, 「전북 동부지역 봉수에 관한 일고찰」, 『호남고고학보』 59.

조영제, 2002, 「고고학에서 본 대가야연맹체론」, 『맹주로서의 금관가야와 대가야』,
김해시.

주본돈, 2011, 「5~6세기 금강상류지역의 정치세력과 그 향방」, 『백제와 가야 그리고
신라의 각축장 금강상류지역』, 한국상고사학회.

천관우, 1991, 『가야사연구』, 일조각.

최완규, 2018, 「전북지역의 가야와 백제의 역동적 교류」, 『호남고고학보』 59.

최인선, 2002, 「섬진강 서안지역의 백제산성」, 『섬진강 주변의 백제산성』, 한국상고
사학회.

하승철, 2014, 「전남 서남해지역과 가야지역의 교류양상」, 『전남 서남해지역의 해상
교류와 고대문화』, 전남문화예술재단·전남문화재연구소.

_____, 2015, 「소가야의 고고학적 연구」, 경상대학교대학원 박사학위논문.

_____, 2018, 「전남지역 마한·백제와 가야의 교류」, 『호남고고학보』 58.

일본

今西龍, 1922, 「己汶伴跛考」『朝鮮古史の研究』近澤書店.

末松保和, 1949, 『任那興亡史』大八洲出版.

金廷鶴, 1977, 『任那と日本』東京, 小學館.

田中俊明, 1990, 「于勒十二曲と大加耶聯盟」『東洋史學研究』48-4.

「호남에서의 가야사 인식변화」에 대한 토론문

김 재 홍 (국민대학교)

공간의 확장

최근 가장 눈에 띠는 성과를 이룬 가야사 연구는 가야의 공간적 범위를 호남동부지역으로 확대하였다는 점이며 이 점에서 의의를 가지고 있습니다. 발표자가 설정한 바와 같이 호남지역은 서부 평야지대의 백제문화와 동부 산악지대의 가야문화로 크게 양분되며, 6세기 중엽 이후에는 백제문화로 통합되는 과정을 거치고 있습니다. 특히 5세기 중반~6세기 전반에 걸쳐 대가야문화, 더 나아가 대가야 정치체와 관련을 가지고 있습니다. 고고학적 입장에서 이 지역문화가 대가야문화권에 속한다는 관점은 거의 일치하고 있으나 이 지역 정치체가 대가야에 의해 처음으로 성립하였느냐, 아니면 이 지역 독자적 정치체가 대가야문화를 받아들여 자율성을 가지면서 대가야권에 속하느냐로 귀결되고 있습니다. 이를 해결하기 위해서는 이 지역의 독자적인 가야문화를 밝히는 것입니다. 발표자의 다른 논문을 보면, 이 지역에는 일찍부터 소가야문화요소가 광범위하게 분포한다고 지적하였습니다. 그러면 이 지역에는 대가야, 소가야, 백제 등 다양한 문화를 받아들인 지역 정치체가 존재할 가능성도 상정할 수 있습니다. 이를 염두에 두고 이 지역에 보이는 대가야 및 소가야문화(일부 아라가야)와 그 수용주체에 대한 설명을 듣고 싶습니다.

「호남에서의 가야사 인식변화」에 대한 토론문

김 규 운 (강원대학교)

- 호남지역의 가야에 대한 발표자의 평가 궁금
- 전북가야의 실체. 대가야계 토기. 대가야에 속한 것?
  속하면서도 독립적? 완전 독립적?
- 대부분 남원, 운봉고원을 기문으로 상정. 514년에 이미 백제화되는데
  그렇다면 두락리고분군의 성격은?

「호남에서의 가야사 인식변화」에 대한 토론문

심 재 용 (김해시청)

호남에서의 가야사 연구의 흐름 및 문헌사학과 고고학에서의 연구 성과를 잘 정리하고, 세 가지 연구 경향으로 결론지었다. 세 번째 연구 경향은 결국 호남 동부지역 정치체의 성격을 어떻게 규정할 것인가 하는 것이다. 최근 연구동향은 호남 동부지역을 가야정치체로 보는 것이 다수를 차지하고 있지만, 전북 동부의 가야정치체의 성격, 즉 고령을 중심으로 하는 대가야와의 관계에 대해서 이견이 있는 것 같다. 이는 대가야의 발전단계론 뿐만 아니라 이 지역 정치체의 성격 규명을 위해서는 매우 중요한 문제이므로, 이러한 이견에 대한 보완 설명을 부탁드린다. 그리고 이에 대한 발표자의 견해가 있으면 듣고 싶다.

日本 考古學界의 加耶 研究
- 最近 研究를 中心으로 -

박 천 수*

Ⅰ. 머리말

가야에 대한 일본의 고고학 연구는 일제강점기 유적의 조사에서 시작되어 100년이 경과되었다.

본고에서는 시기별로 구분하여 중요한 연구에 대하여 논하고자 한다.

일제강점기의 연구는 임나일본부의 논거를 찾으려는 의도에서 시작되었으며, 패전 이후에도 이러한 관점은 지속되었다.

1980년대 이후부터 가야 자체에 대한 연구가 개시되었다. 부족한 자료를 일본 고고학의 방법에 의해 가야를 이해하려는 시도였으며, 이후 연구

---

* 경북대학교

의 토대가 되었다.

필자는 경제발전에 동반한 20세기 후반의 연 10,000건을 넘는 발굴조사에서 출토된 일본열도의 가야 관련 자료에 주목하여, 이러한 자료가 관계사 연구뿐만 아니라 가야 자체의 연구에 중요한 정보를 제공함을 인식하였다(朴天秀 1995, 2007).

이후 일본의 자료를 인지하고 한국에 유학하여 한일 양국의 자료를 섭렵한 연구자들의 넓고 精緻한 성과가 발표되었다.

본고에서는 최근 일본의 자료를 인지하고 한국에 유학한 연구자들의 성과에 대하여 특히 주목하고자 한다. 다만 고고학 연구에 지대한 영향을 끼친 문헌사학의 연구에 대해서도 언급하고자 한다.

II. 일제강점기

1915년 黑板勝美는 가야지역을 포함한 남부지역을 조사한다. 당시 그가 남긴 조선사적유물조사복명서에는 이 시기 일본 관학자들의 조사 의도를 알 수 있다. 조사의 목적에 신라와 임나의 고지인 경상남북도를 조사하고 그 가운데 섬진강 유역과 진해만 부근을 정밀하게 탐사하는 것을 두고 있다(黑板勝美先生誕生百年紀念會 1974). 특히 섬진강 유역의 고소산성과 신방촌산성 등의 조사는 『日本書紀』繼體기9년조 대사 즉 하동에서 왜군의 활동, 또한 동 23년조에 보이는 백제가 대사를 왜의 朝貢港으로 언급한 임나일본부와 관련된 유적을 탐사하기 위한 것이었다.

1916년 『朝鮮古蹟圖譜三』가 간행되었다. 이 책은 조선총독부에 의해 한반도의 역사와 문화를 집성하여 조선을 통치하기 위한 목적으로 발간되었다. 더불어 국외에 조선을 문화 통치한다는 선전용이었다. 이는 편자인 關野貞이 1917년『朝鮮古蹟圖譜』의 출간 공적으로 프랑스 학사원으로 상을 받은 것에서 알 수 있다.『朝鮮古蹟圖譜三』에는 마한, 백제, 옥저, 예, 고신라시대와 함께 임나시대를 설정하고 있어 일제 관학자들의 가야유적의 조사 목적을 잘 알 수 있다.

이는 임나시대의 해설을 다음과 같이 기술하는 것에서도 드러난다. "임나라는 것은 國史(일본사)의 호칭으로 韓史(한국사)에서는 가야연방을 지칭하는 것이다. 임나의 건국 연대는 자세하게 알 수 없으나 주변의 강국인 신라의 압박이 심하여 이미 崇神의 시기에 일본에 도움을 청한 것에서 일찍부터 변한의 땅에서 흥기한 것을 알 수 있다. 한반도내 일본의 직할지였으나 欽明23년(진흥왕23년, 562년) 신라에 병합되었다" 또한 함안지역에 대한 기술에서 "경상남도 함안군은 안나가야의 고지로서 당시 일본부가 있었던 안라의 땅이다"라고 하였다(朝鮮總督府 1916). 앞에서 살펴본 조선총독부 고적조사의 최고 책임자인 세키노의 기술은 일본제국주의의 가야유적에 대한 조사의 목적을 웅변하는 것이다.

1917년 今西龍은 아라가야의 왕릉묘역인 함안군 말이산고분군 가운데 가장 입지가 좋고 대형분인 34(현4)호분을 조사하였다. 이마니시의 조사도 봉분을 굴착하여 석곽의 남쪽 단벽을 찾아서 개석을 제거하고 들어가 유물의 위치만을 기록하고 반출한 것이었다.『大正六年度古蹟調査報告書』에는 단면도에서 봉분상의 석곽 위치가 기록되었으나, 발굴방법에 의해 평면도에서 봉분상의 석곽의 위치를 기록할 수 없었다. 더욱이 유물의 출토 위치만 기록되었을 뿐 유물의 부장상태를 알 수 있는 사진과 도면이 제시되지 않았다.

4호분은 입지, 규모로 볼 때 아라가야 전성기의 왕릉으로 당시 도굴되지 않았음에도 불구하고 잘못된 발굴에 의해 중요한 정보가 망실되었다.

今西龍는 보고문의 고찰에서 말이산34호분 출토 녹각제 도장구가 일본의 고분에서 다수 출토된 예를 들고 이를 일본문화가 영향을 미친 것을 증명할 수 있는 역사상의 사실로 강조하였다. 더욱이 이 고분의 피장자는 안라국의 왕인 한기이나, 그 고분의 구조와 유물로 볼 때 일본의 일개 지방호족의 고분에 불과하다. 이 고분군의 피장자 가운데에는 안라에 와있었던 왜계 관료도 있었을 것으로 추정하였다(今西龍 1920). 말이산34호분의 녹각제 도장구는 문양의 계통과 그 출현시기가 4세기로 소급되는 것에서 일본열도산인 점은 분명하나 이입품에 불과하며 일본문화의 영향이 미친 것으로 보기 어렵다. 또한 매장관습이 다른 일본열도 고분의 규모, 유물의 부장과 단순하게 비교하는 것도 타당하지 않다.

　今西龍의 사례에서 알 수 있듯이 당시 고적조사에 참가한 관학자들의 의식속에는 가야유적의 발굴을 통하여 임나일본부의 존재를 증명하려는 의도가 확인된다.

Ⅲ. 1945~1990년대

　1949년 末松保和에 의해 『任那興亡史』가 간행되었다(末松保和 1949). 그의 임나 즉 가야에 인식은 원삼국시대로 소급되어 주목된다. 즉 彌生시대 九州 출토 漢爲奴國王 金印과 漢鏡, 玉璧 등은 삼한사회에 비해 이 시기 이미 일본열도가 한반도에 비해 우위에 있었다고 본 점이다.

　나아가 『日本書紀』神功기49년조의 加羅7국 등에 의거하여 任那日本府가 369년 성립하였으며, 임라국사, 다리국수 등의 존재로 볼 때 任那를 정치 군사적으로 지배한 것으로 주장하였다. 또한 광개토왕비에 보이는

391~405년 전쟁에 왜가 참전한 것에 의거하여 임나는 직접 지배, 신라, 백제를 간접 지배한 것으로 판단하였다.

그러나 末松保和에 의한 任那日本府는 1970년대 광개토왕비에 대한 재검토, 1980년대 이후 이는 6세기 전반 일시적으로 성립한 안라왜신관과 같은 외교기구임이 밝혀졌다. 그럼에도 일본의 고고학계에서는 任那日本府에 인식이 지속적으로 남아있어 『任那興亡史』가 끼친 영향력을 알 수 있다.

일제강점기 고적조사에 참가하고 나중에 동경대학 고고학연구실의 교수를 역임한 齋藤忠은 당시 최고수준을 자랑하는 전문 교양서인 『圖說世界文化史大系-日本Ⅰ-』에서 「海外進出」이라는 항목을 설정하고 「半島への出兵」이라는 부제까지 붙이면서 3세기 말부터 4세기 초 倭가 大和를 중심으로 北部九州를 포함한 통일 국가체제를 갖춘 후 391년 바다를 건너 반도에 출병한 것으로 주장하였다. 또 「任那日本府」라는 항목에서는 그 범위가 경상·전라에 걸치고, 이 지역에 왜의 常備軍이 주둔하여 현지 문화에까지 영향을 미쳤다고 하였다. 즉 함안군 말이산34호분과 나주시 반남면 대안리9호분의 鹿角製直弧文刀裝具와 倣製鏡, 반남면고분군의 周溝, 원통 埴輪을 임나일본부에 의한 것으로 보았다.

같은 시기 小野山節도 『世界考古學大系-日本Ⅲ-』「馬具と乘馬の風習」에서 「半島經營の盛衰」라는 부제를 붙이며 마구와 승마 습속의 이입을 한반도 남부 경영에 의한 것으로 주장하였다.

1975년 일제강점기 조사이래 그 실체를 잘 알 수 없었던 창녕지역에 대한 자료가 공개되었다. 즉 해방전 谷井濟一에 의해 1918년과 1919년에 걸쳐서 조사된 교동고분군 자료이다. 이 자료를 정리한 梅原末治의 야장을 토대로 穴澤口禾光·馬目順一(1975 : 23-75)는 교동고분군을 7호분을 주분으로 하는 A군과 89호분을 주분으로 하는 B군으로 나누고, 각각의 주분은 수기의 陪塚을 보유하고 있는 것으로 파악하였다.

이 고분군 출토 유물의 연대와 성격에 대하여 5세기 후엽에서 6세기 초에 걸치는 것으로 그 계통을 신라계로 보았다. 역연대의 근거는 伊藤秋男의 신라 고분 연대관(伊藤秋男 1972)에 따른 것이다.

이 보고에 의해 해방전 조사된 교동고분군의 내용이 어느 정도 밝혀지게 되었으며, 막연했던 신라고분의 역연대에 대한 기준을 제시하였다.

定森秀夫는 창녕지역토기의 편년을 설정하면서 이 지역 토기군의 성격에 대해 언급하였다. 창녕지역 토기를 유개식고배를 기준으로 하여 5단계로 설정하고, 교동116호분 출토품을 5세기 중엽, 교동89호분 출토품을 5세기 후엽, 그리고 교동31호분 출토 고배를 분류하여 각각 6세기 전엽과 6세기 후엽으로 편년하였다. 또 그 가운데서 몇 가지 특징을 거론하면서 창녕지역 토기의 성격에 대해 다음과 같은 견해를 제시하였다. 첫째, 창녕지역 토기 가운데 蓋의 꼭지에 돌대를 돌린 것을 창녕지역 토기의 지역적 특징으로 규정하였다. 둘째, 창녕지역 토기의 기종 가운데에서 계남리 1호분 출토 有臺把手附短頸壺를 加耶土器的인 요소로 보았다. 셋째, 문헌에 기록된 新羅의 州 설치기사를 근거로 창녕지역 陶質土器를 6세기 중엽을 경계로 그 以前은 加耶土器, 그 以後는 新羅土器로 구분하였다.

같은 시기 藤井和夫는 창녕지역 토기를 편년하면서 계남리1, 4호분 출토품을 경주토기 편년 설정시 구분한 단계 가운데에서 Ⅱ-Ⅲ기, 교동31호분 출토품을 Ⅸ기에 각각 위치시켰다. 그리고, 그는 현재의 행정구역 단위인 창녕을 교동고분군 축조집단과 계성면 계성고분군 축조집단과의 차이를 지적하면서 兩者의 집단을 분리하였다.

1982년 定森秀夫는 4세기대 경상도 일대에는 지역색이 뚜렷하지 않는 토기군 − 古式陶質土器 − 이 분포되어 있다가 4세기 후엽에 와서는 여기에서 가야토기낙동강이서군이 배태되어 양자가 공존하였다고 보았다. 그

후, 5세기 전반에는 신라지역 및 낙동강 동안지역에 가야토기 낙동강이동군이 출현하여 병존하다가 다시 5세기 후반대에 경주지역에서 신라토기가 출현하여 3자가 병존 - 신라지역중 경주에는 신라토기, 신라의 일부 및 낙동강 이동의 가야지역에는 주로 가야토기낙동강이동군, 加耶地域에는 가야토기낙동강이서군 - 하는 것으로 보았다(定森秀夫 1982).

이 연구는 통시적인 관점에서 신라, 가야토기 양식의 성립과정을 밝히려는 시도로 평가되나, 4세기대 영남지역 토기양식에 지역차가 없는 것으로 보고 고식도질토기라는 개념을 설정한 것은 당시 발굴 자료의 부족에 의한 것으로 이해된다. 그래서 4세기대의 분명한 지역차가 인정된 현 시점에서 공통양식설에 의거한 비역사적인 고식도질토기라는 명칭는 재고되어야 한다. 또한 낙동강동안 전체를 가야토기 낙동강동안군으로 설정한 점과 경주양식의 출현을 5세기 후반으로 본 점은 수긍하기 어렵다.

1983년 定森秀夫는 사천시 예수리, 고성군 오방리고분군 출토 토기의 분석을 통하여 일단장방형투창고배를 중심으로 광구호, 컵형토기를 기종으로 하는 토기군을 김해, 고령지역과 구분되는 사천 고성형으로 명명하였다(定森秀夫 1983). 이후 이를 소가야의 본거지인 고성형으로 수정하였다. 당시의 부족한 자료에도 불구하고 고성지역 즉 소가야양식을 인지한 점에서 평가된다.

1987년 定森秀夫는 고령군 지산동고분군 출토 토기의 분석을 통하여 보주형꼭지를 가진 유개고배, 뚜껑받이 턱이 돌출한 장경호, 소형통형기대, 저각고배형기대, 개배 등을 기종으로 하는 토기군을 고령형으로 명명하였다. 그 분포가 가야지역 전역에 걸치는 것을 대가야의 국력 증대와 영향력 증가로 보았다(定森秀夫 1987).

1987년 東潮는 한일 양국 출토 鐵鋌에 대한 집성을 행하였다(東潮 1987). 이 연구는 차후의 철정 연구의 기초 자료를 제공한 점에서 평가된다. 다만 철정의 지역성에 즉 가야형과 신라형을 구분하는 단계에는 이르지 못했다.

1990년 石本淳子는 일본출토 金製垂飾附耳飾 중에 사슬형 연결금구와 공구체형 중간식을 조합한 이식을 고령군 지산동고분군 출토품에서 그 계통을 구하였다(石本淳子 1990). 이러한 이식은 5세기 중엽부터 6세기 전엽에 걸쳐 熊本縣 에타江田船山고분, 福岡縣 セスドノ고분, 兵庫縣 宮山고분, 奈良縣 新澤109호분, 和歌山縣 大谷고분, 福井縣 向山1호분 등 일본열도 전역에서 출토되었다.

한반도에서는 출토 예가 적었던 有鎖式長形耳飾도 그 후 합천군 옥전고분군과 고령군 지산동고분군에서 출토되었다. 또 사슬형 연결금구과 공구체형 중간식을 조합한 이식의 계통이 대가야계인 것은, 이 형식의 이식이 출토한 熊本縣 物見櫓고분에 공반한 파수부유개완이 고령 대가야 양식이라는 점에서 증명되었다.

1991년 中村潤子는 일본의 마구 도입시기에 주안점을 두어 제1차 도입기와 제2차 도입기로 나누고 다음과 그 특징을 정리하였다(中村潤子 1991).

제1차 도입기는 5세기 전반 福岡縣 老司고분과 池の上6호분 등에서 볼 수 있는 鑣轡가 보이며 그 후 滋賀縣 新開1호분, 大阪府 七觀고분, 鞍塚고분 등에서 鏡板轡가 나타난다. 이와 공반되는 안장은 鞍金具의 폭이 넓고 내측이 능형을 이루는 편평한 것이며, 안금구에 간격이 조밀한 鋲帶를 가지는 것이 특징이다.

제2차 도입기인 5세기 후반대가 되면 마장구로서 행엽이 더해진다. 그리고 轡는 f자형字形과 內灣楕圓形鏡板轡가 새롭게 출현한다. 안장은 안금구에 간격이 넓은 鋲帶를 가진다.

中村潤子는 이처럼 두기로 대별되는 마구에 대하여 양자 사이에 명백한 차이가 인지되며 동시에 일본열도 고분에서는 이 사이를 메울 자료가 발견되지 않고 있기 때문에 자체 내에서 자연적으로 형식변화한 것으로 보지 않았다.

千賀久는 안금구 鋲帶의 鋲 간격이 조밀한 것에서 듬성한 것으로 변화하는 현상은 f字形鏡板轡와 劍菱形杏葉의 세트가 더해지는 제2차 도입기에 보이는 변화의 일부로 인식하였으며 그 계통을 제1차 도입기는 신라에서, 제2차 도입기는 비 신라권 즉 가야지역에서 찾았다. 또 千賀久는 鞍裝金具의 구조 차이에 착목하여 鞍의 중앙에 있는 洲浜과 그 좌우의 磯金具를 함께 만든 一體鞍과 따로 나누어서 만든 分離鞍으로 분류하고 전자는 신라계 후자는 비신라계로 파악하였다(千賀久 1994, 2003).

1992년 內山敏行은 한반도계 갑주가 고분시대 중·후기의 일본열도계 갑주에 끼친 영향을 고찰하였다. 그는 5세기 전반 滋賀縣 新開1호분, 奈良縣 五條猫塚 출토의 眉庇附冑와 京都府 久津川車塚고분의 衝角附冑에 보이는 폭이 좁은 縱長地板은 부산시 복천동10호분 등의 伏鉢附冑의 영향으로 보았다(內山敏行 1992).

1992년 田中俊明에 의해 『大加耶連盟の興亡と任那』이 간행되었다. 그는 末松保和가 任那日本府의 논거로 든 『日本書紀』神功기49년조의 加羅7국기사를 기년과 내용을 인정하지 않고 任那日本府의 존재를 부정하였다. 나아가 가야 후기 고령을 중심으로 대가야 연맹을 형성하였으며, 이는 우륵12곡에 보이는 가야제국의 분포, 『日本書紀』繼體기에 보이는 半破즉 대가야의 축성 기사, 고령양식 토기의 분포를 통하여 대가야연맹권을 설정하였다(田中俊明 1992).

그가 설정한 대가야연맹은 김태식의 후기 가야연맹과 달리, 아라가야, 금관가야, 소가야를 포함하지 않은 것이 특징이다. 그러나 末松保和설을 부정하면서도 그의 任那日本府설 논거의 하나인 任那4현을 가야지역으로 보지 않고 영산강유역으로 보는 것은 수긍하기 어렵다. 任那4현은 즉 가야의 4현이 되어야할 것이다. 따라서 여수, 순천, 광양설이 고고자료와 정합성을 띤다.

IV. 2000~2020년대

이 시기에는 한국에 유학하여 양국의 자료를 숙지한 일본인 연구자들에 의한 새로운 관점에 의한 연구성과가 연속으로 공표되었다.

2009년 諫早直人은 고대 동북아시아 기마문화를 망라하는 연구 가운데 아직도 논쟁이 지속되고 있는 황남대총 남분의 역연대에 대하여 다음과 같은 중요한 논점을 제시하였다.

주지하는 바와 같이 황남대총 남분의 피장자에 대해서는 내물왕(재위 356~402년, 최병현 1993, 이희준 1995), 눌지왕(재위 417~458년, 김용성 2000, 박천수 2006)으로 보는 설이 있다. 諫早直人은 황남대총 남분의 연대에 대하여 남분 출토 등자의 미끄럼 방지용 鋲이 고구려고분에서도 보이는 것에서 신라에서도 그 영향에 의해 출현한 것으로 보고, 신라지역에서는 남분과는 1단계 이상 즉 1세대 이상의 시간 폭을 가진 것이 분명한 임당동7B호분과 복천동10·11호분에서 답수부에 鋲이 박힌 등자가 출현한 것에 주목하였다. 즉 만일 남분의 축조연대를 402년으로 본다면 391년으로 추정되는 태왕릉 등자에 선행하여 신라에서 新式의 등자가 출현한다는 모순을 지적하였다. 그리고 남분 출토 등자는 미끄럼 방지용 鋲과 함께 태왕릉 등자와 구분되는 가장 큰 특징은 玉蟲 날개로 장식한 점이다. 옥충으로 마구를 장식하는 것은 고구려 마구와 구분되는 신라마구의 특징으로 태왕릉 출토 마구에 전혀 보이지 않는 것이다. 그래서 남분의 축조시기를 내물왕의 沒

年인 402년으로 볼 수 없어 그 피장자를 눌지왕으로 추정하였다(諫早直人 2009, 2012).

그런데 황남대총 남분 등자는 금관총 출토품과 매우 흡사한 점이 주목된다. 즉 玉蟲 날개로 장식한 점, 미끄럼 방지용 鋲이 있는 점과 함께 윤부 형태가 횡장방형인 점 등을 들 수 있다. 三燕계열의 등자의 윤부 형태는 원대자묘에서 보이는 삼각형에서 태왕릉과 칠성산96호분에 보이는 원형으로, 다시 황남대총 남분과 금관총에 보이는 타원형으로 변한다. 그래서 남분 등자는 태왕릉 출토품에 비해 5세기 말로 편년되는 금관총 등자에 보다 가깝다고 할 수 있다. 또한 남분 등자는 투조로 용문을 표현하였으나, 四神을 비교적 사실적으로 시문하고 있는 태왕릉 등자와 달리 그 문양이 완전히 퇴화한 형식인 점이 주목된다. 또 남분 출토 등자는 답수부에 미끄럼 방지용 鋲이 박혀있는 점에서 태왕릉 출토품보다 2단계 정도 후행하는 형식으로 파악된다.

이와 함께 4세기 중엽(이희준 1996), 4세기 후엽(박천수 2006), 5세기 전엽(김두철 2006)으로 논의되고 있는 경주시 월성로가13호묘의 연대에 대하여 다음과 같이 논하였다.

諫早直人은 월성로가13호묘 출토 경판비를 중국 동부지역 출토품과의 비교를 통하여 4세기 후반으로 보는 견해(이희준 1996)에 대하여, 신라지역에서는 월성로가13호묘에 선행하는 시기인 임당동G6호분 단계에 이미 경판비가 확인되는 것에서, 이러한 편년에 따르면 신라지역에서의 경판비의 출현이 三燕과 동시기 또는 선행하는 것이 되어버리는 모순을 지적하였다(諫早直人 2009, 2012). 그 연대를 역연대의 추정이 가능한 중국 동북지방 마구와 병행관계를 통하여 4세기 후엽으로 비정하였다.

이 논의는 동북아시아의 마구 전체를 통관하는 거시적인 시야에서 精緻한 연대관을 제시한 점에서 중요하다. 즉 일국사를 넘은 동아시아적인 시야에서 각 지역별 상대편년를 실시하고 병행관계를 통한 역연대를 설정함으로써, 기존의 역연대에 대한 논의에 해결점을 제시한 점에서 높이 평가된다.

통형동기는 고분시대 전기 후반에서 중기전반을 중심으로 고분에 부장되는 청동기이다. 그 형상은 길이 10cm, 직경 2cm 내외의 원통형으로 기벽의 두께가 1~2mm로 아주 얇고 한쪽 끝은 막혀있다. 종래 통형동기는 일본열도에서만 분포하는 특수한 의기로 파악되어 왔으나, 그 후 한반도내에서 그 존재가 알려지고 김해시 대성동, 양동리고분군과 부산시 복천동고분군에서 집중 출토됨에 따라 한일간에 제작지에 대하여 논의되고 있다.

2011년 細川晋太郎는 한일 양국간에 논의가 되고 있는 한반도 출토 筒形銅器의 제작지와 부장배경에 대하여 다음과 같은 점에서, 일본열도산이며 왜왕권과의 교섭에 의한 것으로 보았다(細川晋太郎 2011, 2012).

그는 筒形銅器의 제작지에 대한 논의가 양 지역의 출현 시기의 선후 즉 연대론에 집중하여 통형통기 자체의 분석에 대한 연구가 부족한 점을 문제로 제기하였다. 통형동기의 용도에 대하여 공부를 가진 점에 착안하여 고분에서의 부장양상을 파악하여 그와 공반된 기물에 대한 접근을 시도하였다. 그 결과 가야지역의 통형동기는 일본열도와 같이 철창과 공반하는 예가 있으며, 이와 공반된 철창은 김해시 대성동1호묘 츨토품과 같이 인부와 병부의 접합에 실로 감은 후 칠로 고정한 점, 통형동기와 공반된 舌에 島根縣산 벽옥제 관옥이 있는 점 등에 의거하여 일본열도산으로 파악하였다.

이 연구는 무기류에 銅제품이 보이지 않고 삼국시대 철창이 있으나 통형동기와 공반된 것과 형식이 다르고 주력 무기가 철모인 점에서 일본열도산일 가능성이 크다고 생각된다.

2014년 高田貫田은 신라, 백제, 대가야와 倭의 교섭사를 통하여 고대한일관계에 대하여 다음과 같은 중요한 논점을 제시하였다. 가야지역의 倭계고분의 피장자에 대하여 그 출자가 倭인 또는 재지인이었는 것인가에 너무 한정해 버리면 묻힌 사람과 고분을 축조한 집단의 활동을 특정사회의 입장에서 일방적으로 파악할 위험성이 있다. 倭계고분이 한반도 沿岸부와 섬, 가야와 백제 교통로의 요충에 축조되었으며, 각 지역의 집단들과 관계를 맺고 있었다. 여러 국이 보낸 위신재를 부장한 사례도 있다. 따라서 倭계고분의 피장자는 그의 활동이 항상 倭측, 즉 倭왕권과 그 원향인 北部九州의 의향을 따랐다고 할 수 없다. 아마 한반도의 입장을 대변하여 행동하는 경우도 많았을 것이다. 따라서 倭계고분 피장자에 대하여 당시 경계지를 왕래하면서 倭와 한반도를 잇는 역할을 실제로 담당한 경계지에 살았던 사람으로 인식하는 점이 중요하다(高田貫田 2014).

이러한 관점은 종래의 필자를 포함한 왕권간의 교섭외에 지역집단의 입장에서 한일관계를 새롭게 조망한 것으로 평가된다.

2014년 井上主税는 BC 3세기에서 5세기까지 한반도 남부에서 출토된 왜계 유물을 소재로 한일교섭사를 다음과 같이 논하였다. 다음과 같이 논하였다. 변한은 낙랑군에 철을 공급하였으나, 3세기 낙랑군의 소멸 이후 새로운 輸出先을 일본열도에 구하였다. 3세기 후반 부산지역의 취락인 동래 패총에서 출현하는 北部九州와 山陰式 土師器계 토기는 철자원을 구하기 위해 왜인이 도래한 것을 반영한다. 이 시기는 정형화된 전방후원분의 출현기이며, 철제무기와 농공구가 다수 부장되는 것에서 지속적인 철 공급로가 확보된 것으로 보았다. 이 단계는 北部九州를 창구로 하였으며, 이는 한반도 남부 출토 土師器계 토기가 北部九州계이며, 北部九州에서의 土師器계 토기의 생산에 畿內지역이 관여한 것을 고려하면 그 배후의 畿內지역의 존재가 상정된다고 하였다. 4세기 전엽에는 파형동기와 촉형 석제품 등이 출현하며 이는 전 단계의 단순한 교역과는 달리 각 정치간 물자교류가 해당 지역의 지배계급간의 외교, 군사적인 측면으로 진전된 것으로 보았다. 4세기 중엽이 되면 한반도 남부와의 교역 창구였던 北部九州의 西新町유적을 중심으로 하는 취락군이 해체되어 이 시기부터 博多灣을 경유하지 않는 직접적인 대외 교역이 개시되었다고 보았다. 이는 4세기 후엽 沖の島에서의 국가 제사와 大和분지동남부에서 大和북부세력으로 주도권이 바뀌는 畿內정권의 정치적 변동과 연동된 것으로 파악하였다. 또한 이 시기 금관가야와 관련하는 복천동세력이 신라의 영향권내에 들어가는 변화가 보이며, 이를 기점으로 양동리세력과의 관계가 강화된다고 보았다. 5세기 전엽 대성동고분군의 축조 정지와 왜계 문물이 금관가야에서 사라지는 것은 금관가야의 쇠퇴와 관련된 것으로 파악하였다(井上主税 2014).

이 논의는 왜계 유물을 소재로 통시적으로 동아시아의 정치적 사회적 동향을 파악하면서 한일교섭사를 파악한 점에서 평가된다. 다만 통형동기의 제작지를 금관가야로 보고 있으나 5세기 이후 일본열도에서 확인되는 점 등 제작지에 대한 논의가 필요하다.

2017년 金宇大는 금제 수식부이식과 장식대도를 소재로 백제, 신라, 대가야와 왜의 관계를 다음과 같이 논하였다. 대가야의 금제 垂飾附耳飾에 대하여 백제, 신라로부터의 耳飾의 이입을 통한 기술의 도입과 합천군 옥전M2호분 출토품의 분석에 의거하여 양 계통의 출자를 달리하는 공인이 이식을 제작하였다고 보았다. 또한 종래 대가야산으로 보아온 일본열도 출토 長鎖式 耳飾의 출현 시기가 대가야와 동일한 TK216 즉 5세기 중엽이고 兵庫縣 宮山고분제3주체, 福井縣 天神山7호분 출토품의 공구일체식으로 수하식에 연결하는 차이점 등에 의거하여 일본열도에서 대가야계 공인에 의해 제작된 것으로 판단하였다. 또한 이는 종래 耳飾에 의거한 5세기 후엽 대가야와 왜의 관계에 대한 재검토가 필요하다고 보았다. 한편 6

세기 전엽 일본열도 출토 山梔子형 수하식을 가진 耳飾은 대가야에서 이입된 것으로 보았다. 5세기 후엽 합천군 옥전M3호분 출토 장식대도는 백제로부터의 기술 도입에 의해 대가야에서 제작된 것으로, 이 시기 이래 대가야 장식대도는 신라, 비화가야, 영산강유역과의 정치적 관계의 위신재로서 사용된 것으로 보았다(金宇大 2017).

이 논의는 이식과 대도의 기술적 속성을 추출하여 정치한 논지를 전개한 점이 주목된다. 다만 5세기 후엽 長鎖式 耳飾의 제작지는 도굴이 심한 가야 고분의 출토예가 적은 점에서 자료 증가를 기다릴 필요가 있으며, 또한 5세기 후엽 제작 기술이 도입된 일본열도에서 지속적으로 垂飾附耳飾이 제작되지 않고 6세기 전엽 대가야산이 이입된 것에 대한 논의가 필요하다고 본다.

2018년 土屋隆史는 금동제 矢筒, 冠, 飾履를 소재로 백제, 신라, 대가야와 왜의 관계를 다음과 같이 논하였다. 대가야의 矢筒에 대하여 5세기 중엽에는 신라와 백제로 부터의 이입품과 신라계 공인의 관여하에 대가야에서, 5세기 후엽에는 백제계 공인집단의 관여하에 대가야에서 제작된다. 6세기 전엽에는 백제와 대가야의 기술 교류 가운데 창출된 형식이 출현한다고 보았다.

일본열도에는 5세기 중엽 대가야산 쌍방중원형 II군이 다수 이입된다. 5세기 후엽에는 쌍방중원형 III군과 단책형B II군은 백제와 대가야의 기술 교류의 가운데 출현하였으며, 양 지역에서 이입된 것으로 보았다(土屋隆史 2018).

이 논의는 다른 금공품에 비해 연구가 부족했던 矢筒의 형태와 기술적 속성을 추출하여 백제, 신라, 대가야의 지역성을 밝힌 점에서 평가된다.

V. 맺음말

이상 20세기 이래 일본 연구자들의 가야 연구를 개관하였다.

일제강점기 일본 연구자들의 가야 연구는 임나일본부 사관에서 출발하여 왜곡된 해석이 행해졌으며, 패전 이후에도 지속되었다.

1980년대 定森秀夫의 연구는 가야지역 토기의 지역성을 인식하는 계기를 마련하였다.

2010년대 이후 일본의 자료를 인지하고 한국에 유학하여 한일 양국의 자료를 섭렵한 연구자들의 성과는 한일 양국의 연구에 지대한 영향을 끼쳤다.

그럼에도 현재 가야고고학 연구에서 유물과 遊離되거나 좁은 지역적 편견에 의해 해석이 이루어지는 예를 종종 본다.

따라서 고고학의 기본이 유적 유물인 점과 一國史를 초월한 연구가 필요함을 새삼 강조하고자 한다.

참고문헌

朝鮮総督府, 1916, 『朝鮮古蹟圖譜三』, 京城, 朝鮮総督府.

今西龍, 1920, 「慶尚北道善山郡·達城郡·高霊郡·星州郡·金泉郡, 慶尚南道咸安郡·昌寧郡調査報告」 『大正六年度古蹟調査報告』, 京城, 朝鮮総督府.

末松保和, 1949, 『任那興亡史』, 東京, 大八州出版.

小野山節, 1959, 「馬具と乗馬の風習」 『世界考古學大系3―日本Ⅲ―』, 東京, 平凡社.

齋藤忠, 1960, 「海外進出」 『圖說世界文化史大系―日本Ⅰ―』, p.200, 東京, 角川書店.

伊藤秋男, 1972, 「耳飾の形式学的研究に基づく韓国新羅時代古墳の編年に関する一考察」 『朝鮮學報』 64, 朝鮮學會.

黑板勝美先生誕生百年紀念會, 1974, 『黑板勝美先生遺文』, 東京, 吉川弘文館.

穴澤口禾光·馬目順一, 1975, 「昌寧校洞古墳群―梅原考古資料を中心とした谷井濟一氏發掘資料の研究―」 『考古學雜誌』 60-4, 東京, 日本考古學會.

東潮, 1987, 「鐵鋌の基礎的研究」 『考古学論攷』 第12冊, 橿原, 橿原考古學研究所.

定森秀夫, 1981, 「韓國慶尚南道昌寧地域陶質土器の檢討」 『古代文化』 33-4, 京都, 古代學協會.

定森秀夫, 1982, 「韓国慶尚南道釜山金海地域出土陶質土器の検討」 『平安博物館研究紀要』 7, 京都, 平安博物館.

藤井和夫, 1981, 「昌寧地方古墳出土陶質土器 編年」 『神奈川考古』 12.

野上丈助, 1982, 「日本出土垂飾付耳飾」 『藤澤一夫先生古稀記念古文化論叢』, 大阪, 藤澤一夫先生古稀記念論叢刊行委員會.

定森秀夫, 1985, 「韓國慶尚南道泗川固城式土器について」 『角田文衛博士古稀記念古代學論叢』, 京都, 角田文衛博士古稀記念論文刊行會.

定森秀夫, 1987, 「韓国慶尚北道高靈地域出土陶質土器の検討」『東アジアの考古と歴史上, 岡崎敬先生退官記念論集』同朋舍出版.

東潮, 1987, 「鐵鋋の基礎的研究」『考古学論攷』第12册, 橿原, 橿原考古學研究所.

石本淳子, 1990, 「日韓の垂飾付耳飾についての一考察―古墳時代の日韓關係考察のために―」『播磨考古學論叢』精文舍.

中村潤子, 1991, 「騎馬民族說の考古學」『考古學その見方と解釋』東京, 筑摩書房.

內山敏行, 1992, 「古墳時代後期の朝鮮半島系冑」『研究紀要』1, 財團法人栃木縣文化振興事業團.

田中俊明, 1992, 『大加耶連盟の興亡と任那』東京, 吉川弘文館.

穴沢口禾光·馬目順一, 1993, 「陜川玉田出土の環頭大刀群の諸問題」『古文化談叢』30(上), pp.367〜386, 北九州, 九州古文化研究会.

崔秉鉉, 1993, 「新羅古墳 編年의 諸問題 - 慶州·月城路·福泉洞·大成洞古墳의 상대편년을 중심으로」『韓國考古學報』30, 韓國考古學會.

內山敏行, 1994, 「古墳時代後期 朝鮮半島系冑」『研究紀要』1, (財)とちぎ生涯學習文化材団埋藏文化財センター.

千賀久, 1994, 「日本出土初期馬具の系譜」『橿原考古學研究論集』12, 東京, 吉川弘文館.

朴天秀, 1995, 「渡來系文物からみた加耶と倭における政治的變動」『待兼山論叢』史學編29, 大阪, 大阪大學文學部.

이희준, 1995, 「경주 황남대총의 연대」『嶺南考古学報』17, 嶺南考古学会.

李熙濬, 1996, 「경주 월성로가-13호 적석목곽묘의 연대와 의의」『석오윤용진교수 정년퇴임기념논총』정년퇴임기념논총간행위원회.

三木ますみ, 1996, 「朝鮮半島出土の垂飾附耳飾」『筑波大學先史學·考古學研究調査報告』7, 筑波,筑波大學考古學研究室.

町田章, 1997, 「加耶의 環頭大刀와 王權」『加耶諸國의 王權』신서원.

高田貫太, 1998,「垂飾付耳飾をめぐる地域間交渉」『古文化談叢』41, 北九州, 九州古文化研究會.

김용성, 2000,「황남대총의 편년적 위치」『황남대총의 재조명』 국립경주문화재연구소.

寺澤薰, 2000,『日本の歷史02-王權誕生-』東京, 講談社.

內山敏行, 2001,「古墳時代後期 朝鮮半島系胄(2)」『研究紀要』9, (財)とちぎ生涯學習文化財団埋藏文化財センター.

千賀久, 2003,「日本出土「新羅系」馬裝具の系譜」『東アジアと日本の考古学III-交流と交易-』pp.101~127, 東京, 同成社.

朴天秀, 2006,「신라 가야고분의 편년-일본열도 고분과의 병행관계를 중심으로-」『한일고분시대의 연대관』 歷史民俗博物館.

金斗喆, 2006,「삼국 고분시대의 연대관」『한일고분시대의 연대관』 歷史民俗博物館.

金斗喆, 2007,「삼국 고분시대의 연대관 II」『한일 삼국·고분시대의 연대관 II』 부산대학교박물관.

박천수, 2007,『새로쓰는 고대한일교섭사』 사회평론.

諫早直人, 2009,『古代東北アジアにおける騎馬文化の考古学的研究』京都, 京都大学大学院文学研究科.

細川晋太郎, 2011,『墳墓構成要素と古墳時代社會の諸相』大阪, 關西学大学院文学研究科.

細川晋太郎, 2012,「한반도 출토 筒形銅器의 제작지와 부장배경」『韓國考古學報』85, 韓國考古學會.

諫早直人, 2012,『東北アジアにおける騎馬文化の考古学的研究』東京, 雄山閣.

井上主税, 2014,『朝鮮半島の倭系遺物からみた日朝関係』東京, 学生社.

高田貫田, 2014,『古墳時代の日朝関係』東京, 吉川弘文館.

定森秀夫, 2015,『朝鮮三國時代陶質土器の研究』東京, 六一書房.

中久保辰夫, 2017, 『日本古代国家の形成過程と対外交渉』, 大阪, 大阪大学出版会.

高田貫太, 2017, 『海の向こうから見た倭国』, 東京, 講談社.

高田貫太(著)・김도영(譯), 2019, 『한반도에서 바라본 고대일본』, 진인진

金宇大, 2017, 『金工品から読む古代朝鮮と倭』, 京都, 京都大學學術出版會.

山本孝文, 2018, 『古代韓半島と倭国』, 東京, 中央公論新社.

土屋隆史, 2018, 『古墳時代の日朝交流と金工品』, 東京, 雄山閣.

「日本 考古學界의 加耶 硏究」에 대한 토론문

김 규 운 (강원대학교)

- 한국에서 공부를 한 일본 연구자를 중심으로 서술
- 일본 고고학계의 전반적인 가야 인식에 대해 보완 설명을

신라 말 최치원의 삼한과 가야사 인식

백 승 옥*

Ⅰ. 머리말

　가야 제국이 존재했던 당대 사실에 대한 잘못된 연구가 후대인들의 역사 인식에 미치는 폐해는 자못 크다. 또한 그 폐해가 오래가면 誤解가 正解로 굳어져 바로 잡기 어려운 경우도 있다.『삼국유사』 오가야조에 적혀있는 가야 제국들의 국명은 사실 역사상 존재하지 않았음에도 불구하고 현재 자연스럽게 통용되고 있다. 오히려 실제 존재했던 국명들은 뒷전에 물러나 있는 실정이다. 이러한 상황이 계속되어서 더 이상 굳어지면 史實이 들어설 자리가 없어지게 될 수도 있을 것이다. 이러한 점을 생각해 보면 기왕의 연

---

* 국립해양박물관

구에 대한 검토, 즉 연구사 검토가 매우 중요함을 느낄 수 있다.

신라 말에 초점을 맞춘 이유는 다음과 같다. 현재 우리가 사용하는 '가야'라는 용어는 한자로 '加耶', '伽耶', '伽倻' 등으로 다양하게 사용되고 있다. 그런데 주지하다시피 가야가 존재했던 당대에는 가야란 용어는 존재하지 않았다는 것이 학계의 정설이다. 그 이전 가야의 국명은 가라, 안라, 반파, 기문, 탁순, 다라 등 다양하게 존재했다. 그 가운데 가라가 가장 대표적 나라였고, 이 가라가 가야로 변했다고 본다. 12세기 이전에 편찬된 사서들(금석문 포함)에는 모두 가라만 보이며 가야란 용어는 없다. 반면 1145년 편찬된 『삼국사기』와 1280년대 편찬된 『삼국유사』를 비롯한 조선 초에 편찬된 사서들에 가야가 보인다. 이는 가라가 가야로 바뀐 것을 의미 한다. 문제는 가라가 가야로 바뀐 시기와 그 연유에 대해서 명확하지 않다는 것이다. 가야 멸망 이후 『삼국사기』가 편찬된 12세기 이전의 어느 시기가 될 것이다.

필자는 이에 대해 나말여초의 지방호족과 불교에 관심의 초점을 두고 있었다. '가야'라는 용어의 탄생은 나말여초 지방호족들이 옛 가야지역에 주둔하는 인연으로 인해 정치적 명분으로 활용하기 위해 自稱했을 가능성이 있다는 생각이었다. 그러나 이러한 생각은 추측에 불과했고 구체적 논증을 통한 것이 아니었다.

가야는 가라를 불교적으로 雅語化한 말이다. 9세기 말 10세기 초 新羅 사회는 왕실이 앞장서서 석가모니의 진신사리를 숭배하는 등 불교 신앙이 과열된 시대였다. 이러한 상황에서는 모든 생활 방식을 불교식으로 이해하고 행동하는 경향이 있다. 언어도 마찬가지이다. 신라 말은 음이 유사한 단어의 경우 불교적 단어로 바꾸어 부를 수 있는 시대적 상황이었다.

이번 연구의 목적은 위의 의문 추구와 함께 신라 말 당시인들의 가야사에 대한 인식을 살펴보려는 것이다. 이를 통해서 당시 역사상의 복원에도 기여하는 바가 있을 것이며, 연구 과정 속에서 가야사 복원도 가능할 것이다. 최치원을 중심으로 살펴보고자 하는 것은 그가 신라 말의 대표적 지식인이라는 점에서이다. 그리고 가야사와 관련하여 그나마 조명해 볼 수 있는 사료가 조금은 보인다는 점 때문이다.

Ⅱ. 최치원의 삼한 인식과 그 변천

崔致遠(857~908 이후?)은 마한을 고구려, 진한을 신라, 변한을 백제로 보았다. 『삼국사기』의 지리지와 열전에 "신라 최치원은 마한은 고려가 되었고, 변한은 백제가 되었으며, 진한은 신라가 되었다 하였다."고 보인다.[1] 이러한 인식은 『삼국유사』에서도 그대로 이어진다. 권1의 기이1에 「변한 백제」조를 둔 것 자체가 그렇다고 보아야 할 것이며, 그 내용에서 명확히 보이고 있다.

사료 1) : "신라 시조 혁거세 즉위 19년 임오년에 …(중략)… 『신·구당서』에는 변한의 후손들이 낙랑의 땅에 있다고 했다. 『후한서』에는 변한은 남쪽에 있고, 마한은 서쪽에 있으며, 진한은 동쪽에 있다고 했다. [최]치원은 변한은 백제라 하였다. 「본기」를 보면 온조가 홍가 4년(기원전 17년) 갑진년에 일어났으니 혁거세보다 후가 되고 동명이 즉위한지 40여년이 된다. 그러나 『당서』에 변한의 후손이 낙랑의 땅에 있다고 한 것은 온조의 계통이 동명에서 나왔기 때문에 그렇게 말한 것이다. 또는 낙랑의 땅에서 나온 사람이 변한에 나라를 세워 마한 등과 대치했던 것은 온조 이전의 일이었을

---

1) 『삼국사기』권34 잡지3 지리1, "新羅 崔致遠日 馬韓則高麗 卞韓則百濟 辰韓則新羅也." 같은 책, 권46 열전6 최치원전, "崔致遠 馬韓則高麗 卞韓則百濟 辰韓則新羅也."

뿐이고 도읍이 낙랑 북쪽에 있었기 때문은 아니다. 어떤 자는 함부로 구룡산 또한 변나산(卞那山)이라 부른다 하여 고구려를 변한이라 하나 모두 잘못이다. 마땅히 옛 현인(최치원-필자 주)의 설이 옳다고 해야 할 것이다. 백제 땅에 변산(卞山)이 있기 때문에 변한이라 한 것이다. 백제의 전성시기에는 15만2천3백호였다.”[2]

『삼국유사』의 위 기사는 기본적으로 최치원의 삼한설을 기본으로 하고 있음을 알 수 있다. 그런데 편찬 시기로 보아 최치원이 보지 못했을 『舊唐書』와 『新唐書』를 첨가하여 인용하고 있다.

사료 2)-① : “신라국은 본래 변한(弁韓)의 후예이다. 그 나라는 한(漢) 나라 때 낙랑 땅에 있었다. 동쪽과 남쪽은 모두 큰 바다를 경계로 하고, 서쪽은 백제와 접해 있으며, 북쪽은 고구려에 인접해 있다. 동서는 1천리이고 남북으로는 2천리이다.”[3]

사료 2)-② : “신라는 본래 변한(弁韓)의 후예이다. 한(漢) 나라 때 낙랑 땅에 살았다. 동서로 1천리이고 남북으로는 3천리이다. 동쪽으로 장인(국)에 도달하고, 동남쪽은 일본이며, 서쪽은 백제이고, 남쪽은 모두 바다에 접해 있으며, 북쪽은 고구려이다.”[4]

---

2) 『三國遺事』卷一 紀異一 卞韓·百濟, “新羅 始祖 赫居世 卽位十九年 壬午 …(중략)… 新舊唐書云 卞韓苗裔在樂浪之地. 後漢書云 卞韓在南 馬韓在西 辰韓在東. 致遠云 卞韓 百濟也. 按本紀 溫祚之起 在鴻嘉四年甲辰 則後於赫居世 東明之世 四十餘年. 而唐書云 卞韓苗裔在樂浪之地云者 謂溫祚之系 出自東明 故云耳. 或有人出樂浪之地 立國於卞韓與馬韓等并峙者 在溫祚之 前爾 非所都在樂浪之北也. 或者濫九龍山 亦名卞那山. 故以高句麗爲卞韓者 蓋謬. 當以古賢之說爲是. 百濟地自有卞山 故云卞韓. 百濟全盛之時 十五萬二千三百戶.”

3) 『舊唐書』卷百九十九 上 列傳 第百四十九 東夷, “新羅國 本弁韓之苗裔也. 其國在漢時樂浪之地. 東及南方俱限大海 西接百濟 北隣高麗. 東西千里 南北二千里.”

4) 『新唐書』卷二百二十 列傳 第百四十五 東夷, “新羅 本弁韓之苗裔也. 居漢樂浪地. 橫

최치원의 변한=백제 인식이 구체적으로 어떻게 해서 형성되었는지를 알수 있는 사료는 없다. 그러나 최치원의 설을 기본적으로 따르는『삼국유사』가 인용한 위의 사료를 보면 변한이 낙랑의 땅에 있었다는 인식이 작용했을 것 같다.『唐書』의 '변한의 후손이 낙랑의 땅에 있다'라는 인식을 최치원도 동일하게 했을 가능성이 있는 것이다.

최치원의 삼한 인식은 그가 읽은 중국 사서들에 의한 영향일 가능성이 높다. 그가 찬한 사산비명에 인용된 중국역사 사례 내용 분석에 의하면,[5] 최치원은『春秋左氏傳』,『戰國策』,『史記』,『漢書』,『後漢書』,『三國志』,『晉書』,『南史』,『南齊書』,『梁書』등의 사서들을 비문 찬술에 인용하고 있다. 그러나 이들 사서에 변한=백제로 볼 수 있는 근거가 있는 것은 아니다.

최치원의 역사인식 중에서 주목할 부분은 '三韓一家' 의식이다. 그는 통일된 신라를 三韓으로 인식하였다. 최치원은 당에서 신라로 귀국하기에 앞서 지난날 자신의 座主였던 尙書 裵瓚에게 깊이 감사하는 글을 올리게 되는데, 내용 속에 '빛나는 영예는 멀리 三韓에 퍼지게 되었습니다(光榮達播於三韓).'라는 표현을 쓰고 있다.[6] 또한 智證大師碑文에 '옛날에 조그마했던 세 나라가 지금에는 장하게도 한 집안이 되었다(昔之 蕞爾三國 今也壯哉一家)'라고 하고 있다.[7] 삼국은 고구려, 백제, 신라임은 말할 필요가 없다. 즉 최치원에게 있어서 삼한은 곧 삼국이다. 삼한을 삼국과 동일시 한 삼한 인식은 당시로서는 보편적이었던 것으로 보인다. 신라인들은 삼국을 통일한 후 삼한을 통일한 것으로 표현했다. 삼한=삼국일통 인식은 7세기 후반

千里 從三千里. 東距長人 東南日本 西百濟 南俱瀕海 北高麗."

5) 郭丞勳, 2001,「崔致遠의 中國史 探究와 그의 思想 動向 -四山碑銘에 인용된 中國歷史事例의 내용을 중심으로-」,『韓國思想史學』17, pp.322~340.

6)『東文選』권33,「與禮部裵尙書瓚狀」: 본고는 최영성, 1999,『譯註 崔致遠全集2-孤雲文集』, 아세아문화사, p.176의 원문을 활용했다.

7) 최영성, 1998,『譯註 崔致遠全集1-四山碑銘』, 아세아문화사, p.262 참조.

신라가 삼국을 통일한 후부터는 생긴 것으로 보인다. 720년 편찬된 『일본서기』 신공기에 보이는 三韓 기사는 비록 고대 일본 천황주의 사관에 의해 왜곡된 것이지만 신라가 사용한 삼한의 용어를 도용한 것으로 볼 수 있다.[8] 삼한=삼국일통 인식은 최치원 당대는 물론 그 이전부터 신라인들의 공통된 인식이었다.

이러한 상황에서 최치원에게 있어서 가야는 삼한과 별개의 나라로 인식되었던 것이다. 그런데 『三國志』와 『後漢書』 등에는 고구려가 삼한과는 별개로 입전되어 있다. 그럼에도 불구하고 최치원은 왜 고구려를 삼한에 포함시켜 인식했는지에 대한 의문이 남는다. 이는 결국 최치원 역사인식의 한계로 보인다.

최치원의 변한=백제 인식을 최초로 반박한 이는 조선 초 권근이다.

사료 3) : 변한[변(弁)은 변(卞)으로도 쓴다. 지금의 평양이다] 한지에 나라를 세웠으나 그 시조와 연대를 알 수 없다. 진한에 속해 있었는데 또한 모두 12국이다.[권근이 말하기를 "『후한서』가 변한은 남쪽에 있고 진한은 동쪽에 있으며 마한이 서쪽에 있다고 했으니 그 변한이 남쪽에 있다고 한 것은 대개 한의 경계인 요동의 땅에서 보아 그렇게 말했을 따름으로 변한이 진한과 마한의 남쪽에 있다고 말한 것은 아니다. 그렇기에 최치원이 마한이 고구려이고 변한이 백제라는 것은 잘못된 것이다."라 하였다].[9]

---

8) 노태돈, 2016, 「삼한일통의식의 형성시기에 대한 고찰 –일본서기 '삼한'기사의 분석을 중심으로–」 『목간과 문자』 16, pp. 107~126.

9) 『東國史略』 卷1 三韓條, "弁韓[弁一作卞 今平壤] 立國於韓地 不知其始祖年代. 屬於辰韓 亦統十二國[權近曰 後漢書以爲 卞韓在南 辰韓在東 馬韓在西. 其謂卞韓在南者 蓋自漢界遼東之地而云爾 非謂卞韓在辰馬二韓之南也. 崔致遠因謂 馬韓麗也. 卞韓百濟也 誤矣]."

권근은 최치원의 변한=백제설을 받아들이지 않고 마한을 백제, 변한을 고구려, 진한을 신라에 비정하는 새로운 설을 내세웠다. 이는 『唐書』를 따른 것으로 보인다. 이 설은 이후 마한을 백제로 본 것에 대해서는 많은 지지를 받는다. 그러나 변한을 고구려로 본 점에 대해서는 비판을 받는다.

　　변한을 가야에 비정하는 설은 韓百謙(1552~1615)의 『東國地理志』(1615)에서 처음 보인다. 삼한 위치 비정과 관련하여 최치원 이래 조선 초까지의 논의에서 변한이 등장한다. 그러나 그 위치를 백제 혹은 고구려로 보았다. 공간으로서의 가야는 없었다. 그런데 한백겸은 한강을 경계로 북쪽은 조선 및 한사군의 영토이고, 남쪽은 삼한의 영토라는 전제 하에 변한의 위치를 제대로 찾았다.[10] 변한의 위치 비정 뿐 만 아니라 가야를 변한의 계기적 발전 관계로 인식하였다. 이는 이후 대부분의 실학자들에게 탁견으로 받아들여지게 된다.

　　　사료 4)-① : 나는 다음과 같이 생각한다. 우리 동방은 옛날부터 남북으로 갈라져 있었다. 그 북쪽은 본래 3조선의 땅으로 단군이 [중국의] 요임금과 병립하였고, 箕子를 거쳐 衛滿에 이르러 四郡으로 갈라졌다가 二府로 합쳐졌으며, 高朱蒙과 더불어 성쇠를 갈마들었는데 東晉 이후 고씨가 마침내 그 땅을 차지하였으니 이것이 고구려이다. 그 남쪽은 곧 삼한의 땅이다. (중략) 변한은 앞의 사서들이 그 전하는 바를 언급하지 않았지만, 신라 유리왕 18년(42년)에 수로왕이 가락에 처음 나라를 세웠고 진한의 남쪽 땅을 자기 것으로 만들었으며 그 뒤 신라에 들어갔으니, 이것이 곧 변한의 땅이 아닌가 한다. 그러므로 남쪽은 남쪽대로 있고, 북쪽은 북쪽대로 있어서 본래 서로 뒤섞이지 않았으며, 비록 그 경계가 정확히 어디에 있었

---

10) 『東國地理志』, 後漢書三韓傳條에 대한 按說, 및 新羅封疆 弁韓舊地條.

는지는 알지 못하지만 아마도 한강 일대를 벗어나지 않았을 것이다. 최치
원이 처음으로 '마한이 고구려이고, 변한이 백제이다.'라 말했는데, 이것
이 첫 번째 잘못이다. 권근은 비록 마한이 백제가 되었음은 알았지만 고구
려가 변한이 된 것이 아니란 것은 알지 못하여 혼동해서 말하였으니, 이것
이 두 번째 잘못이다. 이로부터 이후 역사가들이 오류를 답습하여 다시는
그 땅에 가서 사실을 조사하지 않았으니 드디어 한 구역인 삼한의 땅이 좌
우에서 서로 끌어당기면서 어지럽게 뒤섞이게 되어 지금까지 수천 년 동
안 정설이 없으니, 안타깝다. 무엇으로써 그것을 밝힐 것인가.[11]

사료 4)-② : 변한 舊地는 오늘날(조선시대) 경상도 서남 지리산 일대의 땅
이다. 때로는 백제의 침략을 받기도 하였다.[12]

사료 4)-③ : 금관국은 오늘날(조선시대) 김해에 있었다. (중략) 처음으로 나
왔다 하여 이름을 首露라 하였다. 나라의 이름은 大駕洛 또는 伽倻라 칭
했다. (중략) 후에 이름을 금관국이라 고쳤다. (중략) 신라 법흥왕 때 신라에
항복했다. 왕이 客禮로서 대우하였다. 그 나라를 식읍으로 삼고, 이름을
금관군으로 하였다. 이는 실로 변한의 땅이다.[13]

거의 800년 이상 많은 학자들에 의해 인정 받아오던 최치원의 설과 조선

---

11) 『東國地理志』後漢書 三韓傳, "愚按 我東方在昔自分爲南北. 其北本三朝鮮之地. 檀
君與堯立立 歷箕子 暨衛滿 分以爲四郡 合以爲二府與高朱蒙迭爲盛衰. 東晉以後 高
氏遂幷其地是爲高句麗也. 其南乃三韓之地也. (中略) 弁韓 前史雖不言其所傳 而新羅
儒理王十八年 首露王肇國於駕洛 據有辰韓之南界 其後入於新羅 疑此卽爲弁韓之地
也 然則 南自南 北自北 本不相攙入 雖其界限不知的在何處 而恐不出於漢江一帶也
崔致遠始謂 馬韓麗也 弁韓濟也 此一誤也 權近雖知馬韓之爲百濟 而亦不知高句麗之
非弁韓 混而說之 此再誤也 自是以後 作史之家 承誤襲謬 不復就其地 而竅其宗 遂將
一區 三韓之地 左牽右引 紛耘錯雜. 至今數千年間 未有定說 可勝惜哉. 何以明其然
也."
12) 『東國地理志』新羅封疆 弁韓舊地條.
13) 『東國地理志』新羅附封 金官國條.

전기의 大儒 권근의 설을 조리 있게 비판하고 있다. 나아가 변한과 관련하여 독창적인 학설을 제시한 것은 높이 평가할 수 있다. '수로왕이 가락에 처음 나라를 세웠고 진한의 남쪽 땅을 자기 것으로 만들었다.'는 인식은 전혀 새로운 것이었다. 또한 정확한 인식이었다. 후대에 매우 큰 영향을 줌은 당연하였다. 유형원·정약용 등에게 계승되면서 조선 후기 실학자들에게는 정설로 여겨지게 된다. 더구나 '지리산 일대의 땅은 때때로 백제가 침략한 바 있었다.'고 쓴 점은 주목할 만하다. 최근 호남 동부 가야 관련 논쟁이 연상되기 때문이다.[14] 그러나 변한이 진한에게 처음부터 부용되어 있었다고 본 점은 한계로 보인다. 이는 역시 신라 중심적 사고가 있었던 것으로 보인다. 이는 이후 다산 정약용의 『아방강역고』(1811, 1833) 단계가 되면 극복된다.[15]

사료 5)① : 久菴 한백겸은 수로왕이 일어난 곳이 변진이라고 하였는데, 어찌 탁견이 아니겠는가.[16]

사료 5)② : 진한과 변진은 처음에는 모두 6국이었다가 뒤에 각각 12국이 되었다. 그런데 가라가 단지 6국만 있는 것은 역사가들이 그 [나머지] 여섯을 잃어버린 것이다. 나는 다음과 같이 말한다. "무릇 신라의 역사를 쓰는 사람은 마땅히 『史記』에서 「秦本紀」와 「項羽本紀」를 따로 만든 범례에 따라 「迦羅本紀」 한 권을 지었어야 하는데, 김부식이 [이것을] 빠트리고 기록하지 않았다."[17]

---

14) 백승옥, 2019, 「영·호남 경계지역 가야 정치체의 성격」, 『백제학보』 30, pp.201~226.

15) 백승옥, 2020, 「조선시대의 가야사 인식 −조선후기 실학자들을 중심으로−」, 『역사와 세계』 57, pp.157~159.

16) 『我邦疆域考』 弁辰考, "韓久菴 以首露所起爲弁辰 豈非卓見乎."

17) 『我邦疆域考』 卷2 弁辰別考, "辰韓·弁辰·初皆六國 後各十二 而迦羅只有六國者 史家失其六也 鏞謂 凡作新羅之史者 宜作迦羅本紀一部 以當秦本紀·項羽本紀義例 而金富軾闕焉不錄."

정약용은 한백겸의 설을 탁견으로 여기고 변진을 곧 가야가 일어난 곳으로 파악했다. 진한과 변진은 각각 6국이 성장하여 12국이 된 것으로 보았다. 나아가 김부식이 『삼국사기』를 편찬하면서 가라본기를 넣었어야 했다고 하고 있다. 삼한과 가야에 대한 인식이 오늘날의 인식과 거의 같다. 이는 거의 같은 시기 한치윤과 그의 조카 한진서에 의해 정리된 『海東繹史』(1823)에서도 확인된다.

사료 6) : 최치원이 비로소 마한을 '麗'라고 하고 변한을 '濟'라 했는데, 이것이 첫 번째 잘못이다. 권근은 비록 마한이 백제라는 것을 알기는 하였으나, 역시 고구려가 변한이 아니라는 것을 모르고서 뒤섞어서 말하였는데, 이것이 두 번째 잘못이다. (중략) 이로써 본다면 호서와 호남이 합해 마한이 되고, 영남의 한 도가 나뉘어 진한과 변한의 두 한이 되었음을 어찌 의심할 것인가. (중략) [진서]가 삼가 살펴보건대, 예로부터 漢水의 남쪽을 통틀어서 한국이라고 하였으며, 그곳을 총괄하는 왕을 진왕이라고 하였다. 그러므로 역시 진국이라고도 이른다. 그 가운데 가장 큰 것을 마한이라고 한다. 마한의 동쪽 경계에 별도로 거주하는 것을 진한이라고 하는데, 진한 가운데서 또 나뉘어서 변진이 되었다. 대개 삼한 땅의 경계에 대해서는 우리나라 사람들의 변설은 잘못된 것을 답습하여 일정한 설이 없이 분분한데, 오직 구암 한백겸이 논한 것만이 명확하여 바뀌지 않았으니 세상에서 정론이라 여긴다.[18]

---

18) 『海東繹史』 續集 卷3 地理考3 三韓 下, "崔致遠始謂馬韓麗也 弁韓濟也 此一誤也. 權近雖知馬韓之爲百濟 而亦不知高句麗之非弁韓 混而說之 此再誤也. (중략) 以此見之 湖西·湖南合爲馬韓 以嶺南一道 自分爲辰弁二韓 又何疑乎. (중략) [鎭書] 謹按 自古 漢水之南 通謂之韓國. 其總王謂之辰王 故亦謂之辰國. 其中最大者 名曰馬韓. 馬韓東界之別居者 名曰辰韓. 辰韓之中 又分爲弁辰. 蓋三韓地界 東人辨說 踵訛襲謬 紛紜不定 唯久庵所論 明確不易 世以爲定論也."

구분	馬韓		辰韓	弁韓(卞韓)		가야	비고(★ 당대적)
	고구리	백제	신라	고구리	백제		
金富軾 『三國史記』(1145)	●		●		●		최치원 설(삼한→삼국), 마한=고구리, 변한=백제, 辰韓=신라 설(권34, 지리1)
一然 『三國遺事』(1281)	●		●		●		최치원 설(삼한→삼국), (권1, 기이2, 마한 및 변한조, 진한조)
權近·河崙·李詹 『東國史略』(1403)		●	●	●			최치원 설 비판, "辰韓在南"-옛나라 경계의 땅을 기준으로 상정
徐居正 등 『東國通鑑』(1485)							상고할 수 없다고 함
李荇·尹殷輔 『新增東國輿地勝覽』(1530)	●				●		최치원 삼한설 지지, 권근의 삼한설을 비판. 마한-황해·경기·충청, 변한-전라, 진한-경상
韓百謙 『東國地理志』(1615)			●			●	남·북 이원적 역사체계(북:三朝鮮-四郡-二府-高句麗, 남:三韓-百濟·新羅·駕洛), 馬韓-호남, 辰韓·弁韓-경상 동·서 시남 / 최치원 및 권근 삼한설 모두 비판 ★東人. 弟 浚謙[경여]탓의 남 떼 수습 → 한치윤의 『대조』
柳馨遠 『東國輿地志』(1656)			●			●	한군 중심으로 南(三韓)·北(朝鮮)之界 / 전구-삼한, 마한-炎岑의 金馬[익산] 南遷, 辰韓-秦의 亡人 유입 / 後漢書 墳墓에 취신 ★父 歆→子 柳●의 우익 인속. 이삼는 이원론(예구목사)-秦人의 당수, 주치의 理氣二元論을 경계로 북측-67나, 僻韓人(이이→안정●-경여용)으로 이어짐
李瀷 『星湖僿說』(1740)			●			●	三韓正統論(箕準-馬韓-新羅), 최치원 설 준호 / 마한-중국의 韓 亡人, 진한-秦 亡人, 변한-마한 후에 / 거치산을 경계로 북측-변한, 남측-변한 ★近畿 南人
安鼎福 『東史綱目』(1778)			●			●	三韓正統論(箕準-馬韓-三國-一統-新羅·高麗), 최치원의 삼한설 준호(고구리의 마한병합, 백제의 변 申面 통합) / 饒(준국 僻韓 등 韓 亡人)-辰國(秦 亡人)-馬韓(實韓 이주)→馬韓 / 가야-나동강 以西, 거리신 以南 / 後漢書 墳墓에 취신 ★근기 남인 중 가장 보수적(천주교 비판→ 親西論)
丁若鏞 『我邦疆域考』(1811)			●			●	남·북 이원적 역사체계(북:朝鮮-四郡·高句麗·渤海, 남:韓國三國(마한-백제, 진한-신라, 변진-가야)), 南-馬韓-馬韓(辰馬韓→馬韓-後漢書 취신에 비판 ★유형원과 신경성 부자 / 三馬韓說(前馬韓-茂東韓-後馬韓) / 최치원의 삼한설 비판
韓鎭書 『海東繹史續』(1823)			●			●	삼한 요동설 비판. 삼마한설 주장, 여거세-진한, 변한=가야, 진한=신라, 변한=가야 / 狗邪韓國, 任那(=대가야)-일본의 附庸國 / 後漢書 墳墓에 취신 ★ 기호 남인

〈표 1〉 삼한~삼국의 관계와 위치에 대한 역대 인식[19]

Ⅲ. 최치원의 가야사 인식과 가야

1. 『帝王年代曆』과 가야 인식

『제왕연대력』이 현존하지는 않지만, 『삼국사기』 권4, 지증마립간 즉위연조와 『삼국유사』 권1, 남해왕조에 최치원의 저서로 소개하고 있다.

> 사료 7)-① : "논평한다. 「신라왕으로서 거서간이라고 부른 이가 한 분이요, 차차웅이라고 부른 이가 한 분이다. 이사금이라 부른 이는 열여섯 분이며, 마립간이라 부른 이가 네 분이다. 신라 말기의 이름난 유학자 최치원이 『제왕연대력』을 지으면서 모두 某王이라고만 부르고 거서간 등으로는 말하지 않았다. 혹시 그 말이 야비해서 족히 부를 것이 못 된다고 생각한 것인가? 『좌전』과 『한서』는 중국 역사 서적이지만, 오히려 楚나라 말 곡오도(穀於菟)와 흉노 말 탱리고도(撑犁孤塗) 등을 그대로 남겨 두었으니, 이제 신라의 사실을 기록함에 있어 방언을 그대로 두는 것도 또한 옳겠다.」"[20]
>
> 사료 7)-② : "사론(史論)에 말했다. 「신라왕으로서 거서간과 차차웅이라 부른 이는 한 분이요, 이사금이라 부른 이는 열여섯 분이며, 마립간이라 부른 이가 네 분이다. 신라 말기의 이름난 유학자 최치원이 『제왕연대력』을 지으면서 모두 某王이라고만 부르고 거서간 등으로는 말하지 않았다.

---

19) 문창로, 2014, 「星湖 李瀷(1681~1763)의 삼한 인식」, 『한국고대사연구』 74, p.252의 표를 보완하여 작성한 것임(백승옥, 2020, 「조선시대의 가야사 인식 —조선 후기 실학자들을 중심으로—」, 『역사와 세계』 57, p.154에서 전재).

20) 『삼국사기』 권4, 지증마립간 즉위년조.

혹시 그 말이 야비해서 족히 부를 것이 못 된다고 생각한 것인가? 그러나 지금 신라의 사실을 기록함에 있어 방언을 그대로 두는 것도 또한 옳겠다.」[21]

위의 사료를 보면 『삼국유사』의 찬자는 최치원의 『제왕연대력』을 보았으며, 그 상세한 내용까지도 읽었음을 알 수 있다. 최치원을 '羅末名儒'라고 치켜세우면서도 『제왕연대력』의 문제점을 지적하고 있다. 이 점을 생각해 보면 『삼국유사』가 「왕력」을 만들 때 『제왕연대력』을 인용하지 않았을 가능성도 있다. 과연 그랬을까 궁금해진다. 특히 가락국의 왕 연대력을 만들면서 어떠한 자료를 기본으로 했을까? 당연히 같은 책 권 2에 실려 있는 「駕洛國記」를 참고하여 만들었을 것으로 생각하기 쉽다. 「가락국기」에는 수로왕부터 구형왕까지 10대 왕들의 즉위와 재위 연수 등이 자세히 실려 있기 때문이다. 그렇다면 「왕력」에 실려 있는 내용과 「가락국기」에 실려 있는 내용을 비교 분석해 보면 그 의문은 비교적 쉽게 풀릴 수 있다.

예상과는 달리 「왕력」과 「가락국기」가 기록하고 있는 가락국 역대왕들의 치세는 많은 차이를 보이고 있다. 「왕력」에서는 수로왕의 치세(재위 연수)를 158년이라 한 반면, 「가락국기」에서는 '壽' 158년이라 하여 왕의 享年를 기록하고 있다. 이 정도는 하나의 誤記라고 넘길 수도 있을 것이다. 그러나 이후 역대왕들의 치세에 대해서는 너무 현격한 차이를 보이고 있다. 수로왕을 포함하여 「왕력」에서의 전체 治世 수를 합하면 441년이다. 이는 「왕력」 구형왕 서술 부분에서 스스로가 밝히고 있는 490년('自首露王壬寅 至壬子合四百九十年')과도 맞지 않는다. 「가락국기」의 역대 왕 치세 수는 514년이다. 이는 양자 간에 전혀 다른 기본 텍스트를 사용하여 成書가 되었음을

---

21) 『삼국유사』 권1, 남해왕조.

	왕명	왕력	가락국기	차이점
第一	首露王	壬寅三月卵生 是月卽位 理一百五十八年 因金卵而生 故姓金氏 開皇曆載	~以獻帝立安四年 己卯三月二十三日而殂落 壽一百五十八歲矣	理一百五十八年 ≠ 壽一百五十八歲
第二	居登王	首露子 母許皇后 己卯立 理五十五年 姓金氏	父首露王 母許王后 立安四年己卯三月十三日卽位 治三十九年 嘉平五年癸酉九月十七日崩 王妃泉府卿申輔女慕貞 生太子麻品 開皇曆云 姓金氏 盖國世祖從金卵而生 故以金爲姓爾	理五十五年 ≠ 治三十九年
第三	麻品王	父居登王 母泉府卿申輔之女 慕貞夫人 己卯立 理三十二年	一云馬品 金氏 嘉平五年癸酉卽位 治三十九年 永平元年五年辛亥一月二十九日崩 王妃宗正監趙匡孫女好仇 生太子居叱彌	己卯立 理三十二年 ≠ 嘉平五年癸酉卽位 治三十九年
第四	居叱弥王	一作今勿 父麻品 母好仇 辛亥立 治五十五年	一云今勿 金氏 永平元年卽位 治五十六年 永和二年丙午七月八日崩 王妃阿躬阿干孫女阿志 生王子伊品	辛亥立 治五十五年 ≠ 永平元年卽位 治五十六年
第五	伊品王	父居叱弥 母阿志 丙午立 理六十年	金氏 永和二年卽位 治六十二年 義熙三年丁未四月十日崩 王妃司農卿克忠女貞信 生王子坐知	伊品王≠伊尸品王 丙午立 理六十年 ≠ 永和二年卽位 治六十二年
第六	坐知王	一云金叱(吐)王 父伊品 母貞信 丁未立 治十四年	一云金叱 義熙三年卽位 ~(중략)~ 治十五年 永初二年辛亥五月十二日崩 王妃道寧大阿干女福壽 生子吹希	丁未立 治十四年 ≠ 義熙三年卽位 治十五年
第七	吹希王	一云叱嘉 父坐知王 母福壽 辛酉立 治三十年	一云叱嘉 金氏 永初二年卽位 治三十一年 元嘉二十八年辛卯二月三日崩 王妃進思角干女仁德 生王子銍知	辛酉立 治三十年 ≠ 永初二年卽位 治三十一年
第八	銍知王	一云金銍 父吹希 母仁德 辛卯立 治三十六年	一云金銍王 元嘉二十八年卽位 ~(중략)~ 治四十二年 永明十年壬申十月四日崩 王妃金相沙干女邦媛 生王子鉗知	辛卯立 治三十六年 ≠ 元嘉二十八年卽位~治四十二年
第九	鉗知王	父銍知王 母邦媛 壬申立 理二十九年	一云金鉗王 永明十年卽位 治三十年 正光二年 辛丑四月七日崩 王妃出忠角干女淑 生王子仇衡	壬申立 理二十九年 ≠ 永明十年卽位 治三十年
第十	仇衡(衡)王	鉗知子 母?女 辛丑立 理十二年 中大通四年壬子 納土投羅 自首露王壬寅 至壬子合四百九十年	金氏 正光二年卽位 治四十二年 保定二年壬申九月 新羅第二十四君眞興王 興兵薄伐 ~(중략)~ 王妃分叱水爾叱女桂花 生三子 一世宗角干 二茂刀角干 三茂得角干 開皇錄云 梁中大通四年壬子 降于新羅	辛丑 理十二年 ≠ 正光二年卽位 治四十二年

〈표 2〉『삼국유사』「王曆」과「駕洛國記」에 보이는 가락국 역대 왕 관련기사 비교

말해 준다.

「가락국기」는 그 서두에 '문종 대의 대강 연간에 金官知州事 文人이 찬술한 것을 추려서 싣는다'고 하여 편찬자와 그 시기를 밝히고 있다.[22] 「왕력」은 「가락국기」를 바탕으로 하여 만들어진 것이 아닌 것으로 보아야 할 것이다. 『삼국유사』는 기본적으로 전통적 역사서 형태로 편찬된 것은 아니다. 書名도 『三國遺事』이다. 그나마 역사서로서의 모습을 보이는 것은 「왕력」을 앞부분에 두었기 때문이다. 『삼국유사』의 찬자 일연은 『三國遺事』 찬술의 목적과 관련하여 「왕력」에 무게 중심을 둔 것은 아닌 것으로 보인다. 이 점을 염두에 두면 『삼국유사』에서 「왕력」은 그것을 작성하기 위해 많은 노력을 경주한 것으로 보이지는 않는다. 기존의 것을 차용해서 사용했을 가능성이 있다.

『삼국유사』의 「왕력」은 「王曆」이라 하고 있지만 삼국과 가야 등의 왕과 더불어 중국 황제들에 대한 曆도 함께 싣고 있다. 엄격히 말하면 「왕력」이 아니라 帝와 王에 대한 연대력이다. 곧 「帝王年代曆」인 것이다. 앞의 사료 사료 7)-①과 ②에서 보이듯이 『삼국유사』 편찬 당시 최치원의 「帝王年代曆」은 존재했다. 따라서 『삼국유사』는 최치원의 「제왕연대력」을 차용해서 실었을 가능성이 있다. 물론 첨삭과 수정은 가해졌을 것이다. 『삼국유사』 이전에 최치원의 「제왕연대력」 외에 연대력의 존재가 알려진 것은 없다. 이 점은 그 가능성을 높여 준다.

『삼국유사』가 최치원의 「제왕연대력」을 사용했다면, 「왕력」의 구성을 통해서 최치원의 역사 인식을 살필 수 있을 것이다. 「왕력」은 상단에 중국 황제들에 대한 연대력을 구성하고 그 아래에 신라, 고(구)려, 백제, 그리고 駕洛國을 싣고 있다. 가락국에 대해서는 細注로 '一作伽耶 今金州'라고 하고

---

22) 『三國遺事』 권2, 駕洛國記[文廟朝, 大康年間, 金官知州事文人所撰也, 今略而載之.]

있다. 삼국 외에 가락국이 존재하고 있음을 「왕력」은 분명히 밝히고 있으며, 이는 곧 최치원의 가야사 인식일 가능성이 높다.

2. 승려들의 전기에 보이는 가야 인식

「왕력」을 통해서 최치원이 가야(가락국)의 위상을 어떻게 인식하고 있었는지에 대해 알 수 있었다면, 그가 찬한 승려들에 대한 전기를 통해서는 가야사 인식의 깊이를 엿 볼 수 있다.

> 사료 8) : 최치원의 釋利貞傳을 살펴보면, ①"伽倻山神 正見母主는 곧 天神 夷毗訶之에 감응한바 되어 大伽倻王 惱窒朱日과 金官國王 惱窒青裔 두 사람을 낳았다." ②그러니 뇌질주일은 이진아시왕의 별칭이고, 青裔는 수로왕의 별칭이다. ③그러나 가락국 옛 기록의 육난설과 더불어 모두 허황하여 믿을 수 없다. 또 釋順應傳에는, ④"대가야국의 月光太子는 正見의 10세손이요, 그의 아버지는 異惱王이다. 신라에 청혼하여 夷粲 比枝輩의 딸을 맞이하여 태자를 낳았다." ⑤그러니 이뇌왕은 뇌질주일의 8세손이 된다. 그러나 역시 참고할 것이 못된다.[23]

이 사료는 1530년(중종 25년)에 편찬된 『新增東國輿地勝覽』의 경상도 고령현 건치연혁조이다. 이에 인용된 최치원이 찬한 「釋利貞傳」과 「釋順應傳」의 내용은 대가야의 건국신화와 대가야·신라 사이의 결혼동맹에 관한

---

23) 『新增東國輿地勝覽』권29, 고령현 건치연혁조, "按崔致遠釋利貞傳云 伽倻山神正見母主 乃爲天神夷毗訶之所感 生大伽倻王惱窒朱日 金官國王惱窒青裔二人 則惱窒朱日 爲伊珍阿豉王之別稱 青裔爲首露王之別稱 然與駕洛國古記六卵之說 俱荒誕不可信 又釋順應傳 大伽倻國月光太子 乃正見之十世孫 父曰異腦王 求婚于新羅 迎夷粲比 枝輩之女 而生太子 則異腦王 乃惱窒朱日之八世孫也 然亦不可考."

내용이 실려 있어 가야사 연구에 많이 활용되는 기사이다. 고령군 건치연혁을 설명하는 가운데, "본래 대가야국이다. 시조 이진아시왕으로부터 도설지왕에 이르기까지 모두 16세 520년이다."라는 기사의 細注이다. 조선초 유행한 강목법에 따라 작성했음을 알 수 있다.

최치원의 석이정전과 석순응전의 내용을 인용하고 있는데, ①과 ④의 내용이 석이정전과 석순응전에 있는 내용으로 보인다. 이에서 최치원은 대가야와 금관국의 존재를 알고 있었다. ④로 보아 월광태자, 이뇌왕 등 가야사에서 존재한 인물들에 대해서도 알고 있었음을 알 수 있다. 대가야와 신라의 혼인관련 기사는 『삼국사기』 신라본기 법흥왕 9년조 기사에도 나오고 있다.[24] 뿐만 아니라 『일본서기』 계체기 23년조에도 그 결혼이 파탄되는 기록이 나오고 있다.[25] 이를 최치원이 알고 인용했다는 것은 그가 가야사에 대해 상당히 깊이 있는 이해를 하고 있었음을 알 수 있다.

한편, ②와 ③, ⑤의 내용은 『(신증)동국여지승람』 편찬자의 가야사 인식이다. 특히 ③으로 보아 황당한 내용은 신빙하지 않았다. 조선 전기 관찬사서가 갖는 역사 인식으로 볼 수 있다. 삼한 위치 비정과 관련해서는 최치원설을 따르고 있다.

3. '加羅'에서 '迦耶(伽倻)'로

한편, 최치원이 찬술한 여러 가지 글들 가운데 '迦耶(伽倻)'란 용어가 보이

---

24) 『삼국사기』권4, 신라본기4 법흥왕 9년조(522), "春三月 加耶國王遣使請婚 王以伊湌比助夫之妹送之."
25) 『일본서기』권17, 계체기 23년(529) 춘 3월조, "加羅王 娶新羅王女 遂有兒息 新羅初送女時 并遣百人 爲女從 受而散置諸縣 令着新羅衣冠 阿利斯等 嗔其變服 遣使徵還 新羅大羞 飜欲還女曰 前承汝聘 吾便許婚 今旣若斯 請還王女 加羅己富利知伽[未詳] 報云配合夫婦 安得更離 亦有息兒 棄之何往."

는데 이에 대한 검토를 통해 이 용어가 최치원이 창작 사용했을 가능성을 엿 보고자 한다.

앞의 「왕력」에서 가락국에 대한 細注로 '一作伽耶 今金州'라고 하고 있다. 여기에서 '一作伽耶'와 '今金州'를 동일 시기의 인식으로 볼 필요는 없다. '今金州'는 고려 때를 말하지만, '一作伽耶'는 이미 이전부터의 표기로 볼 수 있다. 「왕력」이 최치원의 「제왕연대력」을 바탕으로 한 것이라면, 최치원 당대에 이미 국명으로서의 '伽耶'가 존재했을 가능성도 있다.

최치원이 지은 글들 중에는 비록 국명은 아니나 山名으로서 '伽倻山'은 자주 등장한다. 「題伽倻山讀書堂」, 「贈希郎和尙」 속의 '希郎大德君 夏日 於伽倻山海(印)寺 講華嚴經', 「新羅 迦耶山 海印寺 善安住院壁記」, 「新羅 迦耶山 海印寺 結界場記」, 「唐大薦福寺故寺主翻經大德法藏和尙傳」에서의 '尸羅國 迦耶山 海印寺 華嚴院' 등이다. 가야산의 명칭이 후대 문집의 轉寫 과정에서 변개되었을 가능성이 전혀 없는 것은 아니지만 '伽倻山'을 '迦耶山'으로도 썼음은 그러한 가능성을 낮게 한다. 迦耶라는 표기에서 '迦'는 고려시대 이후 용례에서는 잘 보이지 않는 것이다. 그렇다면 '迦耶'라는 표기는 최치원 당대에 존재했을 것으로 볼 수 있을 것이다. '伽倻'도 마찬가지이다. 다만 '伽倻'의 경우 '加耶', '伽耶'와 더불어 최치원 당대에 사용되었는지, 아니면 선후관계가 있는 것인지에 대해서는 향후의 연구가 필요하다.

당대 최고의 지식인 최치원은 방언은 野鄙하다고 여긴 사람이다(앞의 사료 7)-①과 ② 참조). 방언을 중국어로 번역된 적절한 불교 용어로 고쳐 쓰기도 하였다.

사료 9)-① : "그러므로 大經(華嚴經을 말함)에 이르기를, '세간이나 출세간이나 할 것 없이 모든 善根은 모두 가장 수승한 도량인 尸羅地(淸凉한 경지, 또는 계율이 철저하게 지켜지는 경지를 말함)에 의거하라'고 하였다. 그리고 지명이 서로 화합함은 天語(天竺國의 말, 즉 인도어)에서 찾을 수 있다. 나라의 이름이 '尸羅'(신라를 이름)이니 실로 波羅提(계율)로 불법을 일으킬 곳이요, 산 이름이 '迦耶'이니 석가모니가 道를 이룬 곳과 같다.[26]

사료 9)-② : "천복 4년 봄 갑자(904)에 尸羅國 迦耶山 海印寺 華嚴院에서 도둑을 피하고 병도 다스리는 두 가지 편의를 구하였다."[27]

위에서 최치원은 신라의 국호 新羅를 음상사한 불교적 용어 '尸羅'로 고쳐 쓰고 있다. 新羅는 신라 고유어 斯羅, 斯盧에서 온 것이다. 尸羅는 六波羅蜜의 하나로 불법을 지켜 허물을 제거하는 계율을 의미한다고 한다.[28] 최치원은 불경을 인용하여 신라를 시라로 불렀다. 또한 해인사가 시라국 가야산에 위치한다고 하면서 가야는 석가모니 부처가 도를 이룬 곳이라 하였다. 시라국의 가야산 해인사는 승지로서 도둑도 피하고 병도 낳게 해 주는 곳으로 그 명칭을 모두 불경에서 차용하고 있다.

이러한 점으로 볼 때 '가라'라는 기존 국명을 鄙野한 방언으로 여겨 불교적으로 雅語化한 '가야'로 창작 대치한 장본인이 최치원이었을 가능성이 있다. 주지하다시피 그는 불교에 해박한 지식을 가지고 있었다. 그리고 唐에 거주하는 동안 번역하는 일에도 종사했었다.[29] 그가 淮南節度使 高騈

---

26) 『東文選』 권64, 「新羅 迦耶山 海印寺 結界場記」. "故大經日 世及出世 諸善根 皆依最勝 尸羅地 然則地名相協 天語可尋 國號尸羅 實波羅提 興法之處 山稱迦耶 同釋迦文成道之所"(최영성, 1999, 『譯註 崔致遠全集2-孤雲文集』, 아세아문화사, p.306의 원문 활용).

27) 「唐大薦福寺故寺主翻經大德法藏和尙傳」. "天福四春 枝幹俱首 於尸羅國 迦耶山 海印寺 華嚴院 避寇養痾"(최영성, 위의 책, p.358에서 원문 활용).

28) 張日圭, 2002, 「崔致遠의 新羅傳統 認識과 『帝王年代曆』의 찬술」, 『韓國史學史學報』 6, p.20.

29) 『桂苑筆耕集』 권17, 「再獻啓」. "伏以某譯殊方之語言 學聖代之章句"

의 從事官'이 되어 중국의 남쪽 안남에는 5년간(880~884) 거주했었다.[30] 그곳은 동남아시아의 문물과 문화를 쉽게 접할 수 있는 곳이다. 불교의 종주국 인도의 사정도 접했을 것이다. 당시에는 이미 산스크리스트어로 된 불경이 漢譯되어 있던 시기이다. 이를 접하고 체득하였을 최치원에게 있어서 불교적 용어 '가야'는 비야한 방언으로 여겼을 '가라'를 대체할 적절한 용어였을 것이다.

4. 신라 말의 '任那' 인식과 崔仁渷

新羅 景明王 8年(924)에 세워진 鳳林寺眞鏡大師寶月凌空塔碑文에는 가야의 이칭인 任那가 보이고 있다. 비문은 경명왕이 찬술했으며, 글씨는 門下僧 行期가 왕의 명을 받아서 썼다. 봉림사는 신라 孝恭王(재위 897~911) 때 圓鑑 국사 玄昱(787~868)이 창건한 사찰이다. 신라 말기에 성립된 九山禪門 가운데 하나인 봉림산문의 중심 사찰이었다. 진경대사는 법명이 審希(854~923)로 현욱의 제자이다. 봉림사에 머물며 크게 교화 활동을 폈으며 이곳에서 입적하였다. 진경은 시호이고 보월능공은 탑호이다.

사료 10) : 대사의 이름은 심희이고, 俗姓은 新金氏이다. 그의 선조는 임나왕족이었다. 풀에서 성스러운 가지를 뽑았으나(이는 '나라를 세우긴 했으나'로 해석할 수 있을 것이다), 매번 주변으로부터 고난을 당해왔었다. (이후) 우리 신라에 투항해 왔다. 遠祖는 興武大王(김유신)이다. 그는 오산의 늠름한 기상과 커다란 물결의 정기를 타고, 문신의 부절을 잡고 재상이 되었다. 무신의 지략을 잡아 왕실을 높이 부양하였으며, 마침내 이적(고구려

---

30) 최치원의 안남 인식과 관련해서는 이유진, 2015, 「崔致遠의 安南 認識」, 인하대학교 대학원 석사학위논문이 참고된다.

와 백제)을 평정하고, 나라 사람들을 오래도록 안정시키었다.[31]

비문의 내용 가운데, "심희의 속성이 신김씨이고 그 선조가 '任那王族'이었다. (임나는)매번 주변으로부터 고난을 당해왔었다. (이후) 우리 신라에 투항해 왔다. 遠祖는 興武大王(김유신)이다."는 기록이 주목된다. 이로 보아 비문의 찬자 경명왕은 가야(임나)에 대한 인식을 가지고 있었다.

任那가 처음 나오는 곳은 고구려 광개토태왕릉 비문이다. 그 외 우리의 기록에는 위의 사료 10)과 『三國史記』 强首列傳에 보인다. 강수열전에서는 '臣本任那加良人(신은 본래 임나가량인)'의 형태로 보이고 있다.[32] 중국 사료에는 487년 편찬된 『宋書』 倭國傳의 4例, 『南齊書』 왜국전(1), 『梁書』 왜전(1), 『南史』 왜국전(5), 『通典』 신라전(1)에 나온다.[33] 중국 사료에서는 임나와 가라를 별개의 나라로 보고 있다. 일본 사료에도 임나가 수없이 나온다. 임나의 借字인 彌摩那, 御間名 등을 합하여 『日本書紀』에 216例, 『新撰姓氏錄』에 12例가 나오고 있다. 『일본서기』에서의 임나는 崇神紀에 "任那國이 소나갈질지를 보내 조공하였다."라고 처음 보이며, 孝德紀에 "任那의 調를 폐지한다."는 내용을 마지막으로 보이고 있다.[34]

任那는 가야지역을 통칭, 혹은 범칭하는 경우와 가야의 어느 한 지역만을 지칭하는 경우가 있다. 넓은 의미의 임나 위치에 대해서는 북쪽에서 보아 낙동강 우안을 중심으로 한 가야제국으로 보고 있다. 이에 대해서는 넓은 의미로 볼 수 있을 것인가의 문제만 있을 뿐 다른 이견이 있는 것은 아

---

31) 大師諱審希 俗姓新金氏 其先任那王族 草拔聖枝 每苦隣兵 投於我國 遠祖興武大王 鼇山禀氣 鰈水騰精 握文符而出自相庭 携武略而高扶王室 □□終平二敵 永安兎郡之人 克奉三朝 遐撫辰韓之俗.
32) 『삼국사기』 권46, 열전 6, 강수.
33) 통계는 김태식, 1993, 『가야연맹사』, 일조각, p.23을 인용했다.
34) 백승옥, 2015, 「'임나일본부'의 소재와 등장 배경」 『지역과 역사』 36, p.97.

니다. 『일본서기』의 용례로 보아 임나를 넓은 의미로 본 경우도 분명 존재한다. 그러나 그 용례가 처음부터 생겨난 것은 아니고, 좁은 의미의 임나(즉 한 특정지역)에서 출발하여 전 가야지역을 의미하는 말로 용례가 전용되었다고 생각된다.[35]

학계에서는 좁은 의미의 임나 위치에 대해서 김해로 보는 경우와 고령으로 보는 경우로 나누어지고 있다. 김해로 보는 설의 유력한 근거사료가 위의 사료 10)이다. 진경대사 審希가 新金氏로서 그 선조가 임나왕족이고 遠祖가 金庾信의 追封名인 興武大王이라는 기록은 임나가 옛 김해지역을 중심으로 존재했던 가락국임을 말해 준다.

그리고 『일본서기』崇神紀 65년 7월조의 "임나는 축자국으로부터 바다를 격해 북으로 이천 여리 떨어져 있고, 계림(신라)의 서남쪽에 있다(任那者 去筑紫國 二千餘里 北阻海 以在鷄林之西南)."라는 기사도 임나를 김해로 볼 수밖에 없는 내용이다.[36] 이로 보면 좁은 의미의 임나는 김해 가락국으로 보아야 할 것이다.

경명왕은 비문을 통해 가락국을 임나로 표현하고 있다. 이는 가야 당대부터 있어왔던 '임나'라는 용어에 대한 이해 없이는 사용할 수 없다. 그 의미나 위치 문제가 현재는 논란이 되고 있지만, 비문이 작성되었던 10세기 초에는 정확한 인식 아래 쓰여 졌을 것이다.

이 비와 관련하여 주목되는 인물은 이 비의 頭篆(=篆額)을 쓴 崔仁渷(868~944)이다. 최인연은 최치원의 사촌 동생이다. 그 또한 17세(885년; 헌강왕 11)에 唐에 유학하여 문과에 급제하였다. 909년(효공왕 13)에 귀국해 執事省侍郎 瑞書院學士에 제수되었다. 최치원이 찬술한 보령 성주사지 낭혜화상탑비(890년 건립)의 경우 그가 글씨를 썼다. 최치원과 최인연은 당대

---

35) 백승옥, 2019, 「4~6세기 加耶의 對百濟·新羅 관계」, 『한국고대사연구』 94, p.177.
36) 백승옥, 2015, 앞의 논문, p.97.

를 대표하는 지식인이었다. 종형제 간이라는 관계와 비문 건립에 공동으로 참여한 사실 등으로 보면 두 사람은 가야사에 대한 지식도 공유했을 가능성이 높다.

최인연은 935년(고려 태조 18) 신라 경순왕이 고려에 투항하자, 그도 고려에 가서 太子師傅가 되었다. 이름도 崔彦撝로 개명하였다. 고려시기 삼한 및 가야사 인식은 최인연(=최언위)으로부터 비롯되었을 가능성이 높다. 그 내용은 최치원의 삼한 및 가야사 인식과 다름 아닐 것이다.

Ⅳ. 맺음말

논의한 바를 정리 해 보면 대략 다음과 같다.

최치원의 변한=백제 인식은 변한이 낙랑의 땅에 있었다는 인식이 작용했던 것 같다. 『唐書』의 '변한의 후손이 낙랑의 땅에 있다'라는 인식을 최치원도 동일하게 했을 가능성이 있는 것이다. 최치원이 비록 『당서』를 보지는 못했다고 해도 거의 같은 시기의 역사 인식이 작용했을 가능성이 높다.

최치원은 삼한을 삼국과 동일 시 했으며, 마한을 고구려, 진한을 신라, 변한을 백제로 보았다. 가야가 끼어들 자리는 없었다. 이러한 최치원의 삼한 인식은 조선 초에 와서야 비판을 받게 된다. 권근은 변한=백제설을 비판하였지만 변한을 고구려로 보았다. 변한=가야설은 한백겸이 처음으로 제기했다. 진정한 가야사 연구의 시작으로 볼 수 있을 것이다. 한백겸의 변한=가야설은 조선 후기 실학자들의 다양한 논증을 거쳐 정약용의 『아방강역고』, 한치윤─한진서의 『海東繹史』에서 정리된다.

최치원의 삼한 인식에 가야는 없었지만 가야사에 대한 인식이 없었던 것은 아니었다. 그가 찬술한 『제왕연대력』은 『삼국유사』「왕력」의 표본이 된 것으로 보인다. 「왕력」과 「가락국기」에 실려 있는 가락국 역대 왕들의 즉위 기사와 재위 연대를 비교 분석해 보아 그렇게 추정했다. 『삼국유사』의 가락국 「왕력」은 최치원의 역사 인식이 배여 있는 것이다. 『삼국유사』의 「왕력」은 중국의 역대 帝와 신라, 고구려, 백제와 더불어 가락국 王들의 연대력도 병기하고 있다. 이는 곧 가락국을 위의 타국들과 역사를 나란히 한 나라로 인식한 것이다. 이것이 최치원의 가야사 인식이었다.

그가 찬술한 僧傳 가운데 석이정전과 석순응전에 보이는 가야에 대한 기록은 가야사에 대한 구체적 내용까지도 포함하고 있다. 최치원은 대가야와 금관국의 존재도 알고 있었으며, 월광태자, 이뇌왕 등 가야사에서 존재한 인물들에 대해서도 인식하고 있었다. 대가야와 신라의 혼인관련 기사는 『삼국사기』 신라본기 법흥왕 9년조와 『일본서기』 계체기 23년조에도 관련 기사가 나오고 있어 사실성이 매우 높은 기사이다. 최치원이 이에 대해서도 알고 인용했다는 점은 그가 가야사에 대해 상당히 깊이 있는 이해를 하고 있었음을 알 수 있다. 그의 가야사 인식은 그의 종제 최인연(=최언위)에게 전해졌으며 고려에도 전해졌을 것으로 보인다.

본고에서 조심스럽게 논의한 부분은 가야시기 당대에는 존재하지 않았던 '가야'라는 용어가 최치원으로부터 비롯되었을 것이라는 점이다. 최치원은 신라인을 '東人'이라 하여 나름대로 小中華意識도 있었지만 新羅語는 비루하다고 여겨 불교적 용어로 옮겨 적곤 했다. 이사금 차차웅 등을 王으로 한 것이나, 斯羅를 尸羅로 기록한 것은 그 한 예이다.

최치원이 고유어를 불교식으로 바꿈은 당시 사회 분위기도 작용했을 것이다. 당시 중국과 신라 왕실은 불교에 열성적이었다. 또한 그가 찬술한 鳳巖寺 지증대사탑비문에 보이는 "(신라인들의)말은 梵語를 답습하여 혀를 굴리면 多羅의 글자가 많았다(語襲梵語 彈舌足多羅之字)."라는 내용으로 보아 당시 신라 사회는 일반인들도 불교적 용어에 매우 익숙해 있었음을 알 수 있다. 多羅는 多羅樹 잎사귀에 쓰인 글자를 의미하는 불교의 經文을 말한다.[37]

이러한 현실 상황은 최치원이 加羅를 석가모니가 成道했던 곳의 漢譯語인 迦耶(伽倻)로 바꾸어 사용함에 자연스러웠을 것이다. 이렇게 바뀐 '가야'는 東國의 文宗이라는 그의 권위와 더불어 고려와 조선에 까지 이어졌으며 史書에도 실렸다. 오늘날 우리들도 史實을 잊어버리고 자연스럽게 사용한다. 보다 정밀한 연구는 후일을 기약한다.

---

37) 번역은 최영성, 1998, 앞의 책, pp.258~259을 참조함.

郭丞勳, 2001, 「崔致遠의 中國史 探究와 그의 思想 動向 —四山碑銘에 인용된 中國歷史事例의 내용을 중심으로—」, 『韓國思想史學』 17.

곽승훈, 2005, 『최치원의 중국사 탐구와 사산비명 저술』, 한국사학.

김두진, 1998, 「신라하대 선사들의 중앙왕실 및 지방호족과의 관계」, 『한국학논총』 20.

노태돈, 1982, 「三韓에 대한 認識의 變遷」, 『한국사연구』 38.

_____, 2016, 「삼한일통의식의 형성시기에 대한 고찰 —일본서기 '삼한'기사의 분석을 중심으로—」, 『목간과 문자』 16.

문창로, 2011, 「조선 후기 실학자들의 삼한 연구 —연구 추이와 특징을 중심으로—」, 『韓國古代史研究』 62.

_____, 2014, 「星湖 李瀷(1681~1763)의 삼한 인식」, 『한국고대사연구』 74.

_____, 2018, 「'변한과 가야' 연구의 동향과 과제」, 『한국고대사연구』 89.

백승옥, 2020, 「조선시대의 가야사 인식 —조선 후기 실학자들을 중심으로—」, 『역사와 세계』 57, 효원사학회.

이상현 옮김, 2009, 『계원필경집』 1, 한국고전번역원.

_____, 2010, 『계원필경집』 2, 한국고전번역원.

이유진, 2015, 「崔致遠의 安南 認識」, 인하대학교 대학원 석사학위논문.

장일규, 1999, 「최치원 찬 부석존자전의 복원시론」, 『북악사론』 6.

_____, 2001, 『최치원의 사회사상 연구』, 국민대 박사학위논문.

_____, 2002, 「최치원의 불교인식과 그 의미」, 『한국사상사학』 19.

_____, 2002, 「崔致遠의 新羅傳統 認識과 『帝王年代曆』의 찬술」, 『韓國史學史學報』 6.

_____, 2003, 「최치원의 저술」, 『북악사론』 10.

조인성, 1982, 「최치원의 역사서술」, 『역사학보』 94·95합집.

최영성, 1998, 『譯註 崔致遠全集1-四山碑銘』, 아세아문화사.

_____, 1999, 『譯註 崔致遠全集2-孤雲文集』, 아세아문화사.

濱田耕策, 2005, 『崔致遠撰 "桂苑筆耕集"に關する総合的研究』, 九州大學校育研究.

プログラム·研究據点形成プロゾェクトB-2(13042)研究成果報告書, 203.

「신라 말 최치원의 삼한과 가야사 인식」에 대한 토론문

이 근 우 (부경대학교)

1. 백승옥선생님의 「신라 말 최치원의 삼한과 가야사 인식」은 부족한 사료 여건 속에서도 삼한에 대한 인식을 비롯하여 伽倻 등의 용어가 사용된 과정을 천착해 낸 연구이다. 실학자들의 인식을 밝힌 점이나 최치원이 가라를 '가야(迦耶)'로 바꾼 장본인이라고 지적한 점은 중요한 내용이다.

다만 최치원의 저술에서 보이는 가야의 한자 표기는 '伽倻'와 '迦耶'라는 표기에 주목해 보면, 釋利貞傳과 釋順應傳 등에서는 伽倻를 사용하였고, 다른 자료에서는 迦耶를 사용하였다. 그런데 迦耶는 『신수대정대장경』에서 확인되지만, 伽倻는 단 한 차례도 사용된 적이 없다.

kaya(迦耶)

The bodily faculty 身根 as seen as one of the five (or six) sense faculties 五根, one of the twelve fields 十二處, or one of the eighteen elements 十八界 of conscious cognition. The support for the bodily consciousness 身識. The Sanskrit kāya, transliterated as 迦耶, has the meaning of 'cluster,' or 'collection,' and 'ground of support.' Although the remaining sense faculties are all clusters, all are dependent on the body as their support, and thus only this faculty is called kāya. When considered among the twelve fields, it is called the bodily field 身處 (Skt. kāyâyatana) and among the eighteen elements, it is called the bodily element 身界 (Skt. kāya-dhātu). In texts such as the Abhidharma-mahāvibhāsā-śāstra 大毘婆沙論, a distinction is made between the crude physical aspect of the body, which is labeled as 扶塵根 and the functional awarenesses of the body, which are called 勝義根. 〔品類足論 (卷一), 大乘法苑義林章卷三本, 瑜伽師地論 T 1579.30.323c28〕[Charles Muller; source(s) : FGD]

『伽耶山頂經』

Also commonly listed simply as 伽耶. A city sixty miles southwest of Patna 巴特那 in Bengal. It is sometimes called Brahma-gayā 婆羅門伽耶 to distinguish it from Buddha-gaya. 〔法華經 T 262.9.41b23 〕[Charles Muller; source(s) : JEBD, Yokoi]

Also written simply as 伽耶; translated as 象頭山. Can refer to two places : Buddhagayā 佛陀伽耶 and Brahmagayā 婆羅門伽耶. Also transliterated as 誐耶山 and 羯闍尸利沙山. [Charles Muller; source(s) : JEBD, Hirakawa]

象頭山

Tr. as elephant-head mountain, name of two mountains, one near Gayā 伽耶, the other said to be near the river Nairañjanā, 150 li away. According to the JEBD, the present Brahmayoni. 〔景德傳燈錄 T 2076.51.205b20〕[Charles Muller; source(s) : Soothill, JEB

伽耶迦葉

The youngest of the three Kāśyapa brothers 三迦葉 who

were close disciples of Śākyamuni. Gayā refers to the name of his birthplace. He was a brother of Mahākāśyapa, originally a fire-worshipper, one of the eleven foremost disciples of the Buddha. In the Lotus Sutra it is predicted that he will become Samantaprabhāsa Buddha. 〔法華經 T 262.9.28c3〕 Also written 象迦葉. [Charles Muller; source(s) : Ui, JEBD, Hirakawa]

In esoteric Buddhism he is a figure in the Court of Omniscience 遍知院 in the Garbhadhātu maṇḍala 胎藏界曼荼羅, placed to the left of the Sarva-tathāgata-jñāna-mudrā 一切如來智印. He is depicted as an Indian figure seated on a mat with his right hand extending outward and his left hand clutching the edge of his robe. Seed syllable : he (derived from hetu). Mudrā : palm-leaf scripture mudrā 梵篋印. He is the brother of Uruvilvākāśyapa 優樓頻羅迦葉 on the opposite side.

迦耶 – 신체, 몸. 몸이 가져다주는 장애.

伽耶 – 코끼리. 伽耶山 = 象頭山

伽倻라는 용어는 없음.

따라서 이들 한자들이 '가야'를 뜻하는 한자로 뒤섞여 쓰이고 있다고 하더라도, 최치원이 불교에 조예가 깊고 그래서 우아한 불교 용어로 바꾸었다고 한다면, 두 번째 조합 즉 伽耶를 선택해야만 한다. 그런데 정작 최치원 관련 문헌에서는 공교롭게도 迦耶와 伽倻만 보인다. 물론 문헌이 후대로 전해지면 한자를 바꾸어 쓴 예도 있을 것이다. 특히 迦耶를 伽耶로 쓴 사례는 불경에서는 확인되기도 한다. 그런데 절 伽를 막다 차단하다는 뜻을 가진 迦로 굳이 쓸 필요는 없었을 것이다.

일제 강점기 가야 유적의 조사와 인식

조 성 원*

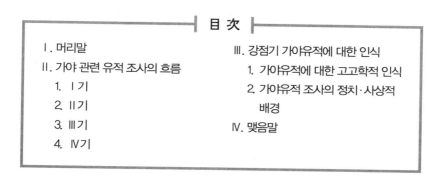
Ⅰ. 머리말

일제강점기(이하, 강점기) 때 한반도 각지의 문화유적이 발굴조사와 보존이라는 미명 하에 훼손되었고, 많은 유물이 일본으로 반출되었다는 것은 이미 잘 알려져 있다. 그 중에서도 경상도 일대에 자리 잡은 수많은 가야 관련 유적에서는 소위 '임나일본부'설과 맞물려 있었고, 다종 다량의 유물이 출토되어 일본인 연구자들의 관심을 받았다. 당시 조사된 가야의 여러 유적은 대한제국이나 조선총독부의 허가를 받은 공식적인 성격을 띤 조사

---

* 부경대학교박물관

도 있었지만, 개인적인 흥미에 의해서 조사 혹은 도굴된 것도 적지 않다. 물론 공식적인 발굴조사였다고 하더라도 그 성과를 정식보고서로 제출하지 않은 것이 많고 유물 수습에 초점이 맞춰져 있었으므로, 유적에 대한 올바른 정보가 전달되지 않거나 소실된 경우가 적지 않다. 이처럼 고고 자료로서의 정보가 상실된 유물과 마구잡이로 파헤쳐진 유구, 보고되지 않는 정보 등에 의해 당시 조사된 가야 관련 유적은 역사적 가치가 상실되거나, 그나마 어느 정도 파악이 가능한 자료조차 식민사관에 의해 곡해되었다는 이유로 잊혀졌다.

하지만 황수영의 보고(황수영 1973)를 시작으로 강점기 문화재 조사 상황과 흐름에 대한 연구(이순자 2009, 정규홍 2012)도 진행되었다. 고고학에서도 당시 가야·신라 고분의 발굴조사 방식을 검토한 이희준의 연구(이희준 1990)를 기점으로 영남 전역에 대한 강점기 때 이루어진 문화재 발굴 조사에 대한 검토가 활발하게 이루어지고 있다. 특히 가야유적 조사에 대한 연구는 김수환(2013)·이주헌(2013)·신종환(2013)에 의해서 상세히 검토(영남고고학회 2013)되었으며, 2010년 이후에는 당시 조사되었던 유적을 다시 발굴 조사하거나(우리문화재연구원 2014), 강점기 조사자료가 보관되어 있던 국립박물관을 중심으로 강점기 조사 유적 발굴보고서(국립김해박물관 2014·2015·2017·2019·2020)·사진첩(국립김해박물관 2015·2016) 등이 간행되기도 하였다. 또한 최근에는 정인성(국립문화재연구소 2016, 경상북도·한국국외문화재연구원 2021)에 의해서 당시 가야유적 발굴조사의 핵심 인물 중 한 사람인 야쓰이 세이이츠(谷井濟一)에 대한 연구도 진행되고 있으며, 강점기 가야유적 조사에 대한 자료집성도 진행(국립가야문화재연구소 2018)되었다.

이상의 연구성과는 그동안 잘 알려지지 않았던 강점기 때 조사된 가야의 주요 유적을 올바르게 이해하는데 큰 도움을 주었던 것은 물론, 가야사 복원의 부족한 부분을 채워주는 중요한 역할을 하고 있다. 다만, 지금까지

가야 전역을 대상으로 한다기 보다는 특정 지역을 중심으로 다루어져 왔기 때문에 전체적인 조망은 잘 이루어지지 않은 것 같다. 그래서 본고에서는 이전의 뛰어난 연구성과들을 토대로 강점기 때 가야 유적을 전반적으로 정리해보고, 그 의미와 문제에 대해서 다시 한번 간략하게 언급해 두고자 한다.

II. 가야 관련 유적 조사의 흐름

일본인 학자들의 가야에 대한 관심은 한일 병합(1910) 이전으로 거슬러 올라가는데, 이는 일본 역사서인 『日本書紀』에 기록된 '神功皇后의 가야 7국 평정' 기사나 한반도 남부를 지배하기 위해 설치했다고 하는 '任那日本府'에 대한 관심 때문이다. 게다가 당시 일본은 아시아 각지로 진출하려는 야욕과 함께 다양한 방식으로 여러 지역의 사회문화를 정찰하고 있었다. 이에 대한 결과물은 동경제국대학을 중심으로 한 『東京人類學報告(東京人類學雜誌)』, 『考古界』 등의 학술잡지에서도 확인되는데, 1890년대를 전후해서 본격적으로 한국, 대만, 중국 등의 역사와 문화를 다룬 글이 등장하기 시작한다. 강점기 당시 가야유적에 대한 일본인 연구자들의 관심 역시 이러한 흐름 속에서 파악할 필요가 있을 듯하다.

현재까지의 연구성과에 따르면 1900년 전후부터 광복 직전까지 약 40여 년간 진행된 일제에 의한 한반도 문화유적조사는 작게는 3기(이순자 2008, 국립문화재연구소 2016)[1] 혹은 많게는 7기(早乙女 2011)로 나누는 것이 일반적

---

1) 이순자는 1기와 2기를 다시 각각 2기로 나누어서, 결론적으로 총 5기에 해당한다.

이다. 그러나 세부적으로 살펴보면 조사 주체와 관련 법령의 수립 등 다양한 기준이 있기 때문에 연구자 간의 이견도 존재한다. 본고에서는 가야유적 조사를 중심에 두고, 조사 주체와 방식 등을 기준으로 해서 네 시기로 나누어 살펴보고자 한다.[2]

1. I 기

I 기는 1900년에서 1908년까지로 도쿄제국대학교 인류학 교실과 건축학과를 중심으로 한 형식상 민간 주도의 유적조사가 진행되는 시기이다. 그래서 실제 발굴조사보다는 유적 현상과 이후 조사를 위한 정보 수집에 집중하고 있다. 이 시기 한반도 조사를 주도한 사람은 잘 알려진 바와 같이 야기 소자부로(八木奬三郎)[3]와 세키노 다다시(関野貞)이다. 이 두 사람은 동경제국대학교 인류학 교실과 건축학과에서 각각 파견되어 훗날 한반도에서의 문화재 조사에 기초를 마련하였다.

야기 소자부로의 한반도 조사에 대해서는 고정용의 검토(高正龍 1996)로 그 여정과 조사목적, 성과 등이 소개되었지만, 가야유적을 직접 조사하였

---

2) 학술회 토론 시간에 백승옥 선생님이 1890년 이전 일본 군부에 의한 자료 수집이 아시아 각지 혹은 한반도-가야-에서 이루어졌을 가능성이 있으므로, 본고의 시기 구분이 적절치 않고 하였다. 일리 있는 지적으로 염두에 둘 만하다. 그러나 현재까지 1900년 이전 가야지역에 대한 조사 내용은 알려진 바 없고 특히 일본인 연구자들도 다루지 않는 것을 고려하면, 본격적인 조사는 1900년이 기점이었을 가능성이 높다. 단, 1900년 전후 부산을 중심으로 활동하던 일본인들에 의해서 수집된 고물(古物)이 일본으로 보내지는 경우(宮原 1902)도 있었고, 부산의 우편국에서 근무하던 小林與三郎과 같이 일본인 학자의 조사에 협조하면서 동행한 인물들도 있었다. 따라서 1900년 이전 가야유적 조사가 전혀 없다고 할 수는 없겠지만, 이 역시 민간 차원에서의 활동이기 때문에 본고의 I 기에 포함시켜도 큰 문제가 없을 것이다.

3) 전동원이 지적하고 있듯이 야기의 뒤에는 인류학과 교수였던 쯔보이 쇼고로(坪井正五郎)가 있었으며, 조사과정에서의 서신형식 보고도 모두 쯔보이에게 전해진 것을 『東京人類學雜誌』에 실은 것이다.

는지는 알 수 없다.[4] 야기의 조사는 1900년 10월과 1901년[5] 모두 2차례에 걸쳐 진행되었으며, 『東京人類學雜誌』·『考古界』·『史學界』 등에 실린 몇 차례 글을 통해서 당시 조사 내용을 어느 정도 엿볼 수 있다. 이 중 가야와 관련해서 주목할 만한 것은 1900년 11월 29일에 자신을 파견한 도쿄제국대학 인류학 교실의 교수였던 쯔보이 쇼고로(坪井正五郎)에게 쓴 보고형식의 편지 내용이다.

편지에는 부산에 옛 물건이 예상외로 많으며 대체로 김해·울산·언양·경주 등에서 나온다고 하면서, 현지 조사 결과 사람이 살았다고 생각하는 곳이나 무덤이 있었다고 추정되는 곳에서는 축부토기(祝部土器)와 조선토기(朝鮮土器)[6]의 파편이 확인된다는 기술이 있다. 게다가 고분은 낙동강 좌우 및 그 이남에 주로 분포하지만 그 이북에는 드물고 축부토기도 조령을 경계로 이남에만 보인다고 지적하면서, 경상도는 일본적이고 충청도 이북은 고려적이라고 하였다(八木 1901). 따라서 야기는 가야유적에 대한 조사를 명확히 언급하지는 않았지만, 현지 조사를 통해 가야에 대해서 어느 정도 파악하고 있었을 가능성이 높다.[7]

반면 야기가 1914년에 쓴 논문에는 처음 조선을 연구했을 때 김해에서 구포로 나와 낙동강 연안을 따라 내려오다 우연히 패총을 발견하였고 시기는 김해패총의 상층과 동시기라고 기술하였다(八木 1914). 이동경로를 고려하면 회현리 패총과는 다른 패총(이기성 2014)으로 생각되며, 조사 후 구덕험지를 넘어 부산으로 왔다는 것으로 보아 현재의 부산 사상구 일대의 가

---

4) 이주헌은 1차 조사의 귀로 여정을 볼 때 진주·함안·마산·김해 등에서의 조사 가능성을 지적한 바 있다(이주헌 2013).
5) 1901년에는 蒔田과 함께 파견되었던 듯한데, 평양·원산 등 주로 북부 일대에서 조사 활동을 벌인 것으로 보인다(八木·蒔田 1901).
6) 축부토기는 현재 스에키(須惠器)를 말하며, 조선토기는 도질토기를 의미하는 듯하다.
7) 이후 야기는 한반도에서도 삼남(三南)지역을 고고학적으로 우선 조사할 것을 주장하기도 하였다.

야 유적일 가능성이 있다. 문제는 1900년과 1901년의 보고문에서 한 번도 언급된 적이 없다는 점인데, 이동경로 상 1차 조사 귀로(주4 참조) 여정에 확인했을 가능성은 충분하다.

세키노는 야기에 비해서 1년 늦은 1902년에 한반도로 건너왔지만, 일본 정부의 지원[8] 아래 건축물을 시작으로 다양한 유적의 현황조사를 진행하였고, 그 결과를 1904년 『韓國建築調査報告』로 제출하였다. 비록 이 보고서에는 가야유적에 대한 기술은 없지만, 삼국시대의 역사를 서술함에 있어서 '금관가야'와 '신공황후'를 언급하고 있는 점에서 어느 정도 가야에 대한 인식은 가지고 있었던 듯하다. 그러나 공식적으로 알려진 자료를 보는 한 세키노의 가야유적 조사는 1909년부터 본격적으로 진행되며, 1900년도 초반에는 이루어지지 않았던 것 같다.[9]

기록에서 알 수 있는 가야유적에 대한 최초의 발굴조사는 1907년 당시 동경제국대학 대학원생이었던 이마니시 류(今西龍)에 의해서 이루어졌다. 이마니시는 1906년 수학여행으로 경주 일대의 유적을 답사하고, 황남리에서 고분 2기를 발굴을 시도한 적이 있었다. 그리고 그 때 경주 남산 아래에서 채집한 (반)마제석부를 통해 그 동안 한반도에서 알려지지 않았던 패총의 존재를 확신하고, 이를 찾기 위해 울산과 영일만 일대를 답사하였지만 찾지 못했다. 하지만 1907년 8월 다시 한반도로 건너와서 조사의 마지막 무렵 김해에서 처음으로 패총을 확인하게 되는데, 이것이 회현리 패총[10]

---

8) 전동원은 정부 문서의 검토를 통해 세키노의 한반도 조사에 일본 정부가 깊게 협조하고 있음을 밝힌 바 있다(全東園 2017). 하지만 야기의 한반도 조사 때에도 조사 편의를 제공하라는 대한제국 의정부 외무대신으로부터 훈령이 내려진 것으로 볼 때 어느 정도 일본 정부의 도움이 있었을 것이다.

9) 도쿄대학종합연구박물관에서 간행한 박물관 소장 세키노 콜렉션 필드 카드 목록(東京大学総合博物館 2004)에서도 가장 이른 가야유적 관련 자료도 1909년에 해당한다.

10) 회현리 패총의 최초 조사시점에 대해서는 여러 설이 있지만, 남아 있는 기록으로 보는 한 이마니시의 1907년 조사가 처음인 것 같다. 한편 이마니시는 회현리 패총 이외에 현

이다.

　이마니시의 조사는 약 3시간 만에 종료되었는데, 이는 다음 달에 건너오기로 되어 있던 인류학 교실의 시바타 쇼우에(柴田常惠)가 조사하는 편이 더 좋을 것이라는 판단에서였다. 이후 이마니시는 회현리 패총의 위치와 현황, 당시 패총에 대한 현지인의 인식, 출토된 패각의 종류와 유물들에 대해서 상세히 보고하였다. 특히 유물 중에는 '야요이 토기'도 있으며, 패총은 삼국시대가 아닌 삼한시대로 추정했다는 점도 특징적이다(今西 1907).

　이어서 회현리 패총을 조사하게 된 시바타도 회현리 패총의 시기가 고분보다는 이르고 석기시대보다는 늦은 것으로 판단하는 등, 이마니시의 결론과 유사한 점이 있다. 다만 이마니시가 야요이 토기로 판단한 '적색토기'는 야요이 토기와 형태적으로 차이가 있고, 한국의 고분에서도 발견되고 있으므로 한국 것으로 판단한 점에서 차이를 보인다(柴田 1908a). 이후 시바타는 대구 부근에서 나온 것으로 생각한 고분 발견 토기(柴田 1908b)와 한국 주재(駐在) 일본인들에 의해 인류학 교실에 기증된 유공광구소호(坪井 1909)도 소개하였는데, 이 중 고분 발견 토기 일부는 대가야 양식(그림 1의 우측 참조)과 금관가야 양식에 속하는 것들이 포함되어 있다.[11]

〈그림 1〉 시바타 조사 사진(좌 : 회현리 패총(柴田 1908a), 우 : 대구 구매품(柴田 1908b))

　지 일본인으로부터 2곳의 패총에 대한 정보를 더 얻게 되는데, 이 패총을 예안리고분군 인근과 부원동 패총으로 추정하고 있다(국립김해박물관 2014 : 11 주6 참조).

[11] 결론적으로 시바타 역시 이 토기들을 가야토기라고는 언급하지 않고, 한국과 일본 고분에서 유사한 토기가 발견되는 것이 재미있는 사실이라고 기술하고 있을 뿐이다.

연 도	유 적	방식	조사자	조사내용	유리원판[12]	관 련 문 헌	비고
1900·1901	불명	일반조사	八木奘三郎	고분·유물수집?	–	八木奘三郎 1900	불명은 가야유적에 한정
1902	불명	답사	關野貞	불 명	–	關野貞 1904	
1907.8	김해 회현리 패총	시굴?	今西龍	패총 서쪽 단애부	–	今西龍 1908a, 1908b	
1907.10	김해 회현리 패총	시굴?	柴田常惠	패총 서쪽 단애부 북편	–	柴田常惠 1908a	
1907	대구부근	불명	柴田常惠	구매기증 유물보고	–	柴田常惠 1908b	대가야 유물포함

〈표 1〉 제 I 기(1900~1908)의 가야 관련 조사현황(국립가야문화재연구소 2018에서 개변)

2. II기

 II기는 1909년~1915년까지로 총독부 중심의 고적조사사업이 실시되기 전까지이다. 다만 이 기간에 이루어진 세키노 일행의 조사에는 조사원들이 '대한제국 탁지부의 건축소 고건축물 조사 촉탁'으로 임명되거나, 한국으로 건너오는 과정에서 일본 정부가 상당히 개입(全東園 2017)하고 있다. 그래서 이 시기의 조사는 민간 중심 조사에서 일본 정부 주도 조사로 전환되는 과도기적 성격[13]을 가지고 있다.

 이 시기에 이루어진 세키노의 조사는 상당히 장기간에 걸쳐서 진행되고

---

12) 유리원판사진의 번호는 해당 고분 이외 주변지역의 유적 사진을 모두 포함한 것이다.

13) 경술국치 이후, 문화재(고적) 조사사업은 '조선총독부 내무부 지방국 제1과'로 인계된다(이순자 2009 : 39).

훗날 한반도 유적조사에 기초가 된다고 할 수 있다. 이 기간 중 가야유적과 관련되는 조사는 대체로 1910년에 집중되어 있다. 이 당시 조사의 특징은 앞서 언급한 것처럼 정부의 개입이 표면적으로 드러나기 시작한 것도 있지만, 더욱 중요한 세키노를 필두로 건축 분야의 구리야마 순이치(栗山俊一)와 고고학 분야의 야쓰이 세이이츠(谷井濟一)[14] 등 하나의 조사팀이 조직되어서 움직이는 점이다. 특히 야쓰이는 이후 가야유적 조사의 상당 부분에 관련된 인물로 중요한 위치를 차지하고 있다. 당시의 조사 목적은 한반도 전역의 유적을 중요도에 따라서 '甲~丁'으로 등급화하는 것이었으나, 일부 유적에 대해서는 직접 발굴조사도 진행했던 것 같다. 1911년 제출된 보고서에서는 가야유적 중 고분군은 대체로 '乙' 또는 '丙', 창녕 목마산성을 제외한 산성이나 궁은 '甲'으로 평가되고 있다.

발굴 조사된 가야유적은 1909년 김해 회현리 패총, 1910년 고령 지산동 고분군과 진주 수정봉·옥봉고분군[15]이며, 함안 말이산고분군과 창녕 교동

〈그림 2〉 세키노 일행의 고적조사(좌 : 무700–17 진주 옥봉 7호, 우 : 90547 김해 회현리 패총)

---

14) 야쓰이와 이 시기의 고적조사 내용은 정인성에 의해서 여러 차례 검토되었으며, 특히 최근 발간한 책(경상북도·한국국외문화재연구원 2020)에서 관련 번역문을 비롯해 여러 가지 검토가 이루어지고 있어 이를 참고하였다.

15) 본 발표에서 상세히 다룰 수 없지만, 1913년 이왕가박물관 직원으로 있었던 야기가 수정봉·옥봉고분군을 조사하기 위해서 진주에 들렀다는 기사(매일신보 1913년 9월 3일, 4일자)가 있다. 이 기사에 따르면 1910년 세키노 조사 이후에도 계속해서 도굴이 이루어졌던 것 같다. 여기에서 도기, 순금이식, 은제팔찌, 동경, 철도, 마구, 곡옥, 마노관옥,

과 송현동고분군 등과 각 지역의 성곽은 현황조사를 실시하였다. 이 중 김해 회현리 패총은 야쓰이가 단독으로 조사하였는데, 일부를 발굴하여 토기편이 나왔으나 약간 늦은 시기 것이라는 간략한 보고(정인성 2020 : 82)와 유리건판 사진 1장(사진 2의 우측)만이 조사 당시의 모습을 보여준다. 고령·진주·함안·창녕 등의 유적에 대한 현황과 발굴조사 내용은 세키노에 의해서 일부가 보고되었다(關野 1911). 이 논문에서는 가야유적을 왕궁지와 산성, 고분으로 구분해서 기술했는데, 위치나 구조 등과 같은 이전까지 볼 수 없었던 상세한 내용이 실려 있다.

이와는 별도로 도리이 류조도 총독부 학무국의 의뢰로 사와 준이치(澤俊一) 등과 팀을 이루어서 '史料調査'를 진행 중이었다. 1, 2차 사료 조사에서는 주로 만주를 포함한 북쪽이 중심이었으나, 1914년 제3차 사료 조사에서 가야지역을 대상으로 삼게 된다. 그러나 아쉽게도 제3차 사료 조사에 대한 보고서는 현재 확인되지 않아, 어떤 방식의 조사가 진행되었는지는 명확하지 않다. 다만 국립중앙박물관에서 소장 중인 이 시기의 사진과 글

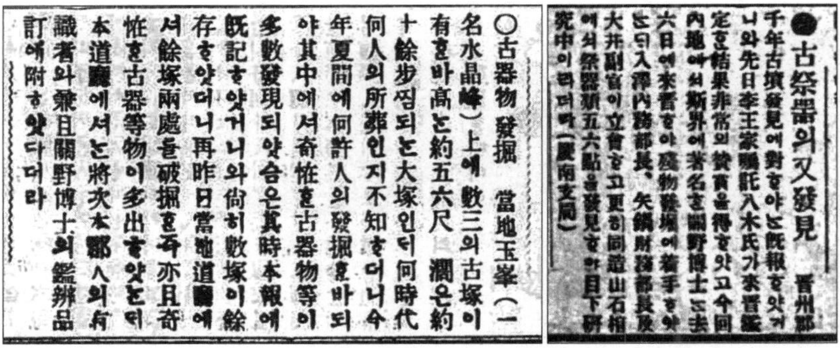
○古器物發掘 當地玉峯（一名水晶峰）上에 數三의古塚이有ᄒᆞᆫ바高ᄂᆞᆫ約五六尺 濶은約十餘步찜되ᄂᆞᆫ大塚인ᄃᆡ何時代何人의所葬인지不知ᄒᆞ더니今年夏間에何許人의發掘ᄒᆞᆫ바되야其中에셔奇怪ᄒᆞᆫ古器物等이多數發現되얏슴은其時本報에旣記ᄒᆞ얏거니와尙히數塚이餘存ᄒᆞ얏더니再昨日當地道廳에셔餘塚兩處를破掘ᄒᆞᆫᄌᆞ亦且奇怪ᄒᆞᆫ古器等物이多出ᄒᆞ얏ᄂᆞᆫᄃᆡ本道廳에셔ᄂᆞᆫ將次本郡人의有識者와兼且關野博士의鑑辨品訂에附ᄒᆞ얏다더라

●古祭器의又發見 晋州郡千年古墳發見에對ᄒᆞ야ᄂᆞᆫ旣報ᄒᆞ얏거니와先日李王家囑託入木氏가來晋鑑定ᄒᆞᆫ結果非常의賞賛을得ᄒᆞ얏고今回內地에셔斯界에著名ᄒᆞᆫ關野博士ᄂᆞᆫ去六日에來晋ᄒᆞ야廢物發掘에着手ᄒᆞ얏ᄂᆞᆫᄃᆡ入澤內務部長、矢鍋財務部長及大井副官이立會ᄒᆞ고更히同趾山石槨에셔祭器類五六點을發見ᄒᆞ야目下研究中이라더라（慶南支局）

〈그림 3〉 세키노의 진주 옥봉·수정봉 조사관련 기사(좌 : 경남일보 1910년 11월 02일, 우 : 매일신보 1913년 9월 12일자)

유리옥 등이 출토되었다고 한다. 또 1913년 9월 12일자 신문에도 6일 세키노가 도굴된 고분 나머지를 발굴해서 유물이 5, 6점 출토되었으며, 이 때 내무부장·재무부장 및 부관이 입회하였다고 한다. 유리건판 무876-1~9가 그 사진일 가능성이 있다.

〈그림 4〉 도리이 류조의 제3회 사료조사 유리건판 사진(1~3 : 함안 130084·130085·130086, 3~6 : 고성 130114·130115·130117)

(鳥居 1914)을 통해서 볼 때, 진주·고성·함안·창녕 등지에서 현황 조사를 중심으로 김해 회현리 패총을 비롯해 함안(국립김해박물관 2007, 함안박물관 2013, 이주헌 2013, 김해박물관 2017)과 고성에서는 발굴조사도 함께 진행했던 것으로 보인다.[16]

〈그림 5〉 사진 59. 구로이타 가쓰미 조사 유리건판 사진(좌 : 김해 구산동고분군 150711, 우 : 고령 지산동고분군 150853)

---

16) 발표문에서는 함안 말이산고분군의 유리건판 130087을 도굴갱으로 보고, 실제 발굴조사는 진행되지 않았을 가능성이 있다고 하였다. 이후 국립김해박물관과 백승옥이 제시한 도리이의 스케치에서 발굴된 고분의 표시가 되어 있기 때문에 발굴되었던 것은 분명한 것 같다. 다만 일제강점기의 발굴기법을 고려하면 발굴 조사된 고분은 130087(국립김해박물관 2013, 이주헌 2013)이 아니라 사진 4의 1·2라고 보인다.

연도	유적	방식	조사자	조사내용	유리원판	관련문헌	비고
1909.12	파사석탑, 김해 회현리 패총	시굴	(關野貞, 谷井濟一) 谷井濟一	위치 미상	90546, 90547	谷井1910, 경상북도·한국의 문화재연구원(경인상) 2020	
1910.10	함안 말이산고분군	현황	關野貞, 谷井濟一, 栗山俊一			關野 1911	眦사리고분
1910.10	고령 지산동고분군	발굴		소형 고분 2~3기 (위치미상)	東大17)12-057~61,64	關野 1911	
1910.10	고령 전 대가야 왕궁지	현황			東大12-001~022	關野 1911	
1910.10	고령 주산산성	현황			100136, 東大12-001~022	關野 1911	
1910.10	창녕 교동과 송현동고분군	현황			무87-8?, 무877-12?, 東大12-001~022	關野 1911	
1910.11.01	진주 수정봉·옥봉고분군	발굴		수혈봉2·3호분, 옥곽7호분?	東大12-28~32 무700-6~18, 무876-1~15?, 무688-6 무60-1~5, 무74-2, 무80-3, 무81-3, 무87-9, 무89-4	경남일보 1910년 11월 02일, 關野 1911	
1913.09	진주 수정봉·옥봉고분군?	유물조사	八木奘三郎	현지 출토유물		매일신보 1913년 9월 3, 4일	매일신보
1913.09	진주 수정봉·옥봉고분군?	발굴	關野貞	수습 조사?	무876-3~15?	매일신보 1913년 9월 12일	
1914.01	김해 회현리패총 (수로왕비릉)	(패총)발굴	鳥居龍藏 (澤俊一)	패총 서측	수로왕(비)릉(구산동고분군)130168~130 172, 회현리패총130173~130224, 130597~130611, 무1117-8	鳥居龍藏 1914, 朝鮮遺蹟遺物之研究慶尙南道	제3회 사료조사
	김해 가구산성				130226		
1914.02	고성 송학동고분군	발굴	鳥居龍藏 (澤俊一)	현 1호분(1A-1호)	130108~130128		
1914.02	고성 철성 패총	현황	鳥居龍藏, 澤俊一		130120~130122		
1914.03	창녕 교동과 송현동고분군	현황	鳥居龍藏 (澤俊一)	제3회 사료조사	130268~130281		

17) 東大는 일본 동경대학 총합연구박물관 소장 구박물관연구부 소장 關野貞 コレクション フィールドカード目錄'의 상자번호와 종이 번호로, 사진이 아니라 도면, 스케치·기술 등에 해당한다.

연도	유적	방식	조사자	조사내용	유리원판	관련문헌	비고
1914	교령 지산동고분군	현황			130570~130575, 130587~130592		제3차 지표조사
	교령 성저와 왕궁지	현황?			130584~130586		
	함안 말이산고분군, 창성성벽	고분발굴	鳥居龍藏 (澤俊一)	현 1호분	130084~130087, 창성성벽 130091	鳥居龍藏 1914	
	진주 수정동 상봉동 고분군	현황?			130039~130040		
	진주 수정동 봉황대 위 고분군	현황?			130047~130049		
1914년 7월 12일	진주 수정동 소상봉(?)의 고분	수습	박순집, 심상부	농사 중 35점 발견	–	大正3年 10月 26日 매장유물 발견에 관한 건	
1915	함안 남문외고분군	발굴	黑板勝美	석곽묘 17기(위치미상)	150752~150754		
1915	창녕 교동과 송현동고분군	현황	黑板勝美	현 I~III군	150761~150762		
1915	성주 성산산성, 성산동 고분	발굴	黑板勝美, 木村●	발굴	150810~150812	매일신보 1915년 6월 20일	
1915.6	교령 지산동고분군	발굴	黑板勝美, 加藤灌覺	갑·을·병호분	150849~150858, 150861~150869	매일신보 1915년 6월 20일	
1915.6	김해 회현리 패총	시굴	黑板勝美	패총 서쪽 단애부 (K구)	150714~150716	매일신보 1915년 7월 22일, 24일, 「朝鮮遺蹟遺物之研究-慶尙南道」 引繼品目錄(古蹟調査囑託委員採取)-大正7年조선총독부 기록제4166호	
1915.6	김해 구산동 고분	발굴	黑板勝美	대형총		引繼品目錄(古蹟調査囑託委員採取)-大正7年조선총독부 기록제4166호	

〈표 2〉 제II기(1909~1915)의 가야 관련 조사현황(국립가야문화재연구소 2018에서 개편)

1915년에는 도쿄제국대학으로부터 구로이타 가쓰미(黑板勝美)가 파견되었는데, 직접적으로 '임나'에 대한 관심을 표명하고 있다(부산일보 1915년 4월 24일자). 그의 조사 행적은 당시 每日新報 1915년 7월 29일부터 8월 17일까지 총 15회에 게재한 「南鮮史蹟의 調査」를 통해 파악할 수 있는데, 가야에 대한 것은 5회부터 9회까지에 집중되어 있다. 이에 따르면 쿠로이타가 고령 지산동고분군·함안 말이산고분군·김해 회현리 패총 등을 직접 발굴조사 했음을 알 수 있다. 또한 당시에 남아 있는 사진으로 보아 김해 구산동 그러나 당시 조사한 내용은 정식 보고되지 못하고 유리건판 사진만 일부 남아 있다.

3. Ⅲ기

Ⅲ기는 고적조사위원회의 설립과 조선총독부박물관 설립을 통해 총독부에 의해서 본격적으로 유적조사가 실시되는 1916년부터 1930년까지에 해당한다. 고적조사위원회의 구성은 해마다 조금씩 변동은 있으나 대체로 본고의 Ⅱ기 조사 때 활약했던 인물들로 구성되었으며, 이는 Ⅲ기 조사가 Ⅱ기의 연장선상에 있다는 것을 보여준다. 1916년에는 주로 낙랑과 고구려 유적의 조사를 중심으로 진행되었고, 가야유적의 조사는 1916년·1922년의 회현리 패총과 양산 패총, 1930년의 동래 패총을 제외하면 1917~1920년 사이에 집중되어 있다.

1917년 조사는 5월 7일에 개시하여 1918년 1월 14일에 종료하는 것으로 되어 있으며, 조사위원은 구로이타, 세키노, 이마니시, 도리이, 야쓰이 등이 위촉되었다(정규홍 2012 : 154). 조사에는 이들과 함께 측량 및 제도, 촬영, 통역 등을 위한 보조 인원이 함께 하였다. 지역별 담당은 함안과 창녕은 주로 이마니시, 고령은 쿠로이타, 도리이는 김해 회현리 패총에 배

〈그림 6〉 1917년 조사 고령 지산동고분군(1~3,170241 · 170244(18호) · 170246(18호))과 김해 유하리 유적(4~6, 170268(석기시대유적) · 170266(고분군 전경) · 170200(고분군 세부))

치되었다. 이 중 이마니시가 발굴 조사한 함안 말이산 5·34호분, 현황 조사한 창녕 일대의 유적들은 1919년 정식보고서로 제출되었다(조선총독부 1919).

하지만 쿠로이타와 도리이의 조사내용은 상세히 알려지지 않았다. 다만 쿠로이타는 유물인수인계와 관련된 내용과 유리건판 사진이, 도리이의 회현리 패총 조사내용은 하마다 코사쿠(濱田耕作)와 우메하라 스에지(梅原末治)의 1920년 발굴조사 보고서(조선총독부 1923)에서 언급되고 있다. 도리이의 경우 회현리 패총 이외에 유하리 유적의 현황조사도 실시했던 것으로 보인다.

1918년에는 하마다와 우메하라가 처음으로 가야 고적조사에 참여하면서, 교토제국대학 관련자들이 본격적으로 한반도 고적조사에 뛰어든다. 고령 지산동 1~3호분과 창녕 교동 21·31호분을 발굴조사 하였다. 12월에는 야쓰이·노모리 겐(野守健)·오바 쯔네키치(小場恒吉)가 본격적으로 가야 유적 조사에 참가해서 함안의 도차리 제2호분을 조사하고, 1919년 1월까지 창녕 교동고분군 일대의 수 기를 발굴 조사하였다. 특히 야쓰이 일행의

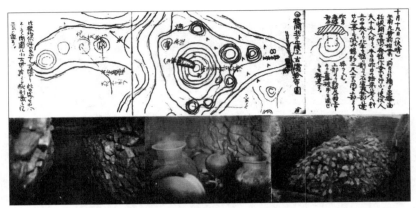

〈그림 7〉 1918년 우메하라의 교동과 송현동고분군 조사 야첩(상), 야쓰이 일행 조사 창녕 교동고분군(무180364(7호분)·무180372(8호분)·무180392(12호분))

교동과 송현동고분군 조사에서는 화차 2대분의 유물이 출토되었다고 전해질 만큼 대규모 발굴이 이루어졌다. 교동과 송현동고분군의 조사 중 하마다와 우메하라의 발굴은 정식보고서로 발간(조선총독부 1921)되었으며, 일부 누락된 자료는 우리문화재연구원의 정밀 지표조사 보고서(우리문화재연구원 2014)에서 추가 보고된 바 있다. 그러나 가야유적 발굴조사 중 최대 규모라고 할 수 있는 야쓰이의 조사분은 정식보고 되지 않고, 이후 여러 논문과 보고서(穴沢·馬目 1975, 김수환 2013, 우리문화재연구원 2014, 국립김해박물관 2015·2019·2020)를 통해 지속적으로 소개되고 있다.

1920년에는 전반적으로 발굴조사가 줄어들면서, 가야유적에 대한 조사

〈그림 8〉 1929년 동래패총 조사 광경(280167·280173·280188)

연도	유적	방식	조사자	조사내용	유리원판	관련문헌	비고
1917.10	함안 말이산고분군	현황, 발굴	今西龍, 김원성	5(현25)·34호분 발굴	5호분:무170168~무170202, 무170278~170281	부산일보 1917년 11월 11일 「大正6年度古蹟調査報告」	
1917	함안 남문외고분군	현황	今西龍	46~60호분·번외(6~8호분			
1917	함안 전 안라왕궁지	현황	今西龍		무170183		
1917	함안 인곡산성	현황	今西龍				
1917	함안 칠원산성	현황	今西龍				
1917	창녕 교동과 송현동고분군	현황	今西龍				竹杉里고분, 신라태자묘
1917	창녕 계성고분군	현황	今西龍	1~22호분			12~
1917	창녕 영산남고분군	현황	今西龍	1~8호분			
1917	고령 지산동고분군	발굴	黑板勝美, 今西龍	12·18·22·(25)호분	170221~170241		
1917	고령 박곡리고분군	현황	黑板勝美, 今西龍?		170300		
1917	성주 월항면 죽곡동고분군	발굴	黑板勝美	1·2기(석곽묘, 위치 미상)			
1917	고령 월산리고분군	현황	黑板勝美			「大正6年度古蹟調査報告」	
1917	고령 본관동고분군	현황	黑板勝美			「大正6年度古蹟調査寫眞集目錄(黑板, 今西, 鳥居, 合#)」	
1917	고령 전 대가야왕궁지	현황	黑板勝美			「大正6年度秋期古蹟調査寫眞帖品目錄(合#)」	
1917	고령 주산성	현황	黑板勝美			「大正6年度古蹟調査寫眞原版目錄(黑板)」	
1917	고령 사부리고분군	현황	今西龍				
1917	고령 가산리고분군	현황	今西龍				
1917	고령 유리고분군	현황	今西龍				
1917	고령 노곡리고분군	현황	今西龍	1·2·3소군 46기			
1917	성주 성산동고분군	현황	今西龍				읍내면북부군
1917	성주 수죽리고분군	현황	今西龍				
1917	성주 영봉리고분군	현황	今西龍				
1917	성주 신자동고분군	현황	今西龍				
1917	성주 봉양동고분군	현황	今西龍				
1917	성주 명천리고분군	현황	今西龍				
1917	성주 용각리고분군	현황	今西龍				
1917	거창 읍외면 석기시대유적	미상	鳥居龍藏, 澤俊一				
1917	합천 영창리 고분	미상	鳥居龍藏, 澤俊一				
1917	진주 이현동 석기시대유적	미상	鳥居龍藏, 澤俊一				
1917.12	고성 수남동·동외동패총	발굴	鳥居龍藏, 澤俊一	위치 미상	130120		(평거면 이현리)

〈표 3〉 제Ⅲ기(1916년~1930년)의 조사현황(국립가야문화재연구소 2018에서 개변)

도 이전에 비해서 적은 편이다.[18] 이 시기의 조사는 야츠이의 현재 구산동
고분군과 고령 지산동 절상천정총, 우메하라와 하마다의 회현리 패총 등에
대한 발굴조사가 대표적이다. 앞서 언급했듯이 회현리 패총에 대한 것은
정식보고서로 발간되었지만, 이외에는 유리건판사진이 일부 남아 있다. 그
중에서 구산동고분의 발굴조사 도면 일부는 우메하라 스에이치(梅原末治)
의 소개(梅原 1972)로 세상에 알려지게 되었다.

이후 1922년에는 후지다와 우메하라, 고이즈미가 각각 회현리 패총과
함께 양산 패총을 발굴조사 하였으며(조선총독부 1924), 1929년과 1930년에
는 후지다와 고이즈미에 의해서 동래 패총이 조사된다(藤田 1930, 1931). 이
외 국립중앙박물관에 남겨진 유리건판사진을 보면 후지다 일행은 부산 일
원의 패총과 수로왕릉 등도 방문했던 것으로 보이며, 이외 창녕 조일여관
소장품이라고 되어 있는 채집유물을 촬영한 것도 있다. 이로 보아 알려진
정식조사 이외에도 조사자의 관심에 따라 일정부분 가야유적에 대한 조사
가 진행되었던 것 같다.

4. IV기

IV기는 1931년부터 해방까지의 시기에 해당하며, 고적조사사업이 완전
히 쇠퇴기에 들어가는 시점이다. 이는 재정문제의 지속과 함께 강점기 말
기의 다양한 정치적 상황과도 연계되어 있다. 그래서 기존까지 총독부 주

---

18) 1921년에 고적조사사업이 학무국 내 고적조사과를 설치하고 총독부박물관과 고적조사
위원회를 통합하였다(小泉 1986). 이후 1923년부터 조선총독부의 긴축재정과 함께 고
적조사과도 폐지된다. 고적조사의 급감은 이와 관련되며, 이 때문에 이 시기를 고적조사
의 획기 중 하나로 분리하는 연구자가 많다. 또 하나 중요한 점은 이전까지 고적조사는
주로 도쿄제국대학 출신자들이 중심이었으나, 서서히 교토제국대학 출신으로 교체되어
이 때부터는 하마다와 우메하라가 주축이 된다.

도의 사업이 종료되고 1931년 구로이타가 주도하여 총독부박물관의 외곽 단체로 조선고적연구회가 설립(정규홍 2012 : 230)되며, 이를 중심으로 고적 조사가 진행된다.

　가야유적의 조사도 1931년 고이즈미가 주도한 창녕 교동 116·117호, 1934년 가야모토 가메지로(榧本龜次郎)의 회현리 패총 조사, 1938년 아리 미츠 교이치(有光敎一)와 사이토 다다시(齋藤忠)의 지산동고분군 조사 정도 로 이전에 비해서 급격하게 줄어들고 있음을 알 수 있다. 이 시기의 조사 자료는 대부분 정식 보고되지 못한 채 남겨졌지만, 이 중 회현리 패총은 국 립김해박물관(2014), 지산동 39호분은 아리미츠와 후지이(有光敎一·藤井和 夫 2002)에 의해서 보고서가 공간되었다. 이 같은 발굴조사와는 별개로 유 적 파괴와 동반된 조사도 부분적으로 진행되는데, 1930년 창녕 교동과 송 현동고분군의 도굴로 인한 훼손을, 다음해 다나카 쥬소(田中十藏)이 수습조 사하는 것이 대표적이다. 이후 한반도 남부의 고적조사는 대체로 경주를 중심으로 진행되고, 가야 유적은 도굴이나 공사 등에 의해 훼손된 유구의 수습조사가 중심을 이루는 것으로 보인다.

〈그림 9〉 고이즈미 일행 조사 창녕 교동 116호분(좌 : 310042, 우 : 310049)

연도	유적	방식	조사자	조사내용	유리원판	관련문헌	비고
1917	교성 만년산 위 석기시대유적	발굴	鳥居龍藏, 澤俊	위치 미상			
1917	통영 석기시대 유적	미상	鳥居龍藏, 澤俊	불명			
1917	부산 동래 및 좌이면 석기시대 유적	미상	鳥居龍藏, 澤俊	불명		『大正6年度古蹟調査報告』	
1918.01	김해 회현리패총	발굴	鳥居龍藏, 澤俊	패총 서족 단에부 북편	170175~		
1918.01	김해 유하리 석기시대 유적		鳥居龍藏, 澤俊	현황조사?			
1918.10	교령 지산동고분군	발굴	濱田耕作, 梅原末治	1·2·3호분	무432-4	『大正7年度古蹟調査報告』『大正7年度古蹟調査蒐集品及寫眞原版 目錄(黑板)』	
1918.10	창녕 교동과 송현동고분군	발굴	濱田耕作, 梅原末治	교동 21·31호분			
1918	교성 송학동고분군	현황	今井濟	위치 미상	무180219		
1918.12	함안 말이산고분군	발굴	今井濟	16·26호분			
1918.12	창녕 교동과 송현동고분군	발굴	今井濟	교동 5~8호분			
1918	진주 상봉동고분군	?	今井濟	?	무180210~		
1918	창녕 교동과 송현동고분군	발굴	今井濟	교동 10~12·89호분			
1919.02	김해 회현리패총	발굴	濱田耕作, 梅原末治	패총 서족 단에부, 구릉 중앙부	200301	『大正9年度古蹟調査報告』, 第1冊	
1920.11	양산 부성리고분군	발굴	小川敬吉, 馬場是一郎	부부총			
1920	교령 지산동고분군	발굴	梅原末治?谷井濟~?	정상천정총	200276~200280		
1921	창녕 교동과 송현동고분군	?	小場?	?	東大12-033-035		
1921.09	양산 남부동패총	시굴	濱田耕作, 梅原末治	위치 미상	210135		다바동?
1922.05	양산 다방동패총	발굴	藤田亮策, 梅原末治, 小泉顯夫	위치 미상	22000무1098-45		

연도	유적	방식	조사자	조사내용	유리원판	관련문헌	비고
1922	김해 회현리패총	발굴	藤田亮策, 梅原末治, 小泉顯夫		220001, 280196, 무317-6		
1929~30	부산 동래패총	발굴	藤田亮策, 小泉顯夫		280166~280188, 290002~290006, D300071, 무197-1~16, 무317-05, 무351-5~8, 무365-8, 무450-2·3, 무717-5, 무795-03, 무1030-9		
1931	창녕 교동과 송현동고분군	발굴	小泉顯夫	교동 116·117호분			
1934.12	김해 회현리패총	발굴	榧本龜次郎	옹관, 석관	2801962~280272, 30007l, 320525, 무171-1~19, 무364-10, 무686-4~14, 무954-1~20, 무1098-47,	榧本 1935·1938	
1935.9	창녕 교동과 송현동고분군	유물수습	山本改, 落合秀之助	116·117호 주변 유물수습(주철토기, 마제석부)		大阪朝日新聞 1941년 7월 6일	금관총 출토품과 유사, 부산고고학회 기증
1938?/1939?	고령 지산동고분군	발굴	有光敎一, 齊藤忠	39호분 및 고분 37기	무195-1		

〈표 4〉 제IV기(1931년~1945년)의 조사현황(국립가야문화재연구소 2018에서 일부개변)

Ⅲ. 강점기 가야유적에 대한 인식

 지금까지 강점기 고적조사에 대한 인식은 한반도 지배와 그 근거를 찾기
위한 하나의 방편이라는 사상적 측면을 강조하는 연구가 많았다. 물론 이
는 두말할 필요가 없는 사실이며, 많은 부분에서 이를 확인할 수 있다. 하
지만 당시의 가야유적 조사를 올바르게 이해하기 위해서는 당시 조사가 어
떻게 계획되고, 어떠한 방식으로 진행되는지를 학문적 측면에서도 검토할
필요가 있다. 즉 강점기의 고적조사를 올바르게 이해하고, 그 성과를 비판
적으로 수용하기 위해서는 사상적 배경과 함께 고고학이라는 학문적 측면
에서의 문제를 동시에 살펴볼 필요가 있는 것이다.[19] 따라서 강점기의 가야
유적 조사 역시 이 같은 관점에서 정리되어야 하며, 이를 통해 당시 조사와
연구성과를 올바르게 활용할 수 토대를 마련할 수 있을 것으로 보인다.

1. 가야유적에 대한 고고학적 인식

 강점기 때 조사된 가야유적은 다종다양하지만, 실제로 발굴조사로 연결
된 것은 고분과 패총 등에 집중되어 있다. 아마도 고분은 잘 알려져 있는
것처럼 임나일본부라는 일본 고대사의 사실을 확인하고, 내부에서 출토되
는 화려한 유물이 연구자들의 큰 관심을 끌었던 것 같다. 패총의 경우는 당
시 일본 학계에서 진행되고 있던 인종논쟁(이기성 2014)이나 한반도의 문화
지체현상 등과 직결되어 많은 주목을 받았다. 어떤 쪽이든 정치·사상적 문

---

19) 세키노 타다시의 '한국건축조사보고'를 분석한 정하미도 "단순히 '식민주의사관'의 부산
   물로…넣어버리고…논제도 되지 못하는 것으로 치부해 버리는 학문적 태도로는 구체적
   인 사실의 발견에 접근하기 어렵다"고 지적하고 있다(정하미 2109 : 179).

제와 밀접하게 연관되어 있지만, 주목적을 달성하기 위해서 계획적이고 다양한 고고학적 방법을 도입하고 있다.

Ⅰ기에는 대체로 지표조사에 가까운 유적 현황조사가 주를 이루고 있다. 하지만 현지 측량이나 현상을 촬영하는 등의 기록화 작업은 거의 진행되지 않았고, 세키노를 제외하면 대체로 학회 보고문 형식의 간략한 글로 보고서를 대신하는 경우가 일반적이었던 같다. 가야유적의 사례는 아니지만 회현리 패총을 발굴 조사한 이마니시의 경우, 1906년 개인적으로 발굴 조사한 경주 황남동의 고분에서 13점의 토기를 수습했으나 부주의로 배치와 인골 유무 등을 알 수 없었다고 기록(今西 1911)하고 있다. 이후 한반도로 건너온 시바타는 회현리 패총에서 수습한 유물의 도면과 전경사진은 남기고 있지만, 고고학 보고서에서 일반적으로 볼 수 있는 배치도나 층위도 등 기본적인 도면은 생략되어 있었다. 이러한 상황은 배후에 일본 정부가 있었다고 하더라도 직접적으로 지원하지 않았던 상황과 대체로 도쿄제국대학에서 파견된 개인이 조사를 진행했기 때문으로 생각된다.

하지만 Ⅱ기부터는 일본 정부 차원에서의 지원이 보다 구체화 됨에 따라서, 1인 조사 이외에도 3~4인으로 구성된 조사단의 운영이 본격적으로 확인된다. 이에 따라서 단순한 현황조사가 아니라 상당수 유적에 대한 발굴조사도 진행되는데, 이 때 구성원의 특기에 따라서 각자 담당한 임무를 수행하는 것이 주목된다. 특히 세키노가 구성한 인물들은 사진촬영과 도면작성에 능숙하였고, 그 실력이 당시 일본 내에서도 최고 수준이라는 것은 이미 언급된 바 있다(京都木曜クラブ編 2003). 게다가 사진촬영에 있어서는 유적 전경·유구 현황·조사 중 사진·출토유물 등 유적조사에 있어서 사진 촬영의 내용과 순서가 어느 정도 갖추어지는 것으로 보인다. 이는 Ⅱ기 초기에 이루어진 진주 수정봉·옥봉고분군의 유리건판 사진에서도 잘 확인된다.

또 하나 주목하고 싶은 것은 세키노에 의해서 처음으로 실측도면이 작성
되는 점이다. 앞서 언급했듯이 출토유물에 대한 도면은 Ⅰ기부터 작성되고
있었지만, 유적이나 유구에 대한 실측은 이 때 처음으로 등장하는 것으로
보인다. 구체적인 실측방식은 명확하지 않지만, 수정봉 3호의 도면을 보면
유구의 단면과 평면도는 물론 유물의 출토 위치와 내용이 상세하게 기록하
고 있다.[20] 하지만 이러한 실측도면은 세키노 그룹에 거의 한정되어 있었던
것 같으며, 본격적으로 가야 유적 조사에서 활용되는 것은 Ⅲ기부터였던

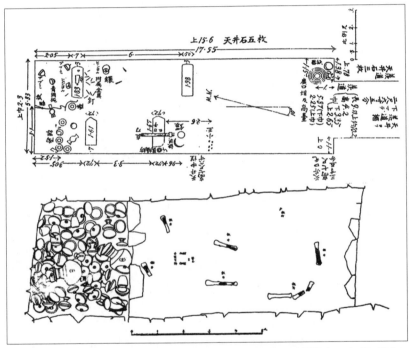

〈도면 1〉 유구 실측도면의 변화(상 : 진주 수정봉 3호분 유물 출토 상황(関野 1911), 하 : 창녕 교
동 31호분(浜田・梅原 1918년 조사, 1922년 보고)

---

20) 세키노가 유적 조사에서 작성한 도면에 대하여, 학사적으로 긍정적인 평가도 있지만, 이
후 세키노 일행의 조사가 사실적인 기록보다도 기술적 건축학적인 도면화 작업에 집착
하게 되었다는 지적(이주헌 2019 : 23)도 있다.

것으로 보인다.[21]

이처럼 고고학적인 기록 수준이 지속적으로 향상되는 것에 반해서 발굴조사 기술 자체는 그다지 진보를 보이지 않는다. 이전 연구에서도 지적되고 있듯이 이 때 가야유적의 조사 대부분은 봉토분이나 도굴 혹은 파괴분을 중심으로 이루어졌다. 게다가 그 목적은 대체로 유물에 있었기 때문에 성토기술이나 유구 구축 기술을 꼼꼼히 파악하는 것보다, 최대한 빨리 매장주체부로 진입하는 것이 중요했던 듯하다. 실제로 큰 봉토를 가진 고분이라도 수일 만에 종료되거나, 여러 고분을 동시에 발굴조사 하기도 하였다. 그렇기 때문에 계획적인 조사라고 하기 보다는 도굴이 이루어진 곳을 그대로 이용 또는 확장하거나, 매장주체부로 진입하기 위해 봉토의 한 부분을 파내거나 하는 방식으로 발굴조사가 진행되었다. 이러한 조사 방식은 결국 봉토의 훼손은 물론 매장주체부도 파괴해버렸기 때문에 고분의 축조기법과 전형을 파악하는데 큰 문제가 되었다.[22]

〈사진 10〉 강점기 발굴방식(좌 : 150754 함안 가야리고분군, 중 : 170236 고령 지산동고분군 제12호분, 우 : 무200035 김해 삼산리고분)

---

21) 본고의 Ⅲ기 첫 보고서인 『대정6년도 고적조사보고』 중 함안 말이산 34호분 조사 보고에서 다양한 도면이 활용되고 있음이 확인된다. 이후 『대정12년도 고적조사보고』에서는 유물 출토 사항에 색을 입힌 도면도 등장한다. 대체로 Ⅲ기에 나오는 유구 도면은 건축설계도 같이 그려진 Ⅱ기의 것보다 훨씬 사실적이고 자연스럽다. 또한 요시이는 『대정7년도 고적조사보고』에서 처음 略測이 아닌 평판측량을 한 것을 지적하면서, 학사적 중요성을 언급하고 있는데(吉井 2006), Ⅱ기 초반 무렵부터 이미 사용되고 있었던 것이 아닌가 생각된다.

22) 학술회 당시 하마다 등 유럽에서 유학한 학자들이 있었기 때문에 4분법 등의 조사방법

연장선상에서 유물 반출을 중시했기 때문에 유구의 성격에 대한 인식도 크게 없었던 것 같다. 물론 기본적인 석관·석곽·석실에 대한 견해는 일본에서의 성과를 토대로 가지고 있었던 듯 하지만, 가야지역 내에서의 구조적 차이나 시대적 흐름에 따른 변화 등에 대한 검토는 거의 이루어지지 않았다. 또한 이마니시의 경우 함안 말이산 34호와 성주 성산동고분군을 횡구식석실로 파악하여 보고했기 때문에, 후대 연구에 큰 영향을 미치기도 하였다(이희준 1990).

하지만 무엇보다도 큰 문제점은 정식보고서를 제출하지 않는 유적이 다수라는 점이다. 이는 조사원의 신변상 문제와 짧은 시간에 여러 유적을 조사한데 따른 시간부족, 조사기록의 부재도 하나의 원인이었을 것이다. 이외 한반도의 고적조사가 시작될 때부터 정식보고서보다는 학술 잡지나 강연 등으로 정리하는 분위기나 조사 자체의 목적이 유물수집과 이에 대한 개인적 탐욕 등에 있었는지도 모르겠다. 물론 오랜 시간이 지나서 일부 보고서가 제출되기도 하고 한국 연구자들에 의한 재검토와 보고서 출간이 진행되고 있지만, 발굴조사자들의 기억상 오류와 이후 망실된 자료를 무시할 수 없다. 이러한 점은 현재 강점기 조사 자료가 가야사로 활용되는데 큰 장애가 되고 있다.

을 알고 있었을 것이라고 발언했으나, 유럽 내에서 고분 혹은 성토구조물에 대한 조사법이 언제부터 확립되었는지는 불명이다. 아리미치 교이치는 1930년 유럽에서 발간된 책에 고분조사법에 대한 내용이 있다고 언급하였다(京都木曜クラブ編 2003 : 11 주15 참고). 또한 이 시기 일본 내에서도 고분조사법이 채용되지 않았음을 고려하면, 일제강점기 고적조사에 참여했던 인물들은 고분조사법을 모르고 있었을 가능성이 높다. 이에 발표 당시 발언을 수정해두고 싶다.

2. 가야유적 조사의 정치·사상적 배경

주지하는 바와 같이 고적조사 대부분이 명목상 한반도 고적의 현황을 파악하고 보존하기 위한 것이라고 했지만, 실제로 한반도를 침략하기 위한 정찰과 무단점거 후 통치 정당성 확보를 위한 정치적 목적으로 이루어졌는 점은 주지하는 바이다. 다시 말하면 고적조사를 핑계 삼아 당시 한반도 정세를 파악하고, 병탄 이후는 강점의 타당성을 뒷받침하기 위한 하나의 도구로 사용되었던 것이다. 또한 한편으로는 개인적인 호기심과 고물에 대한 소유욕도 고적조사 과정과 결과에 많은 영향을 미치고 있었을 것이다. 이는 I기와 II기의 조사 차이 과정과 차이가 뚜렷하게 확인된다.

먼저 병탄 이전에 진행된 I기의 조사를 살펴보면 세키노의 조사처럼 일본 메이지 정부가 배후에 있었던 적도 있지만, 최초의 현지 조사라고 할수 있는 야기의 조사나 뒤이어 진행된 이마니시·시바타의 조사는 도쿄제국대학 연구실 차원에서 진행된 것이다. 조사방식을 보면 야기와 세키노는 한반도 전역의 고적을 조사하는 것이었지만, 특히 세키노의 경우 출발할 당시 공과대학 학장이었던 다츠노 긴고(辰野金吾)는 깊이가 없어도 상관없으니 되도록 넓게 관찰할 것을 부탁하기도 하였다(関野 1904 : 1). 이는 당시 조사가 특정 지역이나 특정 유적에 한정된 것이 아니라 한반도 전역에 걸친 정찰을 목적으로 하는 현황조사인 점을 명확하게 보여준다(정규홍 2012).[23]

사실 이러한 성격의 조사는 도쿄제국대학 인류학 교실에서 이미 진행되고 있었는데, 1890년대 후반 『東京人類學雜誌』에 게재되고 있는 대만과

---

23) 이에 대해서 정하미는 다츠노가 세키노의 성실한 근무태도와 깊이를 추구하는 학문적 아이덴티티를 이해하고, 한정된 시간의 해외조사임을 고려해서 한 일종의 덕담으로 보고 있다(정하미 2019 : 191).

만주 일대의 인류학 조사 보고 등이 바로 그것이다. 이들 지역은 잘 알려져
있듯이 이후 일본에 의해 강점당하거나 이권다툼에 말려드는 곳이다. 결국
1890년대 후반부터 1900년대 초반까지 이루어진 인류학적 조사가 일종의
현지 정찰의 목적이었음을 방증하는 것이다. 게다가 일련의 연구와 조사가
청일전쟁과 러일전쟁이 발발하던 시점과 맞물려 있다는 점도, Ⅰ기의 한반
도 고적 조사가 침략을 위한 사전준비 역할을 어느 정도 했음을 추정 가능
케 한다. 또한 여러 차례 지적되고 있는 것처럼 세키노로 대표되는 이 시기
의 일본 연구자들은 한반도 문화가 '미개하다'는 관점이 기본적으로 깔려있
고, 이러한 사고방식은 이후 고적조사 연구에도 많은 영향을 미친다.[24]

　Ⅱ기부터 진행되는 실질적인 유적의 발굴조사는 Ⅰ기의 조사 결과를 토
대로 진행된 것이다. 이 시기의 각종 조사가 표면적으로는 "낙랑군시대에
있어서 한민족의 양식을 수입해 삼국시대부터 신라통일시대 발달의 정점
을 이루었으나…특히 근세 조선인의 취미결여하고…고물보존의 정신이
거의 모두 없어졌기 때문에…귀중한 유적은 서서히 소멸"(関野 1932 : 1~2)
했다는 이유로 진행되었지만, 본래 목적은 Ⅰ기의 사전 정찰로 확보된 정
보의 실질 증거를 수집하여 한반도 지배의 정당성을 찾기 위한 것이었음은
주지하는 바이다. 그러한 점에서 『日本書紀』의 '가야 7국 평정'이나 '임나일
본부' 등으로 그려진 고대 일본의 한반도 남부 지배는 가장 좋은 재료 중 하
나였다.[25]

---

24) 이외에 Ⅰ기의 연구자들 중 일부는 당시 현지조사와 기증받은 한반도의 유물과 일본의
　유물을 동일한 것으로 보는 경우도 많았다. 이러한 인식은 기본적으로 임나일본부와 관
　련되었다고 생각하지만, 당시 일본 학계에서 제시된 인종론과 관련해서 한반도인과 일
　본인이 동일계통이라는 문제와 관련될 가능성도 배제할 수 없다. 이는 이후 '동조론'으로
　이어지며, 한반도 지배의 근거로 활용된다.
25) 학술회 토론 시 이근우는 '가라7국 평정기사', '임나일본부'는 일본 고대사의 축이기 때문
　에 변할 수 없는 사실처럼 받아들여지고 있다고 지적하였다. 이러한 측면에서 보면, 고
　적조사에 참여한 일본연구자의 대부분은 기본적으로 일본고대사에 입각해 한반도 남

〈사진 11〉 매일신보의 구로이타 연재글 중 일부

이를 단적으로 보여주는 것이 신문에 게재된 구로이타 관련 글이다. 구로이타는 한반도에 건너온 이유를 임나의 국경연구라고 밝히고 있다(1915년 4월 24일 부산일보).또한 본인이 고고학적으로 조사한 가야의 고분에서 확인된 유구와 유물이 결론적으로 일본과 관계없음에도 불구하고, 이를 섣불리 판단하는 것은 어렵다고 하면서 장래 일본인 무덤도 나올 것이라고 기대하고 있다(1915년 8월 10일 매일신보). 이처럼 Ⅱ기에 이루어진 가야 유적의 각종 조사는 역사연구와 유적 보호의 탈을 쓰고 있었지만, 실제 당시 일본정부의 입장과 생각을 대변하기 위한 관학적 성격을 띤 것이었다(이주헌 2013, 김수환 2013). Ⅳ기부터는 총독부의 재정상태와 정책변화로 인해 전체적인 고적조사가 감소하지만, 이전의 조사 성과가 충분히 조선과 일본의 '同祖同根'임을 확증하게 한다고 선전(신종환 2013 : 268~275)하는데 집중하게 된다.

부, 특히 가야를 일본의 지배영역으로 보고 있었을지도 모른다. 이는 앞서 언급한 Ⅰ기 세키노의 보고서 내용과 한반도 지도-김해 지역에 구 임나라고 표현-에서도 추정할 수 있다. 이외에도 낙랑유적이나 금속병용기라는 용어를 통해 한반도 문화발전이 타율적이고 지체되었다는 것도 일제강점의 중요한 근거로 활용되었다(정인성 2010, 이기성 2013)는 지적도 있다.

Ⅳ. 맺음말

일제강점기 조사된 가야유적은 양적으로도 질적으로도 가야를 이해하는 데 매우 중요한 위치를 차지하는 자료이다. 하지만 이를 가야사 연구에 포함시킬 것인지, 식민지 고고학 혹은 역사학으로 별도 취급해야 할지에 대해서는 연구자마다 견해 차이가 있다. 이를 잘 보여주었던 것이 일제강점기 영남지역에서의 고적조사를 주제로 한 2012년의 영남고고학대회이다. 당시 토론자인 정인성은 속지주의적 관점에서 한국고고학사의 범주에 넣는다고 하는 김수환과 한국고고학의 전사라고 표현한 이기성에 대해서, 한국고고학계의 필터링을 전제해서 한국고고학에 포함되어야 할 것이라고 지적하고 있다(정인성 2013 : 318). 이러한 지적은 지금까지 일제강점기의 가야 유적 조사를 바라볼 때 취했던 피해자의 입장에서의 비판적인 시각에서만 바라볼 것이 아니라, 고고학이라는 학문적인 측면에서의 시각과 평가도 필요하다는 의미라고 생각한다.

사실 가야사 연구에 있어서 고고학이 차지하는 비중은 두말 할 필요가 없지만, 강점기 조사 자료를 버리고, 현재의 고고자료만으로 가야사 복원이 충분히 가능한가라는 질문에 대해서는 쉽게 답할 수 없을 것이다. 하지만 지금까지 우리는 강점기 조사자료를 정면으로 바라보지 않고, 그 배후에 있는 잘못된 역사인식을 비판하는데 집중하였고, 그 때문에 당시 조사된 수많은 가야의 고고자료가 방치된 상태로 남겨져 있었던 것 같다. 그나마 다행인 것은 2010년 이후 강점기 조사 유적에 대한 재발굴과 국립박물관의 지속적인 강점기 자료 재정리·출판·일반 공개 등을 통해, 강점기 조사자료의 재평가와 가야고고학으로의 편입이 활성화되고 있다는 점이다.

또한 일제강점기 때 반출된 각종 유물에 대한 일반인 혹은 일반단체의 관심은 물론 다양한 자료를 수집해서 기존의 한계를 탈피하고, 다양한 시각에서 접근한 여러 연구도 강점기 때 조사된 가야 유적을 다시 우리 곁으로 돌아오게 하고 있다. 하지만 물리적이든 심정적이든 아직까지 우리에게 되돌아오지 못한 것도 아직 상당수 존재하고 있다는 점을 명심해야 하고, 이를 위해 끊임없는 연구와 관심이 필요하다는 점을 강조해 두고 싶다.

追記. 최근 10년간 한국고고학에서 중요하게 다뤄지고 있는 주제 중 하나가 일제강점기 조사에 대한 재검토인 것 같다. 이미 많은 연구 성과가 제출되어 있기 때문에 본 발표문과 상당히 중복되는 것이 있다고 생각된다. 혹시 앞선 연구를 왜곡하거나 참고자료의 누락으로 실례를 범할까 걱정스럽다. 또한 필자의 한계로 모든 자료를 다루지 못해 잘못 이해한 부분도 많을 것으로 생각된다. 이에 심심한 사과를 드리고 싶다. 특히 조사흐름의 파악에 있어서는 장기간에 걸친 내용을 다루다 보니, 상당부분이 누락된 것을 알게 되었다. 이에 대해서는 향후 보완할 것을 약속하고자 한다.

본고에서 사용된 유리건판사진은 국립중앙박물관 소장이며, 신문자료는 국립중앙도서관 소장임을 밝혀둔다. 본고의 표를 작성하는데 있어서 허수민의 도움을 받았다. 그리고 자료수집에 있어서 정인성, 木下亘, 平郡達哉, 岩越陽平 등 여러 선생님의 도움을 받았다. 이에 감사드린다.

참고문헌

이기성, 2009, 「朝鮮總督府의 古蹟調査委員會와 古蹟及遺物保存規則-일제강점기 고적 조사의 제도적 장치(1)-」, 『영남고고학』 51, 영남고고학회.

_____, 2013, 「일제강점기 영남지역의 선사시대 조사」, 『일제강점기 영남지역에서의 고적조사』, 학연문화사.

김수환, 2013, 「일제강점기 창녕·양산지역의 고적조사 – 고적조사 5개년기의 고분 발굴을 중심으로」, 『일제강점기 영남지역에서의 고적조사』, 학연문화사.

이주헌, 2013, 「일제강점기 진주·함안 지역의 고분조사법 검토」, 『일제강점기 영남지역에서의 고적조사』, 학연문화사.

_____, 2013, 「일제강점기 진주·함안 지역의 고분조사법 검토」, 『일제강점기 영남지역에서의 고적조사』, 학연문화사.

신종환, 2013, 「일제강점기 고령지역의 고고학적 조사와 그 영향」, 『일제강점기 영남지역에서의 고적조사』, 학연문화사.

정인성, 2010, 「일제강점기의 낙랑고고학」, 『이주의 고고학』 제34회 한국고고학전국대회, 한국고고학회.

_____, 2013, 「종합토론문」, 『일제강점기 영남지역에서의 고적조사』, 학연문화사.

국립김해박물관, 2014, 『김해 회현리 패총』.

_____, 2015, 『창녕 교동 7호분』.

_____, 2019, 『창녕 교동 89호분』.

_____, 2017, 『咸安 末伊山 4號墳(舊34號墳).

關野貞, 1911, 「伽倻時代の遺蹟」, 『考古學雜誌』 1-7, 考古學會.

창녕군·우리문화재연구원, 2014, 『사적 제514호 창녕교동과 송현동고분군』.

朝鮮總督府, 1920, 『大正六年度古蹟調査報告』.

_____, 1922, 『大正七年度古蹟調査報告』.

穴澤咊光·馬目順一, 1975, 「昌寧校洞古墳群─梅原考古資料を中心とした谷井濟一氏發掘資料の研究」『考古學雜誌』第60卷 第4號.

경상북도·한국국외문화재연구원(정인성), 2020, 『한국고고학자가 다시 쓰는 조선고적조사보고─1909년과 1910년의 조사내용─』.

국립문화재연구소, 2016, 『1909년 조선고적조사의 기억』.

李熙濬, 1990, 「解放前의 新羅·伽耶古墳 發掘方式에 대한 硏究」『한국고고학보』 24, 한국고고학회.

이순자, 2008, 『일제강점기 고적조사사업 연구』 경인문화사.

정규홍, 2012, 『우리문화재 반출사』 학연문화사.

국립가야문화재연구소, 2018, 『가야 일제강점기 자료편』 가야자료총서 02.

영남고고학회, 2013, 『일제강점기 영남지역에서의 고적조사』 학연문화사.

柴田常惠, 1908, 「朝鮮の古墳發見土器」『東京人類學會雜誌』 23卷, 268号.

＿＿＿＿, 1908, 「朝鮮金海の貝塚」『東京人類學會雜誌』 24卷, 273号.

坪井正五郎, 韓國發見の吸ひ壺, 東京人類學會雜誌, 1909~1910, 25卷, 292号, p. 367~370_1.

영남고고학회 편, 2013, 『일제강점기 영남지역에서의 고적조사』 학연문화사.

有光敎一·藤井和夫, 2002, 「高靈 主山 第39號墳 發掘調査 槪報」『朝鮮古蹟研究會遺稿Ⅱ』 유네스코동아시아문화연구센터, 東洋文庫.

이주헌, 2019, 「탈식민지고고학의 한계와 문화유산의 재인식」『신라사학보』 47, 신라사학회.

정하미, 2019, 「1902년 세키노 타다시의 '조선古蹟조사'와 그 결과물 '한국건축조사보고'에 대한 분석」『비교일본학』 47, 한양대학교 일본학국제비교연구소.

全東園, 2017, 『韓国文化財』形成過程に関する史的考察 ─植民地期「朝鮮文化財」研究の成立と言説空間の形成─』 東京外国語大学 博士学位論文.

八木奘三郎, 1900, 「韓国通信(八木奘三郎氏より坪井正五郎氏への来信)」『東

京人類学会雑誌』176号.

宮原敦, 1902, 「朝鮮國瓦豆」『考古界』第1篇 第8號.

今西龍, 1908, 「慶州に於ける新羅の墳墓及び其遺物に就いて」『人類学雑誌』23
    -269.

高正龍, 1996, 「八木奘三郎の韓国調査」『考古学史研究』第6号.

関野貞, 1904, 『朝鮮建築調査報告』

京都木曜クラブ, 2003.10, 『考古学史研究』第10号.

「일제 강점기 가야 유적의 조사와 인식」에 대한 토론문

김 재 홍 (국민대학교)

고고학사의 확장

일제강점기 고적조사는 우리 고고학사에서 주목받는 주제의 하나이지만, 이를 바라보는 시각은 현재 한일관계를 투영하여 비판적으로 보고 있습니다. 마치 그 시기 고고학을 제국주의와 연관시키는 관점과 동일한 패턴을 반복하고 있습니다. 일면 타당한 방법론이지만 고고학 방법론의 인식이라는 측면에서는 학문적인 방법론에 의한 접근이 필요하고 판단됩니다. 그 점에서 조사 방법론 및 보고서 작성법을 검토 대상으로 한 발표문은 유효성을 가집니다. 그 중에서도 도면 작성법의 변화에 대해 시기별 변화상을 잘 보여주고 있습니다. 동아시아 고고학이 세계적인 수준을 자랑하는 것은 도면 작성법이라 할 수 있습니다. 특히 Ⅱ기의 세키노의 건축설계도적 도면에서 Ⅲ기 훨씬 부드럽고 자연스러운 도면이라고 표현하고 있습니다. 그런데 도면 작성법의 발전이 중요함에도 단지 형용사적인 표현으로 마무리하고 주에 표기하고 있습니다. 아마 Ⅲ기는 고고학적인 도면을 지칭하는 듯합니다. 이에 Ⅲ기 고고학적인 도면이 차지하는 고고학사적인 의미를 부각하여 설명해 주시기 바랍니다.

해방 이후 가야사 인식의 변화

오 재 진*

Ⅰ. 머리말

근래의 가야사는 국정과제 중 하나로 선택되고 역사문화권 특별법 제정 등 현정부의 지원 속에서 많은 조사와 연구가 이루어지고 있는 상황으로 가야사 관련 언론 보도를 쉽게 찾아 볼 수 있는 상황이다. 근래에는 민간연구단체인 '가야사학회'가 출범하며 가야사 조사 및 연구의 최전성기를 맞이하고 있다.

---

* 경남연구원 역사문화센터

가야고분군의 세계유산 등재 추진과 국립중앙박물관에서 20년만에 개최된 가야 특별전인 '가야본성'을 비롯하여 가야 성곽에 대한 조사 및 연구를 통해 그 일면이 밝혀지고 있는 상황으로 가야는 고분, 주거, 성곽에 이르기까지 그 연구의 범위를 넓혀가고 있는 중이다.

가야에 대한 근래의 이러한 인식 변화는 최근에 이루어진 것이 아닌 그동안의 많은 연구자와 조사자들의 노력 속에 이루어 졌다고 할 수 있다. 가야는 관련 문헌사료의 부족으로 인해 그 인식 변화가 더뎌지고 있는 반면 당시의 물질문화를 연구하는 고고학은 비약적인 성장을 거듭하고 있는 상황이다. 이와 괘를 같이 하여 문헌사와 고고학 자료가 접목된 연구논문이 지속적으로 발표, 집필되고 있다.

가야사에 대한 그동안의 연구는 근래에 들어 종합적으로 집성하여 정리되고 있는데 이는 그동안 앞만 보고 달려온 가야사 연구를 뒤돌아 보고 앞으로의 가야사 연구의 방향을 제시하는 역할을 하고 있다.

본고는 그동안 각각의 연구사로 정리되어 온 문헌사와 고고학 자료의 조사 및 연구의 흐름을 함께 살펴보도록 하며 이러한 흐름 속에서 가야사는 어떻게 인식되어 왔는지 그 변화상을 살펴보고자 한다.

Ⅱ. 광복 이후 가야사 조사 및 연구의 흐름

가야사는 고려 이전부터 인식되어 왔다. 그 중 최치원(857~?)은 삼한에 대해 처음으로 인식한 학자로 마한을 고구려, 진한을 신라, 변한을 백제로 인식하였으며, 1145년 편찬된 『삼국사기』에서도 마한-고구려, 진한-신라, 변한-백제로 보고 있어 삼한에 대한 인식은 최치원의 설이 그대로 이어졌음을 알 수 있다.[1] 이 러한 인식은 조선초까지 도 이어지게 되는데 조선 후기 실학자 중 한백겸은 삼한을 한강 이남으로 비 정하고 있다. 삼한 중 변 한을 경상도 서남지역으 로, 가야를 변한의 계기 적 발전 관계로 인식하 였다. 이는 이후 조선후

〈도면 1〉 임나일본부설의 영역

기 실학자들의 가야사 인식에 큰 영향을 미쳤다.[2]

일제강점기 주목되는 연구는 쓰에마츠 야스카즈(末松保和)의 연구로 왜 의 임나 지배에 대한 전체적 체계화를 이루었다. 그는 기존의 지명고증을 비롯한 문헌 고증 성과에 의존하면서 한국·중국·일본 등의 관계 사료를 시대 순서에 따라 종합함으로써 고대 한·일 간 대외관계사의 틀을 마련하 였다. 그리하여 최초로 학문적 체계를 갖춘 이른바 '임나일본부론'을 완성 하였다.[3] 일본에서는 지금도 명저로 인정하는 『임나흥망사(任那興亡史)』는 1949년 발간되었다. 광복 이후 연구에 지대한 영향을 미쳤다.

1) 『삼국사기』 권34 잡지3 지리1.
2) 백승옥, 2020, 「조선시대의 가야사 인식 −조선 후기 실학자들을 중심으로−」, 『역사와 세계』 57, 효원사학회.
3) 末松保和, 1949, 『任那興亡史』, 大八洲出版.

1. 광복 이후 ~ 60년대(식민주의 사관의 부정)

1) 문헌사학

광복 이후 가야사 연구는 자료가 부족한 고고학보다는 문헌사학계를 중심으로 시작되었다. 이 시기는 일제강점기 식민주의 사관인 임나일본부설이 뚜렷이 남아 있는 상황으로 가장 큰 연구의 흐름은 이 '임나일본부설'을 부정하는 것이라 할 수 있다.

광복 이후 가야사 연구는 1959년 한 논문을 기점으로 시작되었다. 이 논문에서는 건국신화가 김해와 고령을 중심으로 두 가지가 전하는 사실에서 가야사의 전개를 전기와 후기로 구분하였다. 곧 낙동강 유역의 김해지역에 부족국가로서 가락국이 성립된 시기를 기원전 2세기 이전으로 파악하였고, 가락국을 비롯한 주변의 변진 소국들이 마한의 맹주였던 진왕의 세력권에 속한 것으로 보았다. 기원후 어느 시기에 변진 소국 일부가 진왕의 세력에서 벗어나 AD 2세기 말까지 고령의 대가야를 맹주로 하는 전기 6가야연맹체를 형성하였으며, 그 뒤 3세기 전반경에 수로왕을 중심으로 하는 맹주국으로서의 김해 본가야가 등장하면서 새로운 6가야연맹체가 결성된 것으로 서술하고 있다.[4] 이 연구는 가야사 이해의 기본적인 틀을 제시하여 이후 연구자들에게 큰 영향을 주었던 것으로 평가된다.[5]

1962년 정중환의 연구는 일찍이 1960년대 초에 가야사와 관련된 방대한 문헌자료를 수집·정리하고, 그것을 활용한 연구와 함께 가야사입문서를 펴내 가야사 연구의 길잡이 역할을 한 것으로 평가된다.[6] 이 논문을 통해 가락국과 대가야의 역사를 중심으로 독자적인 가야사의 전개과정을 정리하고, 사

---

4) 李丙燾, 1959, 『韓國史』(古代篇), 震檀學會, pp.376~389.
5) 문창로, 2012, 「광복 이후 가야사 연구의 동향과 과제」, 『한국학논총』 37, 국민대학교 한국학연구소.
6) 丁仲煥, 1962, 『加羅史草』, 釜山大學校 韓日文化研究所.

회성격상 가야와 일본이 밀접한 관련성을 가지고 있음을 논증하기도 하였다.

1964년 김철준의 연구는 가야제국의 성장과정을 개괄적으로 정리하였다. 먼저 변한지역에는 기원 전후 시기 도래한 북방 유이민에 의한 철기문화의 확산으로 3세기경에 김해의 가락국을 비롯한 부족국가들이 형성하였다고 보고 있다. 가락국은 3세기 중엽에 유이민인 수로족과 허왕후족이 결속하여 성립된 것으로 이해하고 있다. 그 뒤에 낙동강 하류의 금관가야와 중류의 대가야가 가장 강한 세력으로 주변지역을 주도하였으며 두 가야가 대등하게 결속된 '상·하 가야연맹'을 이루었으나 고대 왕권까지 성장하지 못하고 신라에 병합된 것으로 파악하였다.[7]

2) 고고학

1950년대 중반 김해 예안리고분군의 소형 수혈식 석곽묘 3기가 발굴조사되었으나 보고서가 간행되지 않아 그 내용은 알 수 없다.

1959년 해방 이후 처음으로 이루어진 가야 관련 유적에 대한 조사로서 고려대학교 박물관에 의해 창원 웅천패총이 발굴조사되었다. 웅천패총은 산 정상부에 위치한 고지성취락으로, 적갈색연질토기, 회청색경질토기 등이 출토 되었으며 3세기를 중심시기로 한다.

1963년 현실 천정에 연화문 벽화가 확인된 고령 고아동 벽화고분에 대한 수습 및 실측 조사가 이루어졌으며 1984년 이 고분의 보수공사를 위한 벽화고분의 실측과 봉토조사가 이루어 졌다.

1964년 고아동 벽화고분에 인접한 고아2동 석실분이 발굴조사되었다.

1968년 창녕 계남리고분군 (북)5호분이 문화재관리국에 의해 도굴로 인한 수습조사로써 발굴되었다. 1998년 약보고에서는 남벽의 무질서한 축조

---

7) 金哲埈, 1964,「韓國古代國家發達史」,『韓國文化史大系』I (民族·國家史), 高麗大學校 民族文化研究所, pp.484~487.

상태를 근거로, 남벽을 입구로 한 방형의 횡구식석실로 기술하였으나 병렬식의 주·부곽식 석곽으로 보고 있으며 순장이 확인된다. 2020년 재발간보고서가 간행되었다.

1969년 계남리고분군 1·4호분이 발굴조사되었다. 1호분은 직경 26m, 높이 5.5m이다. 석곽 중간에 돌로 격벽을 설치하여 주부곽식으로 천장은 목개로 추정된다.

1969년 주택 공사 중 발견된 부산 복천동 1호분에 대한 발굴조사가 실시되었다.

부족한 고고학 자료에도 불구하고 자료를 분석한 연구결과가 도출되었다. 가야지역과 신라지역을 구분한 김원룡, 가야의 묘제를 분석한 전길희의 연구가 있다.

영남지역 삼국시대 토기를 고배와 장경호의 형식 차이와 낙동강이라는 자연지리적 경계를 주된 기준으로 하여 신라-가야의 2대 양식으로 설정하였다. 토기의 특징에 따라 경주, 양산, 창녕, 달성, 성주지역은 신라지역으로, 김해, 함안, 고령, 진주지역은 가야지역으로 구분하였다.[8]

봉분 내 석곽의 배치와 석곽의 형식에 주목하여 가야 묘제를 분석하였다. 낙동강 이동지역의 고분은 그 축조법이 신라 고분인 적석목곽분과 유사성이 보이고 낙동강이서의 고분은 신라 고분보다는 오히려 백제 고분과 많은 유사점이 있다고 하였다. 이와 같은 현상은 가야제국이 그들과 국경을 접하여 빈번한 왕래가 있었던 역사적 사실을 명시하여 주는 하나의 증거로 보았다. 더욱이 낙동강 이서 지방에 축조된 횡혈식석실은 백제의 고분에서 이입된 형식임을 알 수 있었으며, 이는 일찍이 낙동강 이동지역이 신라의 지배하에 들어간 것으로 생각하였다.[9]

---

8) 金元龍, 1960, 『新羅土器의 研究』, 乙酉文化社.
9) 전길희, 1961, 「伽耶墓制의 研究」, 『梨大史苑』 3.

2. 70년대(문헌사학과 고고학의 접목 시기)

1) 문헌사학

　70년대 연구에 있어서 주목해야 할 점은 문헌사학과 고고학과의 접합을 시도한 연구가 나왔다는 점이다.

　김정학은 고고학 유적들을 읍락국가에 해당하는 선가야시대(기원전)와 읍락국가연맹에 해당하는 가야전기시대(1~3세기), 가야후기시대(4~6세기)로 구분하였다.[10] 가야 관계 유물·유적의 분포권 즉 가야연맹의 영역에 대해서는, 그 동쪽 경계를 조령에서 낙동강 입구 동래까지로, 그 서쪽 경계를 소백산맥과 섬진강 선까지로 보았다. 이 연구 결과들은 방대한 고고학 자료에 대한 정리를 통하여 가야의 발전추이를 개괄적으로 파악하는데 공헌한 바도 컸지만, 무엇보다도 중요한 의의는 문헌사료가 부족한 가야사 연구에 있어서 고고학 자료를 활용하여 연구할 수 있다는 본보기를 제공했다는 점이다.

　1977년과 1978년 천관우는 신채호의 '종족이동설'을 받아들여 변한이 진한의 부용세력으로 요동지역에 위치하다가 낙동강 서안의 경상도 남해안으로 남하하여 김해의 구야국을 중심으로 조기가야를 성립·전개하였고, 4세기경에는 백제세력권에 편입되었다. 이후 백제·신라 사이의 각축장으로 끝내 소멸하였다고 하였다.[11] 특히 『일본서기』에 자주 등장하는 '임나' 즉 가야 관련 사료부분을 통해 가야사의 복원이 가능하다고 하였고 『일본서기』는 백제와 가야의 역사를 왜의 역사인 것으로 변용하여 '백제의 가야 경영'을 '왜의 임나경영'으로 꾸며낸 것으로 보았다.

　김정학의 연구는 1970년대 들어 영남지역에서 집중적으로 발굴조사되

---

10) 김정학, 1977, 『任那と日本』, 小學館.
11) 千寬宇, 1977~1978, 「復元 加耶史」(上)·(中)·(下) 『문학과 지성』 28·29·30.

었던 가야 관련 고고학 자료를 바탕으로 가야사 복원을 시도하였다는데에
의의가 있다.[12] 가야사의 전개과정을 김해 회현리 유적 등에 근거하여 '先
가야시대(기원전 2세기~기원전후)', 진해 웅천 유적 등 남해안에서 확인되는
철기와 도작문화의 시작을 근거로 '가야시대 전기(1~3세기)', 창녕과 고령
등지의 고총고분의 출현을 근거로 '가야시대 후기(4~6세기)'로 구분하였다.
여기에 근거하여 가야의 사회발전단계를 읍락국가(先가야시대) → 읍락국
가연맹(전기) → 가야연맹(후기)로 상정하였으며, 고대왕국을 형성하기 전에
신라에 점령·편입된 것으로 보았다. 이와 함께 대가야의 성립과 가야연맹
이 형성되는 경제적 배경에 대한 접근도 시도되었다.[13]

앞에서도 이야기한 바와 같이 1970년대까지 진행된 가야사 연구의 특징
은 가야사의 발전단계를 대체적으로 복원했다는 점, 가야사 연구에 필요한
방대한 문헌자료를 정리하고 『日本書紀』를 비판적으로 활용하는 계기를
마련하였다는 점, 연구방법론적인 부분에서 본격적으로 고고학과 문헌사
학의 접목을 시도한 점 등을 들 수 있다. 이러한 연구 성과를 통해 가야사
전체를 바라 볼 수 있는 토대가 마련되었고, 1980년대 이후 가야사 연구가
본격화되는 전기를 마련하였다는데에 그 의의가 있다.

2) 고고학

1971년 5세기 이후의 소형 석곽묘군으로 파악되는 부산 오륜대고분군
이 발굴조사되었다.

1973년 목개의 폭이 넓은 초기 중소형 석곽묘를 매장주체부로 하는 부
산 화명동고분군이 발굴조사되었다. 석곽 평면과 단면도, 유물의 정확한
실측도로 제시되었다.

---

12) 金廷鶴, 1982, 「古代國家의 發達(伽倻)」, 『韓國考古學報』 12.
13) 文暻鉉, 1975, 「伽耶史의 新考察-대가야 문제를 중심으로-」, 『大丘史學』 9.

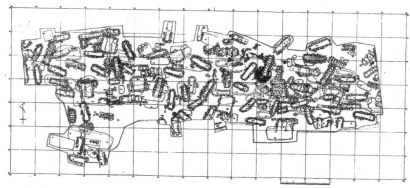

〈도면 2〉 김해 예안리고분군 배치도

　　1976년 구마고속도로 건설공사에 따라 창녕 계성리고분군이 A, B, C지구로 구분하여 발굴조사되었다. 1977년 보고서 중 A지구 보고서는 유적의 유구 배치도, 석실의 평면과 단면도 등 유구 실측도면이 제시되었고 유물도 정확한 실측도가 게재되어 당시로서는 획기적인 것으로 이후 보고서의 좋은 예시가 되었다.

　　1976년을 시작으로 예안리고분군이 발굴조사되었다. 이 고분군 조사를 계기로 종래 구조를 잘 알지 못했던 목곽묘의 존재가 확인되었고, 4～6세기 가야 토기의 편년을 확립할 수 있는 자료가 축적되었으며 이후 이 발굴조사 성과를 정리하여 가야 고분 역연대에 대한 본격적인 연구가 이루어졌다. 또한 양호한 상태로 발굴조사된 인골(편두)은 가야인 형질연구의 시초가 되었다.

　　1977년 고령 지산동고분군 44호분과 45호분이 발굴조사되었다. 44호분

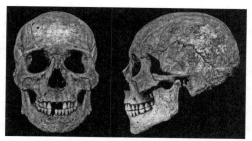

〈사진 1〉 김해 예안리 77호분 출토 인골(편두)

은 직경 27m의 봉분에 길
이 9.4m의 주인공이 안치
된 주곽 1기와 부곽 2기와
함께, 주위에 순장곽 32기
를 방사상으로 배치한 구조
이다.

출토 유물로 볼 때 5~6세
기 대가야 최전성기에 조영
된 것으로 대가야양식의 묘
제, 장신구, 토기류, 마구류

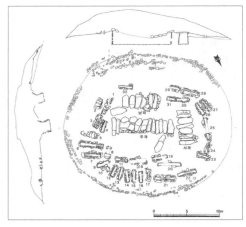

〈도면 3〉 고령 지산동 44호분 배치도

가 확인되어 이후 대가야 권역 설정의 기준이 되었다. 이 고분 발굴을 계
기로 대가야사에 대한 인식의 변화가 이루어졌으며, 연구의 기폭제가 되
었다. 현재까지도 45호분과 함께 대가야 연구에 가장 많이 인용되고 있다.

1978년 고령 지산동고분군에서 2~3m 간격을 두고 조영된 중형분인
32~35호분(현 68~71호분)이 조사되었다. 조사 결과, 지산동고분군은 대체
로 능선의 아랫부분에서 정상부로 조영되어 간 것으로 파악되었으며 5세기
중·후엽 대가야양식의 금동관, 토기류, 마구류의 존재를 알 수 있게 되었다.

1975년 해방 전 야쓰이 세이이쓰에 의해 1918년과 1919년에 걸쳐서 조
사된 교동고분군 자료가 처음으로 공개되었다. 이 자료를 정리한 우메하라
스에지의 야장을 토대로 교동고분군을 7호분을 중심으로 하는 A군과 89
호분을 중심으로 하는 B군으로 나누고, 각 군의 중심고분 수기의 배총을
배치하고 있는 것으로 파악하였다. 출토 유물의 연대와 성격에 대해서는 5
세기 말에서 6세기 초에 걸치는 것으로 그 계통을 신라계로 보았다.

1979년에 발간된 부산 화명동고분군 발굴조사 보고서의 고찰을 통해 김
정학은 이 고분군의 연대를 가야 전기로 보고 그 하한을 4세기 중엽으로

보았다.[14] 같은 시기 김종철은 고령 지산동 45호분 발굴조사보고서에서 김기웅의 편년관에 의거하여 이 고분이 3세기 후반에서 5세기 전반에 걸치는 시기 안에 축조된 것으로 편년하였다.

3. 80년대(한국고대사 속 가야사 인식 초기)

1) 문헌사학

1980년대 이후 가야사 연구는 이전 시기와 같이 문헌자료를 중심으로 이루어졌다고 할 수 있다. 가야사는 가야사 전반을 다룬 저서와 박사학위 논문이 다수 나올 정도로 한국 고대사를 구성하는 하나의 주체로서 자리를 잡았다.

이현혜는 청동기시대 이래 읍락의 분화와 소국 형성에 초점을 맞춰 삼한의 형성과정을 추적하였으며 가야의 사회상을 살펴보았다. 가야지역에는 기원전 1세기 후반 김해를 중심으로 변진구야국이라는 소국이 형성되었고, 2세기경에는 여러 소국이 개별 집단으로서 대내외적인 활동을 하였다고 서술하면서, 4~5세기 이후까지도 소국의 통합을 이루지 못하고 개별적인 정치집단으로 존재하였다고 하였다.[15] 그리하여 가야는 멸망에 이르기까지 개별 소국 단위로 분립한 상태에 있었던 것으로 이해하였다.

김태식은 고고학 발굴성과와 문헌자료를 활용한 일련의 연구를 통하여 가야사의 전개 과정을 제시하였다.[16] 기원 전후에서 3세기까지 김해의 금관가야를 중심으로 주변의 가야 소국들이 연맹체를 구성했던 것으로 보고, 이를 '전기 가야연맹'으로 설정하였다. 그 후 연맹체가 소국으로 분립된 상

---

14) 金廷鶴·鄭澄元, 1979, 『釜山華明洞古墳群』, 釜山大學校博物館.

15) 李賢惠, 1984, 『三韓社會形成過程研究』, 一潮閣.

16) 金泰植, 1985, 「5世紀 後半 大加耶의 發展에 대한 研究」, 『韓國史論』 12, 서울大國史學科.

태로 있다가 5세기 후반에 대가야를 맹주로 하는 '후기 가야연맹'을 형성하였다고 논지를 전개하고 있다. 그리하여 기원 전후의 소국 성립→ 4세기 말까지 본가야 중심의 '전기 가야연맹' → 5세기의 소국 분립 → 5세기 말부터 멸망까지 대가야 중심의 '후기 가야연맹'이라는 견해를 제시하였다.

이영식은 가야 제국의 사회발전단계에 관심을 갖고 신진화주의 인류학자들이 제시했던 군장사회(Chiefdom)론의 모델을 전기가야에 적용하였다. 또한 『삼국사기』에 보이는 신라와 가야의 전쟁기사를 분석하여 '가야 연맹설'에 부정적인 견해를 밝혔다. 곧 가야의 대외전쟁 규모와 양상으로 보아서 4세기 말 이전은 군장사회 단계에 해당하며, 그 뒤 대가야 및 아라가야처럼 중심 세력은 전쟁에 동원된 규모가 1만 명을 넘기 때문에 도시국가(State)에 해당하는 것으로 추정하였다.[17] 이와 함께 임나일본부의 실체규명을 통하여 가야 제국의 역사를 자율적 발전론에 기초하여 복원할 수 있는 바탕을 마련하였다.[18]

2) 고고학

1980~1981년 복천동고분군 10·11호, 21·22호, 25·26호, 31·31호분 등에 대한 정식 발굴조사가 실시되었다. 이 고분군의 발굴조사를 통하

〈도면 4〉 부산 복천동 고분군 유구배치도

---

17) 李永植, 1985, 「伽倻諸國의 國家形成問題-'伽倻聯盟說'의 再檢討와 戰爭記事分析을
  中心으로-」, 『白山學報』 32.
18) 李永植, 1993, 『加耶諸國と任那日本府』, 吉川弘文館.

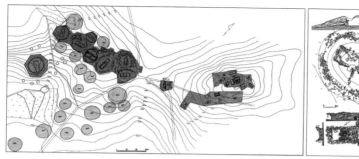

〈도면 5〉 합천 옥전고분군 배치도 및 M3호분

여 목곽묘에서 수혈식석곽묘, 가야 토기에서 신라 토기, 가야형에서 신라
형 위신재로 변하는 부산지역의 정치적 변화 과정이 확인되었다. 1982년
과 1983년에 간행된 10·11호분 발굴조사 보고서는 유구와 금동관에서 토
기에 이르기까지 정밀한 유물 실측도가 기재되었으며, 특히 마주와 갑주를
비롯한 금속제품의 실측도가 높이 평가된다. 더불어 각 유물에 대한 자세
한 기술과 고찰도 이루어져 가야 고고학 연구에도 큰 영향을 미쳤다고 볼
수 있으며 가야 고고학이 유물론으로 나아가게 된 하나의 계기가 되었다.

　1985년 이후 다라국의 묘역으로 인식되고 있는 옥전고분군이 지속적으
로 발굴조사되었다. 그 결과, 동쪽의 능선 정상부에 목곽묘인 23호분이 조
영되다가 5세기 전엽 석곽봉토분이 등장하면서 건너편 서쪽 능선으로 묘
역이 옮겨졌으며, 그 이후 M1, M2호분 → M3호분 → M4, M6, M7호분
→ M10호분 → M11호분의 순서로 조성된 것이 확인되었다. 이 중 M3호
분은 봉분의 직경 남북 21.6m이며, 매장주체부는 반지상식 위석식목곽분
으로 격벽을 만들어 주곽과 부곽을 나누었다. 이 고분은 다수의 용봉문환
두대도 등의 풍부한 위신재가 출토되어 다라국의 최전성기의 왕릉으로 파
악된다. 이 발굴을 계기로 문헌에 나타나는 다라국이 옥전고분군을 중심으
로 황강 하류역에 실재하였음이 확인되었다.

1986~7년에 걸쳐 조사된 합천댐 수몰지구는 황강 중류역의 합천군 봉산면을 중심으로 조사되었으며, 4세기 목곽묘를 중심으로 하는 A·B지구, 6세기 중엽 전후의 횡구식, 횡혈식석실분을 중심으로 하는 C·D지구, 6세기 후반의 횡혈식석실분을 중심으로 하는 E지구로 구분된다.

최종규는 소위 고식도질토기의 시작을 예안리 74호분과 창원 성산패총 동구상층의 연대의 근거로 규슈의 고식 하지키의 연대에 의거하여 3세기 후반으로 보았다. 고식도질토기의 하한은 화명동 7호분 출토품과 같은 형식의 금관가야양식 유대파수부단경호의 뚜껑이 출토된 기후현 아쇼비즈카 고분을 근거로 4세기 후엽으로 비정하였다.[19]

최종규는 삼국시대의 토기 양식은 단순히 지역별 분류 이상의 의미를 내포하고 있으며, 토기 양식은 당시의 집단을 파악하는데 주요한 수단으로 보았다. 4세기대에는 지역 차가 나타나지 않는 공통양식기가 존재하나, 5세기 전반에는 낙동강을 경계로 이서지역에는 고식도질토기 단계의 제작의식 및 기형을 바탕으로 서안양식이, 낙동강 이동지역에는 고식도질토기의 제작의식에서 일변한 동안양식이 각각 출현하는 것으로 보았다.[20]

신경철은 예안리고분군의 목곽묘를 Ⅰ·Ⅱ단계로 구분하고 Ⅰ단계는 이 시기에 출토되는 적갈색연질원저옹의 기형과 제작기법이 규슈의 야요이 종말기~고훈시대 전기의 고식 하지키와 유사한 것으로 보고, 4세기 전반으로 설정하였다. Ⅱa단계는 출토된 하지키계 연질내만구연옹을 기준으로 일본의 편년을 참조하여 4세기 중엽에서 후엽에 걸친 것으로 보았다. Ⅱb단계는 하지키의 편년과 이 단계인 부산 화명동 7호분 출토품과 같은 형식의 금관가야양식 유대파수부단경호의 뚜껑이 출토된 기후현 아쇼비즈카

---

19) 崔鐘圭, 1982, 「陶質土器 成立前夜와 展開」, 『韓國考古學報』 12, 韓國考古學會.

20) 최종규, 1983, 「中期古墳의 性格에 대한 若干의 考察」, 『釜大史學』 7, 釜大史學會, pp.71~73.

고분이 일본에서 4세기 말~5세기 초로 편년되는 것을 근거로 4세기 후엽에서 5세기 전엽으로 비정하였다.[21]

그 후 신경철은 복천동 10·11호분의 연대를 유사한 등자가 출토된 시가현 신가이 고분, 오사카부 시치칸 고분의 연대관에 참고하여 5세기 중엽으로 설정하였다.

신경철은 5세기 이후의 가야를 친신라계 가야와 비신라계 가야로 양분하고 부산, 김해, 창녕, 대구, 성주 지역의 집단은 친신라계 가야에 속한다고 하였다. 이 가운데 창녕과 성주의 5세기 후반대 토기가 양식상으로는 신라 토기의 범주에 들어가는 것이 분명하지만, 형식에서는 같은 시기 경주지역 토기와 뚜렷한 차이가 있다고 하였다.[22]

고고학 유적들을 통해 읍락국가에 해당하는 선가야시대(기원전)와 읍락국가연맹에 해당하는 가야전기시대(1~3세기), 가야후기시대(4~6세기)로 구분하였다. 가야 관계 유물·유적의 분포권 즉 가야연맹의 영역에 대해서는, 그 동쪽 경계를 조령에서 낙동강 입구 동래까지로, 그 서쪽 경계를 소백산맥과 섬진강 선까지로 보았다. 1980년대가 되면 '임나일본부'에 관한 애초의 쓰에마츠설은 완전히 부정된다. 그것은 옛 가야지역에 대한 고고학적인 성과에 의해서이다. 즉 왜가 임나를 200년 이상 지배하였다고 한다면 그 지역에 일본 문화 유물의 영향이 남아 있어야 하는데, 가야지역 고분 발굴 자료에 의하면, 4세기 이전의 유물문화가 5~6세기까지도 연속적으로 계승되는 양상이 나타난다는 것이다.

1980년대 연구 중 주목되는 것은 우리 학계에서 그 동안 터부시되어 온 『일본서기』를 비판적으로 수용하고, 고고학적인 성과도 원용하여 가야사

---

21) 申敬澈, 1983, 「伽耶地域における4世紀代の陶質土器と墓制－金海礼安里遺跡の發掘調査を中心として」『古代を考える』34, 古代を考える會.
22) 신경철, 1989, 「삼한·삼국·통일신라시대의 부산」, 『부산시사』 1, 부산대학교 사학회, p.424.

의 새로운 체계를 세웠다. 즉 소국 단계에서 수로왕이 등장(=전기가야연맹의 등장)한 시기를 1세기 전반~2세기 후반까지의 어느 시기로 추정하면서, 확정적인 시점은 유보 이후 한군현 쇠퇴와 고구려 남정의 직접적인 영향으로 5세기 초에는 쇠퇴한 것으로 보고 있다. 그리고 『신증동국여지승람』의 기록을 토대로 김해가야 쇠퇴 이후 가야 내에서 고령의 위상을 재정립하고, 『일본서기』 계체·흠명기의 사료 분석을 통해 5세기 후반 후기가야에서의 맹주적 존재로 고령을 위치 지었다. 특히 『남제서』 동이열전의 가라국이 고령으로 거의 정설화 됨에 따라, 적어도 5세기 후반에는 가야제국 내에서 고령이 맹주로서 등장하였다는 결론을 내리고 있다. 이 같은 가설에는 문헌의 재해석과 고령·합천 등 고령계 문화권을 중심으로 한 고고학 연구 성과가 결정적인 역할을 하고 있는데, 가야사를 전기·후기연맹체로 나누고 있는 것이 특징이라고 할 수 있다.

4. 90년대(한국고대사 속 가야사 인식 확립기)

1) 문헌사학

백승충도 가야 제국의 전체를 포괄하는 '가야연맹'을 상정하는 데에 반대하였다.[23] 그 대신에 가야의 역사에서 전기 가야는 김해를, 후기 가야는 고령과 함안을 각각 중심으로 하는 보다 좁은 범위와 제한된 시기의 '지역연맹체'라는 개념을 제시하였다.

백승옥은 가야 전시기를 통한 항존적 연맹체의 존재를 부정하는 입장에서, 가야 각국사의 구체적 모습을 복원하는 데 노력하였다.[24] 곧 가라국과 안라국의 역사를 위시하여 고성의 古自國史와 창녕의 比斯伐國史에 대한

---

23) 白承忠, 1989, 「1~3세기 가야세력의 성격과 그 추이」, 『釜大史學』 13.
24) 白承玉, 1992, 「新羅…百濟 각축기의 比斯伐加耶」, 『釜大史學』 15·16.

이해를 심화시켰다.

남재우는 안라국사의 재구성을 추구하였다.[25] 안라국은 기원전 1세기 말경에 함안지역에 형성되었던 변진안야국이며, 후기가야의 안라국은 5세기 대부터 본격적인 발전을 시작하여 6세기 대에 가야 제국의 대외교섭에서 주도적인 역할을 하였던 존재였음을 부각하였다.

권주현은 정치사와 외교사 중심의 가야사 연구에 '가야문화사' 분야를 개척하였다.[26] 그는 가야인의 의복문화(의복과 머리모양, 장신구), 음식문화(식품 재료, 음식의 조리와 섭취, 음식문화의 추이), 주거문화(마을의 형성과 가옥형태, 주거문화의 계층분화)를 비롯하여 혼인의례와 친족관계, 장송의례, 신앙과 습속, 미의식과 음악에 대하여 정리하였다.

한편 1970년대 이후 축적된 김해, 고령, 부산, 창원, 함안, 합천, 의령 등 영남지역의 가야 유적에 대한 광범위한 고고학적 지표조사와 발굴성과에 힘입어, 墓制 및 土器, 馬具, 武具 등 고고학 자료를 중심으로 가야의 문화권 및 영역 설정 등에 관한 연구가 활발히 전개되었다. 그리하여 가야사 연구는 문헌위주의 연구경향에 고고학 자료를 적극 활용하는 방향으로 전환되었다. 이후 가야사 연구는 문헌 자료와 고고학 자료를 종합적으로 활용하는 연구방법론이 대세를 이루게 되었다.

이상과 같이 1980년대 이후 가야사 연구는 가야 제국의 성립과 발전, 교역체계, 가야사회의 구조와 정치적 성격문제, 영역의 설정 및 지배방식, 그리고 문화상과 정신세계 문제 등으로 연구주제 및 범위가 구체화되고 확대되었으며, 이를 위한 접근방향도 다양하게 추구되었다. 그리하여 가야사 연구는 종전 백제사와 신라사의 부수적 존재에서 벗어나 加耶 諸國의 자율적 발전론의 시각에서 전체적인 가야사의 전개과정을 파악하게 되었다.

---

25) 南在祐, 1998, 「安羅國의 成長과 對外關係 研究」, 성균관대학교 박사학위논문.
26) 權珠賢, 1998, 『加耶文化史 研究』, 계명대학교대학원 박사학위논문.

나아가 가야사 분야에서 축적된 관련 연구 성과는 자연스럽게 확장되면서 백제와 신라의 대외관계에 대한 이해를 더할 수 있게 되었다는 점에서도 한국고대사 연구에서 차지하는 의미가 적지 않다.

2) 고고학

1990년 김해 양동리고분군이 조사되었다. 이 고분군에서는 2세기 후엽의 한경, 왜경, 다수의 철제품이 출토된 162호분을 중심으로 이전 시기의 목관묘와 중국제 동정銅鼎이 부장된 322호분, 마노제 관옥 등으로 구성된 경식이 출토된 349호분 등이 조사되었다. 이 조사를 통해 고김해만의 서쪽 양동리 일대가 2세기를 전후한 시기 구야국의 중심지이었음이 밝혀졌다.

1990년 금관가야의 왕릉인 대성동고분군이 발굴조사되었다. 대성동고분군의 발굴을 계기로 그때까지 실체를 알지 못했던 금관가야의 문화 내용과 위상이 확인되었다. 즉 대형 목곽묘에서 확인되는 순장풍습과 북방, 일본열도산 문물의 존재는 금관가야 왕권의 탁월성과 대외교섭을 웅변하는 것이었다.

1992년 창녕 교동 1~4호분의 조사가 실시되었다. 해방 이후 교동고분군에 대한 최초 발굴조사였다. 매장주체부인 횡구식석실은 기반토를 장방형으로 파서 묘광을 만들고, 그 속에 목곽을 조립했는데, 양 장벽과 상면에 연결해서 목주를 배치한 흔적이 6개소에 나란히 남아 있다. 묘도는 좌우에 할석을 쌓아 나팔형으로 긴 양 장벽을 설치하고, 하단의 석축부분은 할석을 채워 폐쇄하였으며, 상단의 봉토층은 암반이 혼입된 흙으로 폐쇄하였다. 부장품은 대금계판갑, 철제 무기, 농공구, 마구, 토기 등이 출토되었다.

이 고분은 조사된 교동·송현동고분군의 수장급 분묘 가운데 가장 이른 시기에 축조된 최고 수장묘이나, 같은 시기인 최고 수장급 분묘인 계남리

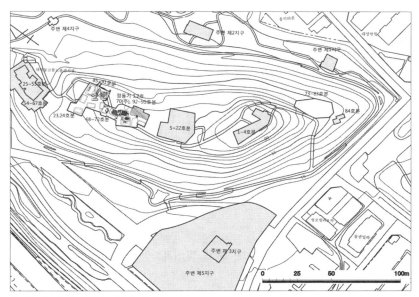

〈도면 6〉 김해 대성동고분군 배치도

1호분보다 규모와 부장품의 격이 떨어지는 점에서 교동 3호분 축조 시기까지의 비화가야 중심지는 계남리를 비롯한 남부지역이었음을 알 수 있다.

1992년 함안 말이산 8호분이 발굴조사되었다. 8호분은 매장주체부인 수혈식석곽의 길이가 11m이며 내부에서 피장자와 직교하는 6인의 순장인골이 확인되어 일제강점기 조사된 4호분의 인골편이 순장자의 것임이 확인되었다. 8호분에서는 금동제 대장식구와 행엽, 마갑과 마주 2령, 갑주, 유자이기, 철정이 출토되었다.

신경철은 가야지역 공인의 이주에 의해 조업이 개시되어 가야 고분 편년에 중요한 참고 자료인 오사카부 오바데라 TG232요 출토 스에키의 역연대에 대해 그 출현 배경으로 「광개토왕릉비문」의 경자년(400년)조 고구려 남정이 야기한 대성동 세력의 동요에 의한 공인의 이주를 상정하고, 오바데라 출토 스에키는 제1세대 이주 공인 혹은 제2세대 공인이 제작한 것으

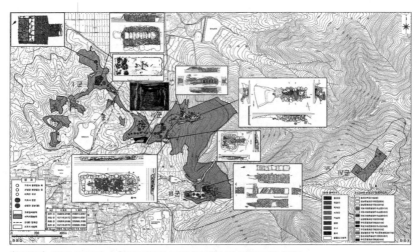

〈도면 7〉 창녕 교동과 송현동고분군 고분 배치도 및 발굴조사 현황

로 460년대로 비정된다고 하였다.[27]

한편 박천수는 오바데라 TG231·232요 출토 스에키가 부산 복천동 21·22호분과 복천동 10·11호분 출토 발형기대와 유사한 점에 주목하여 양자를 병행관계로 파악하고 복천동21·22호분의 역연대를 4세기 말로 보았다.

신경철은 대성동고분군의 발굴성과를 토대로 금관가야 최초의 왕릉이라 할 수 있는 대성동 29호분의 연대를 3세기 후엽으로 편년하고, 부장된 동복이나 마구류와 무엇보다도 본격적으로 등장하는 도질토기 등의 유물과 훼기 습속 등의 매장의례가 북방 기마 민족과 유사하다고 주장하였다. 즉 북방 기마민족 이주의 결과로 대성동 29호분이 축조되며 금관가야가 성립된 것으로 보았다.[28]

---

27) 신경철, 1997, 「福泉洞古墳群의 甲冑와 馬具」, 『加耶史 復元을 위한 福泉洞古墳群의 再照明』, 부산광역시립복천박물관 학술발표대회, 복천박물관.

28) 신경철, 1992, 「김해 예안리 160호분에 대하여─고분의 발생과 관련하여─」, 『가야고고학논총』1, 가락국사적개발연구원.

신경철은 동래 복천동 세력을 금관가야의 한 세력으로 보는 관점에서 원삼국시대 김해에는 구야국, 동래에는 독로국이 존재하였으며, 4세기대 대성동고분군과 복천동고분군에서 동일 양식의 토기와 통형동기를 공유한 것은 양국 간의 정치적 연합으로 구야국에서 금관가야로 전환하는 고고학적 증거로 보았다. 5세기 초 고구려 남정으로 인해 대성동고분군 축조 세력이 쇠퇴하며 금관가야의 패권이 복천동고분군이 있는 동래지역으로 옮겨진 것으로 파악하고 이 시기부터 532년 멸망할 때까지 금관가야를 이른바 "친신라계 가야"로 규정하였다.[29]

이희준은 동래 복천동 세력을 4세기 초부터 신라화된 세력으로 보는 관점에서 복천동고분군의 38호분, 80호분 출토 경옥제 곡옥을 3세기 말 신라를 통하여 이입된 것으로 보고 이 시기부터 신라의 영향력이 미치기 시작하여 4세기부터 이 지역이 완전히 신라화된 것으로 상정하였다.[30]

권학수는 토기에 보이는 지역 간 유사도를 측정하는 방법으로 가야의 연맹구조를 분석하였다. 5세기 전반에는 고령, 옥전권과 성주, 대구, 김해권으로 각각 연맹이 형성되었으며, 고령과 성주를 양 연맹의 중심지역으로 보았다. 5세기 후반에는 고령을 중심으로 하는 서북가야권, 김해를 중심으로 하는 동부가야권, 함안을 중심으로 하는 서남가야권으로 각각 연맹을 형성한 것으로 보았다.

박천수는 5세기 전반을 경계로 일본열도의 한반도산 문물의 계통이 금관가야에서 대가야로 바뀌는 점과 이와 연동하여 일본열도산 문물이 금관가야권에서 대가야권으로 이동하는 것을 밝히고, 이 현상을 가야지역과 일본열도의 정치적 변화를 반영하는 것으로 보았다.[31]

---

29) 신경철, 1995, 「三韓·三國時代의 東萊」, 『東萊區史』, 東萊區史編纂委員會.

30) 이희준, 1998, 「4~5世紀 新羅의 考古學的 硏究」, 서울대학교박사학위논문.

31) 朴天秀, 1995, 「정치체의 상호관계로 본 대가야왕권」, 『加耶諸國의 王權』, 인제대학교 가야문화연구소.

박천수는 4~6세기의 창녕지역 토기를 7단계로 편년하고, 토기 양식을 근거로 창녕지역이 4세기에서 5세기 전엽까지는 가야지역에 속했던 것으로 파악하였다. 그리고 5세기 중엽대~6세기 전엽대의 이 지역 토기 양식을 신라, 가야양식을 절충한 복합양식으로 설정하고, 이 시기 창녕지역 집단의 성격은 토기 양식이 복합적이고 신라, 가야의 양 세력에 걸쳐 교류가 이루어진 것으로 파악하여, 기존의 견해처럼 단순히 이 집단을 신라 또는 가야세력에 속한다고 볼 수 없다고 주장하였다.[32]

정징원·홍보식은 5세기 제2/4분기 창녕형 토기 양식의 성립을 비화가야의 지역 국가체 형성을 나타내는 것으로 보고, 신라형 위세품이 동반된 대형 봉토분이 출현하고 이 지역양식 토기가 확산되는 5세기 제3/4분기를 비화가야가 가장 발전하는 가운데 신라의 영향력이 미치는 시기로 파악하였다. 그리고 5세기 제4/4분기가 되면, 중심고분군이 계남리에서 교동으로 이동하는 가운데 신라 토기의 영향이 나타나고, 6세기 제1/4분기 창녕형 토기가 소멸되고 신라 토기화가 되는 것을 비화가야의 해체로 보았다.[33]

이희준은 창녕지역이 4세기 후엽에 신라에 복속된 것으로 판단하였다.

권학수는 가야의 정치체가 각각 소분지별로 위치하고 그 분지별 현대의 농업생산력의 균등성을 지적하면서 대등정치체상호작용 모델을 적용하여 가야사회의 구조를 해석하였다. 그리고 가야의 순장 성행을 대등정치체간 경합에 의한 경쟁의식으로 보았다.[34]

박천수는 고고자료를 통하여 5세기 후반 대가야는 호남 동부지역까지 걸친 권역을 형성하고 그 권역은 대왕인 대가야왕을 중심으로 편제되었으

---

32) 朴天秀, 1990, 「5~6세기대 昌寧지역 陶質土器의 硏究」, 慶北大學校碩士學位論文.

33) 鄭澄元·洪潽植, 1995, 「昌寧地域의 古墳文化」, 『韓國文化硏究』 7, 부산대학교 한국민족문화연구소.

34) 權鶴洙, 1992, 「Evolution of social commplexity in Kaya, Korea」, 『上古史學報』 10, 上古史學會.

며, 산성의 축조와 같은 역역동원체제가 형성된 고대국가에 이른 것으로 보았다. 나아가 그 발전과 권역의 형성배경을 일본열도와의 교역으로 보았다.[35]

이희준은 대가야양식 토기의 시기별 분포를 바탕으로 고령 세력이 5세기 중엽에는 황강유역과 남강의 상류역을 포함하는 연맹체의 맹주가 되고, 5세기 후엽이 되면 그 지역을 간접적으로 지배하는 영역국가를 형성한 것으로 보았다. 그리고 대가야를 중심으로 한 연맹체의 성립배경에 대해서는 대가야의 권역이 황강과 남강을 위주로 교통로에 연하여 형성된 것에 주목하였다.

5. 2000년대 이후

1) 문헌사학

2000년대 들어 가야사 연구는 가야사정책연구위원회와 한일역사공동연구위원회의 연구 성과가 주목된다. 가야사정책연구위원회는 당시까지 축적되어 온 가야사의 연구 성과를 종합·정리하여 가야사 연구를 진작시키고, 가야지역의 각종 문화유산을 연구자와 일반시민들이 쉽게 접근하여 활용할 수 있도록 그 토대를 마련하였다.[36]

1999년 『가야사 연구 및 교육에 대한 정책연구』의 발간을 필두로 이후 『가야 각국사의 재구성』, 『한국 고대사 속의 가야』, 『학교교육과 사회교육으로서의 가야사』, 『가야 고고학의 새로운 조명』, 『가야의 유적과 유물』, 『가

---

35) 박천수, 1995, 「정치체의 상호관계로 본 대가야왕권」, 『加耶諸國의 王權』, 인제대학교 가야문화연구소.
36) 백승옥, 2020, 「가야 문헌사 연구의 흐름」, 『가야 역사문화연구 총서 I −연구사−』, 국립가야문화재연구소.

야, 잊혀진 이름 빛나는 유산』 등의 성과물을 내었다.[37]

가야고지에 위치한 각 지역의 연구 노력 또한 가야사 연구의 큰 흐름을 이루었다. 김해시, 고령군을 포함하여 합천군, 함안군, 창녕군 등 지역 내 가야에 대한 연구를 지속적으로 진행하고 있다.

2) 고고학

2000년 소가야의 왕릉인 고성 송학동고분군이 발굴조사되었다. 5세기 후엽에 축조가 개시된 소가야의 왕릉인 송학동 1호분은 1A호분과 1B호분, 1C호분 등의 원분이 연접하여 순차적으로 축조되어 일본 고분시대의 전방후원분과 같은 분구를 형성한 것이다. 출토된

〈사진 2〉 창녕 송현동 7호분 출토 관(좌), 15호분 순장인 골 복원도

유물로 볼 때 1호분은 5세기 후엽~6세기 전엽까지 약 50년간에 걸쳐 조영된 것으로 보인다. 이 고분의 발굴조사 성과에 힘입어 종래 그 내용을 잘 알 수 없었던 소가야의 묘제와 대외교류가 밝혀졌다.

2004년 창녕군 송현동 6·7호분에 대한 발굴조사가 실시되어 선재를 전용한 녹나무제 목관 등의 중요 유물이 출토되었다.

---

37) 부산대학교 한국민족문화연구소, 2000, 『가야각국사의 재구성』, 혜안.; 2001, 『한국 고대사 속의 가야』, 혜안.; 2001, 『학교교육과 사회교육으로서의 가야사』, 혜안.; 2003, 『가야 고고학의 새로운 조명』, 혜안.; 2003, 『가야의 유적과 유물』, 학연문화사.; 2004, 『가야, 잊혀진 이름 빛나는 유산』, 혜안.

2005년 함안 말이산 6호분이 발굴조사되었다. 6호분의 매장주체부인 수혈식석곽의 길이가 9.8m이며 내부에서 피장자와 직교하는 5인의 순장인골이 확인되었다. 6호분에서는 마갑과 마주, 갑주, 유자이기, 철정이 출토되었다.

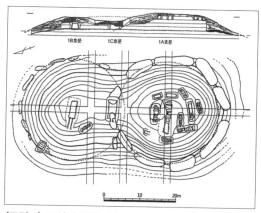

〈도면 8〉 고성 송학동고분군 1호분 배치도

2006년 김해 죽곡리고분군이 조사되었다. 중소형 석곽묘 131기 등이 확인되었다. 정밀한 발굴조사를 통하여 정지과정과 벽석축조 과정에서의 매장의례가 처음으로 확인

〈사진 3〉 고령 지산동 73, 74호분 조사 전경

되어, 석곽묘 조사의 새로운 방향성을 제시하였다.

2006년 창녕 송현동 15·16호분 등이 조사되었다. 이 고분은 송현동 6·7호분과 같은 연접분이며, 특히 15호분에서 확인된 4구의 순장 인골을 대상으로 학제 간 융합연구를 통한 인체 복원이 실시되었다.

2007년 고령 지산동 73, 75호분 등이 조사되었다. 5세기 전엽에 축조된 73호분은 직경 23m의 봉분, 장대한 묘광과 목곽, 다수의 순장이 행해졌으나, 도굴되지 않았음에도 불구하고 부장품의 질과 양은 전후한 시기의 대성동고분군, 옥전 M3호분과 같은 왕릉급 분묘와 비교할 때 후장이라 보기

어렵다. 또한 대가야양식의 금동제장신구와 마구가 확인되지 않는 점에서 73호분은 이 시기 대가야의 발전상을 나타내면서도 그 한계를 반영하고 있는 것으로 볼 수 있다. 이 발굴조사를 통해서 봉토 축조기술에 대한 다양한 정보가 밝혀졌다.

2002년 4세기대 아라가야양식의 통형고배, 노형기대, 승석문호를 소성한 함안 우거리 토기가마가 발굴조사되었다. 우거리 일대에 토기가마가 집중 분포하며, 남강의 수운을 이용하여 영남지역 각지로 토기들을 운송했던 것으로 추정된다.

2003년 경남고고학연구소의 발굴조사로 김해 봉황동 유적의 북동쪽에서 협축 성벽에 즙석한 구조의 토성이 확인되었다. 토성 내부에서는 1998년 부산대학교 박물관과 2017년 국립가야문화재연구소에서 실시한 조사를 통해 대형 벽주건물지가 확인되었다. 발굴조사를 통해 금관가야의 왕성은 대성동고분군에 인접한 봉황대를 중심으로 한 봉황동 토성 내부에 위치했을 가능성이 크다.

2009년 이래 합천 성산리 토성이 3차에 걸쳐 발굴조사되었다. 성의 중앙부에 해당되는 곳에서 목책열로 구획된 5동의 방형 벽주건물이 확인되어 주목된다. 벽주 건물은 금관가야, 대가야왕궁지에서도 확인된 점으로 볼 때 다라국 지배층의 거주 공간으로 이해된다.

2005년 창녕 계성리 유적에서는 삼국시대 수혈주거지 25기가 조사되었다. 평면형태는 모두 방형이며, 내부시설로는 사주식 주혈, 부뚜막, 노지, 벽구, 외부돌출구 등이 확인되었다. 이 유적은 호남지역에서 주로 보이는 사주식 주거지에서 철정, 마한계 토기와 일본열도계 하지키가 함께 출토되어 주목되는데, 이러한 점으로 볼 때 이 유적은 철의 교역과 관련하여 마한, 왜인이 거주한 국제적인 교역 취락으로 파악된다. 인접한 곳에 계성고분군이 위치하는 점에서 계성고분군 축조집단과 관련된 취락으로 본다.

2009년 거제시 아주동 1485번지 유적은 삼국시대 수혈주거지 40여 기로 구성된 취락유적이며, 지리적으로는 규슈지역과 인접한 남해안의 거제도 동남부에 위치하는 옥포만에 조영되어 있다.

〈사진 4〉 창녕 교동 7호분 전경

수혈주거지의 구조는 방형계의 평면형태가 주류를 이루며, 4주식의 주혈과 한쪽 벽면에 마련한 부뚜막이 다수 확인되고 있다. 이 유적은 하지키계 토기와 아라가야양식 토기가 다수 확인되는 점에서 철 소재를 구하기 위해 이주한 왜인, 마한인이 아라가야인과 혼재한 것으로 파악되며 아라가야의 국제 교역 거점으로 본다.

2009년 고령 지산동 44호분 보고서가 재간행되었다. 이 보고서에는 새로이 작성된 정밀한 실측도가 게재되었으며, 유물에 대한 논고와 함께 지산동 44호분을 중심으로 한 5~6세기 대가야사를 조망하는 논고가 실렸다.

2011년 창녕군 교동 I군 7호분에 대한 재발굴조사가 실시되었다. 이 고분은 I군 내에서 가장 높은 곳에 위치한 봉토분으로 주변에 5~12호가 위성처럼 둘러싸고 있다. 1918년 야쓰이 세이이쓰에 의해서 발굴조사된 고분으로, 재발굴조사를 통해서 봉토 축조기술과 매장주체부의 성격에 대한 다양한 정보가 밝혀졌다.

2012년 대성동고분군의 7차 발굴조사가 이루어졌다. 88호분에서는 중국 중원의 대장식구와 일본열도산 파형동기, 통형동기, 중광형동모, 경옥제 곡옥, 방추차형석제품 등이 출토되었다. 발치와 충전토상에 4인이 순장되었다. 91호분에서는 전연의 청동용기와 마구, 로마유리기, 류큐열도산 패제품 등이 출토되었다. 발치에 3인, 두부頭部의 충전토 상에 2인이 순장되었다. 이로써 4세기 중엽경 금관가야가 한반도 동남부의 원격지 교역을 주도한 사실과 그 위상을 확인할 수 있었다.

2011년 고령 주산성 외성에 대한 발굴조사가 실시되었다. 외성의 남벽 중앙 부분에서 4~5m에 달하는 석축 성벽과 배수로, 출입시설이 확인되었다. 석축 주변에서 확인된 6세기 초의 대가야 토기편의 존재와 석곽의 석축수법이 대가야 석곽과 유사한 점에서 가야산성임이 확인되었다. 2015년 동 연구원의 내성 발굴조사에서 저장시설인 목곽고가 확인되었는데, 백제의 축조기술과 도량형을 적용하여 축조한 것으로 보고 있다. 대가야의 거점 성곽인 주산성은 신라, 백제의 거점 성곽에 필적할 정도의 축성기술과 규모를 보이고 있어 대가야의 국력을 알 수 있다.

2015년 말이산 남쪽 구릉에 입지한 6세기 전엽의 왕릉급 분묘인 25호분과 26호분이 발굴조사되었다. 고령 송림리 가마 3기가 발굴조사되었다. 시

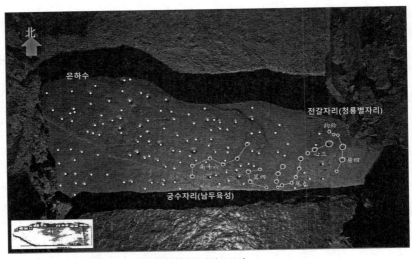

〈사진 5〉 함안 말이산 13호분 천문개석(동아세아 2020)

기는 6세기 전엽을 중심으로 하는 대가야양식 토기 가마이나, 주목되는 것은 1, 2호 가마에서 토기와 함께 전이 출토된 것이다. 그 가운데 연화문전은 고아동 벽화고분에 보이는 연화문과 함께 대가야에 불교적 세계관의 존재를 보여주는 것으로 고등 종교인 불교가 도입되었을 가능성을 시사한다.

2019년 함안 말이산 45호분이 발굴조사되었다. 이 고분은 암반을 가공하여 조영한 직경 20m, 높이 1.8m의 봉분에 길이 6.7m의 대형 목곽을 설치한 점이 주목된다. 더욱이 이 고분에서는 상형토기가 다수 부장된 것이 확인되어 400년을 전후하는 시기의 아라가야 왕릉으로 추정된다. 이로써 말이산고분군에서 4세기 김해 대성동의 금관가야 왕릉에 필적하는 고분이 확인되어 가야 전기 아라가야의 위상을 알 수 있게 되었다. 13호분에서는 천문개석이 확인되어 가야사의 영역이 고대 천문에까지 넓어졌다.

2000년대 이후 연구 주제는 더욱 다양해졌으며 각국 가야에 대한 연구논문이 발표되었고 박사학위도 한 가야정치체에 대하여 심도깊은 연구가 이루어졌다. 대표적인 연구로는 최경규(가야 석곽묘), 박천수(비화가야), 하승철(소가야), 심재용(금관가야), 조수현(아라가야)의 연구가 있다.

III. 광복 이후 가야사 인식의 변화

II장에서는 가야사와 관련된 연구 및 조사를 연대별로 살펴보았다.

광복 이후 가야사는 수많은 변화 속에서 현재에 이르고 있다는 것을 알 수 있다. 부족한 문헌사료의 한계, 일제 식민주의 사관인 '임나일본부설'의 존재에도 불구하고 그동안 많은 연구 성과를 통해 부족한 부분을 채워가고 임나일본부설을 부정하는 노력이 없었다면 지금의 가야사는 없었을 것이다. 더불어 고고학자료의 증가로 인해 가야사 연구에 있어 부족한 부분을 채워가고 있으며 80년대를 넘어 이제는 문헌사와 고고학은 떼려야 뗄 수 없는 사이가 되었다.

80년대 이후 고고학자료의 증가는 가야의 연맹체설을 부정하는 단초를 제공하였고 가야라는 단일연맹체설 또한 부정적으로 보게 되면서 가야 각국의 지역연맹체 즉 소가야, 대가야, 아라가야, 비화가야 등으로 인식되어지고 있다.

'가야'라는 이름 아래 함안의 아라가야, 고령의 대가야, 김해의 금관가야, 산청·고성 일대의 소가야, 창녕의 비화가야를 비롯한 수많은 가야각국의 이름이 대두되어 현재는 각 지역연맹체마다의 조사 및 연구가 활발히 이루어지고 있는 상황이다. 이러한 각국 가야연맹체의 대두는 광복 이후 수많은 연구과정를 거쳐 이루어진 인식의 변화 과정으로 파악된다.

또한 고고학적인 조사방법론의 발전은 김해 예안리고분군 발굴조사를 통해 처음 확인되어 인식되기 시작한 가야의 묘제인 목곽묘의 확인과 더불어 봉토분 축조기술, 성곽(도성) 축성기술, 석곽묘 및 석실묘의 축조기술과 무구, 마구, 금공품, 토기 제작기술에 이루기까지 매우 넓은 분야에 걸쳐 그 연구영역이 늘어나는 단초를 제공해주고 있다. 또한 근래 조사된 함안 말이산고분군 13호분를 계기로 고대 천문학에 이르기까지 가야고고학의 영역을 넓어지고 있는 게 현실이다.

광복 직후 일제강점기 식민주의 사관인 '임나일본부설'은 이제 현재의 한국사학계에서는 추억이 되어가고 있다.

2019~2020년 국립중앙박물관에 개최된 가야 특별전인 '가야본성'은 20년전 국립중앙박물관에서 열린 가야 특별전의 주제처럼 '신비의 고대 왕국'이었던 가야를 한국고대사의 본쾌도에 올린 수많은 연구자들과 고고학 조사자들의 노력이 있어 가능한 결과로 판단된다.

또한 이러한 노력들로 인해 점차 중·고등학교 교과서에 서술되는 가야에 대한 내용 또한 고대사의 한 부분을 차지할 정도로 비약적으로 늘어났다.

Ⅳ. 맺음말

광복 이후 가야사 연구는 문헌사적으로나 고고학적으로 비약적으로 성장하여 일제 식민주의 사관인 임나일본부설을 부정하게 되었으며 연맹체론에서 지역국가 즉 지역연맹체를 상정할 수 있게 되었다. 고고학조사를 통해 각 지역연맹체의 중심묘역(왕묘역)과 도성이 수면 위에 올라온 가운데 그동안의 수많은 연구를 통해 해결하지 못한 과제들 또한 존재한다. 변한과 가야의 연속성(가야의 시간적 범위와 시기구분), 가야의 구조와 발전단계, 호남 동부지역의 가야유적, 가야 양식의 분포와 그 의미, 순장의 개념, 왜와의 철소재 교역, 학자 간 역연대의 차이, 지명 비정, 사료의 해석 등의 문제가 남겨져 있다. 제한된 사료와 고고학자료로 인해 쉽게 해결할 수 있는 부분은 아니지만 연구자 간 협업을 통해 일정부분 해결점을 잡을 수 있지 않을까 믿는다.

또한 가야 각국의 중심지역에 대한 조사가 집중되고 있어 아쉬움을 남긴다. 가야 각국의 중심지역 주변부 또한 문헌사료에는 그 이름을 알리지 못한 또 다른 하나의 가야정치체 중 하나일 것으로 추정되지만 아직도 비지정 문화재로 관리의 손길을 받지 못하고 파괴되고 있다는게 또 다른 현실이다.

본고를 적으면서 그동안의 가야사 연구 현황 즉 흐름에 대해 많은 공부

를 하였다. 스스로 가야고고학을 공부하는 연구자라고 생각했다는 생각에
부끄럼을 느끼며 앞으로의 연구를 기약한다.

『삼국사기』 권34 잡지3 지리1.

權珠賢, 1998, 『加耶文化史 硏究』, 계명대학교대학원 박사학위논문.

權鶴洙, 1992, 「Evolution of social commplexity in Kaya, Korea」, 『上古史學報』 10, 上古史學會.

김정학, 1977, 『任那と日本』, 小學館.

金廷鶴, 1982, 「古代國家의 發達(伽倻)」, 『韓國考古學報』 12.

金廷鶴·鄭澄元, 1979, 『釜山華明洞古墳群』, 釜山大學校博物館.

金元龍, 1960, 『新羅土器의 硏究』, 乙酉文化社.

_____, 1977, 『韓國考古學槪說』, 一志社.

金哲埈, 1964, 「韓國古代國家發達史」, 『韓國文化史大系』 I (民族·國家史), 高麗大學校.

金泰植, 1985, 「5世紀 後半 大加耶의 發展에 대한 硏究」, 『韓國史論』 12, 서울大 國史學科.

南在祐, 1998, 「安羅國의 成長과 對外關係 硏究」, 성균관대학교박사학위논문.

文暻鉉, 1975, 「伽耶史의 新考察—대가야 문제를 중심으로—」, 『大丘史學』 9.

문창로, 2012, 「광복 이후 가야사 연구의 동향과 과제」, 『한국학논총』 37, 국민대학교 한국학연구소.

末松保和, 1949, 『任那興亡史』, 大八洲出版.

白承玉, 1992, 「新羅·百濟 각축기의 比斯伐加耶」, 『釜大史學』 15·16.

朴天秀, 1990, 「5∼6세기대 昌寧지역 陶質土器의 硏究」, 慶北大學校碩士學位論文.

_____, 1995, 「정치체의 상호관계로 본 대가야왕권」, 『加耶諸國의 王權』, 인제대 학교 가야문화연구소.

_____, 1995, 「정치체의 상호관계로 본 대가야왕권」, 『加耶諸國의 王權』, 인제대

학교 가야문화연구소.

_____, 2020, 「가야 고고학 연구의 흐름」, 『가야 역사문화연구 총서 I -연구사-』, 국립가야문화재연구소.

백승옥, 2020, 「가야 문헌사 연구의 흐름」, 『가야 역사문화연구 총서 I -연구사-』, 국립가야문화재연구소.

_____, 2020, 「조선시대의 가야사 인식 -조선 후기 실학자들을 중심으로-」, 『역사와 세계』 57, 효원사학회.

白承忠, 1989, 「1~3세기 가야세력의 성격과 그 추이」, 『釜大史學』 13.

부산대학교 한국민족문화연구소, 2000, 『가야각국사의 재구성』, 혜안.

_____, 2001, 『한국 고대사 속의 가야』, 혜안.

_____, 2001, 『학교교육과 사회교육으로서의 가야사』, 혜안.

_____, 2003, 『가야 고고학의 새로운 조명』, 혜안.

_____, 2003, 『가야의 유적과 유물』, 학연문화사.

_____, 2004, 『가야, 잊혀진 이름 빛나는 유산』, 혜안.

申敬澈, 1983, 「伽耶地域における4世紀代の陶質土器と墓制-金海礼安里遺跡の發掘調査を中心として」, 『古代を考える』 34, 古代を考える會.

_____, 1989, 「삼한·삼국·통일신라시대의 부산」, 『부산시사』 1, 부산대학교 사학회.

_____, 1992, 「김해 예안리 160호분에 대하여-고분의 발생과 관련하여-」, 『가야고고학논총』 1, 가락국사적개발연구원.

_____, 1995, 「三韓·三國時代의 東萊」, 『東萊區史』, 東萊區史編纂委員會.

_____, 1997, 「福泉洞古墳群의 甲冑와 馬具」, 『加耶史 復元을 위한 福泉洞古墳群의 再照明』, 부산광역시립복천박물관 학술발표대회, 복천박물관.

李丙燾, 1959, 『韓國史』(古代篇), 震檀學會.

李永植, 1985, 「伽倻諸國의 國家形成問題-'伽倻聯盟說'의 再檢討와 戰爭記事分析을 中心으로-」, 『白山學報』 32.

_____, 1993, 『加耶諸國と任那日本府』 吉川弘文館.

李賢惠, 1984, 『三韓社會形成過程研究』 一潮閣.

이희준, 1998, 『4~5世紀 新羅의 考古學的研究』 서울대학교박사학위논문.

전길희, 1961, 「伽耶墓制의 研究」 『梨大史苑』 3.

丁仲煥, 1962, 『加羅史草』 釜山大學校 韓日文化研究所.

鄭澄元·洪潽植, 1995, 「昌寧地域의 古墳文化」 『韓國文化研究』 7, 부산대학교
    한국민족문화연구소.

千寬宇, 1977~1978, 「復元 加耶史」(上)·(中)·(下) 『문학과 지성』 28·29·30.

崔鐘圭, 1982, 「陶質土器 成立前夜와 展開」 『韓國考古學報』 12, 韓國考古學會.

최종규, 1983, 「中期古墳의 性格에 대한 若干의 考察」 『釜大史學』 7, 釜大史學會.

「해방 이후 가야사 인식의 변화」에 대한 토론문

김 재 홍 (국민대학교)

가야 연구사 융합 연구의 확장

본 발표문은 문헌사와 고고학분야를 분류하고 다시 시기별로 검토하여 발굴조사 성과가 고고학뿐만 아니라 문헌의 가야사 연구와 연동되어가는 점을 잘 부각시키고 있습니다. 시종일관 고고학과 문헌사의 관계를 떼려야 뗄 수 없는 사이로 표현하고 있습니다. 이와 연관하여 고고학 자료의 증가로 가야 연맹체설이 부정되고 가야 각국의 지역연맹체로 인식되어진다고 합니다. 가야는 분지를 기반으로 10여 개의 소국이 존재하고 지역별로 소가야, 대가야 등 연맹체를 형성하였을 것입니다. 그러면 소위 2차에 걸친 '사비회의'에 참여한 가라국, 안라국, 다라국, 고차국 등은 어떠한 연결고리 (즉 가야연맹 등)로 하나의 정치체로 표현되었느냐가 문제입니다. 이는 고고학적으로 신라와 다른 가야토기, 세장방형 수혈식석곽묘 등도 어떻게 표현하여야 하는가 문제와도 연결됩니다. 여러 소국으로 나뉘어 가야라는 정치체는 무엇을 의미하는지 질문드립니다.

「해방 이후 가야사 인식의 변화」에 대한 토론문

심 재 용 (김해시청)

문헌사와 고고학 자료의 조사 및 연구의 흐름을 일목요연하게 잘 정리 하였다. 그런데 관점을 달리해서 보면, 2000년대부터 구제발굴이 활발하 게 진행되면서 발굴조사의 시행기관이 대학박물관에서 문화재조사기관 으로 바뀌게 되는 등 큰 변화가 있었다. 최근 국정과제 수행으로 가야유적 에 대한 학술발굴이 활발하게 진행되고 있지만, 여전히 구제발굴이 중심에 있다. 이러한 발굴 유형의 변화가 가야사 연구 및 인식에 큰 영향을 주었을 것으로 보는데, 이에 대한 발표자의 의견을 부탁드린다.

종합토론

- 일시 : 2021.04.24.(13:30~16:00)
- 장소 : 국립김해박물관 대강당

이주헌 : 반갑습니다. 국립해양문화재연구소에 근무하고 있는 이주헌 입니다. 제27회 가야사학술회의의 주제가 가야사의 인식변화입니다. 상당히 수준이 있는 주제라고 생각합니다. 어제와 오늘 이틀 동안 여러 내용의 주제발표가 있었습니다. 이영식 교수님의 기조 강연을 비롯해 8건의 주제발표가 진행되었습니다. 오늘 토론자로는 네 분이 맡아서 진행하겠습니다. 종합토론은 여덟 분의 주제발표에 토론을 맡아주신 선생님들이 자유롭게 작성한 토론원고를 중심으로 질의와 답변으로 진행하겠습니다.

먼저, 어제 첫 번째 발표를 하신 홍보식 선생님에게 김재홍 선생님부터 질문을 부탁드리겠습니다.

김재홍 : 국민대학교 김재홍입니다. 홍보식 선생님의 발표 잘 들었습니다. 선생님께서는 발표에서 현재 상황을 잘 진단하고 앞으로의 과제를 적절하게 제시하고 있습니다. 그 가운데 전문인력 양성을 강조하고 있습니다. 앞으로 가야사 연구가 활성화되고 이를 활용하려는 사회의 움직임에 부응하기 위해서는 필요한 사항입니다. 이를 조직화하는 측면에서 연구재단의 필요성을 강조하시고 있습니다. 현재는 인력 양성을 대학에서 전담하고 있지만, 졸업 후에도 현장에 조응하는 인력으로 양성할 필요성에 동감합니다. 더불어 기존 문화재단이나 국립기관과 차별화된 방안도 필요할 것으로 생각됩니다. 이에 대한 구체적인 의견을 듣고 싶습니다.

이주헌 : 홍보식 선생님 답변 부탁드립니다.

홍보식 : 김재홍 선생님 질문 감사합니다. 저도 무덤을 연구하게 된 것은 학부 때 무덤발굴 조사에 참여하게 되면서입니다. 학부 때의 경험이 중요한 것 같습니다. 하지만 현재의 대학에서 발굴조사를 하는 것 자체가 거의

불가능합니다. 학생들에게 기회 제공이나 동기 부여에 굉장히 어려운 점이 있습니다. 저도 대학에서 학생들을 가르치고 있지만, 그러한 것들이 가장 어렵습니다. 때문에, 단순히 대학에만 인력 양성을 맡겨둬서는 현재 상황을 해결하기 어렵습니다. 요즘 산·학·연 협력체계 구축이 많이 얘기되고 있습니다. 학교도 물론 교육에 대한 새로운 대안을 개발해야겠지만 한편으로는 국가와 지자체, 민간법인 모두에서 인력 양성이 되지 않으면, 결국은 인력을 배출하지 못하므로 타격이 클 수밖에 없습니다. 그런 점에 주목해 젊은 연구자를 배출할 기회를 제공하는 것이, 현재 학계와 정부와 지방자치단체 등에 주어진 책무라고 생각합니다.

역사문화정비법이 6월 7일부터 시행됩니다. 법률에 규정된 내용과 우리가 실질적으로 해야 할 조사와 연구 부분들은, 각 기관이 어떻게 역할분담을 했으면 좋을까 하는 질문인 것 같습니다. 기존의 문화재단이라고 하는 것은, 광역자치단체에서 출자한 기관들입니다. 그런 기관들과 민간에서 설립한 법인들이 있고 국립기관으로서는 국립박물관과 국립문화재연구소가 있습니다.

일단 국립문화재연구소 같은 경우는 지금까지의 업무 내용을 봤을 때, 국가 사적으로 지정된 유적들을 중심으로 발굴조사를 진행하고 있습니다. 더불어 기초자료집도 간행해 기본적인 정보를 제공하는 역할을 해 왔습니다. 거기에 더해 발굴 조사된 여러 물질자료의 과학적인 분석 등에 문화재연구소가 좀 더 많은 역할을 해줄 필요가 있습니다. 특히 학제 간 융합연구를 위해서는 분석 자체에 들어가는 비용이 많습니다. 이런 것들은 개인이나 조사전문기관에서 구입할 수 있는 여유가 없습니다. 국립문화재연구소에서 이런 분석 등을 맡는 것이 오늘의 주제인 가야의 역사와 문화를 밝히는 데 중요한 역할을 할 수 있습니다. 조사연구방법론에서도 국립문화재연구소가 역할을 할 필요가 있다고 봅니다.

국립박물관의 경우는 활용과 교육 부분에서 많은 역할을 하고 있습니다. 그런 부분은 국립박물관이 앞으로도 집중적으로 계속해야 합니다. 문화재단의 경우 광역자치단체에서 설립한 문화재단은 좀 더 공격적인 역할을 할 필요가 있습니다. 지금까지 조사에만 집중해왔지만, 역사문화정비법이 시행되면 문화유산의 정비가 중요한 사업으로 부상할 가능성이 있습니다. 이런 사업들 자체가 대부분 문화재를 조사하거나 연구하는 사람들이 하지 않고, 전혀 관계없는 건축이나 토목에서 많이 합니다. 그런 사업을 조사 연구자와 기초자료가 풍부한 문화재단에서 맡아 정비·복원·활용에 집중할 필요가 있습니다. 조사전문기관의 경우는 광역자치단체에서 투자한 기관과 협업시스템을 구축해 개별적인 주제 등에 협력관계를 만들어서 역할을 하는 것이 바람직합니다.

이주헌 : 답변 감사합니다. 6월에 역사문화정비법이 시행되면, 좀더 구체적인 방안들이 나올 것으로 생각됩니다. 다음으로 강원대학교 김규운 선생님 질문 부탁드립니다.

김규운 : 홍보식 교수님께 질문드리겠습니다. 고분 위주의 발굴조사에서 벗어나 다양한 유적을 조사하자는 의견에 동의합니다. 최근 함안 가야리유적, 고성 만림산토성, 창녕 퇴천리 토기가마 등 고분이 아닌 유적의 조사성과도 있었습니다. 항구, 건물지, 취락, 주거지 등 생산 유구들은 고분과 다르게 눈에 띄지 않는 말 그대로 땅속의 매장문화재입니다. 이런 유적들의 장기적인 학술조사 계획은 어떻게 해야 하는지 의견을 듣고 싶습니다.

이주헌 : 홍보식 선생님 답변 부탁드립니다.

홍보식 : 질문 감사합니다. 가야는 남해안을 끼고 해안과 바다를 이용해 성장하고 발전한 대표적인 사회체제입니다. 현재는 그런 관계를 보여주는 유산 자체가 우리 눈에 잘 보이지 않습니다. 없어서 보이지 않는 것이 아닙니다. 존재합니다. 존재하는데 가야가 사라진 이후 인위적, 자연적인 현상으로 매몰되어 있습니다. 특히 조선 시대 이후부터 진행된 각종 해안 매립 등으로 가야 시대 당시의 생활 근거지였고 물류가 이동했던 공간인 항구 등의 문화유산이 대부분이 지하에 매몰되었습니다. 이러한 유적들을 확인하는 방법이 있습니다. 예를 들어 1900년대 초에 지적조사가 많이 되었습니다. 그때 지적도를 보면 당시의 해안선이 잘 표현되어 있습니다. 이런 지적도들이 기초자치단체별로 전산화되어 있습니다. 물론 여기에 개인정보들이 있어서 법적인 문제 등으로 잘 공개하지는 않습니다만, 그런 법적인 문제만 해결된다면 토지정보가 담겨있는 지적도를 활용하는 것도 하나의 방법입니다. 이럴 경우, 기초자치단체와 광역자치단체가 절대적으로 협력해야 합니다. 때문에 역사문화정비법에 이러한 조항이 규정될 필요가 있습니다. 전산화된 지적도를 수치지형도와 함께 활용해 현재의 지형에서 과거의 해안선을 표현하고 지금까지 조사된 유적들을 대비해 보면 매몰된 유적의 위치를 확인할 수 있습니다. 위치가 확인된 지점에 개발 등이 있을 때, 사전에 당연히 조사를 진행하고, 관련 예산과 기타 사항을 지원할 수 있도록 법 조항이나 시행령, 시행규칙으로 규정할 필요가 있습니다. 이러한 유적이 단순히 한 곳의 지방자치단체에만 존재하는 것이 아니라 남해안이라는 아주 넓은 공간에 분포하기 때문에, 장기적인 조사와 학제 간 융합조사, 이러한 여러 사항을 조정할 수 있는 중추적인 기관 등이 다 필요합니다. 이러한 것을 하기 위해서는 당연히 법률로 보장될 필요가 있습니다.

이주헌 : 답변 감사합니다. 현재 매장문화재법에서도 개발사업에 따른 문

화재조사를 필수사업으로 규정하고 있습니다. 그런 부분을 역사문화권정비법에도 강화해 넣자는 의견 같습니다. 문화재청이나 지자체에서 충분히 숙고해 향후 좀 더 현실적인 방안을 찾아야 한다고 생각합니다. 다음으로 김해시청 심재용 선생님 질문 부탁드립니다.

심재용 : 홍보식 선생님의 발표에 동의합니다. 그러나 고대역사문화권에 해당하는 지자체는 문화재지정구역으로 한정된 기존의 정비복원사업에서 벗어나 유적의 역사성을 기반으로 활용을 위한 인프라시설을 구축하는 등 문화관광 시설을 건립하여 관광 자원화하려는 의지가 강합니다. 이러한 의견이 반영된 것이 역사문화권정비법입니다. 올해 역사문화권 정비 기본 5개년계획 수립을 위한 용역도 진행되고 있는 등 예정대로 정비법이 시행될 것으로 보입니다. 이에 당장은 역사문화권정비법의 확대 제정이 어려울 것으로 보입니다. 선생님께서 생각하는 가야역사문화권 정비기본계획 수립 시 조사·연구의 관점에서 반드시 반영되어야 할 의견이 있으시면, 답변 부탁드립니다.

홍보식 : 역으로 제가 질문을 해도 될까요? 예를 들어 김해의 역사문화를 상징하는 유산을 말한다면, 대성동고분군도 있을 것이고 봉황동과 회현리 패총을 들 수 있을 것입니다. 봉황동과 김해 회현리 패총 일대를 정비 복원한다면, 심재용 선생님께서는 어떻게 조사 연구가 되어야 한다고 생각하십니까? 지금 김해시에서 이런 부분에 고민을 많이 하고 있을 것으로 보입니다.

심재용 : 경상남도에서는 가야 문화권 사업으로 초광역권 계획을 수립하였습니다. 그 계획에 보면 봉황동유적과 대성동고분군을 하나의 문화권으

로 해서 둘레길이나 그와 관련된 관광 환경 등을 조정할 계획에 있습니다. 사실, 이 지역은 조사가 많이 진행되었습니다만, 봉황동유적은 워낙 범위가 넓어 계속 조사가 진행되어야 합니다. 현재 국립가야문화재연구소에서 봉황동유적을 장기적으로 조사할 계획이 있습니다. 김해시에서도 봉황토성 내에 있는 사유지들을 매입하고 있습니다. 기존의 조사에서 봉황동유적과 대성동고분군의 성격은 어느 정도 규명이 되었습니다. 문제는 조사하지 않았지만 양동고분군과 관련 있는 유하동 유적이 있습니다. 대성동고분군과 버금가는 유적이 양동고분군인데, 그와 관련된 유적인 유하동 유적을 어떻게 잘 조사할 것인가라는 고민이 있습니다. 과연 이런 경우 어떤 해결책이 있을지 홍보식 선생님께 다시 질문드립니다.

홍보식 : 제가 심재용 선생님께 역으로 질문드린 이유는 대성동고분군부터 봉황동유적, 회현리 패총까지 그 일대를 정비 복원한다고 했을 때, 과연 어떤 방향으로 어떤 주제를 담아서 할 것인가에 대한 고민이 필요합니다. 어떤 스토리를 엮어 전체를 이해할 수 있도록 전문가가 아닌 일반인을 대상으로 어떻게 스토리를 엮을 것인가라는 고민이 필요합니다. 그런 것을 하기 위해서는 단순히 정비 복원만으로는 불가능합니다. 지금까지 이루어진 정비의 틀을 벗어날 필요가 있습니다. 대부분은 유형적인 정비에 초점을 맞췄고, 실제로 그렇게 많이 이루어졌습니다. 하지만 일반인들은 정확한 내용을 모르기 때문에 산책하는 식으로 그냥 지나갈 수 있습니다. 그런데 일반인들은 그보다 더 많은 것을 알고 싶어 하는 것 같습니다. 예를 들어 봉황동유적 정상부는 과연 그 당시에 어떤 공간으로 활용되었을까, 회현리 패총은 왜 여기에 만들었을까, 패총 안에는 어떤 것들이 포함되어 있을까, 그 당시 사람들은 무엇을 어떻게 먹고 왜 여기에 버렸을까 하는 내용을 궁금해합니다. 그런 궁금증을 해소하려면 체계적인 조사와 연구가 당연

히 수반되어야 합니다. 김해시에서 이러한 조사와 연구를 통해 올바른 정비 복원을 하려면, 그것을 할 수 있는 안정적이고 지속적인 조직과 인력 및 예산이 갖추어 줘야 합니다.

이주헌 : 홍보식 선생님 답변 감사합니다. 가야유적에 대한 정비와 복원, 거기에 어떠한 스토리텔링을 담아서 국민에게 가야의 역사성을 잘 전달할 구체적인 내용까지 말씀해 주셨습니다. 이런 내용은 언젠가 다시 한번 별도의 자리를 마련해서 심도 있는 토론이 진행되어야 할 것으로 생각됩니다.

홍보식 선생님에 대한 토론자 선생님들의 질의응답이 끝났습니다. 혹시 발표자 가운데 질문하실 선생님이 있으신가요? 하승철 선생님 질문 부탁드립니다.

하승철 : 가야고분군 세계유산등재추진단 하승철입니다. 홍보식 선생님 발표 잘 들었습니다. 지금 국가의 제한된 살림살이로 국립기관이나 박물관에서 역할을 할 수 있는 부분이 제한되어 있습니다. 그런 상황에서 현재 국립박물관이나 국립문화재연구소, 문화재청에서는 상당 부분 예산과 인력이 증가되었고, 여러 가지 역할을 충실히 해나가고 있습니다. 연구재단 같은 경우에도 광역지자체의 역할이 미흡한 것은 사실입니다. 가장 큰 문제는 큰 축이 국가기관과 민간기관인데, 두 축에 대한 상황이 많이 틀립니다. 특히 민간 부분에 계시는 분들의 처우가 대단히 열악합니다. 제가 볼 때 국가기관에서의 역할은 한계가 있는 것 같습니다. 바람직한 조사 연구와 인력양성, 지속적인 가야사 연구를 위해서는 민간기관이 반드시 큰 축을 담당해야 한다고 생각합니다. 현재 민간기관의 난립, 열악한 문제에 대해 홍보식 선생님은 어떻게 생각하시는지 의견을 듣고 싶습니다.

홍보식 : 이 질문에 어떻게 답해야 할지 난감합니다. 현재 조사기관이 많이 있고 조사기관 소재지가 광역자치단체나 기초자치단체에 있다 하더라도 그 자치단체에서만 활동하는 것이 아닌 전국 단위로 활동하고 있습니다. 때문에, 소재지를 해당 자치단체에 둬도 특정 기관을 정해서 조사하기는 어려운 상황입니다. 조사기관 자체의 역할로 조사 연구를 할 수 있도록 하는 법률적, 행정적 장치가 있어야 합니다. 조사기관이 계속 난립 되는 것은 바람직하지 않습니다. 난립되어 있는 기관을 통합해서 제대로 된 역할과 기능을 할 수 있는 방향으로 가야 하지만, 무척 어렵습니다. 민간 조사기관을 강제적으로 통합할 수 있는 제도를 마련하는 것이 어렵습니다. 내부적으로 이 분야에 종사하는 분들의 인식이 바뀌어야만, 어느 정도 해소되고 제대로 된 방향으로 갈 수 있을 거라 생각됩니다. 정비법이 시행되고 문제점이 보완될 때 이러한 부분도 담아야 한다고 생각합니다.

이주헌 : 답변 감사합니다. 법을 만드는 일도 쉽지 않습니다만, 법을 모든 국민에게 많은 혜택이 될 수 있도록 소외되는 계층이 없도록 운영하는 것도, 상당히 담당 부처에서는 고민해야 하는 부분이라고 생각합니다. 앞으로 많은 부분에서 머리를 맞대고 연구하다 보면 현실적으로 좋은 방안을 끌어낼 수 있을 것으로 생각합니다.

첫 번째 주제는 이 정도에서 토론을 마칩니다. 두 번째 주제인 이동희 교수님의 발표내용에 대해 먼저 이근우 교수님 질의 부탁드립니다.

이근우 : 부경대학교 이근우입니다. 저는 이동희 선생님의 견해에 이의가 있는 것이 아니고, 글을 완성하시는 데 도움이 될까 해서 일본서기 사료를 조금 더 살펴볼 필요가 있다는 말씀을 드리고 싶습니다. 저는 이동희 교수님의 의견을 신선하게 생각합니다. 보통 문헌사학과 고고학이 따로따로

연구하기 쉽고, 사실 저도 고고학은 문외한이라 이동희 선생님의 발표문을 고고학 연구자들은 어떻게 평가하는지 감을 못 잡겠습니다. 아마 상당한 반론이 있을 것 같습니다. 그러나 문헌사학 입장에서는 이동희 선생님이 시도하신 대국(大國)이라는 가야의 여러 나라 가운데 비교적 규모가 크고 시간적인 지속성을 가졌던 나라들이 있고, 잠시 나타났다 없어진 나라들도 있었을 것으로 생각됩니다. 그런 기준으로 고분의 규모나 한 고분군에 나타나는 고분의 수 등을 예로 든 점은 문헌사학의 입장에서는 대단히 이해하기 쉽습니다. 지금까지는 고분의 형상부터 시작해서 거기에서 나오는 부장품 등으로 평가했기 때문에, 정말 이러한 것 정도로 고분군 또는 나라의 문화적 독자성 같은 것을 파악할 수 있는가라는 의문이 많았습니다. 이동희 교수님의 경우는 누구라도 이해할 수 있는 기준을 가지고 대국(大國)·중국(中國)·소국(小國)으로 나눌 수 있다고 말씀해 주셔서, 문헌 쪽에서도 거들 수 있겠다고 생각한 것이 일본서기 기록입니다. 사실 다라는 일본서기에 3번밖에 등장하지 않습니다. 제가 복잡하게 사료를 인용했고 그 속에서 보면 하나는 용어입니다. 한기(旱岐)라고 부르는 대표자들과 이수위(二首位)라는 관위가 있는 사람들이 등장합니다. 당시 수위라는 명칭을 사용하는 나라는 가라와 다라밖에 없습니다. 가라에서는 상수위, 다라에서는 이수위가 보입니다. 또한 각국의 대표 중 이름이 명기된 경우는 대국들입니다. 고고학적으로 다라가 삼가고분군인지는 저는 아직 잘 모르겠습니다만, 이동희 선생님의 대국(大國)·중국(中國)·소국(小國)의 분류와도 상응하는 내용으로 해석될 수 있을 것으로 보여 사료를 제시해 보았습니다.

이주헌: 이동희 선생님의 의견을 지지하시는 것으로 이해해도 좋겠습니까?

이근우 : 네 그렇습니다.

이주헌 : 네 알겠습니다. 다음으로 김재홍 선생님 질문 부탁드립니다.

김재홍 : 이동희 선생님은 다양한 견해를 수용하거나 비판하면서 다라국은 삼가고분군, 탁기탄은 다호리고분군을 중심으로 형성되었다고 하셨습니다. 위치의 타당성과 관련하여 제시한 주변 연맹체와의 관계를 질의 드립니다. 다라국은 소가야 연맹체북부(다라연맹체), 남부(고차연맹체) ‒ 다라국 등 소국이라는 구조와 탁기탄국은 금관가야연맹체 → 대가야연맹체 ‒ 탁기탄의 구조입니다. 고고학 자료인 묘제와 토기 등을 근거로 하여 논지를 전개한 장점을 가지고 있습니다. 소국의 소속 연맹이 중첩되거나 이동하는 과정으로 설명하고 있습니다. 그러면 대체 연맹은 가야 정치사에서 어떤 의미를 갖고 있는지 의문입니다. 단지 소국이 정세에 따라 이합집산한다는 의미로 보이기도 합니다. 연맹의 성격에 대한 근본적인 질문을 드립니다.

이주헌 : 이동희 선생님 답변 부탁드립니다.

이동희 : 인제대학교 이동희입니다. 소가야연맹체라는 표현은 고고학 연구자들이 기본적으로 쓰고 있는 용어입니다. 주로 토기 문화권을 가지고 나누는 것이 일반적입니다. 근래에 연구된 소가야연맹체의 주요 축은 남강권과 경남 서부 남해안권입니다. 이 지역은 토기로 묶으면 함께 묶을 수 있지만, 지리적으로 두 지역으로 나뉩니다. 여러 연구 성과에서 남강권에서는 삼가식 다곽식 고분, 남해안권에서는 고성식 다곽식 고분으로 나누어집니다. 연맹의 개념에 대해서 연맹이 가야 정치사에서 어떤 의미가 있는가, 소국이 정세에 따라 이합집산하는 의미로 보이기도 하니 좀 더 설명을 요

구하신 것 같습니다. 연맹체는 국가나 정치체 발전단계로 보면, 소국-연맹체-부체제-고대국가입니다. 가야는 고대국가에 갔다 못 갔다 논란이 있습니다. 연맹체는 개별소국보다는 상위의 개념이고 여러 나라를 묶어 중심체가 통제하고 조정한다는 의미입니다. 연맹체는 개별소국 가운데 우월한 중심국이 주변 정치체에 영향력을 끼치고 통제하는 방향으로 진행됩니다. 물론 병립적인 특히 바닷가 쪽은 포상팔국 같은 병립적인 경우도 있지만, 대가야나 금관가야 같은 중심국이 존재해 주변 소국을 통제하는 것을 연맹체라 할 수 있습니다. 포상팔국 연맹체처럼 해상 교역권 같은 경제적인 목적이 강한 해안가 항시국가들은 그 특성상 이해관계에 따라 이합집산을 하기도 합니다. 금관가야연맹체는 가락국이 성장하면서 4세기를 중심으로 창원, 진영, 부산 일대 소국을 통제 아래 두면서 간접지배 또는 상하 연맹 관계로 긴밀한 네트워크를 유지하는 양상을 보입니다. 고고학적으로 금관가야연맹체는 묘제나 토기의 확산이 확인됩니다. 그런데 서기 400년 고구려 남정으로 금관가야연맹체의 주축국인 가락국이 쇠퇴하면서 연맹체가 와해되고, 개별소국으로 흩어집니다. 연맹체가 가장 발전한 대가야연맹체의 경우 고령지역 외에도 인접한 합천 일부 지역은 직접 지배한다는 의견도 제시된 바 있습니다. 연맹체가 안정적으로 유지되었을 때는 다음 단계인 고대국가로 가는 경로상의 교두보가 마련됩니다.

이주헌 : 네, 잘 들었습니다. 다음으로 김규운 선생님 질문 부탁드립니다.

김규운 : 선생님께서는 고분군의 규모로 대국, 중국, 소국으로 위계를 정하고 고분군과 국명을 비정하셨습니다. 그렇다면 각 나라의 관계는 어떻게 설명되는지 알고 싶습니다. 대가야연맹체 내의 소국은 어느 정도의 자율성이 있는지 궁금합니다. 임나사현도 문제가 되지만, 백제와 신라를 예를 들

면 백제의 토기가 다른 지방에 들어오고 토기를 모방해 생산하고 금속제 장신구가 들어오고 하면 간접지배, 영역화라고 얘기하는데 임나사현 지역도 대가야로 치면 똑같지 않냐는 의문이 듭니다. 그럼 얼마나 독자성을 가지고 이 사람들은 내가 대가야연맹에 들어가야겠다, 아니면 이번에는 소가야연맹에 들어가야겠다, 이렇게 자율적으로 선택하는 것인지 그런 관계가 궁금합니다. 상시 결속을 유지하는 것인지 때에 따라 이합집산으로 계속 바뀌는 것인지 알고 싶습니다.

다음으로 삼가고분군에 대해 질문드리면, 삼가를 다라라고 보시면서 대국이라 하셨고, 고성은 중국으로 하셨습니다. 그렇다면 소가야연맹을 만든다면 대국인 삼가가 중심지가 됩니다. 그렇다면 소가야연맹을 버려야 하지 않겠습니까? 중심이 삼가라고 한다면 소가야연맹이라는 이름 자체를 버려야 한다고 생각합니다. 그렇다면 더 대국의 중심지가 있어야 되는 것이 당연하지 않을까, 그렇다면 소가야 토기도 당연히 삼가 토기로 바뀌어야 합니다. 김재홍 교수님도 말씀하셨지만, 다라국이라는 나라가 북부 소가야연맹을 만들자 하는데, 남쪽에는 고성을 중심으로 다른 소가야연맹이 있네 하는 몇 번의 중복된 연맹이 있는 구조가 됩니다. 그런 구조를 저 역시도 잘 이해가 되지 않아 좀 더 설명을 해 주셨으면 합니다.

탁기탄을 비롯한 여러 나라를 어느 지역에 비정 하느냐는 앞으로도 계속 논쟁이 진행될 것 같습니다. 고고학적으로 비정 할만한 근거로 고분군 규모를 제시하셨습니다만, 독자적인 토기 문화나 물질문화를 만들지 못한 것으로 독자적인 정치체 독자적인 나라를 설정하는 것이 가능한지 보완 설명 부탁드립니다.

이동희 : 소가야연맹은 토기로 묶어집니다. 남강 유역부터 거제도까지 토기문화권으로 묶어집니다. 신경철 교수님께서도 전에 말씀하셨지만, 소가

야연맹은 금관가야, 아라가야, 대가야와 달리 종적인 연맹체가 아닌 횡적인, 특히 바닷가에 있는 집단 간에는 포상팔국에서 논의되었다시피 뭉쳐진 것이 아니고 항시별로 필요에 따라 모였다가 흩어지는 경향이 강하기 때문에 고차국이 있었던 고성 송학동고분군이 규모는 큰데 고분 수는 삼가보다 적습니다. 그런 것은 한 곳에 정치체가 오랫동안 지속되느냐 고민해 볼 수 있는, 특히 바닷가 쪽에 가야 여러 연맹체 또는 국가 중에 후기 가야의 큰 고분들은 주로 내륙에 있습니다. 농업 중심 사회와 바닷가 쪽이 구분되는 것으로 생각됩니다. 소가야연맹 역시 북부 남강 유역과 남부 서부 경남 바닷가 쪽으로 나누어 봐야 할 것으로 생각됩니다. 토기로 보면 완만하게 연결되고 있지만, 끈끈한 관계는 약했을 것으로 생각합니다. 대가야와 아라가야가 5세기 이후 성장하면서 압박이 들어오자 서남부의 작은 정치체들이 필요에 따라 서로 경제적인, 때로는 정치적인 목적으로 뭉친 연맹체로 볼 수 있습니다.

대국인 가라국과 중국인 기문국의 관계에 대해서는 가라국인 대가야와 기문국은 대가야연맹체, 고고학에서는 주축국과 소속국을 볼 수 있지만, 자율성도 분명히 존재하는 상하연맹 또는 간접지배 단계로 이해하고 있습니다. 32호의 경우는 '11'자형의 대가야 주부곽식 석곽과 대가야 토기가 다량으로 출토되고 있어서 5세기 후반 어느 시점에 대가야의 세력권 안에 들어갔지만, 6세기 초엽의 두락리 32호분을 보면 백제계 위세품이 보입니다. 그것은 무령왕릉 이후 힘을 키운 백제가 호남 동부지역에 진출하기 위한 교두보를 마련하기 위한 환심을 사기 위해 두락리고분군 세력에 위세품을 준 것입니다. 대가야의 가장 가장자리인 서쪽에 있던 두락리의 특수성을 보여주는 사례입니다.

임나사현은 문헌과 고고학적인 연구에서 여수, 순천 광양으로 봅니다. 임나사현은 후기 가야의 가장 큰 나라인 대가야의 4개 행정구역을 말합니다. 임나사현의 4현은 소국으로 보면서 대가야연맹체의 소속 현으로 표현하고 있습니다. 대가야에 '현'과 같은 지방 제도가 존재했다는 구체적인 증거는 없습니다. 일본서기에만 나옵니다. 이영식 교수님도 말씀하셨지만, 후대 신라나 백제의 지방조직 같은 개념이 덧씌워져서 기록되었을 가능성이 있습니다. 임나사현은 대가야와 긴밀한 관계인 4개의 정치체로서 가야 소국으로 보면 됩니다. 임나사현 가운데 하나가 발굴조사 되었습니다. 어제 보여드린 순천 운평리고분군입니다. 사타국으로 비정되고 있습니다. 운평리에서는 대가야의 고분이나 위세품들이 다수 확인됩니다. 이를 통해 대가야와 임나사현의 관계는 상하 연맹관계 또는 간접지배 관계로 볼 수 있습니다. 대가야 입장에서는 임나사현을 자기 세력권 안에 들어왔기 때문에, 자기 휘하의 세력으로 생각했다면 후대에 현이라는 표현을 쓸 수도 있었을 것입니다. 사타국 입장에서는 스스로 자치권이 있다고 생각했다면, 소국이란 독립성을 얘기할 수 있습니다. 이러한 관점의 차이로 소국과 현이 같이 쓰인다고 생각합니다.

다라와 탁기탄의 국 비정에서 고고학적 증거는 고분군의 규모가 전부이고, 독자적인 물질문화를 설정하지 못하는 이상 논쟁만 계속된다고 하셨습니다. 토론자께서 독자적인 물질문화를 가진 가야 정치체라고 말씀하신 부분은 기존 고고학계에서 지역 연맹체의 맹주국인 고령의 대가야나 함안 안라국, 전기 가야의 맹주인 김해 금관가야 등으로 가야의 여러 나라 가운데 대국이 여기에 포함됩니다. 하지만 일본서기에 보면 중소국도 가야의 여러 나라로 표기되어 있는 상황에서, 묘제나 토기 등에서 독자적인 형식의 물질문화가 없다고 국으로 인정할 수 없다는 의견은 이해하기 어렵습니다. 예컨대 대가야연맹체 안의 작은 소국으로 사타, 순천 운평리는 대가야의 가장 서남쪽에 있는데, 매장주체부는 송학동 유형의 횡혈식석실이지만 대가야계통의 순장묘도 보입니다. 대가야계 토기나 위세품들이 다량으로 보입니다. 독자적인 물질문화가 없습니다. 없지만 예전부터 사타국이라는 국으로 비정되고 있습니다. 독자적인 물질문화의 유무는 가야의 여러 나라 중 대국과 소국의 구분에는 적용할 수 있지만, 국의 여부를 파악하는 기준은 될 수 없습니다. 이러한 점에서 역사고고학에서 문헌과 고고학의 조화와 융합이 필요하다고 생각합니다.

이주헌 : 어제, 오늘 우리가 주제로 다루었던 역사 인식에 많은 연구자가 연구에 매진하고 있습니다. 방금 토론내용을 보셨듯이 과연 문헌 자료를 어떻게 보느냐, 발굴된 고고자료를 정치적인 의미로 볼 것인가 문화의 흐름으로 볼 것인가, 문헌에 나타나는 국의 개념이나 여러 가지 관념이 기본적으로 다른 느낄 수 있습니다. 이러한 부분도 차후 별도의 자리를 만들어 검토해야 할 필요가 있습니다.

다음으로 심재용 선생님 질문 부탁드립니다.

심재용 : 선생님은 탁기탄은 4세기대 이후 古 김해만의 가락국을 중심으로 한 금관가야 연맹체에 포함되었다가 5세기대 고구려 남정 이후에 금관가야의 통제가 약한 상태에서 독립 정치체로 전환되었고, 5세기 말 이후 대가야의 확장 속에 대가야와 완만한 연맹관계를 유지한 것으로 보이며, 다호리 B1호분을 탁기탄국의 멸망 직전의 왕묘로 추정하였습니다. 그러나 지금까지 4세기대 이후의 분묘유적이 다호리고분군에서 확인된 것은, 8차 발굴조사에서 조사된 5세기 말~6세기대 수혈식석곽묘와 횡구식석실묘뿐입니다. 즉 탁기탄국의 실체를 증명할 만한 고고자료가 창원 다호리 B1호분 출토 대가야토기와 다호리 B5호분 출토 대가야산 금제 이식 등 매우 부족한 형편입니다. 무엇보다도 대가야가 고 대산만지역으로 정치적 영향력을 행사하려면 낙동강 좌우안을 장악하고 있던 아라가야와 비화가야를 지

나야 하는데, 그것이 허용되었을지 의문이 듭니다. 이에 대한 발표자의 견해를 부탁드립니다.

이동희 : 다호리고분군에서는 기원전 1세기 목관묘에서 화려한 유물이 나와 주목을 받았습니다. 목관묘가 있는 장소가 현재 도로변 논 쪽입니다. 논 쪽에서 위로 올라가면 발굴조사된 목곽묘와 여러 도굴구덩이가 산으로 계속 이어집니다. 토기를 보면 4세기대 목곽묘 단계의 유물, 5세기 6세기대 유물이 나옵니다. 다호리 B1호분은 별도의 작은 구릉에 있습니다. 그쪽에도 크지는 않지만, 소국 정도의 10m 정도의 봉분 흔적이 몇 개 확인되고 있습니다. 향후 목곽이나 석곽에 대한 학술발굴을 진행할 필요가 있습니다.

다음으로 토론자께서는 탁기탄의 실체를 증명할 고고자료가 매우 부족하다고 하셨습니다. 목관묘단계를 제외하면 이후 단계의 발굴조사가 미진한 것과 관련되어 있습니다. 순천 사타국 운평리고분처럼 작은 나라의 경우는 고총이 10~15m 정도로 적습니다. 다호리 B1호분은 15m 정도는 되기 때문에 운평리와 비슷합니다. 우리가 보통 가야고분군이라 하면 고령 지산동 함안 말이산, 합천 삼가 등을 생각하면서 고분 규모가 이 정도는 되어야 국가라고 생각하는데, 이런 관점에서 탈피해야 합니다.

대가야가 고 대산만 지역으로 정치적 영향력을 행사하려면 낙동강 좌우안을 장악하고 있던 아라가야와 비화가야를 지나야 하는데, 그것이 허용되었을지 의문이 든다고 하셨습니다. 5세기 고구려 남정 이후에 낙동강유역은 서서히 신라의 통제에 들어갑니다. 대가야가 고 대산만으로 가려면 육로로 이동했을 것으로 생각됩니다. 대가야의 산성들이 의령, 합천까지 대부분 낙동강 서쪽에 방어체계를 구축하고 있습니다. 함안 말이산, 남문외고분군, 함안 가야왕궁터 유적에서 6세기대 대가야 유물이 계속 확인되고 있습니다. 아라가야의 중심부에서 대가야의 토기가 보입니다. 저는 대가야와 아라가야가 적대적이었다고 보지 않습니다. 541년, 544년 사비 회의할 때, 같이 힘을 모아 신라의 위협에 가야의 독립성을 지키려고 노력하고 있습니다. 때문에, 기본적으로 대가야와 아라가야는 우호적인 관계였다고 생각합니다. 5세기 후반 이후 대가야 유물의 확산 양상을 보면, 대가야와 아라가야의 관계는 대가야의 상대적인 우위에서 협조적인 관계를 유지한 것으로 보기 때문에 대가야의 이동에는 전혀 문제가 없었을 것으로 보고 있습니다.

이주헌 : 답변 감사합니다. 아라가야와 대가야의 관계가 우호적이었다는 말씀이었습니다. 이동희 선생님 발표와 관련한 지정 토론은 여기서 마무리하겠습니다. 혹시 발표자 가운데 이동희 선생님께 질문할 것이 있으신가요? 박천수 선생님 질의 부탁드립니다.

박천수 : 소국 비정에 저도 관심이 많습니다만, 고고학적 관점에서 보이는 문화권을 설정하는 데 중점을 두어 왔습니다. 탁기탄국의 비정은 제 개인적으로 상당히 좋은 의견이라고 생각합니다. 그런데 다라국의 비정은 그렇지 않습니다. 사실 오늘의 발표는 논의를 제공한 것이므로, 앞으로 이것을 가지고 심도 있는 논의를 하면 좋을 것으로 보입니다.

사실 저는 문헌사학 연구자들의 소국 비정에 상당한 의문이 있습니다. 예를 들어 임나사현 문제는 아직도 쓰에마츠 이래 호남 서부로 보는 견해가 아직도 있습니다. 문헌사 연구자들은 글자, 음사에 매달리는 경향이 있습니다. 음사는 의미가 있기도 하고 없기도 합니다. 탁기탄의 경우 영산으로 비정 하는 견해가 예전부터 있었습니다. 제가 예전 창녕에 있었던 학회에서 얘기했듯이 일본서기 신공기 49년 조 369년에 나오는 가라칠국의 비자발은 영산에 있었습니다. 문헌사 연구자들은 창녕에 비자발이 있었다고 생각하기 때문에, 창녕은 비자발이고 영산은 탁기탄이라 얘기하는데, 말이 안 됩니다. 4세기대 창녕의 중심지역은 비자발이 있었던 영산 계성고분군 일대입니다. 고고학 자료를 무시하니까 그런 이야기를 계속하고 있는 것입니다. 또 하나 문제점은 고고학에서도 비자발을 창녕으로 비정하는 것입니다. 삼국사기 지리지를 인용하면서, 창녕의 고고학적 문화권 즉 비자발이라는 나라는 현풍, 창녕, 영산을 포함한다고 합니다. 실제로 고고자료를 살펴보면, 현풍과 창녕의 자료는 토기 양식 자체가 다릅니다. 창녕과 영산은 같습니다. 산을 넘어 청도 서쪽 지역까지 토기 양식이 같습니다. 이러한 것을 가지고 이야기해야 하지 않을까 생각합니다. 삼국사기 지리지의 명칭은 경덕왕 대에 고친 것입니다. 그러한 것을 가지고 금과옥조로 삼아서는 안 된다고 생각합니다. 그리고 초팔혜국, 산반해국의 기존 비정도 저는 수긍할 수 없습니다. 초계는 고총 고분이 없습니다. 옥전고분군에만 고총 고분이 있습니다. 옥전고분군이 있는 쌍책지역에는 농경지가 전혀 없습니다. 전부 범람원입니다. 쌍책과 초계는 강을 사이에 두고 단절된 것이 아니라 연결되어 있습니다. 저는 다라국이든 아니든 간에 옥전고분군이 있는 쌍책지역과 초계지역은 정치체가 한 단위라고 생각합니다. 이것을 가지고 초팔혜국, 산반해국이라고 하는데, 저는 옥전고분군을 포함한 초계분지의 소국 자체를 대단한 나라라고 봅니다. 출토유물을 보면 알 수 있습니다. 합천은 대야주로 불렸습니다. 대야주는 합천읍의 중심과 주변을 포함한다고 생각됩니다. 그렇다면 쌍책지역도 들어가지 않을까는 생각이 있습니다.

저는 대국, 소국 가운데, 대국은 가야를 간칭하는 금관, 아라, 대, 소, 비화가야까지 저는 이렇게 5개 나라를 대국으로 생각합니다. 안라, 가라, 임나, 다라도 대국으로 생각합니다. 봉토분 규모를 보면 상당히 재밌는 것이 있습니다. 예를 들어 남원 두락리와 장수 동촌리가 있습니다. 봉토분 규모는 비슷한데 발굴조사 해보면, 두락리에는 석곽 규모가 큽니다. 10m 석곽이 나옵니다. 부장품도 청자계수호가 나온다든지 백제산 위세품이 나옵니다. 동촌리는 봉토는 크지만, 석곽의 규모가 적습니다. 외래계 위신재는 출토하지 않습니다. 때문에, 봉토 규모를 가지고 소국, 대국으로 구분하는 것은 약간 문제가 있지 않은가 생각합니다. 내부의 부장품도 중요하고 석곽의 규모도 중요하다고 생각합니다. 옥전고분군으로 돌아가 보면, 제가 주목하는 무덤은 M1호, M3호입니다. M1호에서는 잘 아시다시피 신라로부터 들어온 로만글라스가 1점 출토되었고, M3호에서 나온 금공품들은 정말 대단한 유물입니다. 용봉문환두대도가 4점 나왔습니다. 저는 이것도 중요하지만, 더 중하다고 생각하는 것은 4세기 말 5세기 초에 조성된 옥전 23호가 있습니다. 옥전 23호에서는 백제산 금제이식, 백제산 금동관, 신라산 금동제 마구, 창녕산 토기가 부장되어 있습니다. 이미 옥전고분군에는 4세기 후반부터 동서의 문물이 다 들어가 있습니다. 황강을 통해 동서로 연결된 나라가 아니었는가 생각됩니다. 의자왕이 쳐들어온 곳이 대야주라는 것도 백제와 교통할 수 있는 최단거리였기 때문에 가능하지 않았나 생각합니다. 삼가고분군에서는 이런 목곽묘가 없습니다. 옥전고분군에서 봉토가 크지 않은 것은 위석식 목곽묘이기 때문에 봉토를 높이 올릴 수 없었던 것이 아닌가, 내부구조와 관련 있지 않나 생각됩니다. 저는 27기를 30m 이상의 고총으로 봐야되지 않나 생각됩니다.

이주헌 : 많은 말씀을 해 주셨습니다. 직접 옥전고분군을 조사하셨던 하승철 선생님 간단히 한 말씀 부탁드립니다.

하승철 : 고총이나 고분의 범위나 규모를 가지고 정치체의 역량을 얘기하는 것은 어느 정도 맞다 생각합니다. 그런데 현재 가야 고고학의 상황을 보

면, 고분군+고총+토성+정치체의 교통로가 한 세트가 되어 정치체의 역량
이 발휘되고 있습니다. 김해 봉황토성·대성동고분군·고 김해만, 고성 송
학동고분군·고성만·만림산토성, 고령 주산성·지산동고분군, 함안 가야
리유적·말이산고분군, 합천 옥전의 옥전고분군·성산토성과 황강과 낙동
강으로 이어지는 교통로, 가야의 중심지로 거론되는 지점은 다들 이런 모
습들이 공통적으로 나타납니다. 오히려 저는 고총이나 고분의 규모도 계속
고민해야 하지만, 현재 조사 연구 성과를 보면 이런 부분이 가야의 중심지
를 보여주는 중요한 자료들이 아닌가 생각합니다. 현재 삼가에는 고총 외
에는 대국의 모습을 보여줄 수 있는 자료가 많지 않은 것 같습니다.

이주헌 : 말씀 감사합니다. 이동희 선생님의 발표 관련 토론은 여기서 마
무리하겠습니다. 다음으로 조신규 선생님의 발표에 대해 문화재 행정 일선
에 계시는 심재용 선생님의 질문이 있겠습니다.

심재용 : 발표자는 가야고분군 세계유산 등재의 전문가 현지실사가 실시
되고, 역사문화권 정비 등에 관한 특별법이 시행되는 2021년 올해를 가야
사 인식에 큰 전환점이 될 것으로 보고 있습니다. 즉 가야고분군의 세계유
산 등재 시 가야사에 대한 인식은 범국민적으로 새롭게 인식될 것이고, 역
사문화권정비법에 의한 정비구역의 지정을 통해 가야고도들이 역사도시
로서의 모습을 갖추면 가야사에 대한 국민인식과 지역민의 인식 역시 크게
전환될 것으로 파악하였습니다. 이에 대해 본 토론자 역시 동감합니다. 하
지만 이러한 인식변화는 이러한 사업들이 계획적으로 이루어졌을 때 가능
한 것인데, 계획 진행 시 여러 변수가 발생할 수 있습니다. 혹시 발표자가
생각하는 가장 큰 변수와 그에 대한 대응책이 있으면 부탁드립니다.

조신규 : 함안군청 조신규입니다. 먼저 두 가지 측면이 있겠습니다. 세계유산 측면에서는 가야고분군의 세계유산 등재가 2012년부터 진행되었고 올해 현지실사를 거쳐 2022년 등재를 목표로 하고 있습니다. 특히 올해 8월에서 10월 사이 진행될 현지실사를 잘 준비하는 것이 필요합니다. 그리고 주민분들에게 세계유산이 되면 뭐가 달라지냐는 얘기를 가장 많이 듣습니다. 저는 이렇게 답변 드립니다. 우리가 세계유산이 된다는 것은, 세계유산이 되는 것으로 끝나는 것이 아니라 거기서부터 다시 시작하는 거라고 말씀드립니다. 그것은 세계유산이라는 측면을 가지고, 세계유산이라는 세계적으로 큰 브랜드 가치를 가지고 우리가 그것을 어떻게 보존하고 활용할 것인지에 대한 고민이 지금부터 이루어져야 한다고 생각합니다. 세계유산과 관련해 함안의 경우에는 유적 주변에 전선지중화사업을 진행하고 있습니다. 전선지중화사업은 예산 소요가 많고 잘하기 어려운 부분이 있습니다. 그런데 한전에서도 이러한 세계유산과 관련된 사업은 우선순위로 전선지중화사업을 해서 주민들의 주거환경 개선과 유적 환경개선에 도움을 주고 있습니다. 그런 작은 부분부터 시작해서 가야고분군이 세계유산이 되었을 때 어떻게 우리가 활용하고 보존할 것인지에 대한 심도 있는 연구가 지금부터 필요합니다.

역사문화권정비특별법이 당장 올해부터 가야사의 인식을 크게 변화할 수 있게 할 수는 없겠지만, 장기적인 관점에서는 국민의 가야사 인식을 전환 시켜 줄 핵심적인 법안이라고 생각합니다. 특별법에는 가장 큰 두 가지 특징이 있습니다. 행정절차의 간소화와 특별회계를 통한 예산지원입니다. 행정절차의 간소화는 특별법을 통해 역사문화권 사업이 좀 더 빠르고 신속하게 진행될 수 있도록 하는 것입니다. 특별회계 지원은 이 사업을 하기 위한 재원을 별도로, 일반적인 정부 회계에 들어가지 않는 별도의 회계를 만들어서 집중적으로 지원하겠다는 것입니다. 역사문화권정비특별법이 처음 제정되었을 때, 51개 법률과 107개 조항에 대한 의제처리 부분이 있었습니다. 시행령과 시행규칙을 제정하는 과정에서 의제처리 부분이 상당히 축소되었습니다. 축소되는 것은 현행 다른 법령과의 충돌 등의 문제가 있으므로 불가피한 면이 있습니다. 그런 상황에 대해 일선 지자체에서는 어떻게 대응할 것인지를 고민할 필요가 있습니다. 특별회계에서도 현재 특별회계는 국가에서 마련하지 않고 지자체에서 마련하게 되어 있습니다. 지자체의 한정된 재원에서 특별회계를 설치하더라도 이 재원의 규모 자체가 얼마만큼 클지는 걱정되는 부분입니다. 대신 그 조항 안에 국가의 보조금으로 특별회계 재원을 충당할 수 있도록 했습니다. 지역의 국회의원님들 시도의원님들 시군의원님들 지역 단체장님들과 함께 주민 모두가 나서서 특별회계가 안정적으로 지원될 수 있도록 노력하는 것이 매우 중요합니다. 한 가지 더 생각해 볼 수 있는 부분이 현재 역사문화권정비특별법과 별도로 고도보존육성법이 있습니다. 공주, 부여, 익산, 경주의 지방자치단체는 고도보존육성법에 따른 지원을 받게 되는데, 이러한 고도보존육성법이 확대되어서 역사문화권정비특별법과 병행해서 추진된다면, 좀 더 빠르고 좋은 성과들이 이루어질 것으로 생각됩니다.

이주헌 : 답변 감사합니다. 이어서 호남에서의 가야사 인식에 대한 하승철 선생님의 발표에 김규운 선생님 먼저 질문드리겠습니다.

김규운 : 호남지역 가야에 대한 발표자의 평가가 궁금합니다. 전북 가야의 실체가 완전히 독립적인 나라인지 의견을 듣고 싶습니다.

개인적으로도 고민하는 부분인데, 상기문이 됐든 하기문이 됐든 남원 운봉고원 쪽에 기문이 있었다는 것은 거의 정설인 것 같습니다. 아시다시피 514년에 이미 백제로 넘어간다고 되어 있는데 두락리·유곡리고분군을 보면 6세기 중엽까지 기문국이 대가야의 연맹이 됐든 영역이 됐든 영향을 받은 것으로 나타납니다. 그렇다면 514년 기록은 잘못된 것이기 때문에, 이 부분에 대해서는 어떻게 생각하시는지 여쭙고 싶습니다.

하승철 : 토론자분들의 질문이 모두 비슷합니다. 당신의 의견은 어떤가. 짧게 말씀드리겠습니다. 발표에서 말씀드렸다시피, 호남 동부지역은 세 부분으로 구분해야 합니다. 소백산맥에 있는 장수·운봉고원은 남원 동부지역입니다. 그곳과 섬진강 하류 지역, 그리고 섬진강 중류 지역에 있는 남원 서부지역·임실·순창으로 구분하고 이해를 해야 합니다. 가야가 들어가기 전에 분명히 마한 세력이 있었습니다. 정치체가 굉장히 미약했지만, 마한 세력이 있었고, 그것은 교류하며 들어온 금관가야·아라가야·소가야·대가야 토기들로 이해할 수 있습니다. 그리고 토광묘라든지 주거지에서도 마한의 취락이 있었던 증거가 있습니다. 5세기의 가장 큰 특징은 가야 고총과 가야고분군이 등장하기 시작한 것입니다. 가야 고총과 고분군 일색으로 되어 있는 곳이 장수와 운봉고원입니다. 섬진강 하류 유역에서도 가야 고분군이 만들어지기 시작하는데, 운평리 수장층을 중심으로 고총이 만들어지고 주변에는 중소형 집단의 고분들이 많이 만들어집니다. 가야계 주거지와 취락이 등장합니다. 남원 서부지역과 임실·순창지역은 마한 취락들이 주류이고 영산강 유역과 유사성이 많습니다. 어떤 곳에는 가야계가 우세한 취락도 있고, 어떤 곳은 백제·가야가 혼재된 취락도 있습니다. 5세기부터 6세기 초까지 가야가 영향을 미치고, 백제는 아직 영향이 미흡했다고 생각합니다. 백제의 진출 근거는 이 시기에 거의 없습니다. 그런데 대가야가 계속 진출하는 상황에서 백제가 공주·부여방면으로 내려와 이 지역에 강한 관심을 가지면서, 가야세력의 진출을 막고자 호남 동부지역으로 진출하게 됩니다. 그러한 과정에서 514년을 강조하시는데, 저는 너무 문헌 기

록의 숫자에 얽매여 있다고 생각합니다. 현재 백제 산성이나 백제유물을 보면 6세기 2/4분기, 6세기 중엽이 고고학적 편년과 일치하는데, 514년 6세기 초로 생각하니까 백제가 빨리 들어온 것으로 보이는 상황이 발생합니다. 기문의 위치는 운봉고원이 중심이라고 생각합니다. 기문이 세 개인지 두 개인지 한 개인지는 검토해야 하지만, 기문의 중심은 운봉고원이 맞습니다.

세 곳의 정치적인 양상을 말씀드리면, 약간의 차이가 있습니다. 혼재되는 곳이 있고, 대가야나 소가야와 선린 우호 관계를 맺는 곳이 있으며, 뭔가 상하 관계를 맺는데 공납적인 체제로 전환되었다고 생각되는 곳이 있습니다. 운봉고원이나 장수분지는 대가야의 문물이 5세기 후반부터 6세기 초까지 계속 나오기 때문에, 백제의 위세품으로 보면 상당한 자치권이 부여된 것은 사실이지만, 대가야와 좀 더 깊은 관계에 있으며 공납체제 등으로 좀 더 강하게 예속된 것으로 생각됩니다. 섬진강 하류 유역은 5세기 말 6세기 초에 선린적인 관계로 상하 관계를 맺었을 가능성이 있습니다. 대가야의 묘제나 유물 등 대가야의 문물이 주변으로 확산하지 못하고 한정적으로 끝납니다.

저는 대가야가 신라가 강성해지면서 낙동강 교역권이 막히고, 남강으로 진출했지만 소가야와 아라가야 세력에 막히자 섬진강 루트를 확보하기 위해 호남 동부지역으로 진출합니다. 호남 동부지역에는 대가야의 꿈과 한계가 보입니다. 호남 동부지역을 영역화시켜 나아가고 싶었겠지만, 한계에 부딪히고 결국 백제 세력이 대가야 세력을 제지하게 됩니다.

이주헌 : 답변 감사합니다. 호남 동부지역은 최근 고분의 성격뿐 아니라 봉수, 제철 등의 문제와 관련해 많은 학술회의가 열릴 예정에 있습니다. 올해 전반기에도 백제학회를 중심으로 세미나가 계획되어 있습니다. 많은 관

심 부탁드립니다.

어제 일본 고고학계의 가야 연구사에 대해 박천수 선생님의 발표가 있었습니다. 오늘은 최근 일본 역사학계의 가야사 연구 동향에 대해 이근우 교수님께서 간략하게 내용을 언급해 주셨으면 합니다.

이근우 : 사실 일본에서는 가야 문제보다는 임나일본부 문제입니다. 임나일본부 연구가 굉장히 많이 진행되었고, 한국에서도 여러 가지 반론을 제기하고 현재까지도 여전히 계속되고 있습니다. 어느 발표자께서는 임나일본부가 퇴색되었다고도 말씀하셨는데, 전혀 그렇지 않습니다. 임나일본부설이란 것은 한일관계사의 문제가 아니고, 일본 고대사의 본질적인 문제입니다. 일본 고대를 규정하는 문제와 연결되기 때문에, 일본 역사학계가 그것을 포기하는 순간 일본 고대사 전체가 바뀌기 때문에 전혀 바꿀 의향이 없습니다. 개별적인 연구자들의 의견도 많이 있습니다. 우리가 잘 아는 다나카의 견해도 있고, 그 선두라 할 수 있는 이노우에 히데오의 연구도 있습니다. 한일관계사 연구자들 못지않게 일본 고대사 전공자 대표적으로 모리 히미유키, 요시다 타카시같은 연구자들이 간혹 나와서 임나일본부를 이야기합니다. 그만큼 일본 고대사 연구자들이 이 문제, 한반도 문제를 쉽게 넘어가지 못한다는 것입니다. 그래서 개별 일본 연구자들의 견해보다는 일본 고등학교 교과서를 보면 됩니다. 우리의 수많은 노력을 통해, 일본 고등학교 교과서에는 임나일본부설이나 한반도 진출이라든지 군사적으로 지배를 했다든지 하는 내용이 전혀 없습니다. 문제는 본문 외 참고자료들이 있는데, 제가 본 일본 모두의 교과서에 정말 자세한 한반도 지도가 여러 장 들어 있습니다. 그 지도들이 시대적인 변화를 보여줍니다. 일본 교과서에 한반도 지도를 왜 많이 보여줍니까? 그럴 정도로 대단히 이 문제는 중요한 문제고, 지도뿐 아니라 세 가지 참고자료를 제시하는데 하나는 광개토대왕

릉 비문, 다른 하나는 일본서기 신공기에 한반도를 정벌했다는 이야기, 마지막 하나는 중국 송서 자료입니다. 이 세 가지 자료가 사실은 일본 사학계에서 임나일본부를 구성하는 기본사료입니다. 그것으로 논의하고 있는 것입니다. 그것을 고고학 자료에 끼워 맞추는 싸움인데, 그 기본적인 자료를 교과서에 다 실어 놨습니다. 본문에는 없으므로 우리가 항의하지 못합니다. 그렇지만 그 내용을 강의하는 교사는 그 자료들을 읽어주면 자연적으로 과거에 일본이 주장했던 임나일본부를 상상하게 됩니다. 이런 것을 고등학생 때 이미 다 배우게 됩니다.

이주헌 : 말씀 감사합니다. 제가 갑자기 질문드렸는데도 깔끔하게 내용을 잘 정리해 주셨습니다. 어제 발표한 내용은 이 정도로 마무리하겠습니다. 지금부터는 오늘 오전에 발표햇던 내용으로 토론을 진행하도록 하겠습니다. 먼저 백승옥 선생님의 발표에 대해 이근우 교수님 질문 부탁드립니다.

이근우 : 최치원의 저술에서 보이는 가야의 한자 표기는 '가야(伽倻)'와 '가야(迦耶)'라는 표기에 주목해 보면, 석이정전(釋利貞傳)과 석순응전(釋順應傳) 등에서는 가야(伽倻)를 사용하였고, 다른 자료에서는 가야(迦耶)를 사용하였습니다. 그런데 迦耶는 『신수대정대장경』에서 확인되지만, 伽倻는 단 한 차례도 사용된 적이 없습니다.

따라서 이 한자들이 '가야'를 뜻하는 한자로 뒤섞여 쓰이고 있다고 하더라도, 최치원이 불교에 조예가 깊고 그래서 우아한 불교 용어로 바꾸었다고 한다면, 두 번째 조합 즉 伽耶를 선택해야만 합니다. 그런데 정작 최치원 관련 문헌에서는 공교롭게도 迦耶와 伽倻만 보입니다. 물론 문헌이 후대로 전해지면 한자를 바꾸어 쓴 예도 있을 것입니다. 특히 迦耶를 伽倻로 쓴 사례는 불경에서는 확인되기도 합니다. 그런데 절을 막다 차단 하다는 뜻을 가진 '迦'로 굳이 쓸 필요가 있었는지 알고 싶습니다.

백승옥 : 국립해양박물관 백승옥입니다. 책받침변 '가(迦)'는 불교에서 굉장히 꺼린다고 말씀하셨는데, 그건 아닌 것 같습니다. 예를 들어 책받침 붙은 가야(迦耶)도 불교 용어고, 칼리카의 음역입니다. 칼리카는 16나한 가운데 7번째 나한의 이름입니다. 때문에, 가(迦)를 불교에서 꺼렸다고 보기 어렵습니다. 이것은 좀 더 검토를 해봐야 한다고 생각합니다. 다음으로 발표에도 말씀드렸지만, 최치원은 어릴 때 중국으로 갔으므로 사고방식이나 모든 지식체계가 중국 당나라식 체계입니다. 그 시기에 역사서인 수서와 북사가 존재했는데, 수서와 북사에서 가(迦)를 씁니다. 그래서 저는 가(迦)를 최치원이 만든 것이 아닌 불교적인 나라였던 수나라의 영향을 받아 최치원이 가(迦)를 썼다고 생각합니다. 다만 '야(耶)'는 최치원이 고쳤을 가능성이 있다고 생각합니다. 책받침 있는 가야(迦耶)를 최치원이 중국 사서를 보고 썼다고 생각합니다.

이주헌 : 답변 감사합니다. 다음으로 조성원 선생님의 발표에 대해 김재홍 선생님 질의 부탁드립니다.

김재홍 : 조성원 선생님은 일제강점기 조사 방법론 및 보고서 작성법을 검토 대상으로 하셨습니다. 그 가운데 도면 작성법의 변화에 대해 시기별 변화상을 잘 보여주고 있습니다. 동아시아 고고학이 세계적인 수준을 자랑하는 것은 도면 작성법이라 할 수 있습니다. 특히 세키노의 건축설계도 같은 도면이 많았던 II기보다 훨씬 부드럽고 자연스러운 도면이 III기에서 확인된다고 하셨습니다. 그런데 도면 작성법의 발전이 중요함에도 단지 형용

사적인 표현으로 마무리하고 주에 표기하고 있습니다. 아마 Ⅲ기는 고고학적인 도면을 지칭하는 듯합니다. 이에 Ⅲ기 고고학적인 도면이 차지하는 고고학사적 의미를 부각하여 설명해 주시기 바랍니다.

더불어 과연 일제강점기 일본인 학자의 발굴조사가 현재 우리에게 어떠한 의미가 있는지도 답변해 주시길 바랍니다.

조성원 : 부경대학교박물관 조성원입니다. 기본적으로 도면 Ⅱ기에서 Ⅲ기로 바뀌는 것은 도쿄제국대학에서 교토제국대학출신들이 실질적으로 조사에 참여하면서 이러한 것들을 바꾸지 않았나 생각합니다. 세키노를 중심으로 한 집단은 유물 및 유구 실측을 상당히 잘한다고 일본인 연구자들 사이에서 인정받았습니다. 하지만 세키노를 중심으로 한 집단은 건축 전공이었기 때문에 도면 작성에 수치를 중요하게 생각했는지는 모르겠지만, 기본적으로 부자연스러운 도면이라고 할까요, 직선으로 이루어진 도면을 상당히 많이 작성했습니다. 얼핏 그런 도면들은 깔끔해 보이긴 하지만, 실제 유물의 출토 상황이나 여러 가지 당시의 느낌을 줄 수 없는 부분들이 많았습니다. 이후에 후지다라든가 우메하라가 조사에 참여하기 시작하면서 일본 내에서 쓰던 평판 측량도 도입하면서 정확성을 기하고, 사실적인 도면을 그리기 위해 노력을 많이 하는 것 같습니다. 그런 과정에서 두 팀 사이에 경쟁이 붙은 것 아닌가 생각됩니다. 세키노가 물러난 이후 밑에 사람들이 그렸던 도면들을 보면, 실제 지금의 도면과 유사할 정도로 발전하였습니다. 다만 이 도면들이 전체 수준을 나타내는 것은 아닙니다. 조사자 가운데 실력이 우수하고 오랫동안 교육을 받았던 사람들이 이러한 수준에 도달해 도면을 그렸던 것 같습니다.

이러한 것들이 현재의 우리가 작성하는 도면에 이어지느냐의 문제는, 조금 고민해 볼 필요는 있는 것 같습니다. 사실 지금 도면을 보더라도 일제강점기의 도면과 세부적으로는 차이가 있을 수 있겠지만, 큰 부분은 차이가 없는 것 같습니다. 아리미츠 선생의 경우에는 끝까지 남아 한국에 고고학적인 여러 부분을 전수해주고 가는 역할도 했습니다. 때문에, 우리나라 고고학의 상당 부분에서 일제강점기에 축적된 기술이 전해진 것은 사실 같습니다.

다만 발굴조사 기법 같은 경우는 문제가 있습니다. 이 시기에 고분 조사를 가야지역에서 많이 하는데, 무조건 봉토를 파괴해서 매장주체부로 들어가는 방식을 쓰고 있습니다. 사실 이 시기에 유럽에서는 4분법이라든지 새로운 고고학 발굴조사 기법이 나오고 있습니다. 그런데 유럽에서 이런 기법을 실질적으로 배우고 돌아온 우메하라 같은 연구자들이 있었음에도, 한국에서 조사할 때는 그런 기법들을 전혀 사용하지 않았습니다. 아리미츠의 회고 등에서 당시 한국에 왔던 연구자들이 일본 본토 연구자들보다 실측 등이 뛰어난 사람들이라고 했지만, 유럽에서 배워온 선진기술 유구 자체를 조사하는 기술은 사용하지 않았습니다. 그런 면에서 현재 우리나라 고분 연구기법과 당시의 기법은 많은 차이가 있습니다. 우리가 독자적으로 조사기법을 발전시켜 나간 것으로 볼 수 있습니다.

이주헌 : 일제강점기의 여러 가지 발굴조사 관련, 그로부터 비롯된 가야사의 인식문제가 가장 기본적으로 해결해야 할 부분입니다. 그 문제를 별도로 토론하는 기회가 있을 것으로 생각됩니다. 조성원 선생님의 발표에 백승옥 선생님 한 말씀 부탁드립니다.

백승옥 : 조성원 선생님께서 Ⅰ기, Ⅱ기, Ⅲ기로 나눠 발표해 주셨습니다. 우리가 정리할 수 있는 정보가 한정되어 있는데, 저렇게 나눌 수 있을까는 의문이 많이 듭니다. 일본사람들이 조사를 가장 왕성하게 할 때가 19세기

말 청일전쟁 이전에 굉장히 한반도에 관심을 가지고 특히 군사적으로 조사를 많이 했습니다. 그리고 러일전쟁 이전, 이 두시기에 굉장히 활발한 조사가 있었는데 그것에 대한 자료를 우리가 가지고 있지 않습니다. 우리가 일본에 가서 그런 자료를 볼 수 없습니다. 그러한 자료를 우리가 보지 못한 상태에서 시기를 나누는 것이 조금 우려스럽습니다. 이러한 연구가 섣불리 굳어지면, 후학들이 어떻게 받아들일지 모르겠습니다. 아예 그 이전 시기의 자료는 생각하지 않을 것 같습니다. 이런 부분은 조심해야 한다고 생각합니다. 최근 자료들을 보면 청일·러일전쟁 이전 언저리에 일본에서 정리한 군사적 목적 또는 다른 목적으로 정리한 자료를 보면, 굉장히 섬세하게 정리해놨습니다. 지도를 보면 골목까지 정리할 정도입니다. 또 하나 예를 들면, 우리가 보통 함안 말이산고분군은 1917년 이마니시 류부터 조사와 연구가 시작한 것으로 알고 있는데, 구로이타 가쓰미가 1910년에 남문외고분군을 조사했습니다. 이 남문외고분군 위에서 말이산고분군을 바라보고 스케치한 것이 남아 있습니다. 그 스케치를 보면 여기는 도리이 류조가 조사한 곳, 여기는 누가 조사한 곳으로 표시한 것이 있습니다. 1917년 이전에 쿠로이타 가쓰미가 조사했고, 그 이전에 벌써 두 사람이 말이산고분군을 조사했다는 얘기입니다. 우리는 그런 자료를 가지고 있지도 않고 모릅니다. 그렇다면 시기 구분한 연구는 나중에 다 바꿔야 합니다. 이런 자료를 잘 알지 못하는 상태에서, 국내에 있는 자료만 가지고 시기를 나누고 하는 그런 단계는 아닌 것 같습니다.

이주헌 : 저도 함안지역에 대한 고분을 수년에 걸쳐 발굴 조사한 경험이 있습니다. 사실 이미 일제강점기 때 도굴되었고, 일본 관학자들이 이미 조사한 상황이었는데 발굴조사를 진행하면서 당시 자료를 충분하게 보지 못했습니다. 그래서 발굴조사에 조금 실수하지 않았나 하는 생각이 있습

니다. 사실 사료는 문헌 사료뿐 아니라 고고 자료도 상당히 조심해서 다루어야 할 부분이 있습니다. 조성원 선생님의 발표는 그러한 연구의 출발선 위에 있는 것으로 이해해 주시면 될 것 같습니다.

마지막으로 오재진 선생님 발표에 대해 심재용 선생님 질문 부탁드립니다.

심재용 : 문헌사와 고고학 자료의 조사 및 연구의 흐름을 일목요연하게 잘 정리하였습니다. 그런데 관점을 달리해 보면, 2000년대부터 구제발굴이 활발하게 진행되면서 발굴조사의 시행기관이 대학박물관에서 문화재조사기관으로 바뀌는 등 큰 변화가 있었습니다. 최근 국정과제 수행으로 가야유적에 대한 학술발굴이 활발하게 진행되고 있지만, 여전히 구제발굴이 중심입니다. 이러한 발굴 유형의 변화가 가야사 연구 및 인식에 큰 영향을 주었을 것으로 보는데, 이에 대한 발표자의 의견을 부탁드립니다.

오재진 : 경남연구원 역사문화센터 오재진입니다. 2000년대 이전까지는 대학박물관에서 주로 발굴조사가 이루어졌습니다. 2000년대 중반 이후가 되면 재단법인인 발굴조사기관들이 발굴을 주도하는 상황입니다. 예전 같은 경우에는 대학박물관에서 구제발굴과 학술발굴을 병행해서 진행했습니다. 사업시행자로서는 대학에서 나와 발굴조사를 한다면, 어느 정도 연구하는 사람들이 나와서 조사한다고 생각했을 것입니다. 하지만 현재는 워낙 많은 조사기관이 있습니다. 부산 경남에만 해도 20여 개가 넘습니다. 그런 상황에서 사업시행자가 어느 기관에서는 얼마를 얘기하더라고 흥정하는 경우가 있습니다. 구제발굴이 가야사의 인식 측면에서는 좋지 않은 부분인 것 같습니다. 하지만 구제발굴로 인해 얻는 부분도 많다고 생각합니다. 대규모 발굴인 마산 현동고분군이나 진해 안민터널 발굴조사 등에서

확인되는 대규모 목곽묘와 주거군에서 가야사의 면모를 확인할 수 있다고 생각합니다.

학술발굴은 일정 부분 한계가 있습니다. 사유지의 경우 토지 동의를 받아야 하고, 행정적인 부분에서는 예산의 한계가 있습니다. 어떠한 고분 한두기를 선택해서, 고분군의 성격을 파악하는 것은 상당히 어려운 부분이 있습니다. 저희가 의도하지 않은 다른 성과가 나올 수도 있습니다.

구제발굴은 대규모 발굴조사가 가능하지만, 조사 후 사업 시행에 따라 유적이 없어지는 단점이 있습니다. 구제발굴을 통해 확인된 진주 평거동유적이나 거창 송정유적에 있는 주거지군을 통해 가야의 주거문화를 살필 수 있었습니다. 합천 삼가고분군의 경우 현재 학술발굴이 세 차례 진행되고 있지만, 그 이전에 1982년 동아대박물관에서 도로 개설을 위한 구제발굴이 있었고 2009년에서 2013년에 걸쳐 도로 확장에 따른 구제발굴이 있었습니다. 이러한 구제발굴을 통해서 고분군에 무덤이 얼마나 많고, 얼마나 중요한 유적인가가 확인되었습니다. 작년에 저희가 조사해서 확인한 69·70호분의 경우도 기존 구제발굴에서 확인된 삼가식 다곽식고분을 재확인하는 절차가 있었습니다.

이러한 사례에서 구제발굴을 통해 얻어지는 정보도 있다고 생각합니다. 더불어 학술발굴도 유적의 성격을 파악해서 국가사적이라든지 문화재 지정을 통한 보존관리 대책을 마련하는데 중요한 부분이 있다고 생각합니다.

이주헌 : 답변 감사합니다. 지금까지 8개 발표 주제의 토론을 진행했습니다. 유튜브 생중계로 질문이 하나 들어왔습니다. 부산대학교 선석열 선생님이 질문해 주셨습니다.

"백승옥 선생님의 발표에서 최지원이 찬술한 석이정전에 '伽倻山神 正見母主'(동국여지승람 고령군 건치연혁조)이라 하여 '伽倻'라는 명칭이 보입

니다. 최치원의 석이정전에서 가야를 '迦耶'라 하지 않고, '伽倻'라고 한 것
은, 최치원이 표기한 것인지 조선 전기 때 고쳐서 표기한 것인지 알고 싶습
니다."라는 내용입니다. 백승옥 선생님 답변 부탁드립니다.

백승옥 : 동국여지승람이 관찬 지리지입니다. 고령군 건치연혁조에 대가
야라 쓰고 석이정전은 주(註)로 달아 놨습니다. 앞에 대가야라고 쓸 때도 伽
倻라고 썼습니다. 거기에 쓰고 밑에 주에도 똑같이 썼던 겁니다. 원래 최치
원이 지은 석이정전과 석순응전에는 迦耶를 썼을 가능성이 많은 것으로 생
각합니다.

　우리가 잘 알다시피 조선은 배불 또는 척불정책으로 불교를 배척했습
니다. 그러한 상황에서 왕에게 올리는 관찬서에 불교 용어를 쓰면, 심각한
문제를 초래할 수 있었을 것입니다. 때문에, 불교적인 용어는 바꿨을 것으
로 생각합니다.

이주헌 : 답변 감사합니다. 이상으로 종합토론을 마치겠습니다. 장시간
토론에 참여하여 주신 발표자, 토론자, 객석의 일반 시민들, 유튜브 생중계
를 시청하여 주신 모든 분께 감사드립니다.